武漢大學圖書館藏古籍善本圖録

主編　王新才　楚龍强

武漢大學出版社
WUHAN UNIVERSITY PRESS

編委会

主　編　王新才　楚龍强

副主編　王美英　黄　鵬

編　委　王美英　王新才　吴芹芳
　　　　周　榮　張德梅　黄　鵬
　　　　焦　露　楚龍强　謝　泉

編例

一、本圖録精選武漢大學圖書館館藏古籍善本一百六十六種，包括不同時期、不同内容、不同版本之圖書，旨在展示武漢大學圖書館收藏古籍善本之精華。

二、本圖録依照『四部分類法』順序排列，同一部類中又大致依版本年代先後排序，由於少數古籍版本年代不詳，或跨越時期較長，在遵循上述排序原則的同時，亦針對具體情況作靈活處理。

三、所選各書分别著録書名、卷數、著者、版本、行款等信息，文字原則上依原書直録，可能存在的訛誤不作更改，無法輸出的漢字視情況進行處理。

四、缺卷書籍，題名著録原卷數，在版本項後著存卷數。

五、本圖録一般選擇首頁卷端書影，若有插圖、多色套印、鈐印、名人批校等，則增補書影。

六、本圖録所選古籍善本，雖經編者力加考證，同時參閲了《中國古籍善本書目》《國家珍貴古籍名録》等權威書目，力求精確，但仍難免失誤，待日後修正完善。

前言

在前计算機時代，當文獻收藏量較小時，人們管理圖書主要依賴編製紙本目録。而當藏量增加，像哈佛大學圖書館，其圖書採購實行單本制，藏量現已超過1300萬冊，這樣，編製紙本目録便不再現實，因而早在1861年便首創卡片目録，這種方式一度風行全球，直到计算機編目出現，才被MARC（计算機可讀目録）取代。武漢大學圖書館從1984年開始利用電腦編目，這在當時是很了不起的，因爲在全國也沒幾家，在湖北省更屬率先之舉。但自從機編之後，就基本不編紙本目録了，甚至連以前編好的紙本也不注意保存。2013年7月，我奉武漢大學校方之命出長圖書館。隨後我欲瞭解我館文獻收藏狀況，提出要查看相關目録，並想查看我館之舊館藏圖章，結果衹找到了一本1983年編的紙本《館藏解放前中文報刊目録》和一本《武漢大學圖書館善本書目》，至於舊館藏章，由於『文革』及多次搬家等原因，則一枚也沒找到。我館館藏古籍據稱有20多萬冊，善本800餘種，但沒有一本完整的古籍目録。這本《武漢大學圖書館善本書目》編成於1963年2月，雖僅收録善本300餘種，却是目前所見本館最早的古籍目録。據編例所言，其著録的範圍，以宋、元、明及清初的舊刻和罕見的抄本爲主，或雖不屬於以上範圍，而鐫刻較精，或經清代收藏家校勘、批註、題跋、考訂，確有學術價值者，亦酌予收録。古籍著録不同于普通圖書，因爲其相關著録項目通常不完整。或者即使有刊刻年代，有刻書人姓名、室名別號，有序跋等，也難免不是書商僞造本。因此這次編目衹著録了我館所藏古刻、舊抄330餘種。而實際上，我館現藏有綫裝古籍近19000種，20餘萬冊（件），其中善本古籍831種，14047冊，普本古籍17949種，189802冊。有300餘種收入《中國古籍善本書目》，66種入選《國家珍貴古籍名録》。

我館的古籍收藏始於何時，現已無資料可考。武漢大學的歷史現已追索到1893年張之洞建立的自強學堂。從自強學堂到方言學堂到武昌高師到武昌中山大學到國立武漢大學，學校經歷了一系列的變遷。武昌高師期間於1917年還正式建立了圖書館。據我館自編館史，1927年12月24日武昌中山大學被迫解散，時有藏書萬餘冊。但到1928年7月國立武漢大學成立時，從武昌中山大學所接收的校産『圖書僅百數十種，雜誌僅十餘種且殘缺不全』。因此，武漢大學圖書館的藏書建設實際上應從國立武漢大學算起。國立武漢大學相當注重文獻資源建設，學校成立之初即設立了校『圖書委員會』。1935年8月落成的圖書館現不僅是武漢大學的標誌性建築，也是整個武漢的地標，早在2000年即入選第五批全國重點文物保護單位。1935年中文圖書委員會製定了中文綫裝書分類法。這表明這時的圖書建設，除了中、西文新書，綫裝古籍是其中的一個重要部分。國立武漢大學初期文獻資源增長迅速，到抗戰前夕即已突破14萬冊。抗戰西遷時綫裝書共裝104箱轉存至漢口英商怡和洋行，到1940年3月4日被日本海軍派人盡載而去。運往宜昌的古籍在途中多次遭日軍轟炸，損失慘重，另有6箱因受水漬而霉爛破損。抗戰勝利遷回珞珈山後，圖書館清點劫餘，文獻總量才約9萬冊，損失約6萬冊，近40%。不過，很快，學校下撥經費廣購圖書。到1947年4月，圖書館藏書恢復到戰前水準，其中中文古籍約10萬冊，含善本書5467冊。這個數量在12年後擴大至152097冊。因此我館的現藏古籍某種程度上是從抗戰勝利後通過十餘年的努力才重新建設起來的。當然此後我館也積極努力，多方設法購買特色資源。像我館所藏家譜 400 餘種 4000 餘册即是如此。我館的古籍還有一部分來自社會人士及我校教師的捐贈。如 20 世紀 40 年代曾任湖北省政府委員、國大代表及聯合勤務總司令部武漢軍運指揮部中將司令官的林逸聖先生即將其所藏古籍 228 種共 1834 册捐給了我館。20 世紀 70 年代初在數學系任教數十年的退休教師葉志教授捐給我館約 8000 册藏書，其中以古籍爲主。

圖書之收藏難似舉重，而壞損則易若反掌。戰爭固然會造成極大的破壞，而像政治運動、管理不善也會造成嚴重問題。幸運的是，我館古籍安然度過了運動年代。但我館古籍長期保存於獅子山頂老圖書館中，由於保存條件有限，圖書壞損嚴重。據抽樣統計，大約有三分之一存在不同程度破損，另外，蟲害及霉變也較嚴重。我館較早注意到了這個問題，因而從 20 世紀 80 年代起就將古籍修復工作列入議事日程，並于 1990 年成立了古籍修復室。此外，我館新館於 2011 年落成，辟出 1000 餘平方建成恒温恒濕書庫，百餘平方用作古籍修復室，並拿出專款用於相關設備購買，使古籍保管及修復得到了相當改善。我館目前正在籌建古籍修復中心，以期在古籍原生性保護方面能做得更好。

在再生性保護方面，我們也有計劃有步驟地開展了一系列的工作。首先是書影掃描。目前已積累至 1.9 萬幅，覆蓋經、史、子、集、叢各部。其次是製作全文電子書，像《知服齋叢書》十九種已上傳至高校古文獻資源庫。第三是影印出版。比如 2012 年我館所藏明萬曆刻本《白沙先生遺詩補集》六卷即爲選入《廣州大典》出版，2014 年我館所藏清抄本《元史新編》即爲選入《中華再造善本》出版。而此次，我們又精選了我館所藏善本古籍166部，編纂成這本《武漢大學圖書館藏古籍善本圖録》，包括不同時期、不同内容、不同版本之圖書，旨在展示我館所藏古籍善本之精華。我館雖然古籍建設起步較晚，收藏亦有限，珍貴版本也不多，但也收藏了些宋元刻之歷代遞修本，名人批校本，以及明清稿本，甚或孤本。因此，我們編撰這部『圖録』，公諸同好。這部『圖録』最重要的部分是每份圖片下的説明，這些説明看似簡單，卻必須要有深厚的目録版本功底。這些文字主要由周榮、吳芹芳、謝泉和焦露完成。他們認真負責，對每一本書，都仔細考證。通過這次『圖録』出版，他們訂正了不少以前著録之誤。本次精選之圖録，原計劃選收180餘部，而通過考證，發現其中有些書有作僞的成份，或有存疑之處，等等，此次便未收録。不過，必然地，雖然我們多所努力，而種種原因，錯漏難免，敬希方家指正。

王新才

二〇一五年六月於珞珈山

目録

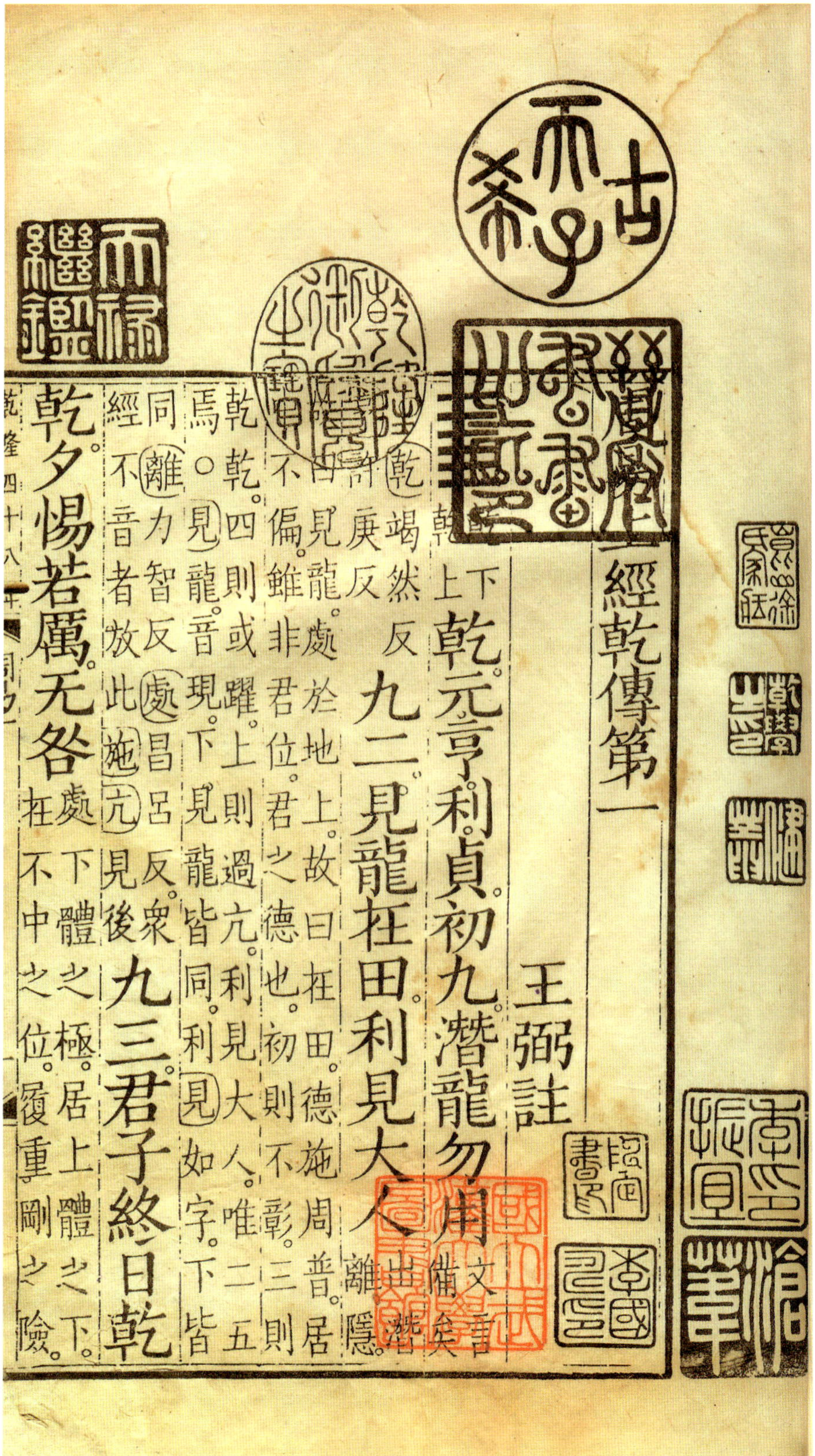

御定仿宋岳氏本相臺五經九十六卷附考證　［元］岳浚輯　清乾隆四十八年（一七八三）武英殿刻本

八行十七字，小字雙行同，白口，雙魚尾，四周雙邊，版框高十九・八釐米，寬十三・七釐米。

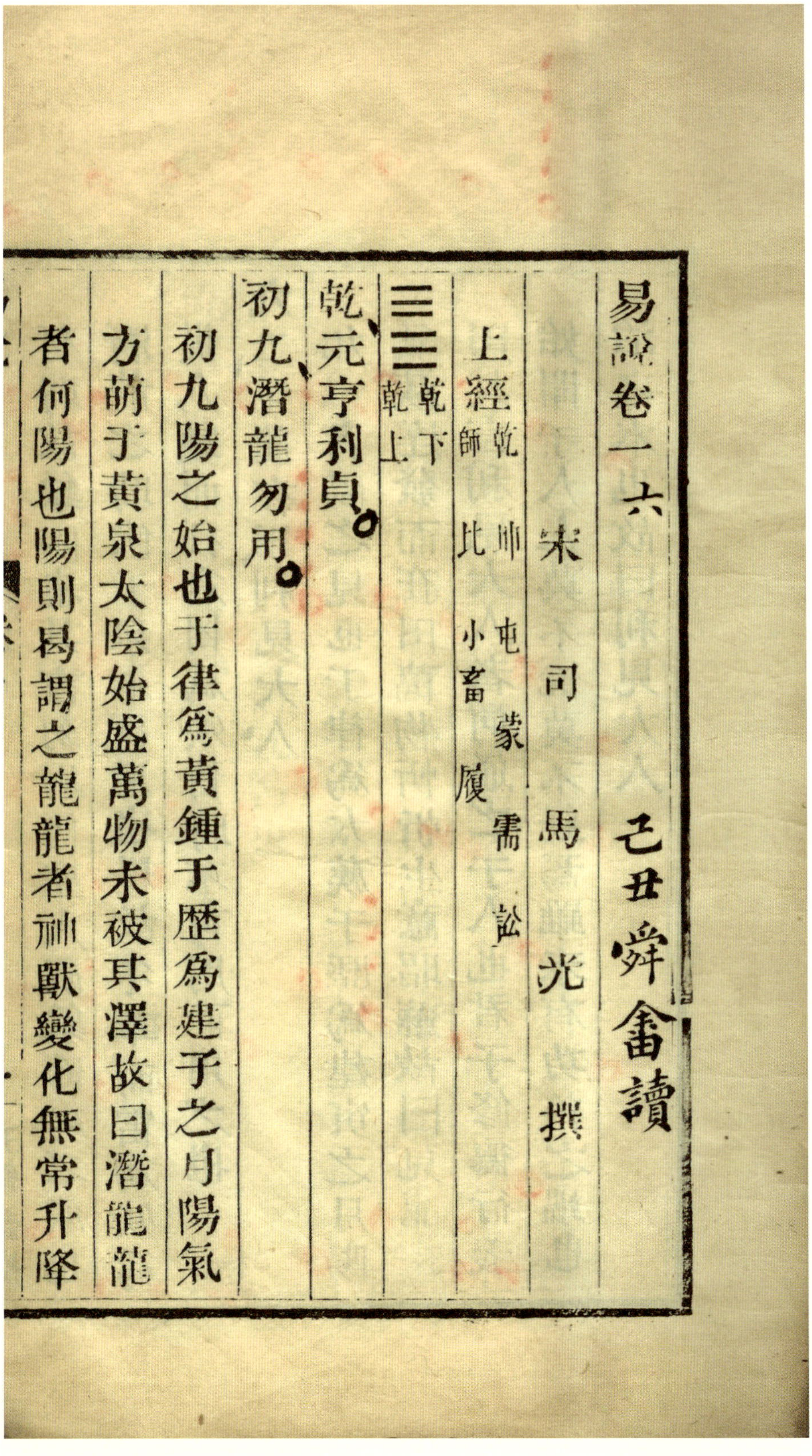
易說卷一　六　　己丑舜畬讀
宋　司馬光　撰
上經　乾　坤　屯　蒙　需　訟　師　比　小畜　履
☰☰　乾下乾上
乾元亨利貞。
初九潛龍勿用。
初九陽之始也于律爲黃鍾于歷爲建子之月陽氣方萌于黃泉太陰始盛萬物未被其澤故曰潛龍龍者何陽也陽則曷謂之龍龍者神獸變化無常升降

易說六卷

［宋］司馬光撰　清乾隆間武英殿聚珍版木活字本

九行二十一字，白口，單魚尾，四周雙邊，版框高十九・四釐米，寬十二・七釐米。

周易經傳傳義二十四卷［宋］程頤［宋］朱熹撰 **上下篇義一卷**［宋］程頤撰 **朱子圖説一卷五贊一卷筮儀一卷**［宋］朱熹撰　明嘉靖八年（一五二九）張祿　朱廷聲等刻五經本

九行十七字，小字雙行同，白口，雙魚尾，左右雙邊，版框高十八・五釐米，寬十三・五釐米。

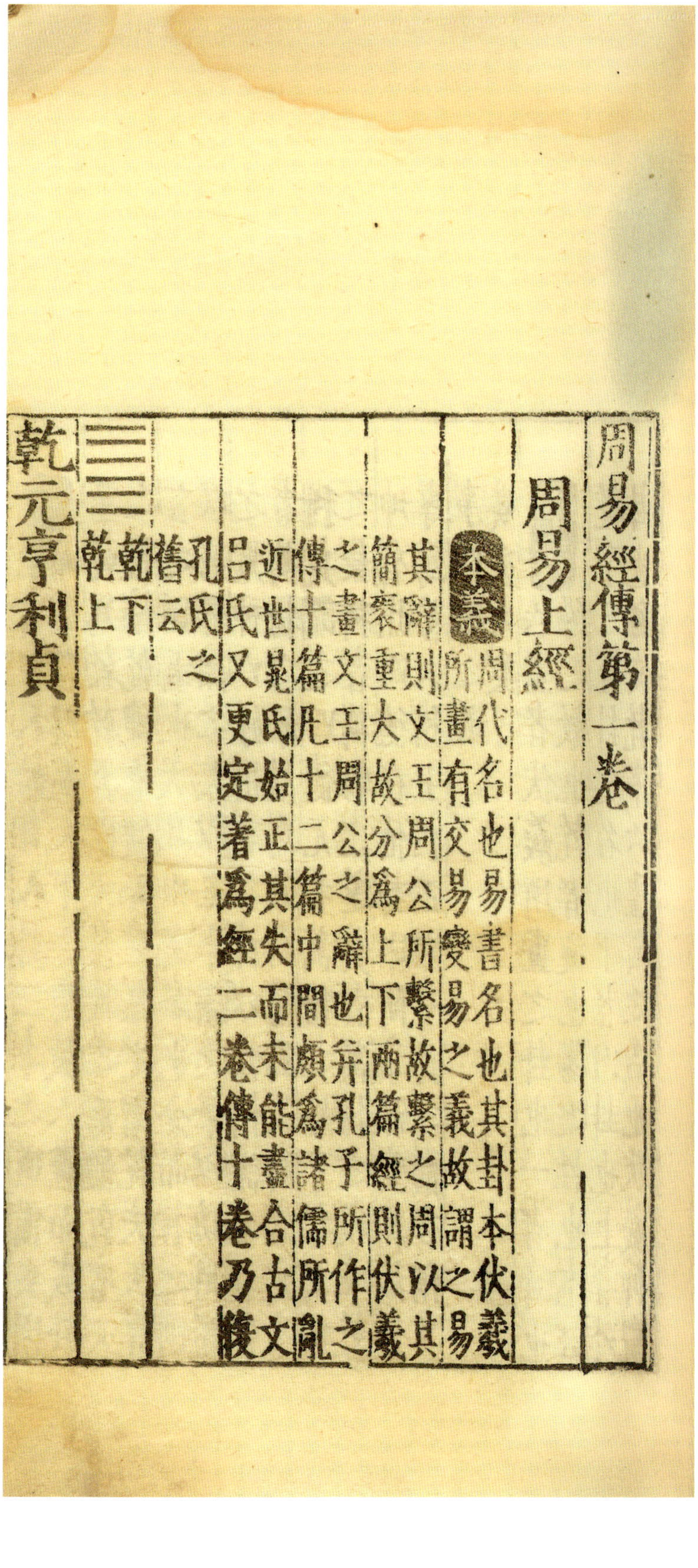

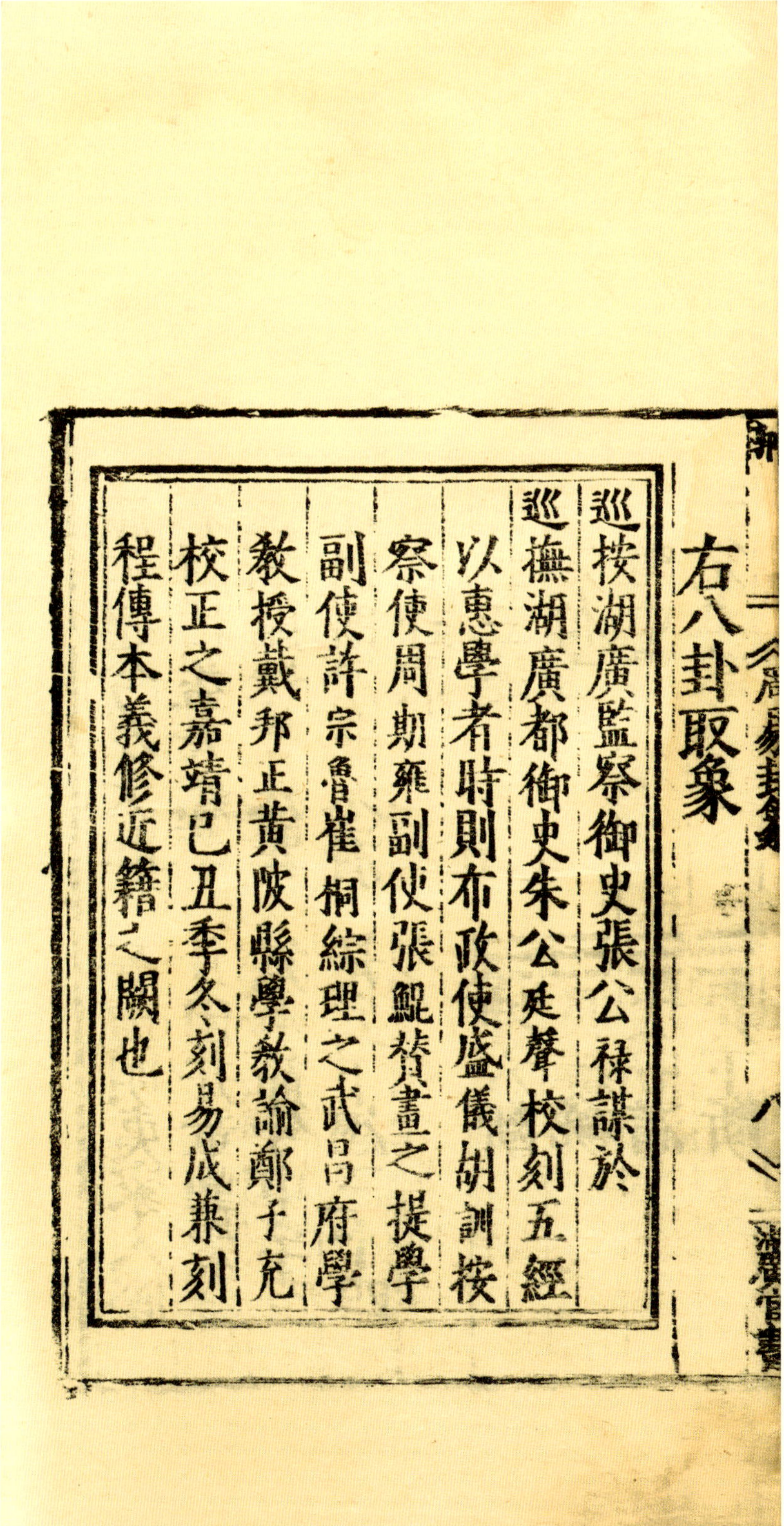
右八卦取象

巡按湖廣監察御史張公祿謀於
巡撫湖廣都御史朱公廷聲校刻五經
以惠學者時則布政使盛儀胡訓按
察使周期雍副使張鯤贊畫之提學
副使許宗魯崔桐綜理之武昌府學
教授戴邦正黃陂縣學教諭鄭子充
校正之嘉靖己丑季冬刻易成兼刻
程傳本義修近籍之闕也

易學啓蒙通釋二卷圖一卷

［宋］胡方平撰　元刻明修本

十行二十一字，小字雙行同，黑口，雙魚尾，左右雙邊，版框高二十・一釐米，寬十二・六釐米。

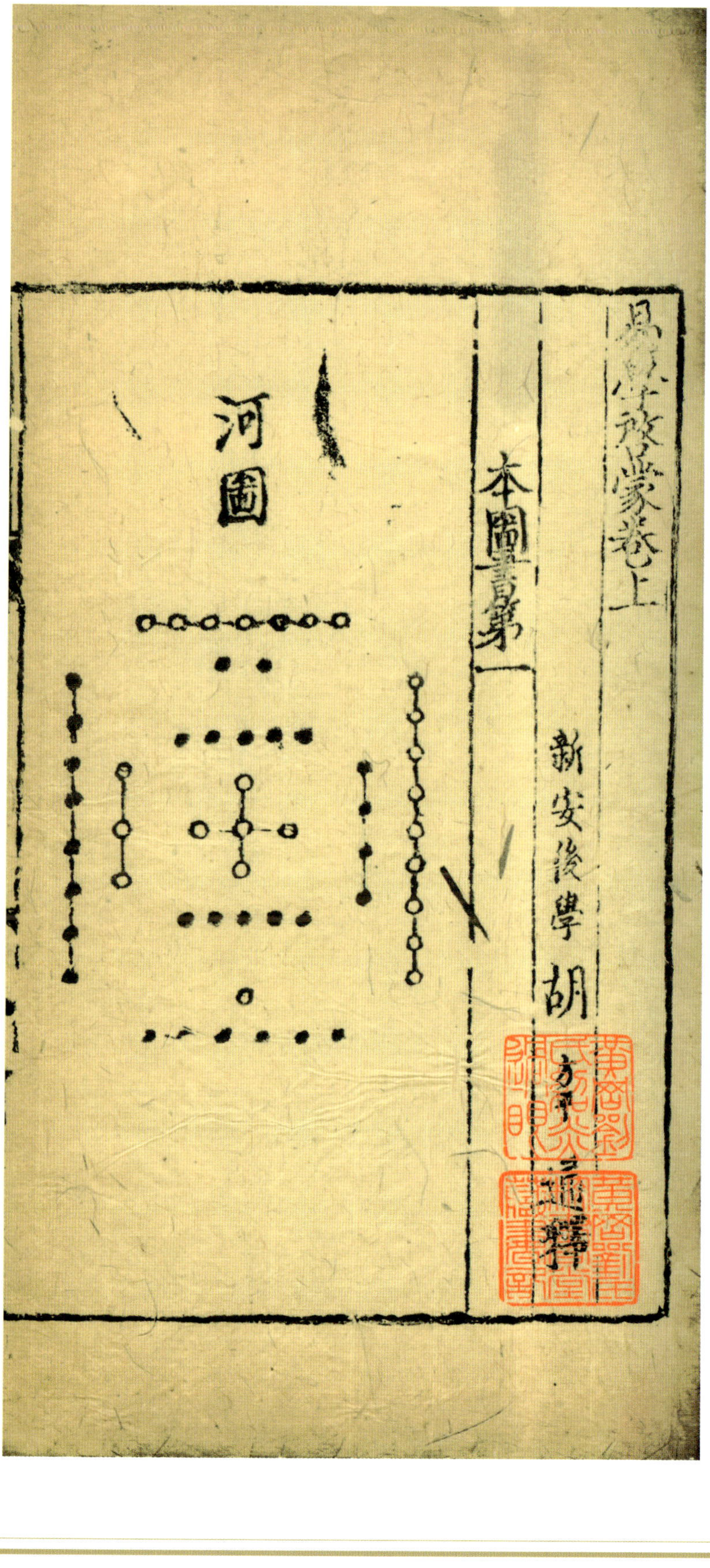

易經正譌一卷　［明］郭若緯撰　明崇禎四年（一六三一）刻本

九行二十四字，小字雙行同，白口，單魚尾，四周單邊，版框高二十·三釐米，寬十一·七釐米。

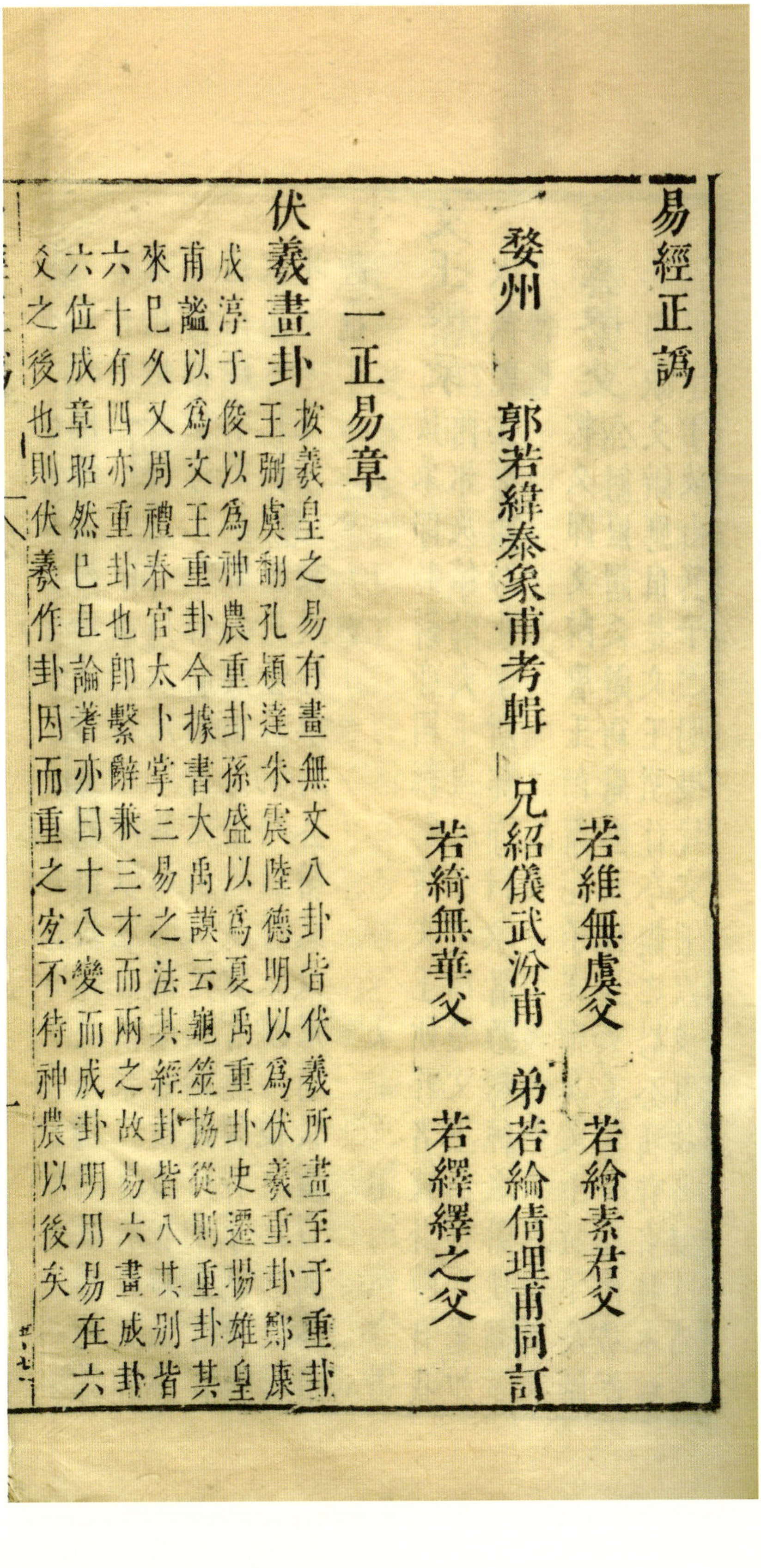

易經正譌

婺州　郭若緯泰象甫考輯

兄紹儀武汾甫　弟若綸倩理甫同訂

若維無虞父　若繪素君父

若綺無華父　若繹繹之父

一正易章

伏羲畫卦按義皇之易有畫無文八卦皆伏羲所畫至于重卦王弼虞翻孔穎達朱震陸德明以爲伏羲重卦鄭康成淳于俊以爲神農重卦孫盛以爲夏禹重卦史遷揚雄皇甫謐以爲文王重卦今據書大禹謨云龜筮協從則重卦其來已久又周禮春官太卜掌三易之法其經卦皆八其別皆六十有四亦重卦也卽繫辭兼三才而兩之故易六畫成卦六位成章昭然已且論著亦曰十八變而成卦明用易在六爻之後也則伏羲作卦因而重之宜不待神農以後矣

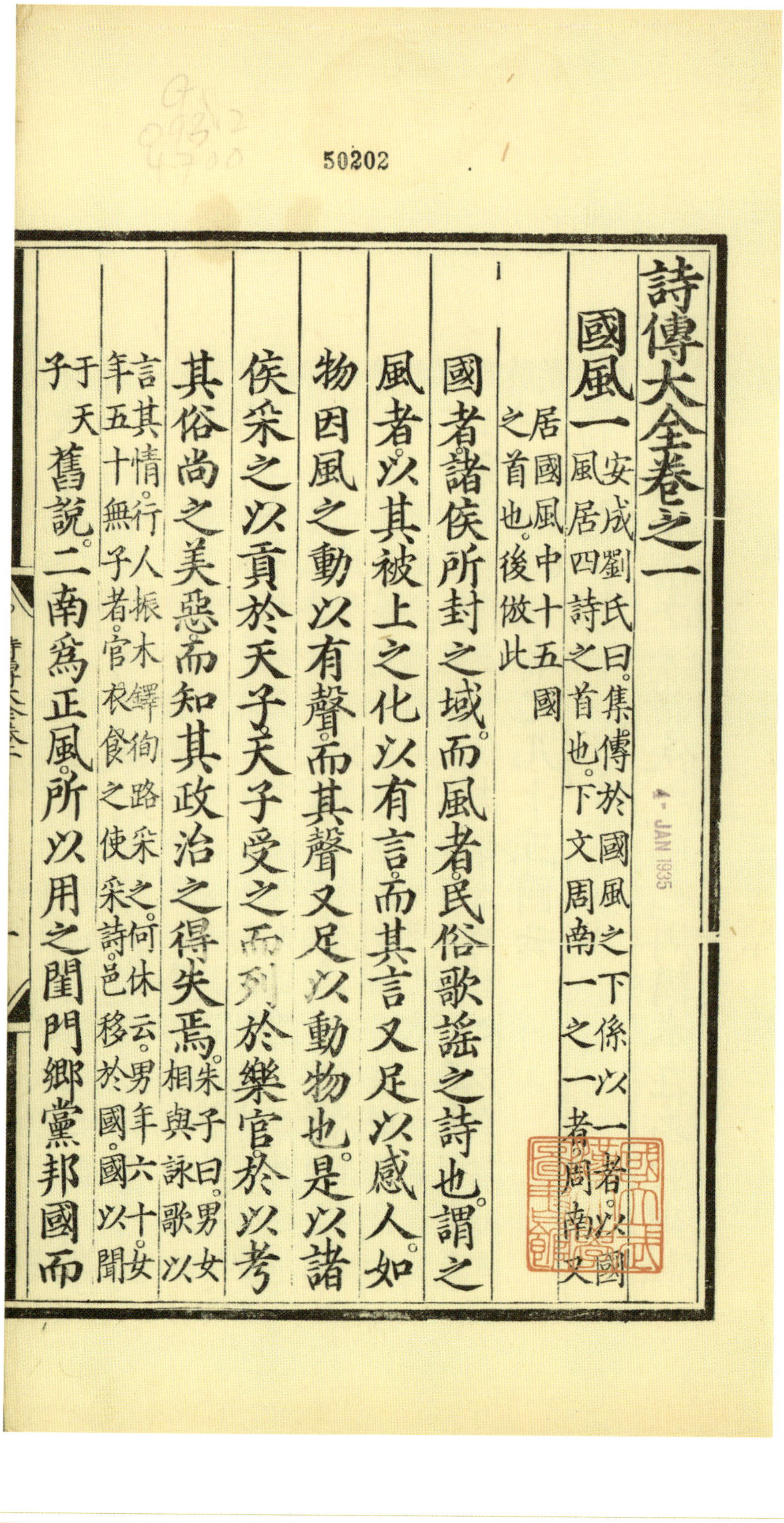

詩傳大全卷之一

國風一 安成劉氏曰。集傳於國風之下係以一者，以國風居四詩之首也。下文周南一之一者，周南又居國風中十五國之首也。後做此

國者，諸侯所封之域。而風者，民俗歌謡之詩也。謂之風者，以其被上之化以有言，而其言又足以感人，如物因風之動以有聲，而其聲又足以動物也。是以諸侯采之以貢於天子，天子受之而列於樂官，於以考其俗尚之美惡，而知其政治之得失焉。朱子曰。男女相與詠歌，以言其情。行人振木鐸徇路，采之。何休云。男年六十、女年五十無子者，官衣食之，使采詩。邑移於國，國以聞于天子

舊說。二南爲正風。所以用之閨門鄉黨邦國而

詩傳大全二十卷綱領一卷圖一卷 〔明〕胡廣等編 **詩序辨說一卷** 〔宋〕朱熹撰 明永樂十三年（一四一五）内府刻本

十行二十二字，小字雙行同，黑口，雙魚尾，四周雙邊，版框高二十七·五釐米，寬十八釐米。

周禮傳五卷翼傳二卷圖說二卷 ［明］王應電撰　明抄本

上下二欄，上欄六字，下欄九行二十字，小字雙行同，白口，單魚尾，四周雙邊，版框高二十·四釐米，寬十七·四釐米。

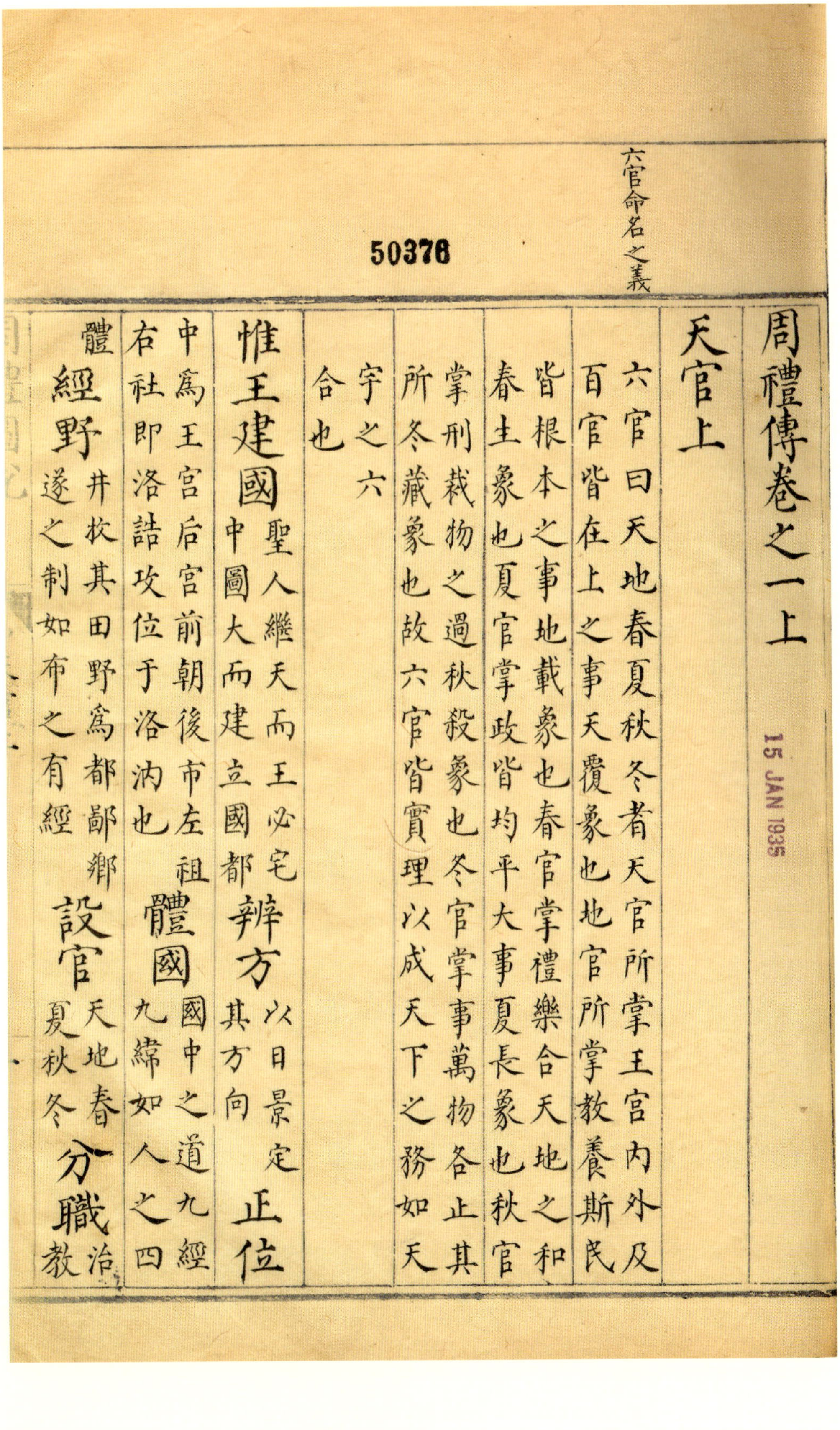

六官命名之義

周禮傳卷之一上

天官上

六官曰天地春夏秋冬者天官所掌王宮内外及百官皆在上之事天覆象也地官所掌教養斯民皆根本之事地載象也春官掌禮樂合天地之和春生象也夏官掌政皆均平大事夏長象也秋官掌刑裁物之過秋殺象也冬官掌事萬物各止其所冬藏象也故六官皆實理以成天下之務如天宇之六合也

惟王建國 聖人繼天而王必宅中國大而建立國都 辨方 以日景定其方向 正位 中爲王宮后宮前朝後市左祖右社即洛誥攻位于洛汭也 體國 國中之道九經九緯如人之四體 經野 井牧其田野爲都鄙鄉遂之制如布之有經 設官 天地春夏秋冬 分職 治教

大戴禮記十三卷

［漢］戴德撰　明末沈泰刻本　法式善朱墨筆批校

九行二十字，小字雙行同，白口，單魚尾，左右雙邊，版框高二十釐米，寬十四・四釐米。

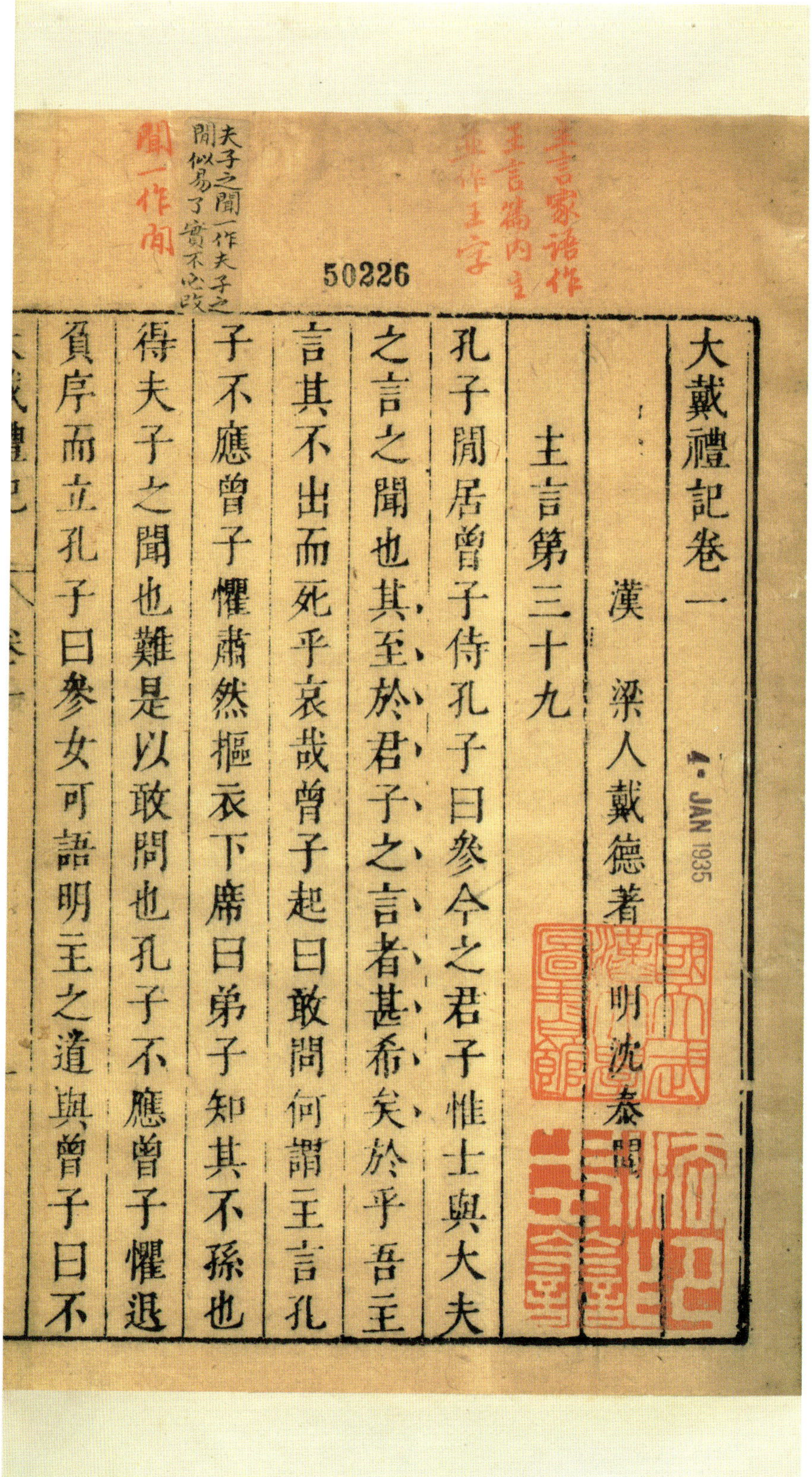
大戴禮記卷一
漢　梁人戴德著　明沈泰閲
主言第三十九
孔子閒居曾子侍孔子曰參今之君子惟士與大夫
之言之聞也其至於君子之言者甚希矣於乎吾主
言其不出而死乎哀哉曾子起曰敢問何謂主言孔
子不應曾子懼肅然摳衣下席曰弟子知其不孫也
得夫子之閒也難是以敢問也孔子不應曾子懼退
負序而立孔子曰參女可語明主之道與曾子曰不

禮記集説三十卷

［元］陳澔撰　明嘉靖間吉澄刻本

上下二欄，上欄二字，下欄九行十七字，小字雙行同，白口，單魚尾，左右雙邊，版框高二十・四釐米，寬十四・四釐米。

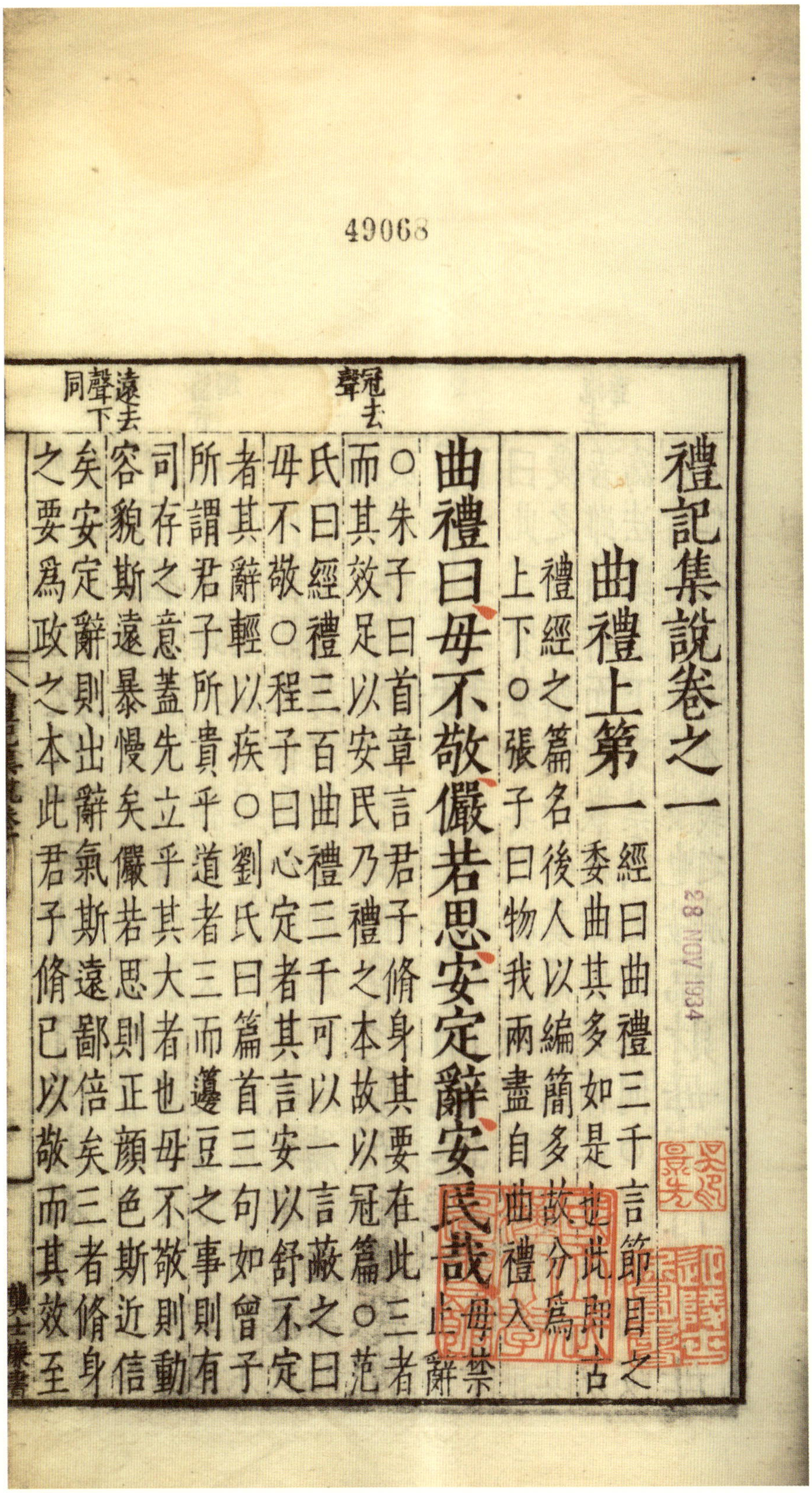

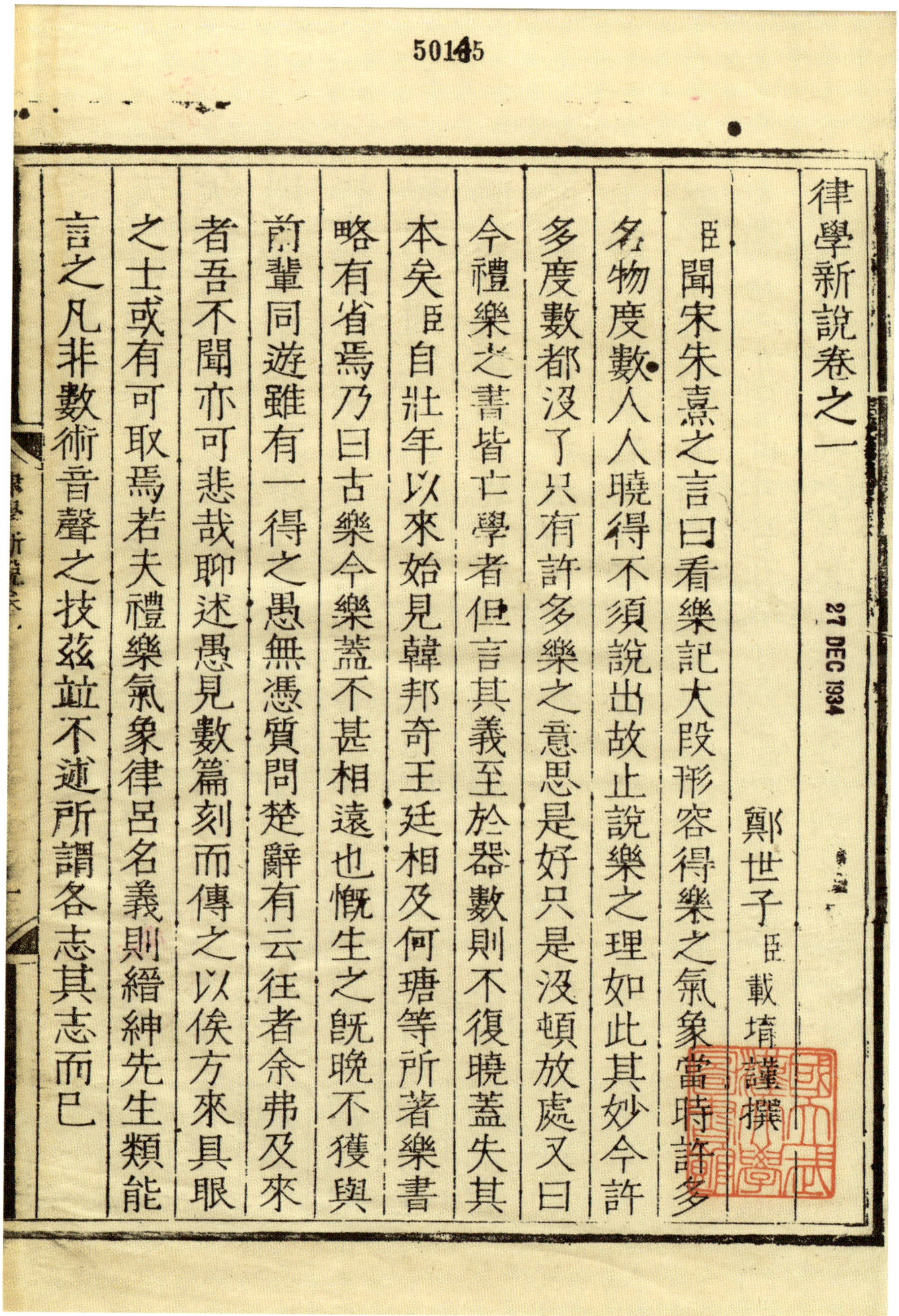

律學新說卷之一

鄭世子臣載堉謹撰

臣聞宋朱熹之言曰看樂記大段形容得樂之氣象當時許多名物度數人人曉得不須說出故止說樂之理如此其妙今許多度數都沒了只有許多樂之意思是好只是沒頓放處又曰今禮樂之書皆亡學者但言其義至於器數則不復曉蓋失其本矣臣自壯年以來始見韓邦奇王廷相及何瑭等所著樂書略有省焉乃曰古樂今樂蓋不甚相遠也慨生之既晚不獲與前輩同遊雖有一得之愚無憑質問楚辭有云往者余弗及來者吾不聞亦可悲哉聊述愚見數篇刻而傳之以俟方來具眼之士或有可取焉若夫禮樂氣象律呂名義則縉紳先生類能言之凡非數術音聲之技茲竝不述所謂各志其志而已

樂律全書四十八卷　〔明〕朱載堉撰　明萬曆間鄭藩刻增修本

十二行二十五字，黑口，雙魚尾，四周雙邊，版框高二十五釐米，寬二十釐米。

論語筆解二卷 ［唐］韓愈 ［唐］李翱撰 明嘉靖間范氏天一閣刻范氏奇書本

九行十八字，小字雙行同，白口，單魚尾，左右雙邊，版框高二十一釐米，寬十四·六釐米。

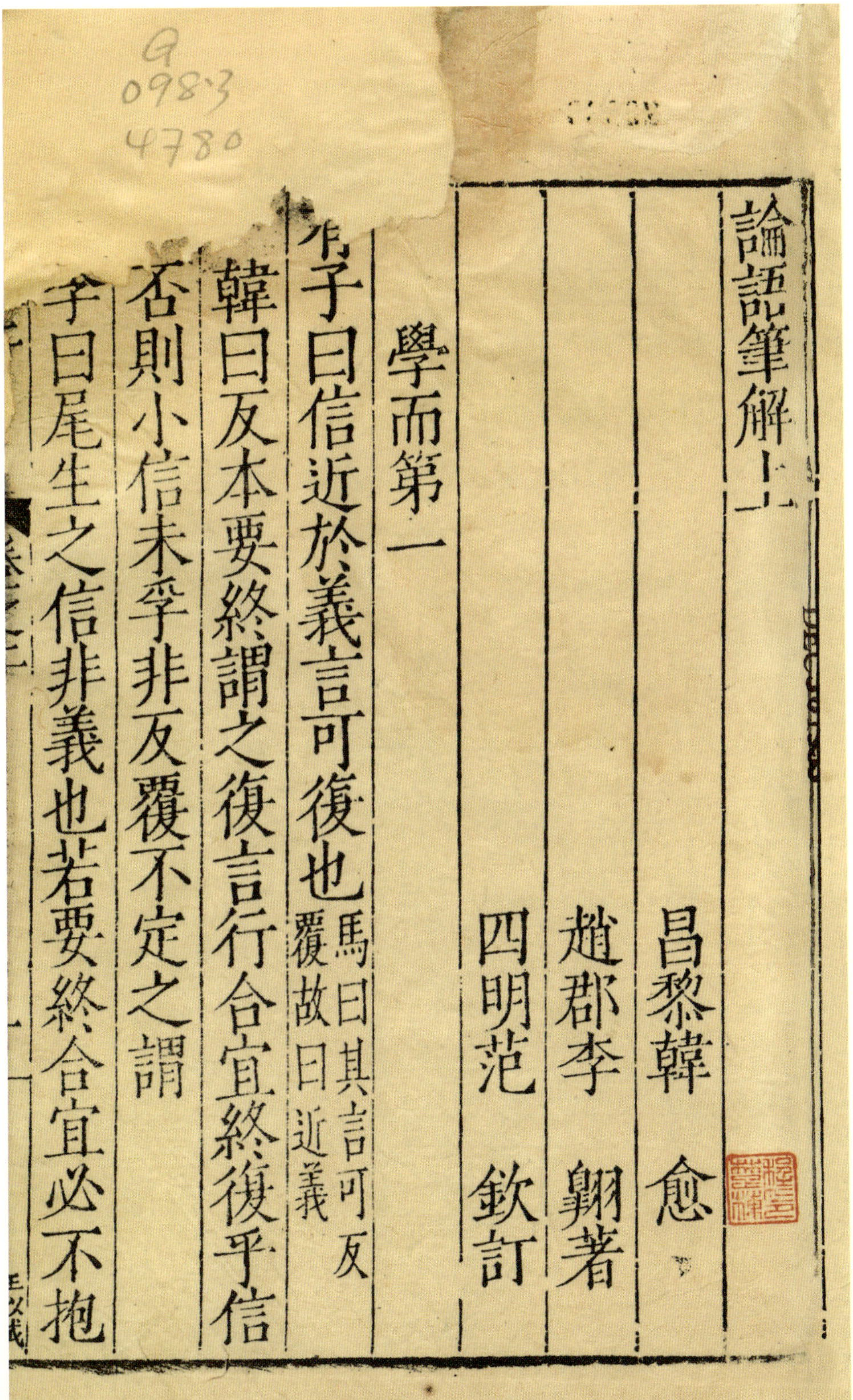

說文解字十五卷 ［漢］許慎撰　清初毛氏汲古閣刻本

七行十六字，白口，單魚尾，左右雙邊，版框高二十一釐米，寬十六釐米。

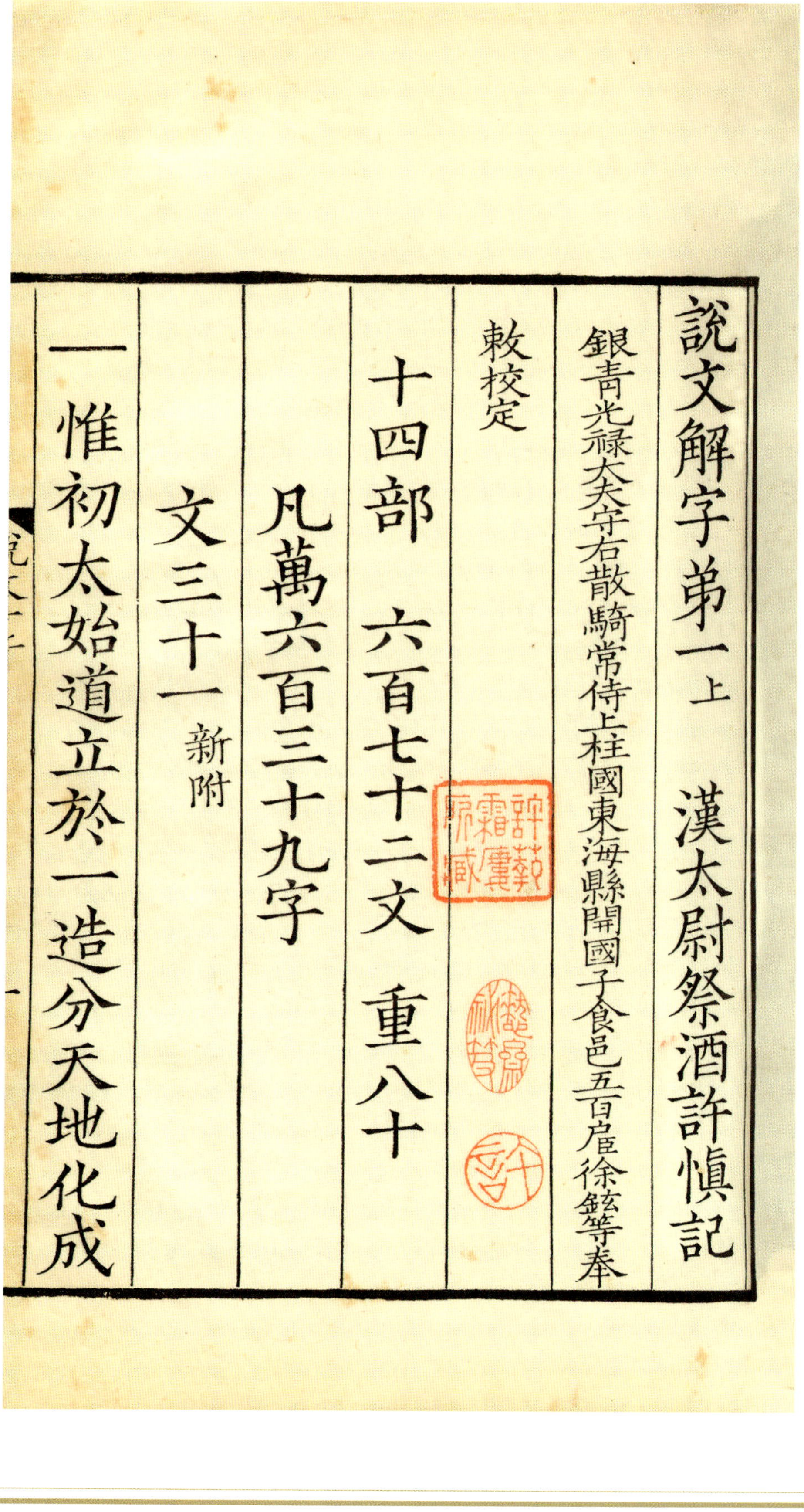

說文解字弟一上　漢太尉祭酒許慎記

銀青光禄大夫守右散騎常侍上柱國東海縣開國子食邑五百戶徐鉉等奉

敕校定

十四部　六百七十二文　重八十

凡萬六百三十九字

文三十一　新附

一　惟初太始道立於一造分天地化成

康熙字典三十六卷總目一卷檢字一卷辨似一卷等韻一卷補遺一卷備考一卷 〔清〕張玉書等纂修 清康熙五十五年（一七一六）內府刻本

八行，大字不等，小字雙行二十四字，白口，單魚尾，四周雙邊，版框高十九・一釐米，寬十三・七釐米。

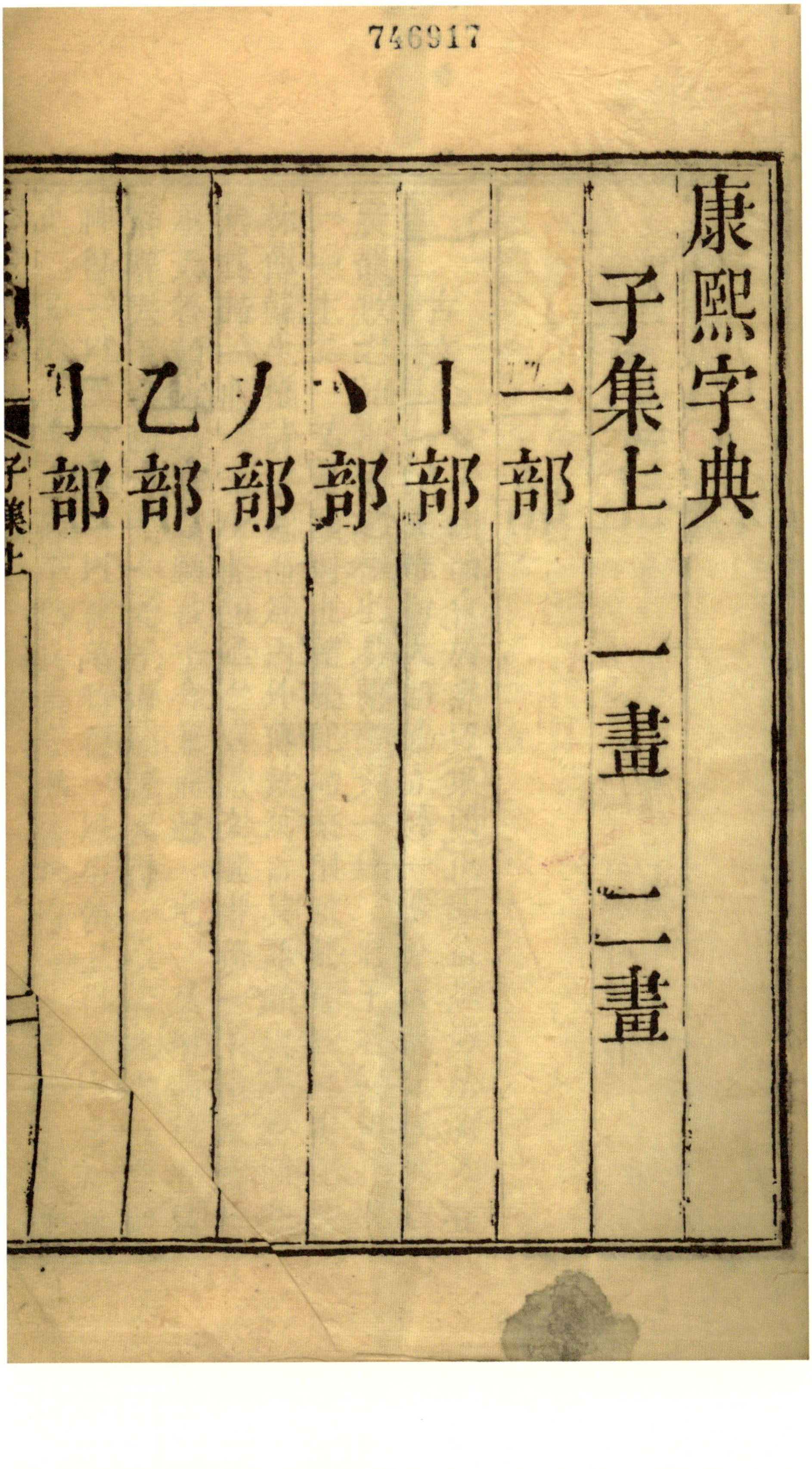

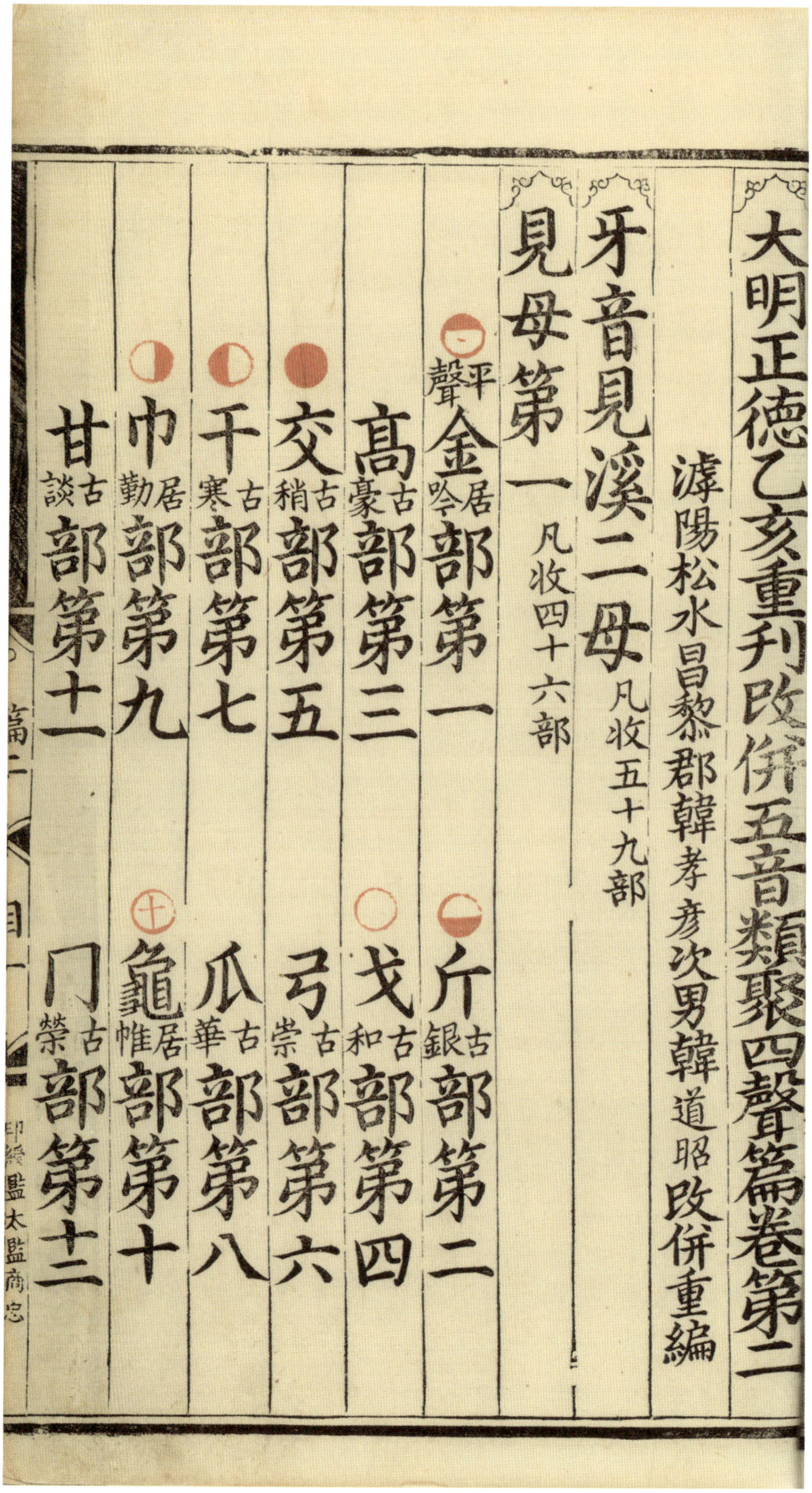

大明正德乙亥重刊改併五音類聚四聲篇卷第二

濤陽松水昌黎郡韓孝彥次男韓道昭改併重編

牙音見溪二母 凡收五十九部

見母第一 凡收四十六部

平聲 金居吟部第一　斤古銀部第二

高古豪部第三　戈古和部第四

交古稍部第五　弓古崇部第六

干古寒部第七　瓜古華部第八

巾居勤部第九　龜居帷部第十

甘古談部第十一　门古禁部第十二

篇二　目　一

印經監太監商忠

大明正德乙亥重刊改併五音類聚四聲篇十五卷

［金］韓道昭撰　明正德十一年（一五一六）刻本

十行十八字，小字雙行三十二字，黑口，三魚尾，四周雙邊，版框高二十九・七釐米，寬十八・六釐米。

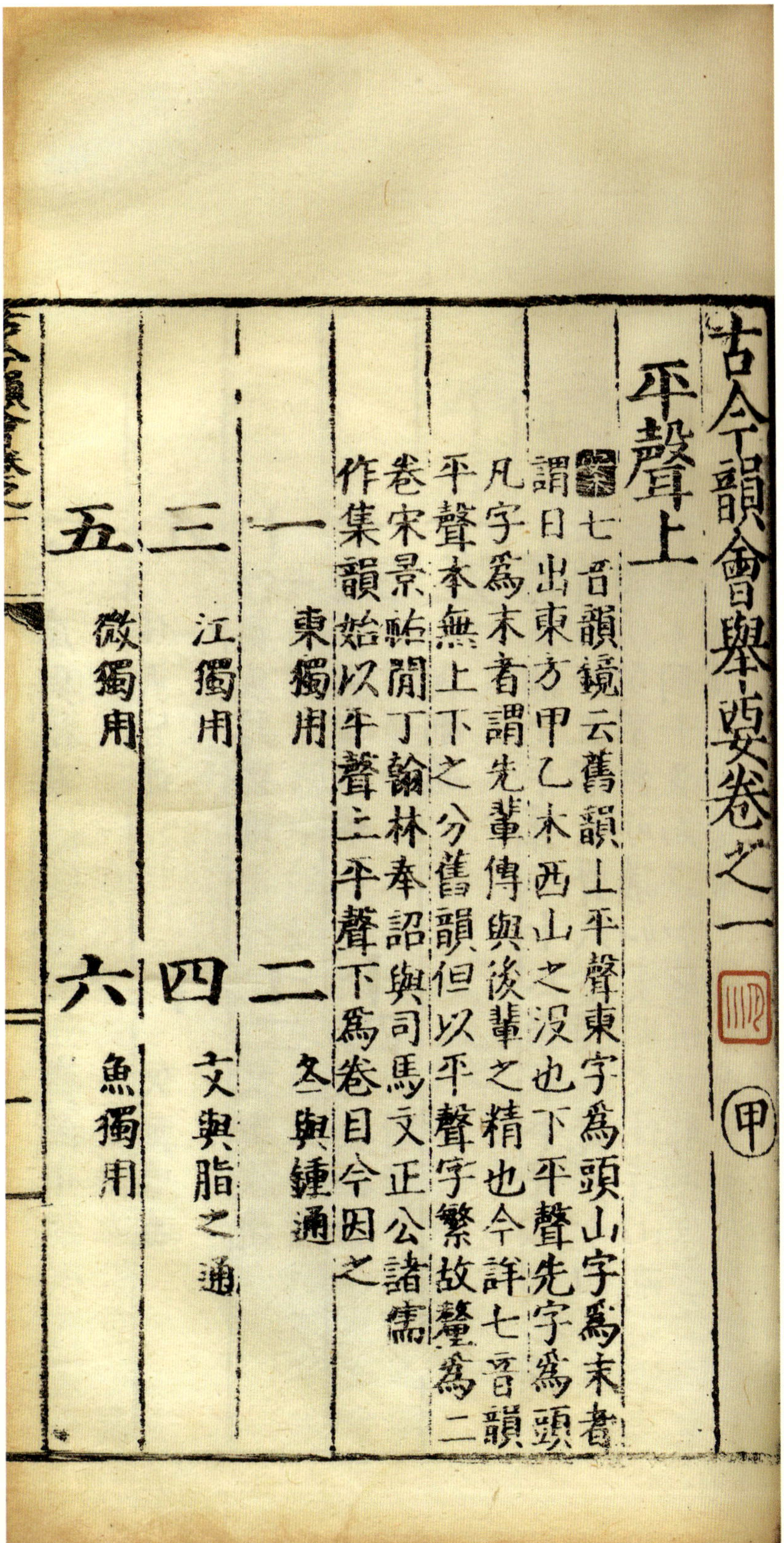
古今韻會舉要卷之一

平聲上

七音韻鏡云舊韻上平聲東字爲頭山字爲末者謂日出東方甲乙木西山之沒也下平聲先字爲頭凡字爲末者謂先輩傳與後輩之精也今詳七音韻平聲本無上下之分舊韻但以平聲字繁故釐爲二卷宋景祐間丁翰林奉詔與司馬文正公諸儒作集韻始以平聲上平聲下爲卷目今因之

一 東獨用　二 冬與鍾通

三 江獨用　四 支與脂之通

五 微獨用　六 魚獨用

古今韻會舉要三十卷禮部韻略七音三十六母通考一卷　［元］熊忠撰　明嘉靖十五年（一五三六）秦鉞　李舜臣刻十七年（一五三八）劉儲秀補刻本

八行，大字不等，小字雙行二十二字，白口，單魚尾，左右雙邊，版框高二十·八釐米，寬十四·九釐米。

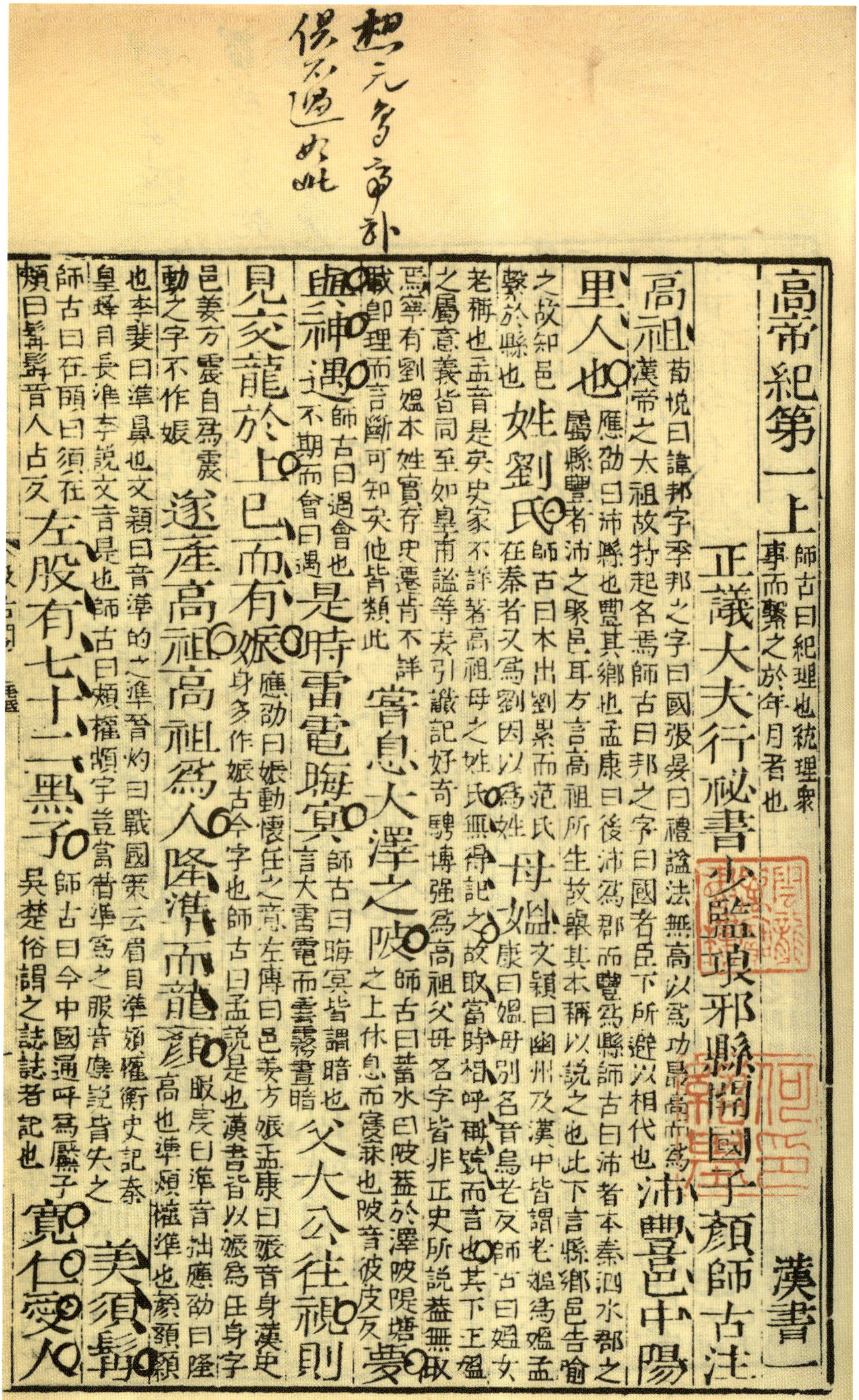

想元多事耶
俱不過如此

高帝紀第一上 師古曰紀理也統理衆事而繫之於年月者也 漢書一

正議大夫行祕書少監琅邪縣開國子顏師古注

高祖 荀悅曰諱邦字季邦之字曰國張晏曰禮謚法無高以爲功最高而爲漢帝之大祖故特起名焉師古曰邦之字曰國者臣下所避以相代也 沛豐邑中陽里人也 應劭曰沛縣也豐其鄉也孟康曰後沛爲郡而豐爲縣師古曰沛者本秦泗水郡之屬縣豐者沛之聚邑耳方言高祖所生故舉其本稱以説之也此下言縣鄉邑告諭之故知邑繫於縣也 姓劉氏 師古曰本出劉累而范氏在秦者又爲劉因以爲姓 母媼 文穎曰幽州及漢中皆謂老嫗爲媼孟康曰媼母別名音烏老反師古曰媼女老稱也孟音是矣史家不詳著高祖母之姓氏無得記之故取當時相呼稱號而言也其下王媼之屬意義皆同至如皇甫謐等妄引讖記好奇騁博强爲高祖父母名字皆非正史所説蓋無取焉寧有劉媼本姓實存史遷肯不詳載卽理而言斷可知矣他皆類此 嘗息大澤之陂 師古曰蓄水曰陂蓋於澤陂隄塘之上休息而寢寐也陂音彼皮反 夢與神遇 師古曰遇會也不期而會曰遇 是時雷電晦冥 師古曰晦冥皆謂暗也言大雷電而雲霧晝暗也 父太公往視則見交龍於上已而有娠 應劭曰娠動懷任之意左傳曰邑姜方娠孟康曰娠音身漢史身多作娠古今字也師古曰孟説是也漢書皆以娠爲任身字邑姜方震自爲震動之字不作娠 遂產高祖高祖爲人隆準而龍顏 服虔曰準音拙應劭曰隆高也準頰權準也顏額顙也李斐曰準鼻也文穎曰音準的之準晉灼曰戰國策云眉目準頞權衡史記秦皇蜂目長準李説文言是也師古曰頰權頞字豈當借準爲之服音處説皆失之 美須髯 師古曰在頤曰須在頰曰髯音人占反 左股有七十二黑子 師古曰今中國通呼爲黶子吳楚俗謂之誌誌者記也 寬仁愛人

漢書一百卷　［漢］班固撰　［唐］顏師古注　明崇禎十五年（一六四二）毛氏汲古閣刻本　何紹基批點

十二行二十五字，小字雙行三十七字，白口，單魚尾，左右雙邊，版框高二十一・六釐米，寬十五釐米。

後漢書九十卷　〔南朝·宋〕范曄撰　〔唐〕李賢注　**志三十卷**　〔晉〕司馬彪撰　〔南朝·梁〕劉昭注　明崇禎十六年（一六四三）

毛氏汲古閣刻本　何紹基批點

十二行二十五字，小字雙行三十七字，白口，單魚尾，左右雙邊，版框高二十一·九釐米，寬十五·二釐米。

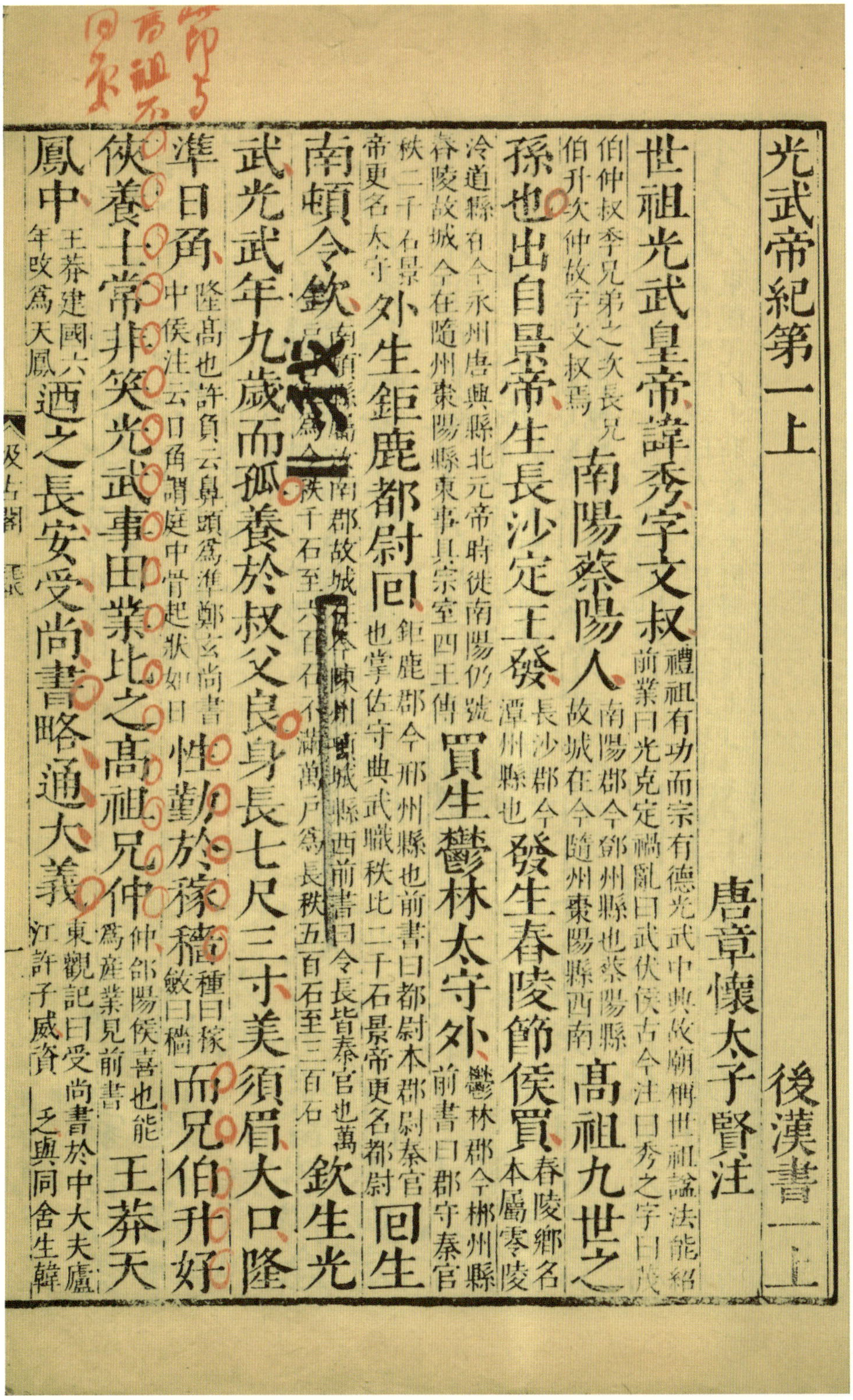

光武帝紀第一上　後漢書一上

唐章懷太子賢注

世祖光武皇帝諱秀字文叔禮祖有功而宗有德光武中興故廟稱世祖謚法能紹前業曰光克定禍亂曰武伏侯古今注曰秀之字曰茂伯仲叔季兄弟之次長兄伯升次仲故字文叔焉南陽蔡陽人南陽郡今鄧州縣也蔡陽縣故城在今隨州棗陽縣西南高祖九世之孫也出自景帝生長沙定王發長沙郡今潭州縣也發生春陵節侯買春陵鄉名本屬零陵冷道縣在今永州唐興縣北元帝時徙南陽仍號春陵故城今在隨州棗陽縣東事具宗室四王傳買生鬱林太守外鬱林郡今郴州縣前書曰郡守秦官秩二千石景帝更名太守外生鉅鹿都尉回鉅鹿郡今邢州縣也前書曰都尉本郡尉秦官也掌佐守典武職秩比二千石景帝更名都尉回生南頓令欽南頓縣屬汝南郡故城在今陳州項城縣西前書曰令長皆秦官也萬戶以上爲令秩千石至六百石不滿萬戶爲長秩五百石至三百石欽生光武光武年九歲而孤養於叔父良身長七尺三寸美須眉大口隆準日角隆高也許負云鼻頭爲準鄭玄尚書中候注云日角謂庭中骨起狀如日性勤於稼穡種曰稼斂曰穡而兄伯升好俠養士常非笑光武事田業比之高祖兄仲仲郃陽侯喜也能爲產業見前書王莽天鳳中王莽建國六年改爲天鳳迺之長安受尚書略通大義東觀記曰受尚書於中大夫廬江許子威資乏與同舍生韓

汲古閣

後漢書九十卷 ［南朝·宋］范曄撰 ［唐］李賢注 **志三十卷** ［晉］司馬彪撰 ［南朝·梁］劉昭注 明嘉靖八至九年（一五二九—一五三〇）刻萬曆十年（一五八二）南京國子監重修本

十行二十一字，小字雙行同，黑口，雙魚尾，四周雙邊，版框高二十一·九釐米，寬十五·六釐米。

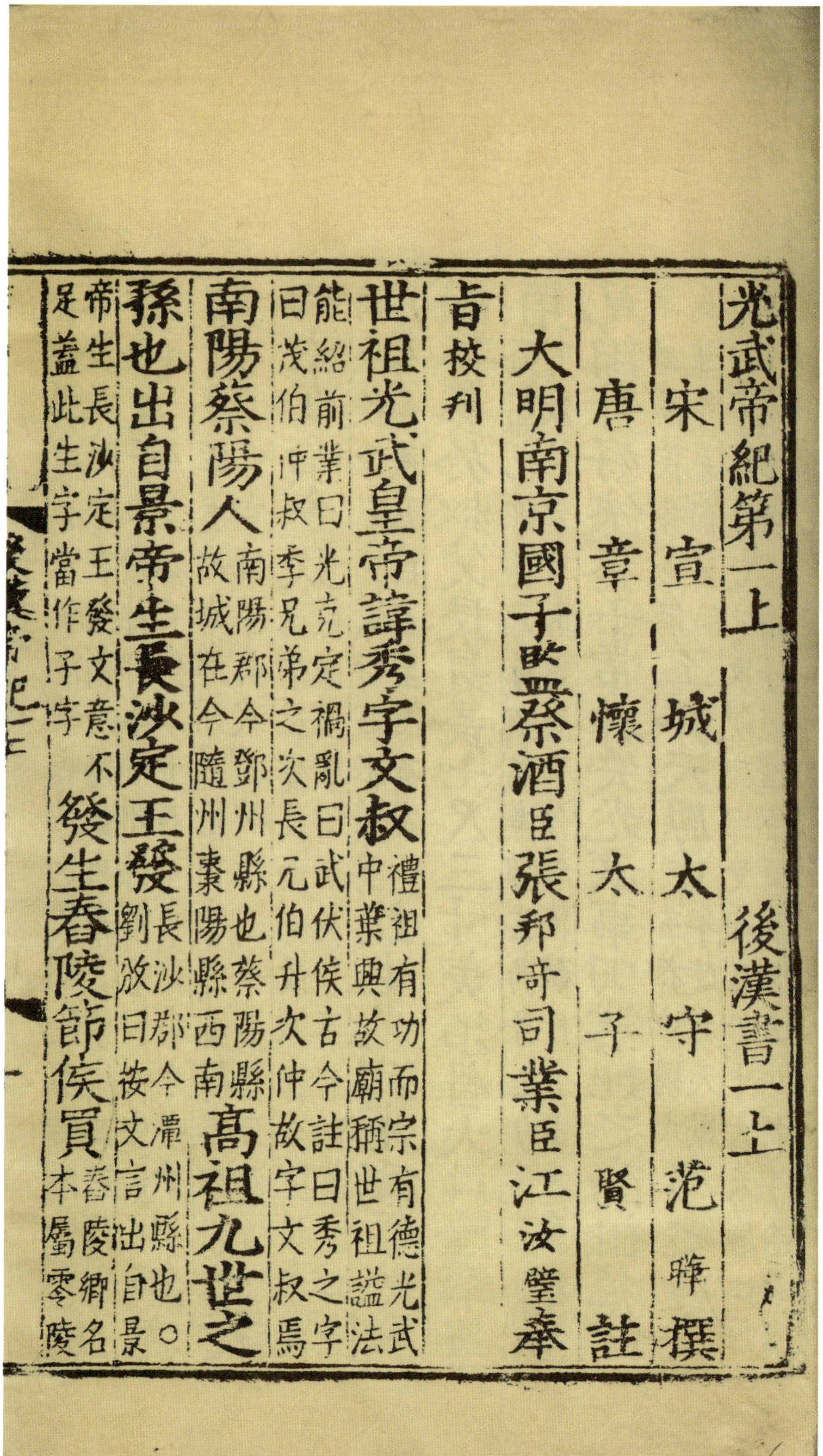

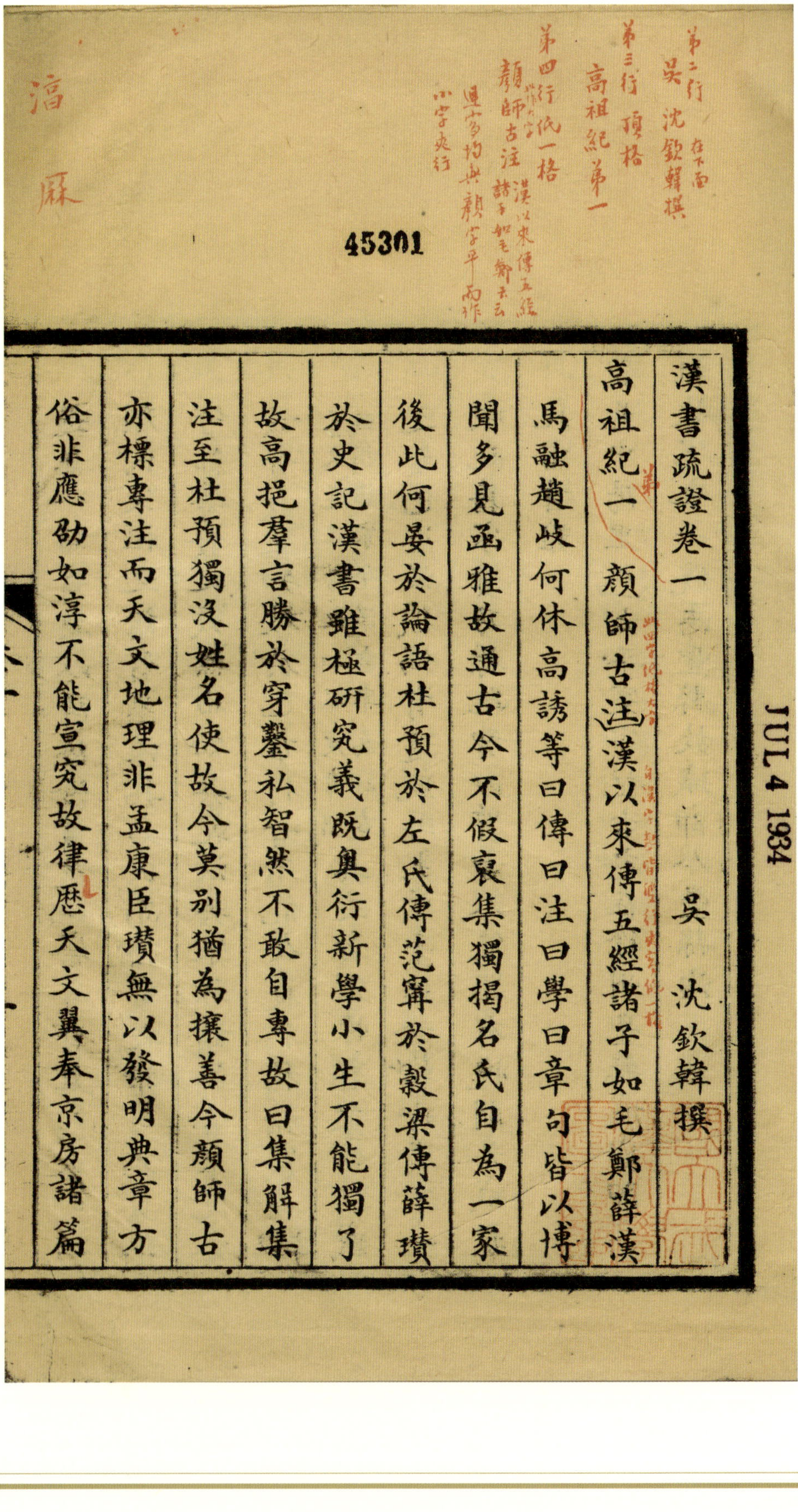

漢書疏證三十六卷後漢書疏證三十卷

［清］沈欽韓撰　清抄本　黃以周批校　漢書疏證存二十二卷（卷一至二十二）後漢書疏證存二十卷（卷一至二十）

十行二十二字，黑口，單魚尾，四周雙邊，版框高十九·六釐米，寬十五·三釐米。

後漢書疏證卷一　吳　沈欽韓撰

劉 傳

齊武王 續傳

涪

後漢書疏證卷一

吳　沈欽韓撰

齊武王傳 自稱柱天都部 按李寶為柱天將軍李通亦號柱國大將軍後魏爾朱榮遂踵其名為天柱大將軍宇文泰因設八柱國後代遂為勳官蓋伯升起於楚地楚有柱國官取其義爾都部猶都統宋將兵者因號都部部署

留輜重於藍鄉 明史志鄧州新野縣東有故藍鄉

南渡潢淳水 水經注赭水參差流結兩湖有東陂西陂之名二湖流注合為黃水逕棘陽縣之黃淳聚又謂之黃淳水一統志赭水自裕州西南流經唐縣西為黃水

臨泚水 按南陽郡比陽縣應劭曰比水所出縣從水得名

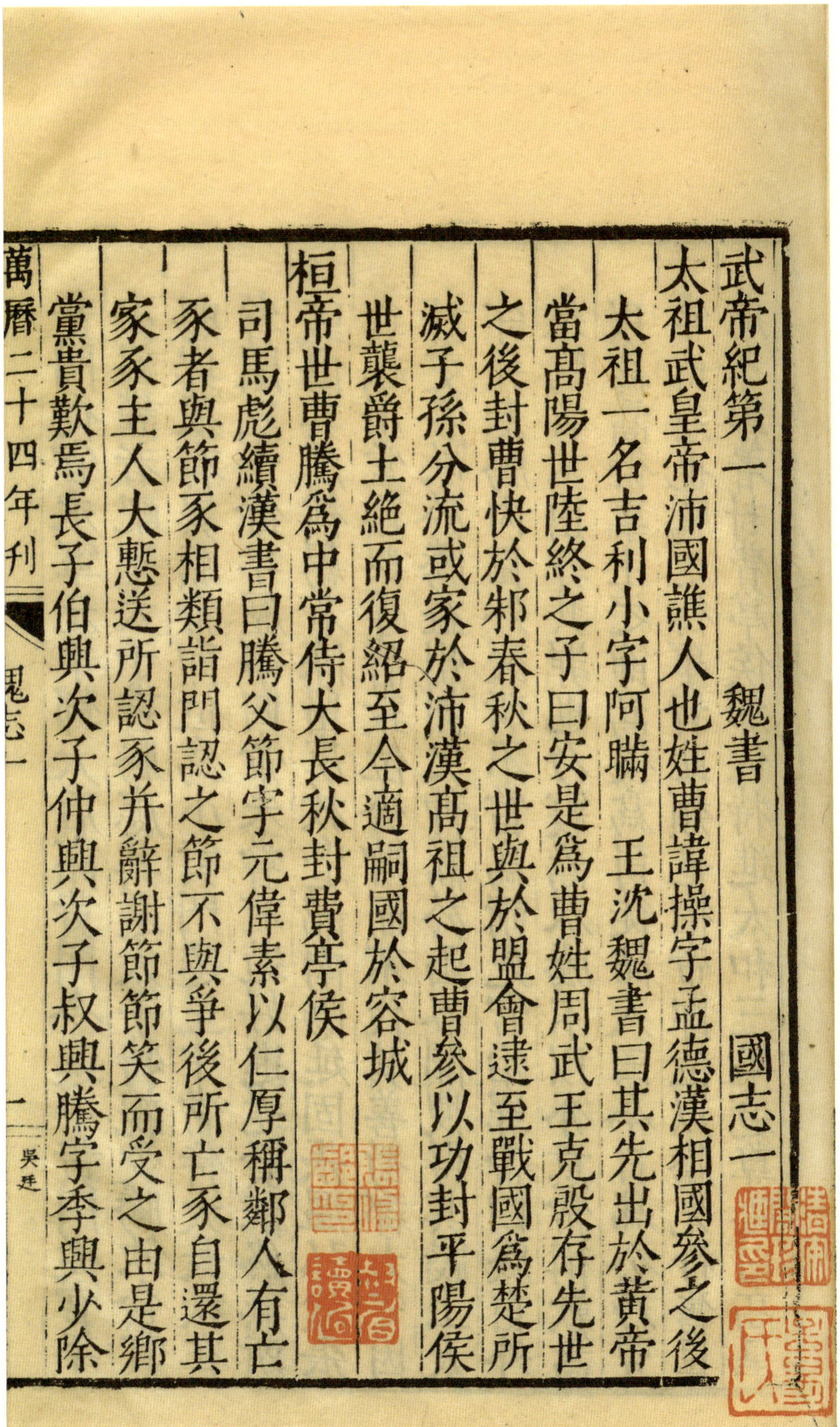
武帝紀第一　魏書　國志一
太祖武皇帝沛國譙人也姓曹諱操字孟德漢相國參之後
太祖一名吉利小字阿瞞　王沈魏書曰其先出於黄帝
當高陽世陸終之子曰安是爲曹姓周武王克殷存先世
之後封曹俠於邾春秋之世與於盟會逮至戰國爲楚所
滅子孫分流或家於沛漢高祖之起曹參以功封平陽侯
世襲爵土絶而復紹至今適嗣國於容城
桓帝世曹騰爲中常侍大長秋封費亭侯
司馬彪續漢書曰騰父節字元偉素以仁厚稱鄰人有亡
豕者與節豕相類詣門認之節不與争後所亡豕自還其
家豕主人大慙送所認豕并辭謝節節笑而受之由是鄉
黨貴歎焉長子伯興次子仲興次子叔興騰字季興少除
萬曆二十四年刊　魏志一　一　吳廷

三國志六十五卷

［晉］陳壽撰　［南朝·宋］裴松之注　明萬曆二十四年（一五九六）南京國子監刻本

十二行二十三字，白口，單魚尾，左右雙邊，版框高二十一·五釐米，寬十四·七釐米。

晉書一百三十卷 〔唐〕房玄齡等撰 **音義三卷** 〔唐〕何超撰 元刻明正德十年（一五一五）司禮監嘉靖萬曆南京國子監遞修本

十行二十字，白口，雙魚尾，左右雙邊，版框高二十二釐米，寬十七·七釐米。

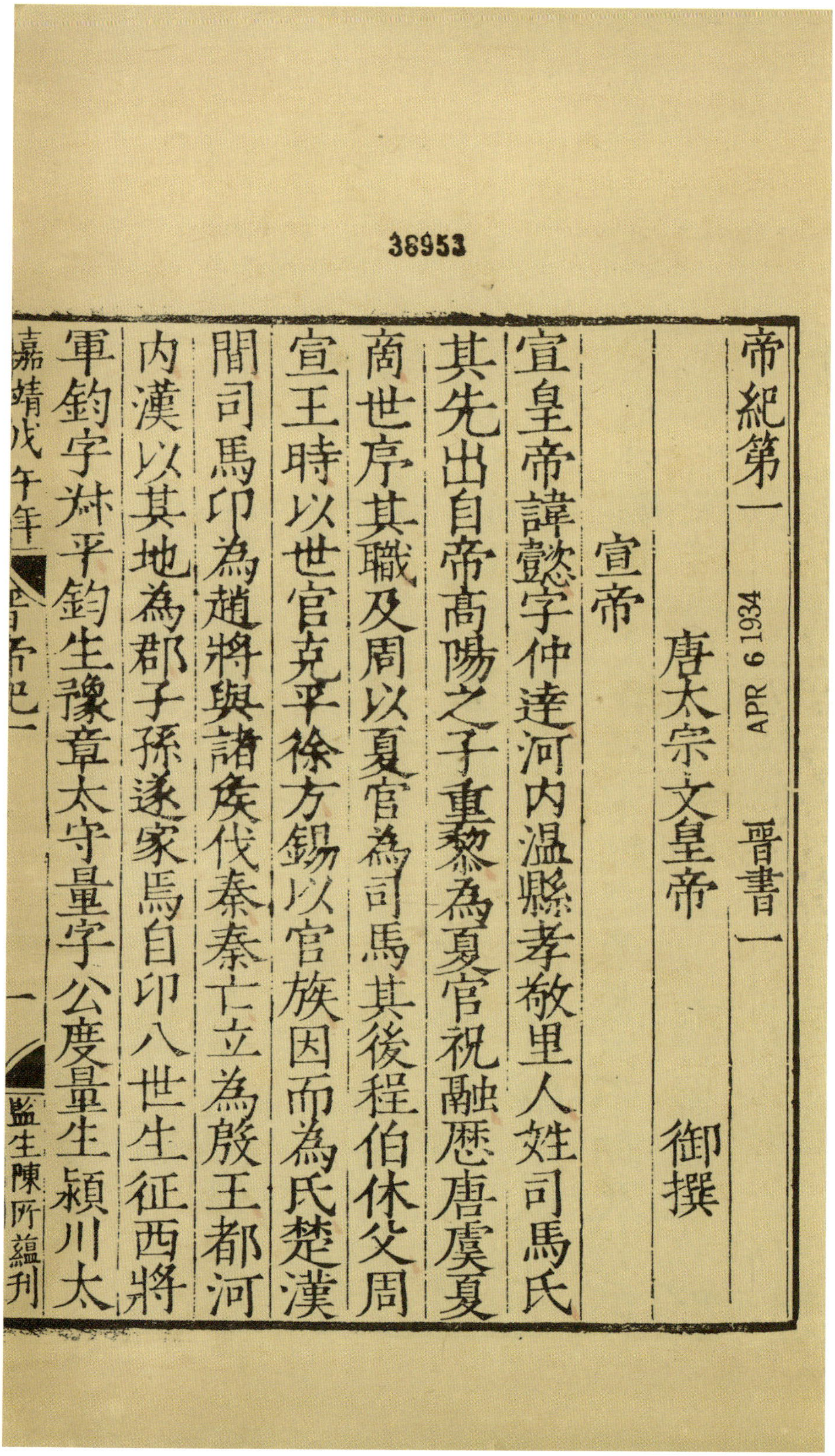

帝紀第一　　晉書一

唐太宗文皇帝　御撰

宣帝

宣皇帝諱懿字仲達河内温縣孝敬里人姓司馬氏其先出自帝高陽之子重黎為夏官祝融歴唐虞夏商世序其職及周以夏官為司馬其後程伯休父周宣王時以世官克平徐方錫以官族因而為氏楚漢間司馬卬為趙將與諸侯伐秦秦亡立為殷王都河内漢以其地為郡子孫遂家焉自卬八世生征西將軍鈞字叔平鈞生豫章太守量字公度量生潁川太

嘉靖戊午年　晉帝紀一　一　監生陳所蘊刊

宋書一百卷　［南朝·梁］沈約撰　宋刻宋元明遞修本（有抄配）

九行十八字，白口，單魚尾，左右雙邊，版框高二十三·六釐米，寬十八·五釐米。

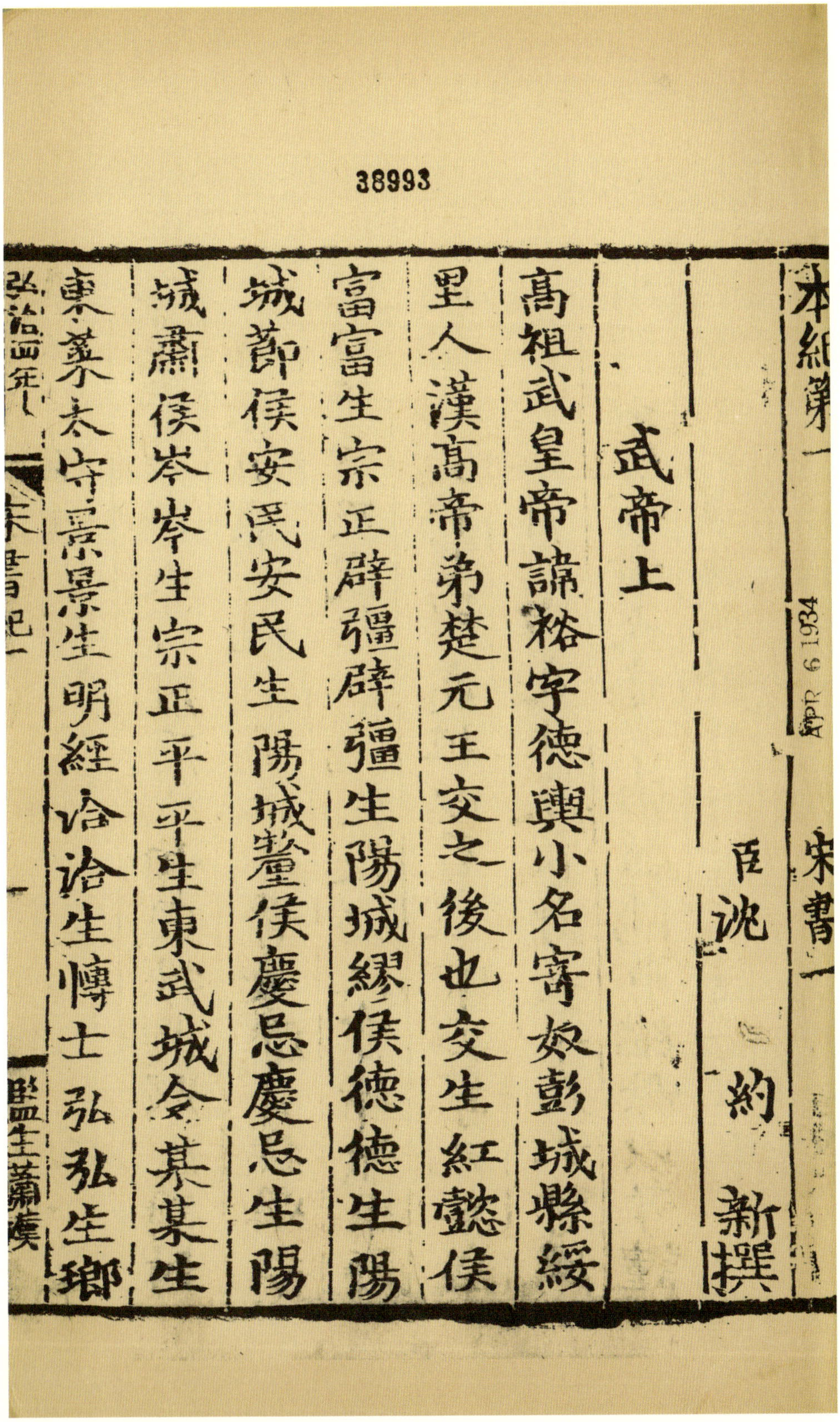

本紀第一　宋書一

臣沈　約　新撰

武帝上

高祖武皇帝諱裕字德輿小名寄奴彭城縣綏里人漢高帝弟楚元王交之後也交生紅懿侯富富生宗正辟彊辟彊生陽城繆侯德德生陽城節侯安民安民生陽城釐侯慶忌慶忌生陽城肅侯岑岑生宗正平平生東武城令某某生東莱太守景景生明經洽洽生博士弘弘生鄉

弘治四年　宋書紀一　監生蕭[illegible]

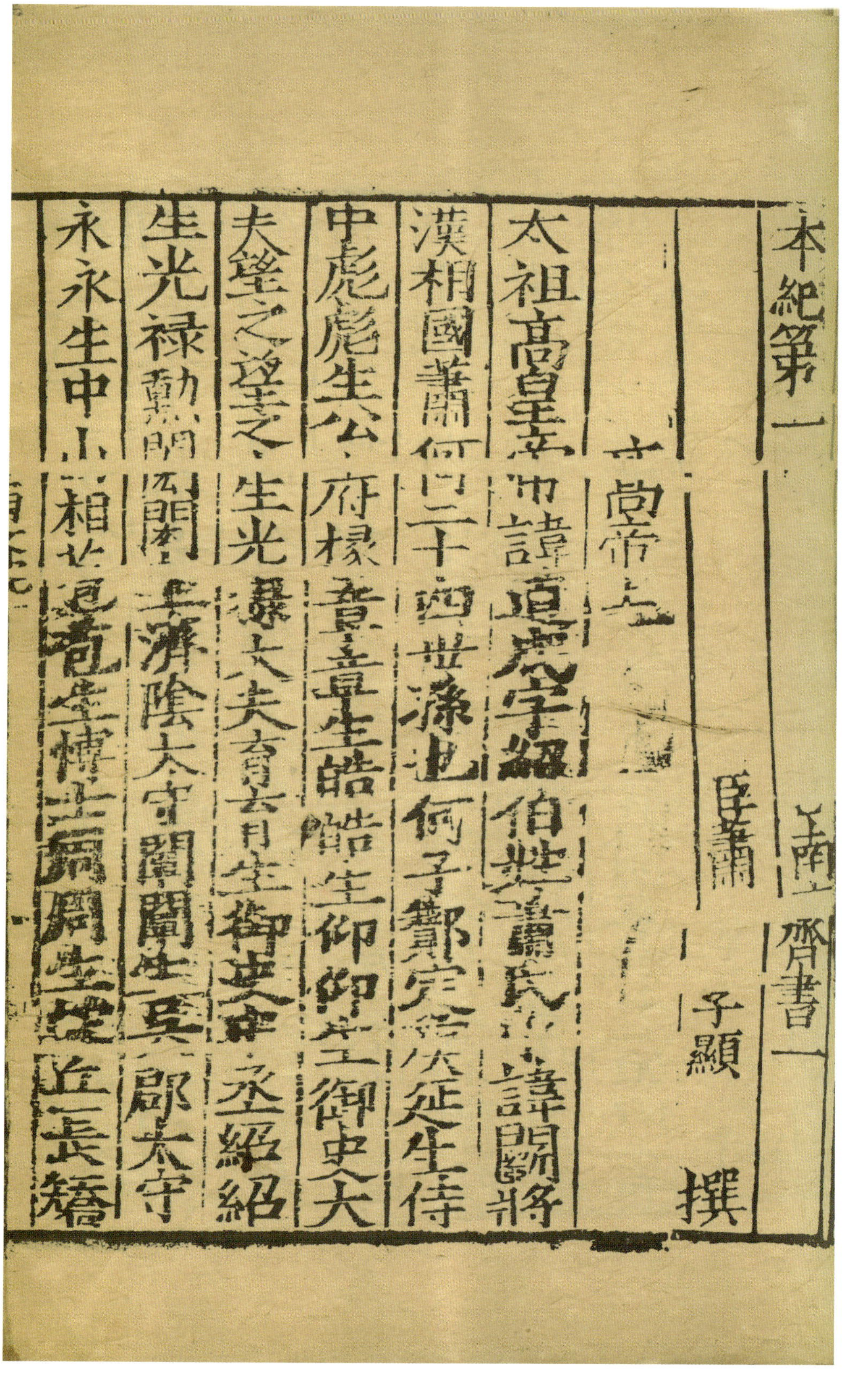

本紀第一　　南齊書一

高帝上

臣蕭子顯　撰

太祖高皇帝諱道成字紹伯姓蕭氏小諱鬭將漢相國蕭何二十四世孫也何子鄼定侯延生侍中彪彪生公府掾章章生皓皓生仰仰生御史大夫望之望之生光祿大夫育育生御史中丞紹紹生光祿勳閎閎生濟陰太守闡闡生吳郡太守永永生中山相苞苞生博士周周生蛇丘長矯

南齊書五十九卷　［南朝·梁］蕭子顯撰　宋刻元明遞修本

九行十八至十九字，白口，單魚尾，左右雙邊，版框高二十二·八釐米，寬十八·一釐米。

梁書五十六卷

［唐］姚思廉撰　宋刻元明遞修本（有抄配）

九行十八字，白口，單魚尾，左右雙邊，版框高二十二·一釐米，寬十八·七釐米。

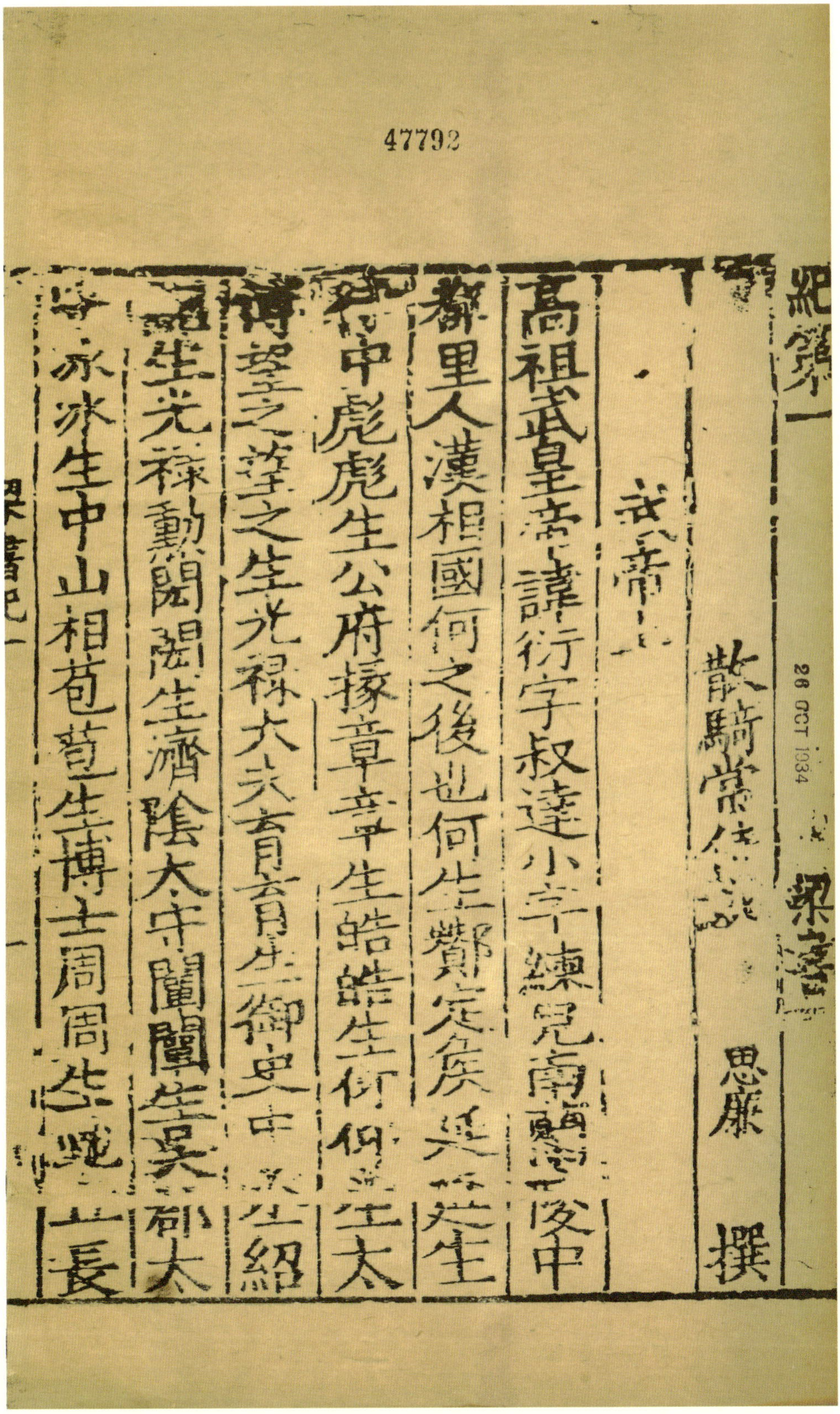

47792

梁書本紀第一　　梁書一

武帝上

散騎常侍姚思廉撰

26 OCT 1934

高祖武皇帝諱衍字叔達小字練兒南蘭陵中都里人漢相國何之後也何生酇定侯延延生侍中彪彪生公府掾章章生皓皓生仰仰生太子太傅望之望之生光祿大夫育育生御史中丞紹紹生光祿勳閎閎生濟陰太守闡闡生吳郡太守冰冰生中山相苞苞生博士周周生蛇丘長

梁書紀一

陳書三十六卷　［唐］姚思廉撰　宋刻宋元明遞修本

九行十八字，白口，單魚尾，左右雙邊，版框高二十三・四釐米，寬十八・五釐米。

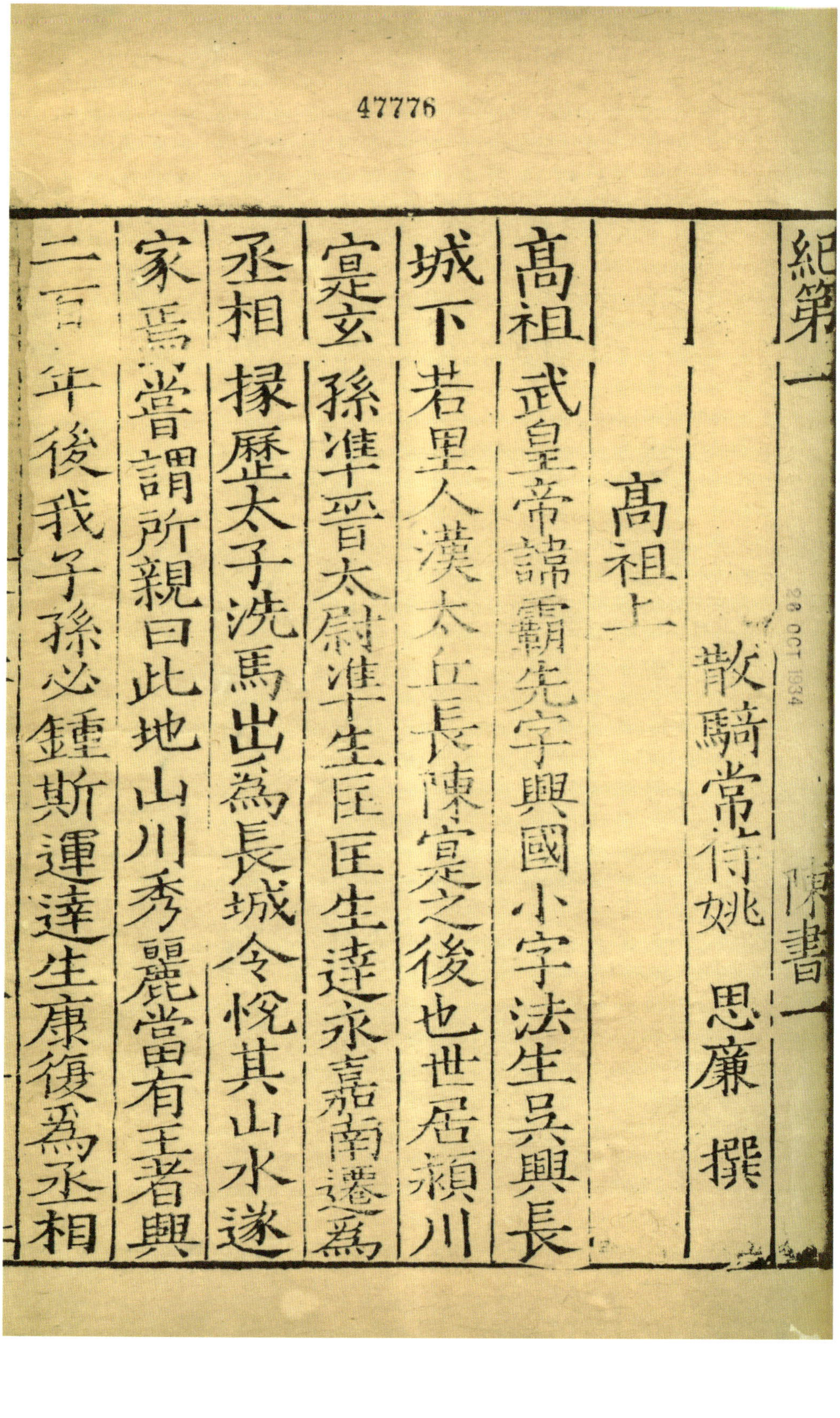

紀第一　陳書一

散騎常侍姚　思廉　撰

高祖上

高祖武皇帝諱霸先字興國小字法生吴興長城下若里人漢太丘長陳寔之後也世居潁川寔玄孫準晉太尉準生匡匡生達永嘉南遷爲丞相掾歷太子洗馬出爲長城令悅其山水遂家焉嘗謂所親曰此地山川秀麗當有王者興二百年後我子孫必鍾斯運達生康復爲丞相

魏書一百十四卷

〔北朝・齊〕魏收撰　宋刻宋元明遞修本

九行十八字，白口，單魚尾，左右雙邊，版框高二十二・五釐米，寬十八・七釐米。

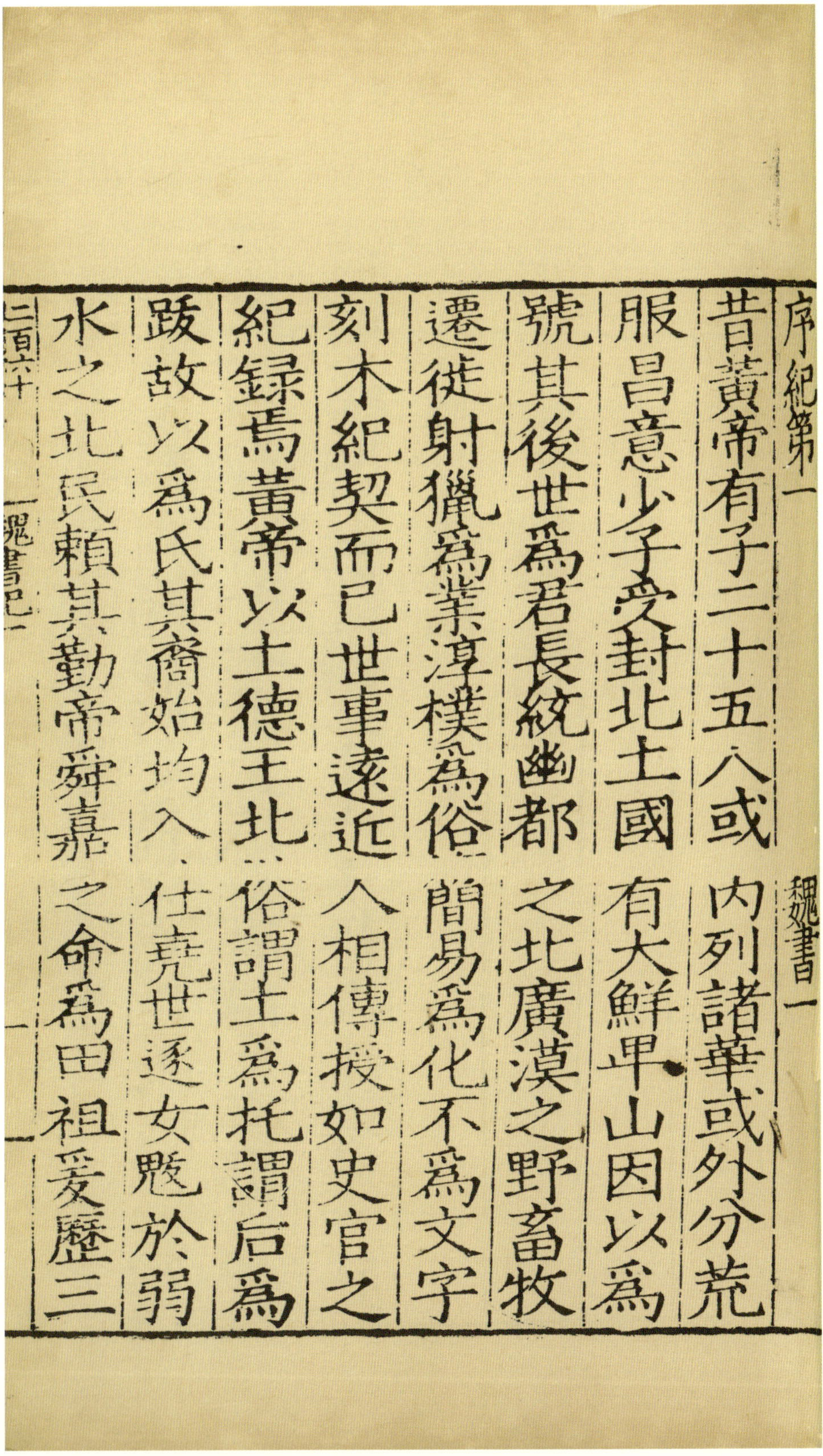

序紀第一　　魏書一

昔黃帝有子二十五人或内列諸華或外分荒
服昌意少子受封北土國有大鮮卑山因以爲
號其後世爲君長統幽都之北廣漠之野畜牧
遷徙射獵爲業淳樸爲俗簡易爲化不爲文字
刻木紀契而已世事遠近人相傳授如史官之
紀録焉黃帝以土德王北俗謂土爲托謂后爲
跋故以爲氏其裔始均入仕堯世逐女魃於弱
水之北民賴其勤帝舜嘉之命爲田祖爰歷三

仁百六十　魏書紀一　一

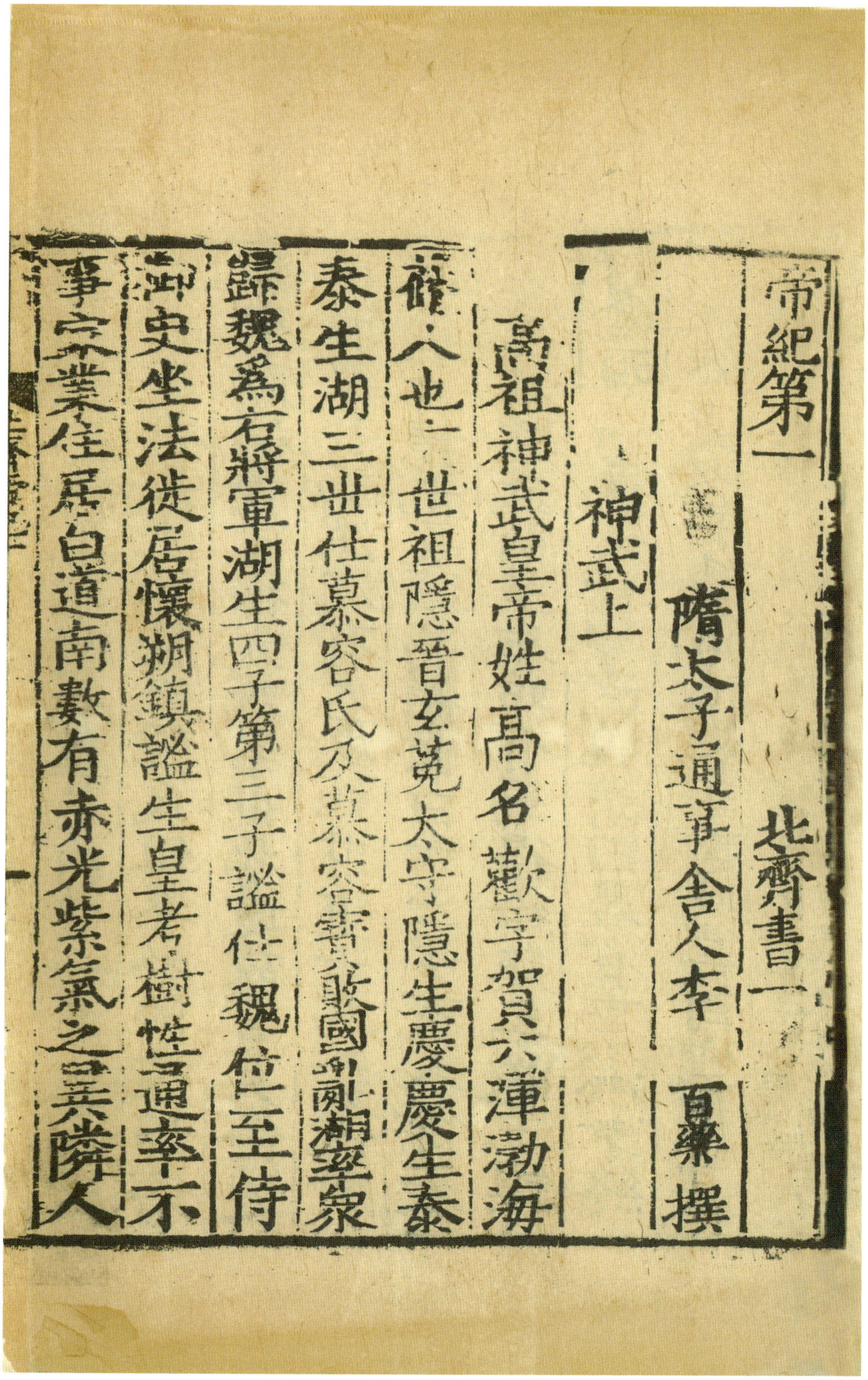

帝紀第一　北齊書一

隋太子通事舍人李　百藥撰

神武上

高祖神武皇帝姓高名歡字賀六渾渤海蓨人也六世祖隱晉玄菟太守隱生慶慶生泰泰生湖三世仕慕容氏及慕容寶敗國亂湖率衆歸魏爲右將軍湖生四子第三子謐仕魏位至侍御史坐法徙居懷朔鎮謐生皇考樹性通率不事家業住居白道南數有赤光紫氣之異隣人

北齊書五十卷　［唐］李百藥撰　宋刻宋元明遞修本

九行十八字，白口，雙魚尾，左右雙邊，版框高二十二・九釐米，寬十八・九釐米。

周書五十卷

［唐］令狐德棻撰　宋刻宋元明遞修本

九行十八字，白口，雙魚尾，左右雙邊，版框高二十二・五釐米，寬十八・四釐米。

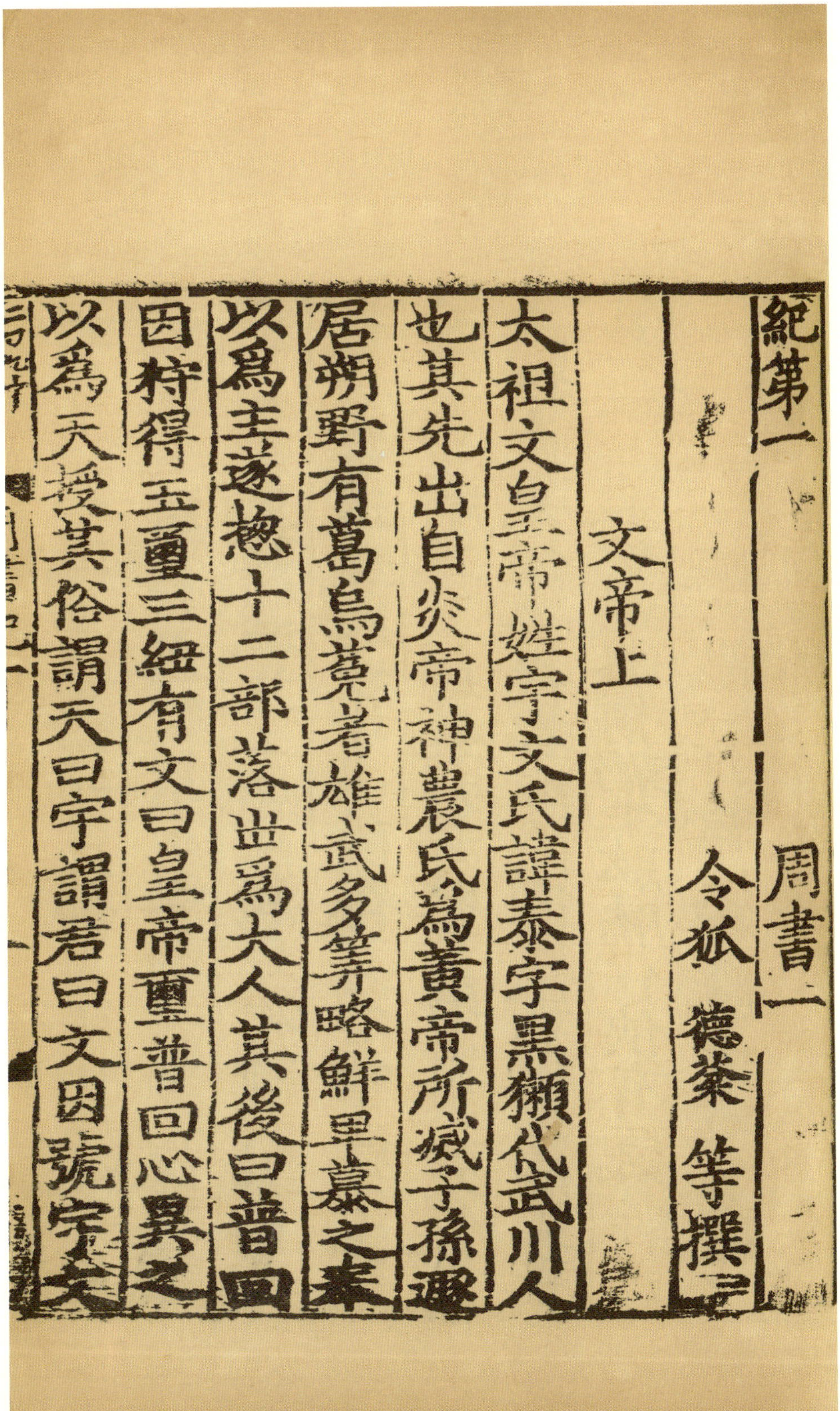

周書五十卷

［唐］令狐德棻撰　明萬曆十六年（一五八八）南京國子監刻本

九行十八字，白口，雙魚尾，四周雙邊，版框高二十・一釐米，寬十五釐米。

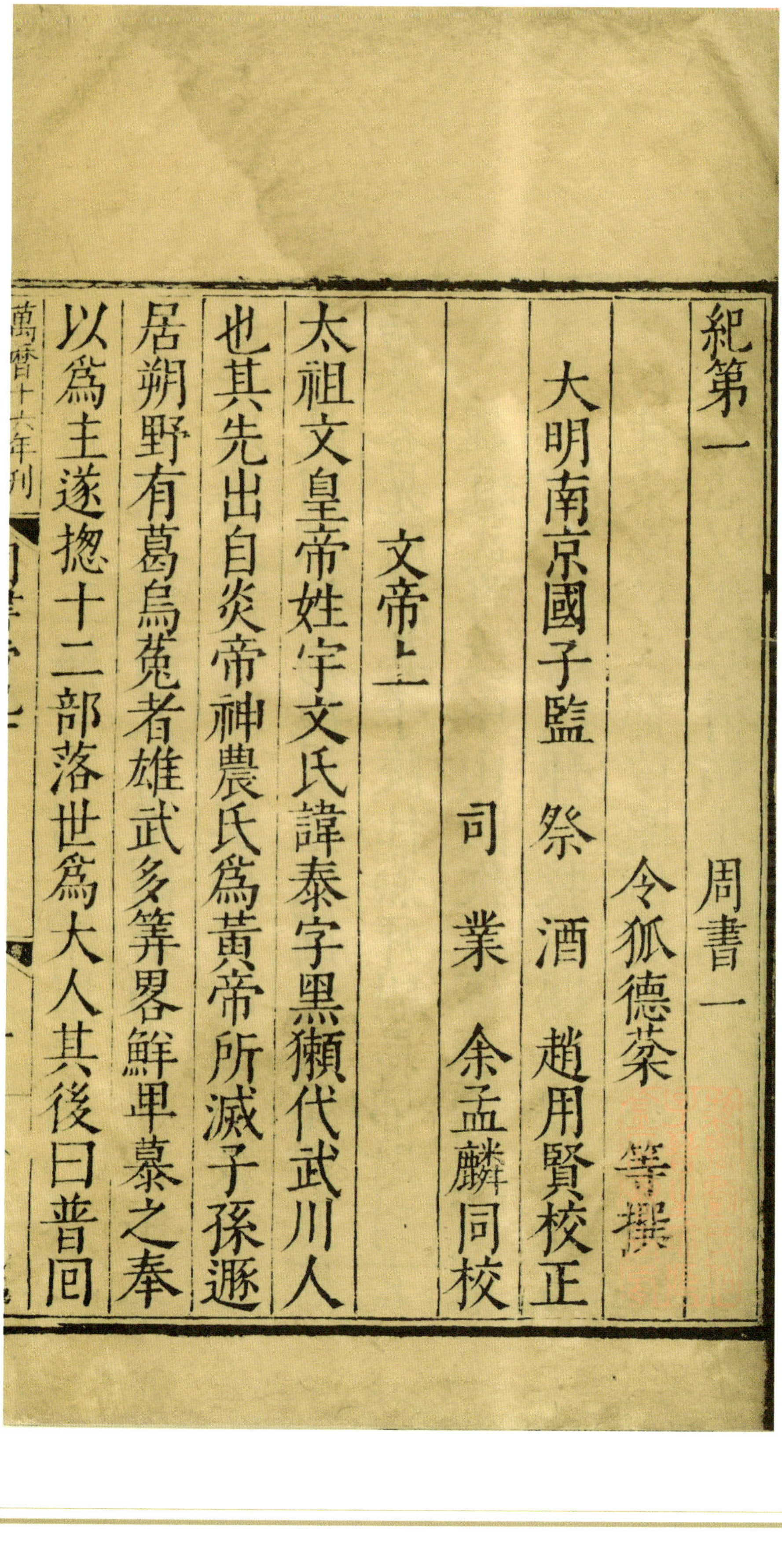

紀第一　　周書一

令狐德棻　等撰

大明南京國子監　祭　酒　趙用賢校正

司　業　余孟麟同校

文帝上

太祖文皇帝姓宇文氏諱泰字黑獺代武川人也其先出自炎帝神農氏爲黃帝所滅子孫遯居朔野有葛烏菟者雄武多筭畧鮮卑慕之奉以爲主遂揔十二部落世爲大人其後曰普回

萬曆十六年刊

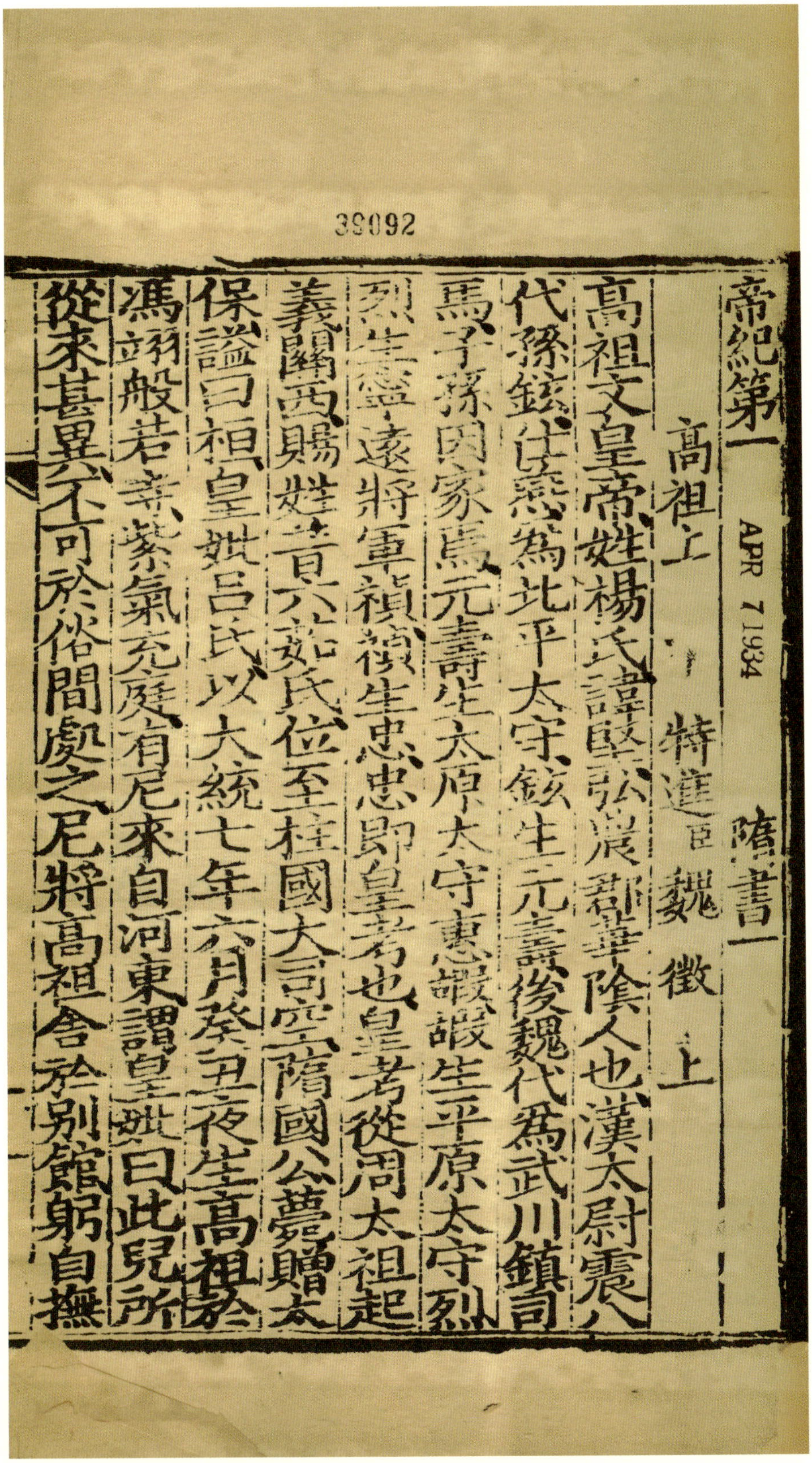

隋書八十五卷

［唐］魏徵等撰　元大德饒州路儒學刻明正德嘉靖遞修本

十行二十二字，黑口，四周雙邊，版框高二十一・八釐米，寬十六・五釐米。

隋書八十五卷

［唐］魏徵等撰　明萬曆二十二至二十三年（一五九四—一五九五）南京國子監刻本

九行十八字，白口，雙魚尾，四周雙邊，版框高二十・九釐米，寬十四・八釐米。

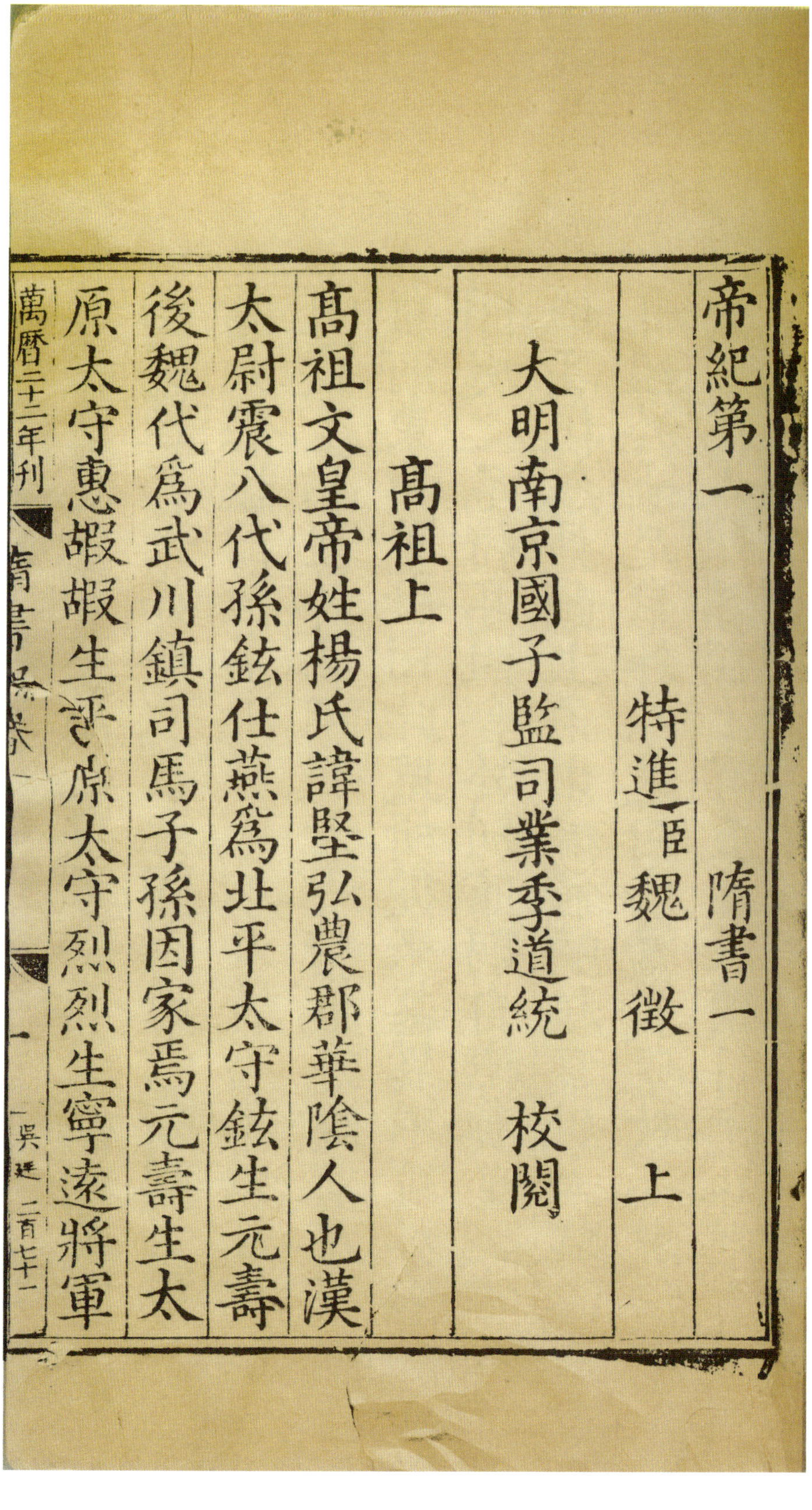

帝紀第一　　隋書一

特進臣魏徵　上

大明南京國子監司業季道統　校閲

高祖上

高祖文皇帝姓楊氏諱堅弘農郡華陰人也漢
太尉震八代孫鉉仕燕爲北平太守鉉生元壽
後魏代爲武川鎮司馬子孫因家焉元壽生太
原太守惠嘏嘏生平原太守烈烈生寧遠將軍

萬曆二十二年刊　隋書紀卷一　一　吳廷　二百七十一

南史八十卷

〔唐〕李延壽撰　元大德十年（一三〇六）刻明嘉靖遞修本

十行二十二字，白口，單魚尾，四周單邊，版框高二十二·三釐米，寬十六·五釐米。

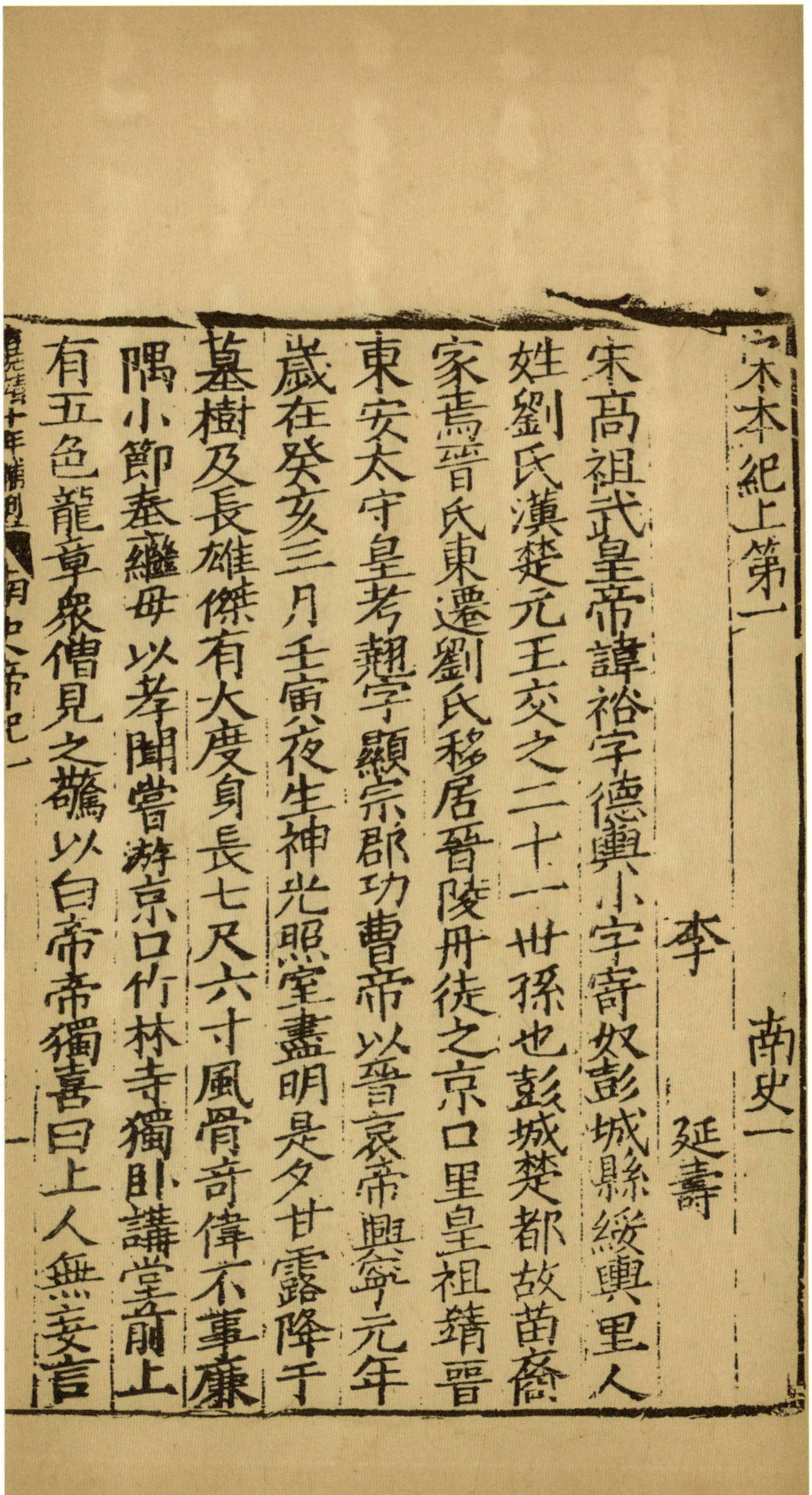

宋本紀上第一　　南史一

李　延壽

宋高祖武皇帝諱裕字德輿小字寄奴彭城縣綏輿里人
姓劉氏漢楚元王交之二十一世孫也彭城楚都故苗裔
家焉晉氏東遷劉氏移居晉陵丹徒之京口里皇祖靖晉
東安太守皇考翹字顯宗郡功曹帝以晉哀帝興寧元年
歲在癸亥三月壬寅夜生神光照室盡明是夕甘露降于
墓樹及長雄傑有大度身長七尺六寸風骨奇偉不事廉
隅小節奉繼母以孝聞嘗游京口竹林寺獨臥講堂前上
有五色龍章衆僧見之驚以白帝帝獨喜曰上人無妄言

北史一百卷

［唐］李延壽撰　元大德信州路儒學刻明嘉靖遞修本

十行二十二字，白口，雙魚尾，四周雙邊，版框高二十二·三釐米，寬十六·七釐米。

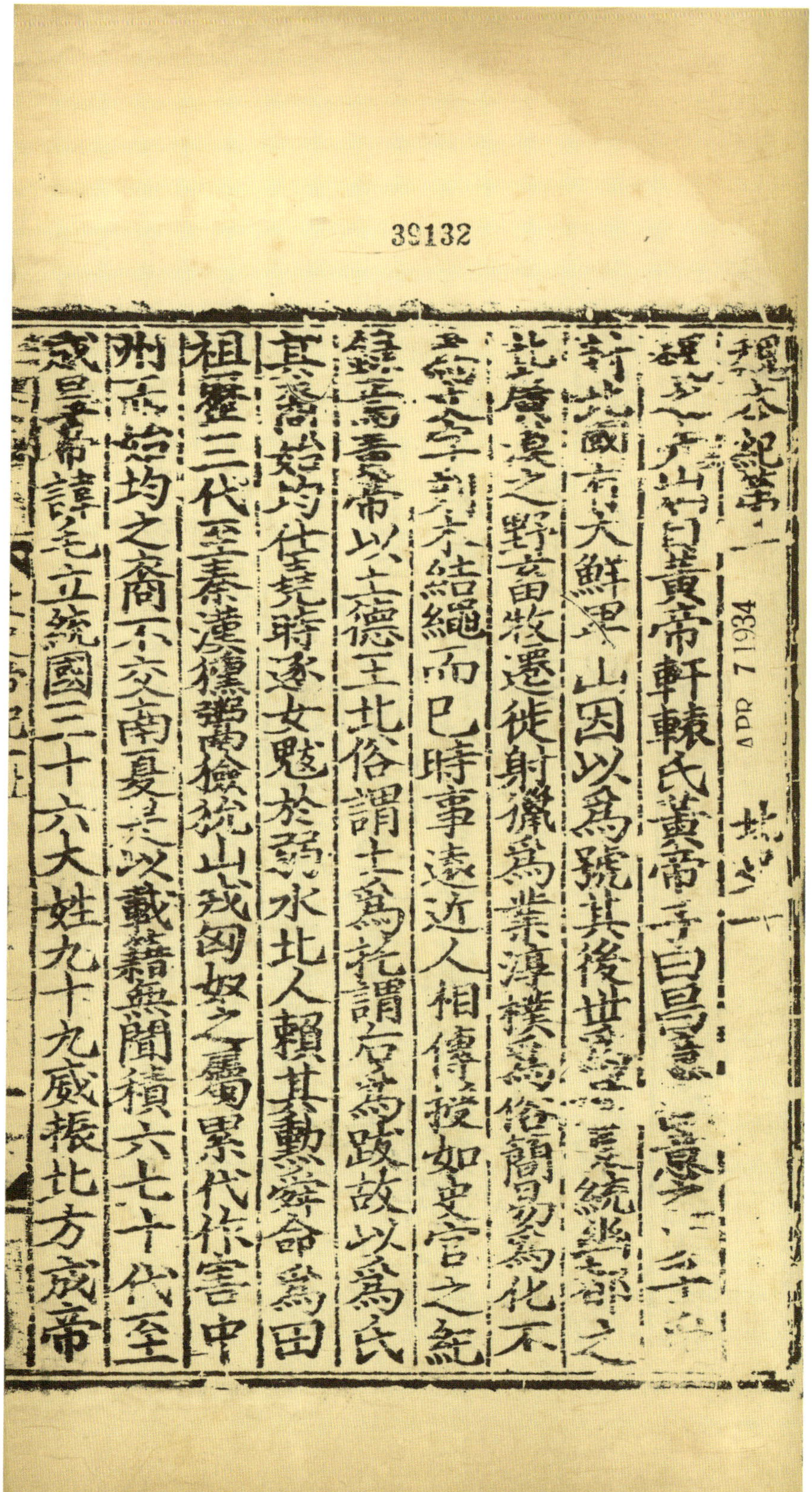
39132

魏本紀第一　北史一

魏之先出自黃帝軒轅氏黃帝子曰昌意昌意之少子受

封北國有大鮮卑山因以爲號其後世爲君長統幽都之

北廣漠之野畜牧遷徙射獵爲業淳樸爲俗簡易爲化不

爲文字刻木結繩而已時事遠近人相傳授如史官之紀

錄焉黃帝以土德王北俗謂土爲託謂后爲跋故以爲氏

其裔始均仕堯時逐女魃於弱水北人賴其勳舜命爲田

祖歷三代至秦漢獯鬻獫狁山戎匈奴之屬累代殘害中

州而始均之裔不交南夏是以載籍無聞積六十七代至

成皇帝諱毛立統國三十六大姓九十九威振北方成帝

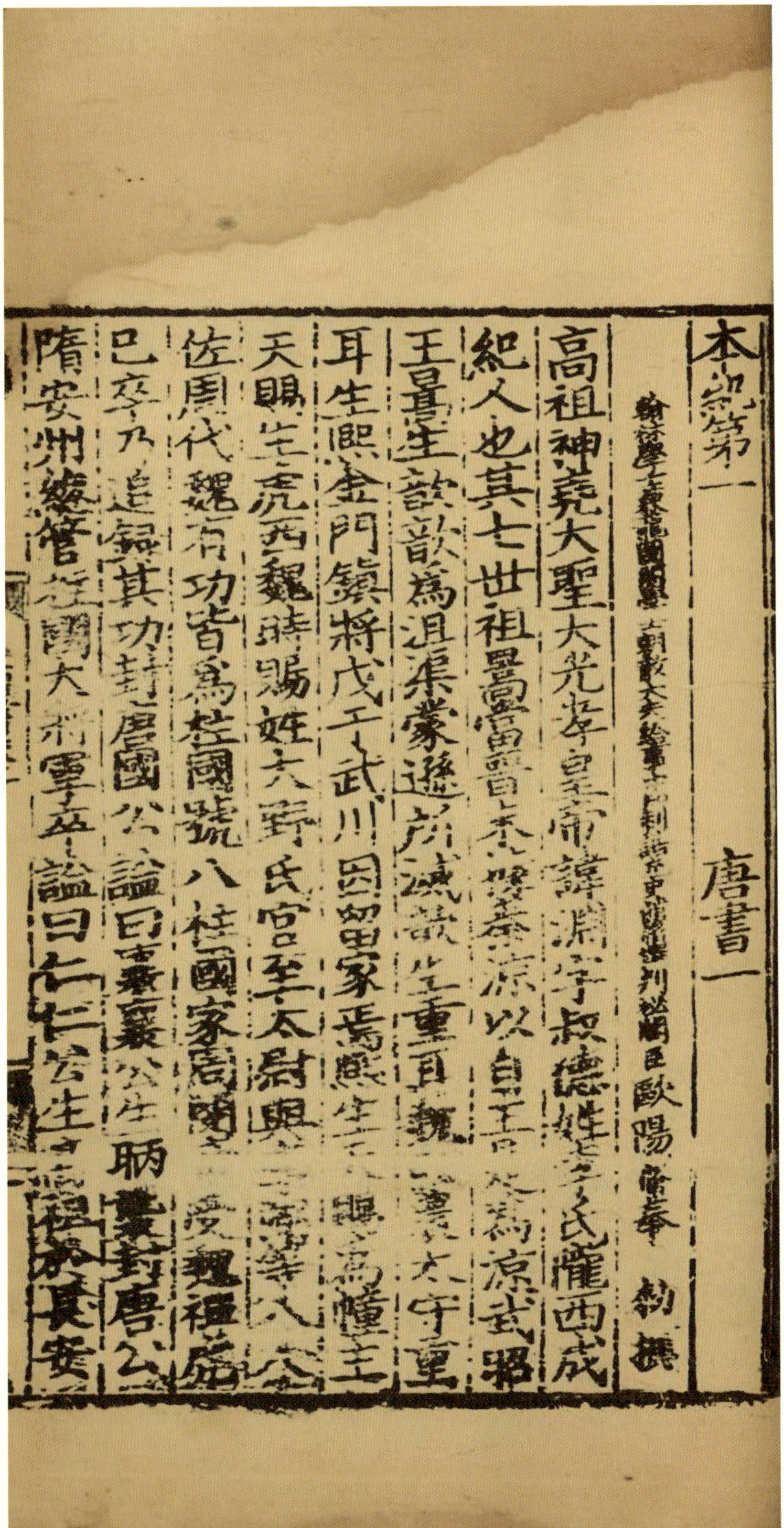
本紀第一　唐書一
翰林學士兼龍圖閣學士朝散大夫給事中知制誥充史館修撰判秘閣臣歐陽脩奉　勅撰
高祖神堯大聖大光孝皇帝諱淵字叔德姓李氏隴西成
紀人也其七世祖暠當晉末據秦涼以自王是為涼武昭
王暠生歆歆為沮渠蒙遜所滅歆生重耳魏弘農太守重
耳生熙金門鎮將戍于武川因留家焉熙生天賜為幢主
天賜生虎西魏時賜姓大野氏官至太尉與李弼等八人
佐周代魏有功皆為柱國號八柱國家周閔帝受魏禪虎
已卒乃追録其功封唐國公謚曰襄襄公生昞襲封唐公
隋安州總管柱國大將軍卒謚曰仁仁公生高祖於長安

唐書二百二十五卷　［宋］歐陽修　［宋］宋祁等撰　元大德九年（一三〇五）建康路儒學刻明成化弘治嘉靖南京國子監遞修本

十行二十二字，白口，雙魚尾，左右雙邊，版框高二十二釐米，寬十六・一釐米。

五代史記七十四卷 ［宋］歐陽修撰 ［宋］徐無黨注 明萬曆四至五年（一五七六—一五七七）南京國子監刻清順治十五年（一六五八）康熙三十九年（一七〇〇）遞修本

十行二十一字，小字雙行同，白口，雙魚尾，四周雙邊，版框高二十·八釐米，寬十四·九釐米。

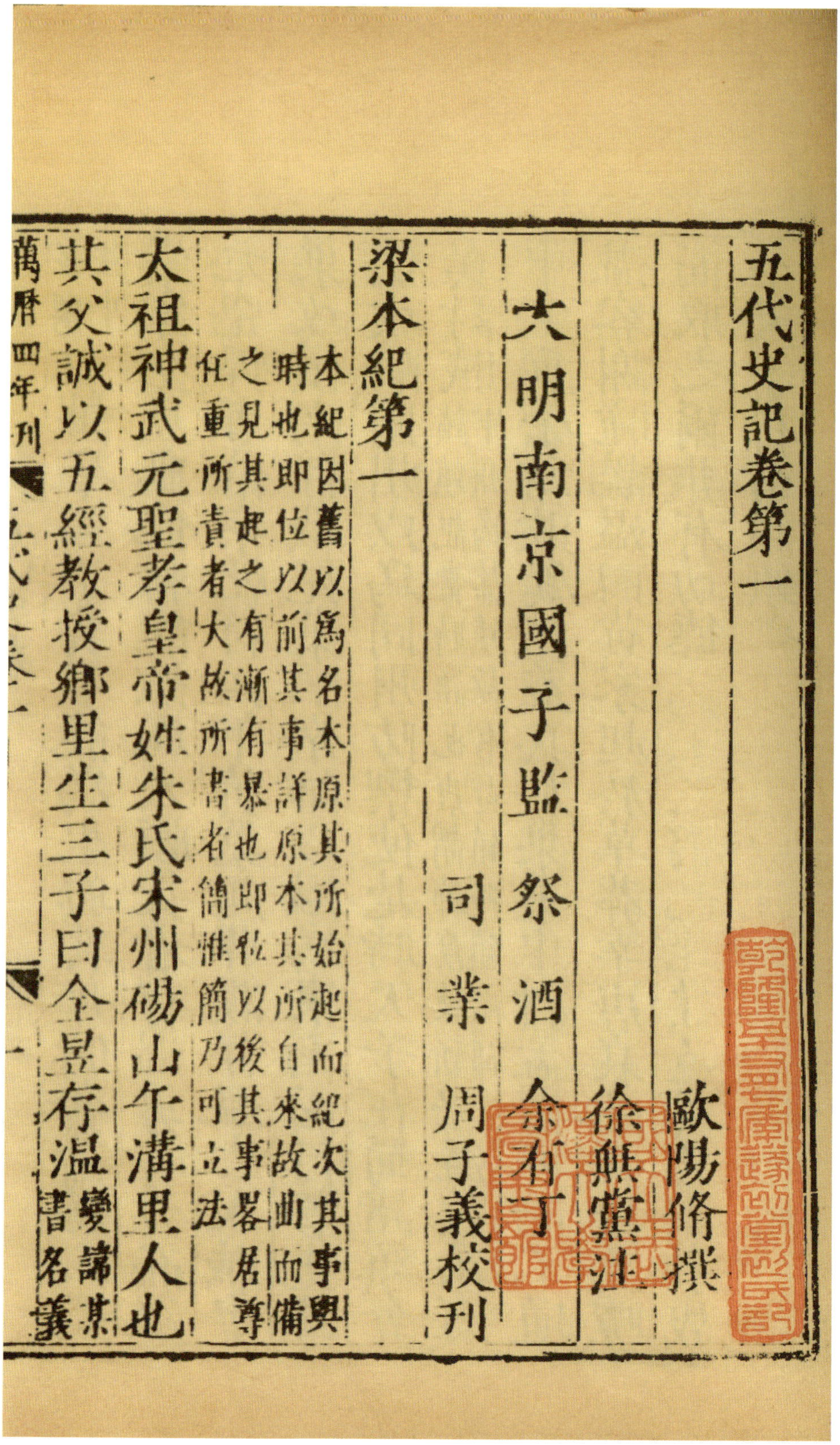

宋史四百九十六卷目録三卷　［元］脱脱等撰　明成化七至十六年（一四七一—一四八〇）朱英刻嘉靖南京國子監遞修本（卷一百十一至一百十六抄配）存四百五十八卷（卷一至五、九至一百七十五、一百八十六至三百二十、三百三十至三百三十八、三百五十五至四百九十六）

十行二十字，黑口，雙魚尾，四周雙邊，版框高二十一·七釐米，寬十五·三釐米。

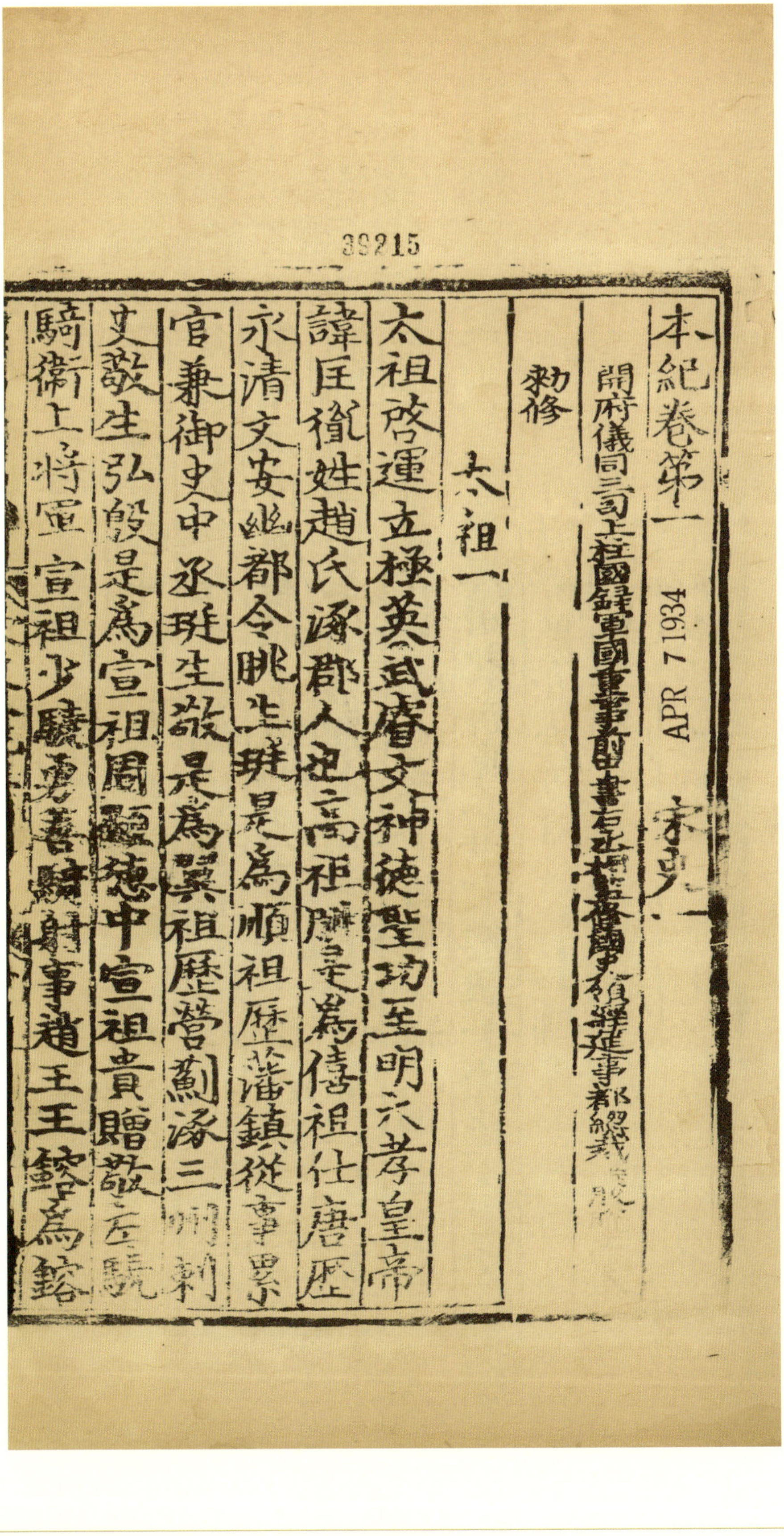

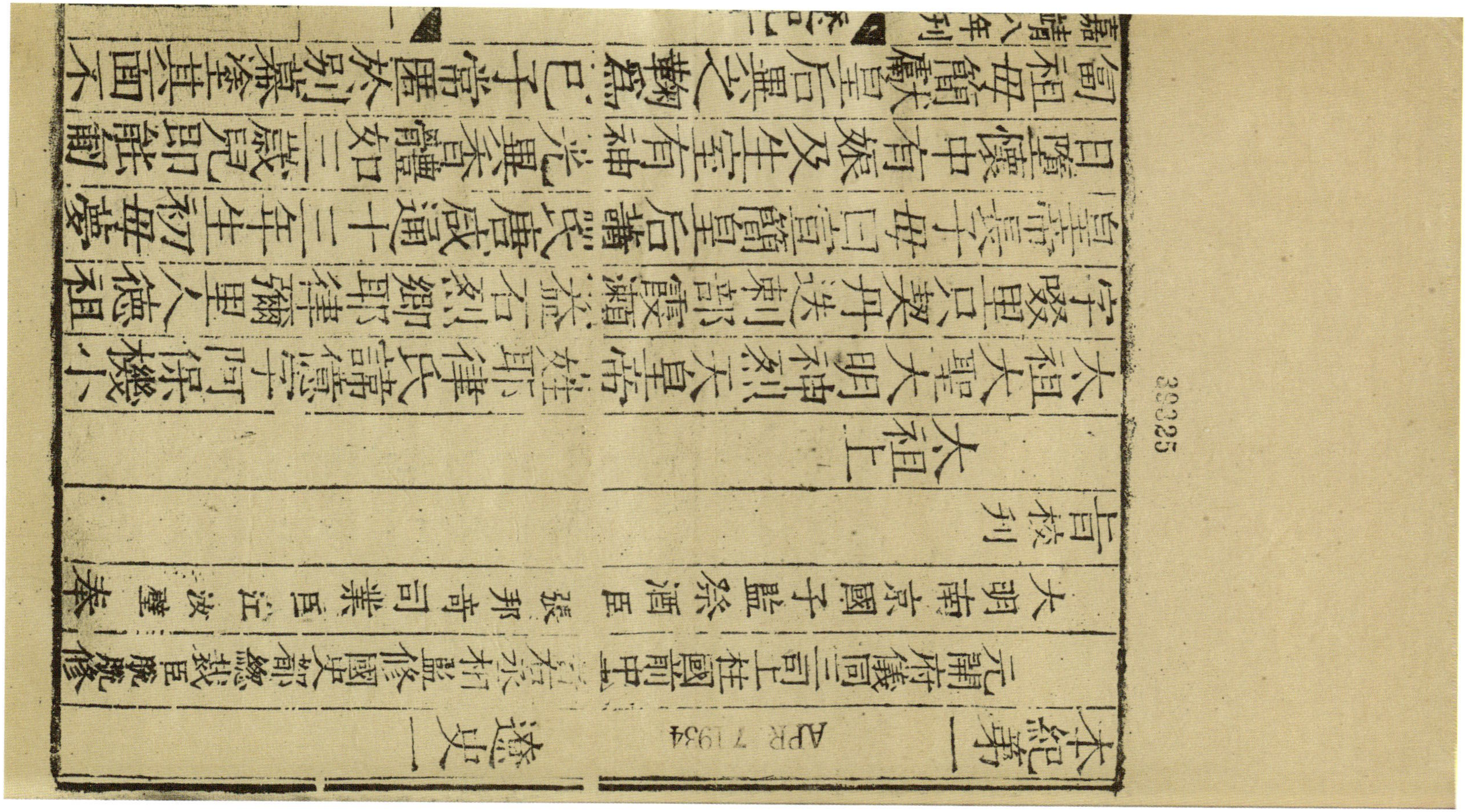

遼史一百十六卷

［元］脫脫等撰　明嘉靖八年（一五二九）南京國子監刻本

十行二十二字，白口，雙魚尾，左右雙邊，版框高二十二・一釐米，寬十六・二釐米。

金史一百三十五卷目録二卷

［元］脱脱等撰　明嘉靖八年（一五二九）南京國子監刻本

十行二十二字，白口，雙魚尾，左右雙邊，版框高二十一・三釐米，寬十六・三釐米。

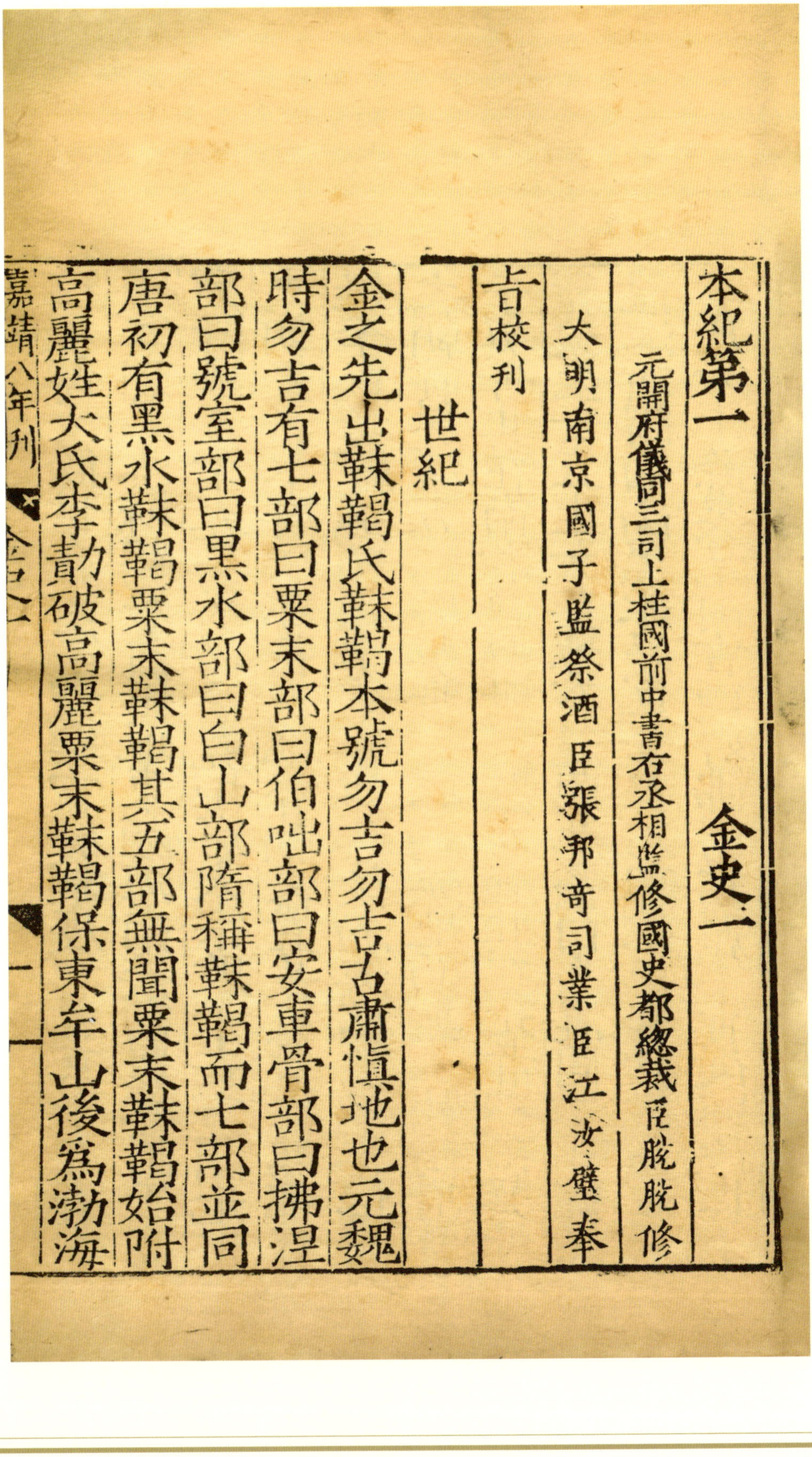
本紀第一　金史一

元開府儀同三司上柱國前中書右丞相監修國史都總裁臣脫脫修

大明南京國子監祭酒臣張邦奇司業臣江汝璧奉

旨校刊

世紀

金之先出靺鞨氏靺鞨本號勿吉勿吉古肅愼地也元魏時勿吉有七部曰粟末部曰伯咄部曰安車骨部曰拂涅部曰號室部曰黑水部曰白山部隋稱靺鞨而七部並同唐初有黑水靺鞨粟末靺鞨其五部無聞粟末靺鞨始附高麗姓大氏李勣破高麗粟末靺鞨保東牟山後爲渤海

嘉靖八年刊　金史一　一

元史二百一十卷目録二卷　[明]宋濂等撰　明洪武三年（一三七〇）内府刻嘉靖間南京國子監遞修本

十行二十字，黑口，雙魚尾，四周雙邊，版框高二十五·四釐米，寬十七·五釐米。

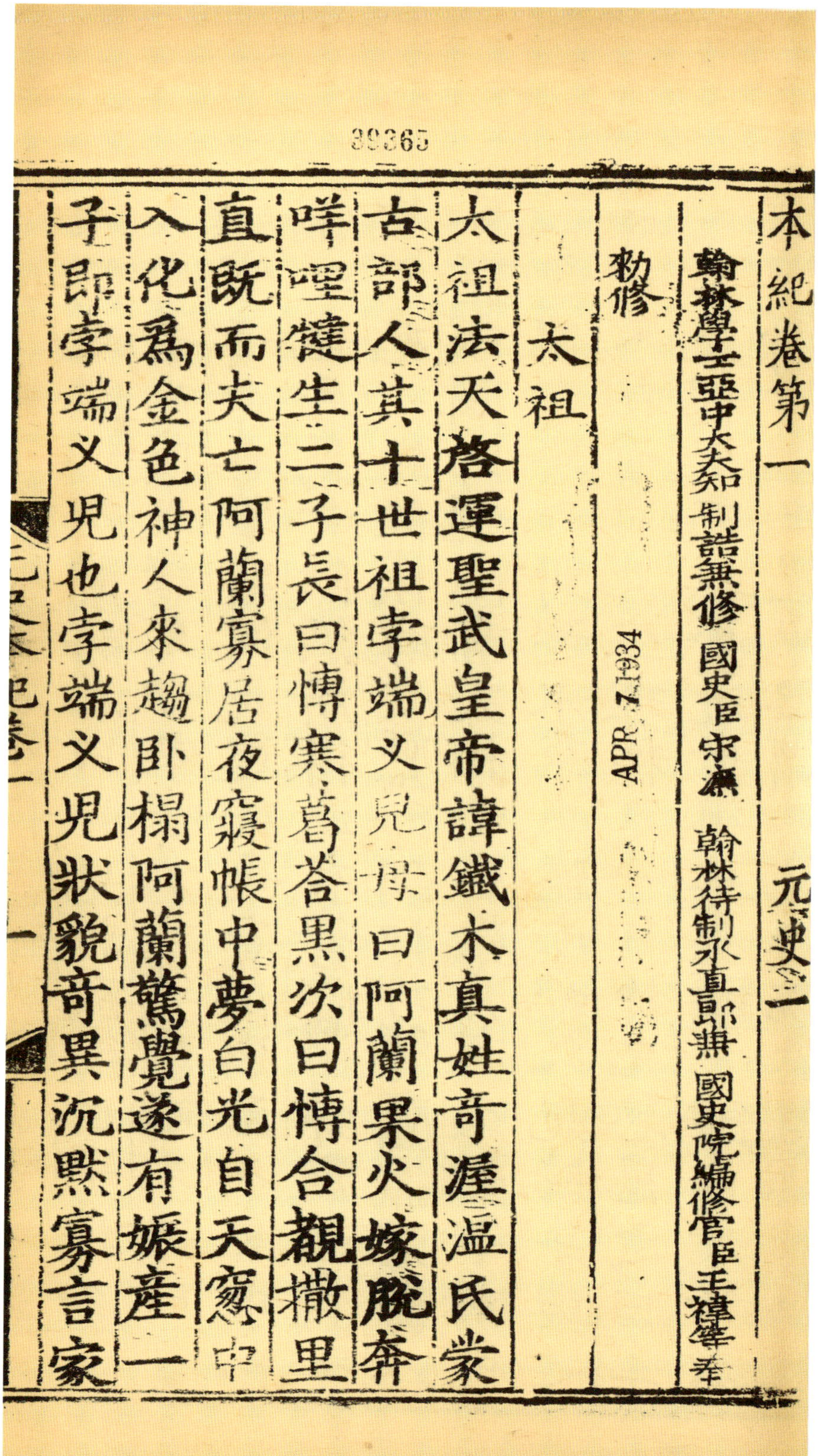

本紀卷第一　元史一

翰林學士亞中大夫知制誥兼修國史臣宋濂　翰林待制承直郎同知制誥兼國史院編修官臣王禕等奉

勅修

太祖

太祖法天啓運聖武皇帝諱鐵木真姓奇渥溫氏蒙古部人其十世祖孛端叉兒母曰阿蘭果火嫁脫奔咩哩犍生二子長曰博寒葛荅黒次曰博合覩撒里直既而夫亡阿蘭寡居夜寢帳中夢白光自天窻中入化爲金色神人來趨臥榻阿蘭驚覺遂有娠產一子即孛端叉兒也孛端叉兒狀貌奇異沉默寡言家

元史本紀卷一　一

元史新編不分卷　［清］魏源撰　清抄本　王先謙批校

十行十九至二十字，無版框。

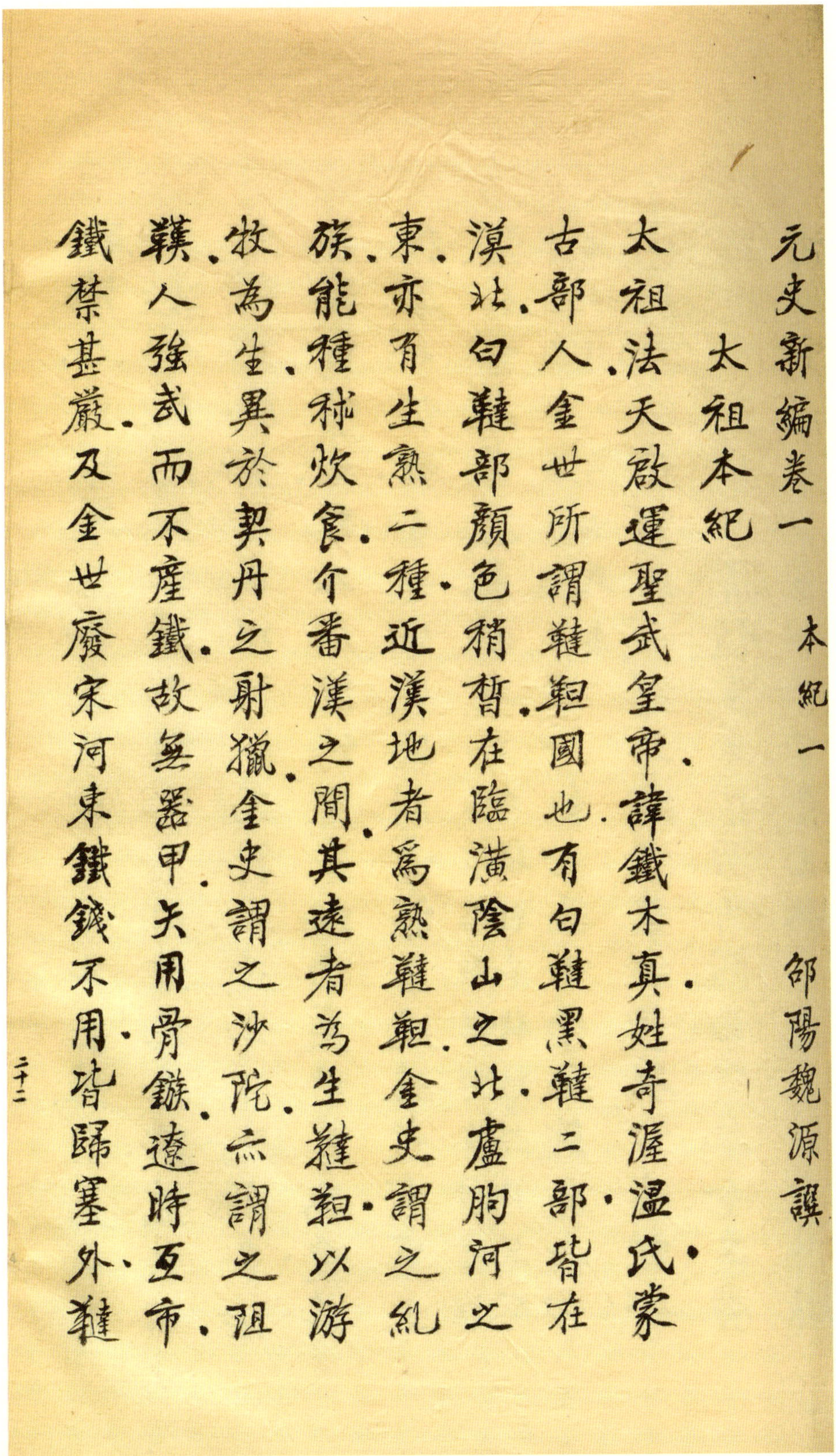
元史新編卷一　本紀一　邵陽魏源譔
太祖本紀
太祖法天啟運聖武皇帝諱鐵木真姓奇渥温氏蒙
古部人金世所謂韃靼國也有白韃黑韃二部皆在
漠北白韃部顏色稍皙在臨潢陰山之北盧朐河之
東亦有生熟二種近漢地者爲熟韃靼金史謂之紀
族能種秫炊食介番漢之間其遠者爲生韃靼以游
牧爲生異於契丹之射獵金史謂之沙陀亦謂之阻
轐人強武而不產鐵故無器甲矢用骨鏃遼時互市
鐵禁甚嚴及金世廢宋河東鐵錢不用皆歸塞外韃
二十二

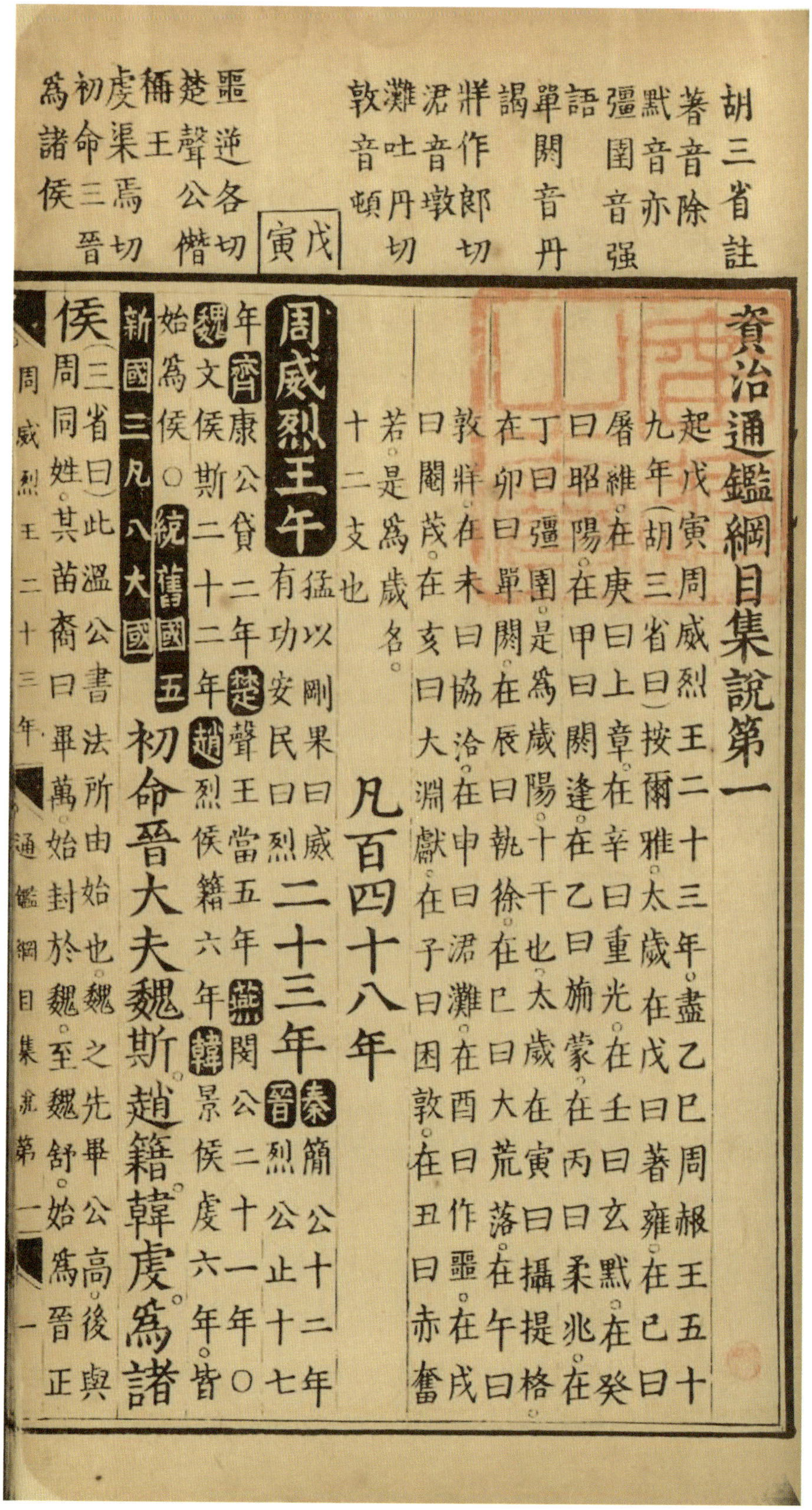
胡三省註
著音除
黓音亦
彊圉音强
語
單閼音丹
謁
牂作郎切
涒音墩
灘吐丹切
敦音頓

戊寅

噩逆各切
楚聲公撍
稱王
虔渠焉切
初命三晉
爲諸侯

資治通鑑綱目集說第一

起戊寅周威烈王二十三年盡乙巳周赧王五十九年（胡三省曰）按爾雅太歲在戊曰著雍在己曰屠維在庚曰上章在辛曰重光在壬曰玄黓在癸曰昭陽在甲曰閼逢在乙曰旃蒙在丙曰柔兆在丁曰彊圉是爲歲陽十干也太歲在寅曰攝提格在卯曰單閼在辰曰執徐在巳曰大荒落在午曰敦牂在未曰協洽在申曰涒灘在酉曰作噩在戌曰閹茂在亥曰大淵獻在子曰困敦在丑曰赤奮若是爲歲名十二支也

凡百四十八年

周威烈王午 猛以剛果曰威有功安民曰烈 二十三年 秦簡公十二年 晉烈公止十七年 齊康公貸二十二年 楚聲王當五年 燕閔公二十一年〇 魏文侯斯二十二年 趙烈侯籍六年 韓景侯虔六年皆始爲侯〇 統舊國五 新國三凡八大國

初命晉大夫魏斯趙籍韓虔爲諸侯（三省曰）此謚公書法所由始也魏之先畢公高後與周同姓其苗裔曰畢萬始封於魏至魏舒始爲晉正

周威烈王二十三年 通鑑綱目集說第一 一

資治通鑑綱目集說五十九卷前編二卷 ［明］扶安輯 ［明］晏宏校補 明嘉靖間晏宏刻本

十行二十一字，小字雙行同，眉上鐫注，白口，三魚尾，四周雙邊，版框高二十五・七釐米，寬十六・九釐米。

增修附註資治通鑑節要續編三十卷　［宋］李燾編　明宣德九年（一四三四）福建朱氏尊德書堂刻本　存五卷（卷一、二、四、五、八）

上下雙欄，上欄行二字，小字雙行三字，下欄十四行二十一字，小字雙行同，黑口，雙魚尾，四周雙邊，版框高十六・七釐米，寬十一・八釐米。

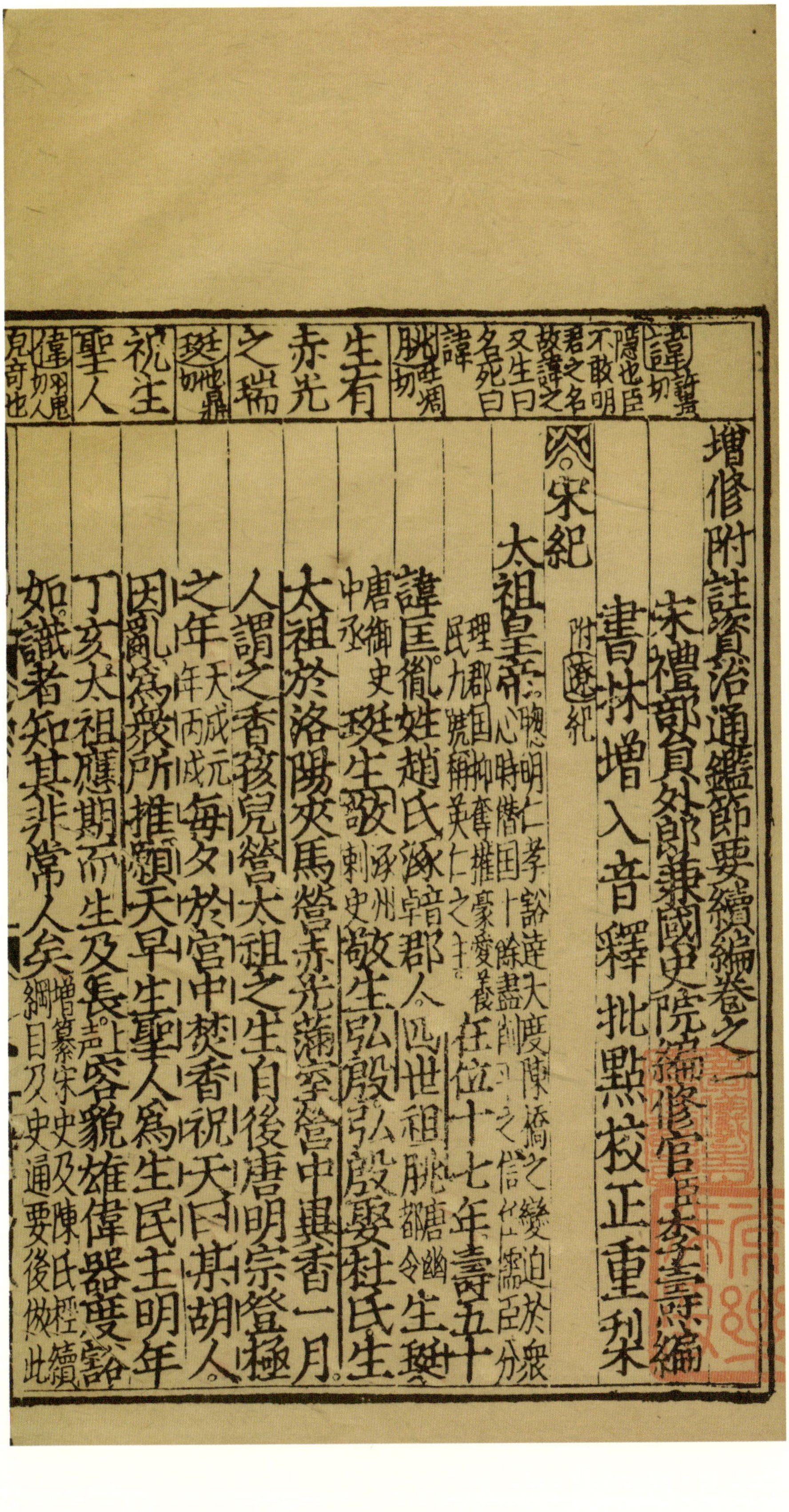
增修附註資治通鑑節要續編卷之一
宋禮部員外郎兼國史院編修官臣李燾編
書林增入音釋批點校正重梓
宋紀

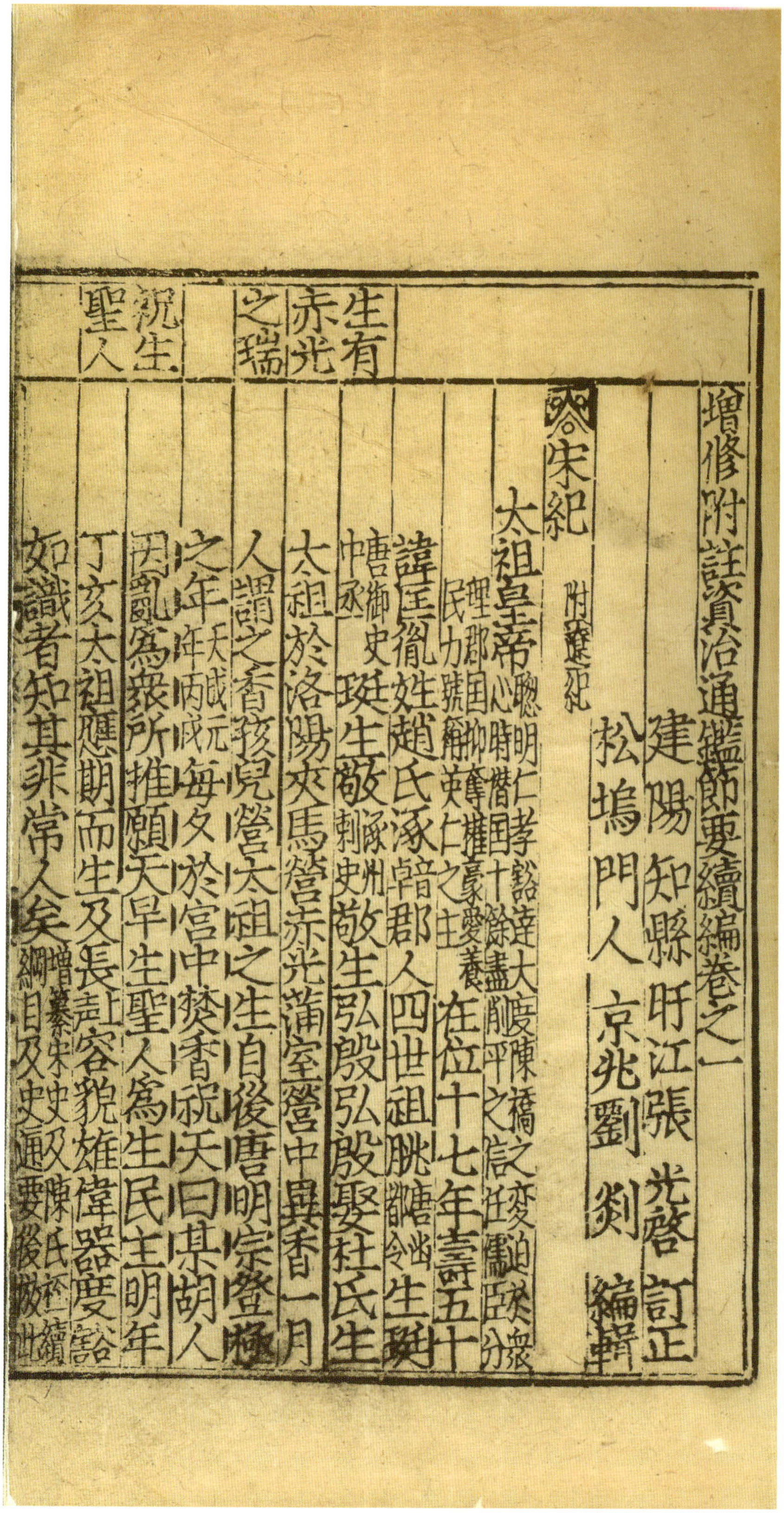

增修附註資治通鑑節要續編卷之一

建陽知縣盱江張光啓訂正

松塢門人京兆劉剡編輯

宋紀　附遼夏紀

太祖皇帝（聰明仁孝睿武大度陳橋之變迫於衆心時僭國十餘盡削平之忠信仁儒臣理郡國抑奪權豪愛養民力號稱英仁之主）在位十七年壽五十

諱匡胤姓趙氏涿郡人四世祖朓（唐幽都令）生珽（唐御史中丞）珽生敬（涿州刺史）敬生弘殷弘殷娶杜氏生

太祖於洛陽夾馬營赤光滿室營中異香一月

人謂之香孩兒營太祖之生自後唐明宗登極

之年（天成元年丙戌）每夕於宫中焚香祝天曰某胡人

因亂爲衆所推願天早生聖人爲生民主明年

丁亥太祖應期而生及長容貌雄偉器度豁

如識者知其非常人矣（增纂宋史及陳氏續綱目及史通要後做此）

生有赤光之瑞

誕生聖人

增修附註資治通鑑節要續編三十卷　［宋］李燾編　［明］張光啓訂正　［明］劉剡編輯　明景泰三年（一四五二）善敬書堂刻本

上下二欄，上欄行二字，下欄十四行二十一字，小字雙行同，黑口，雙魚尾，四周雙邊，版框高十七·二釐米，寬十一·六釐米。

皇朝編年備要三十卷

［宋］陳均編　明抄本

十行二十一字，小字雙行同，白口，四周雙邊，版框高二十・九釐米，寬十四・八釐米。

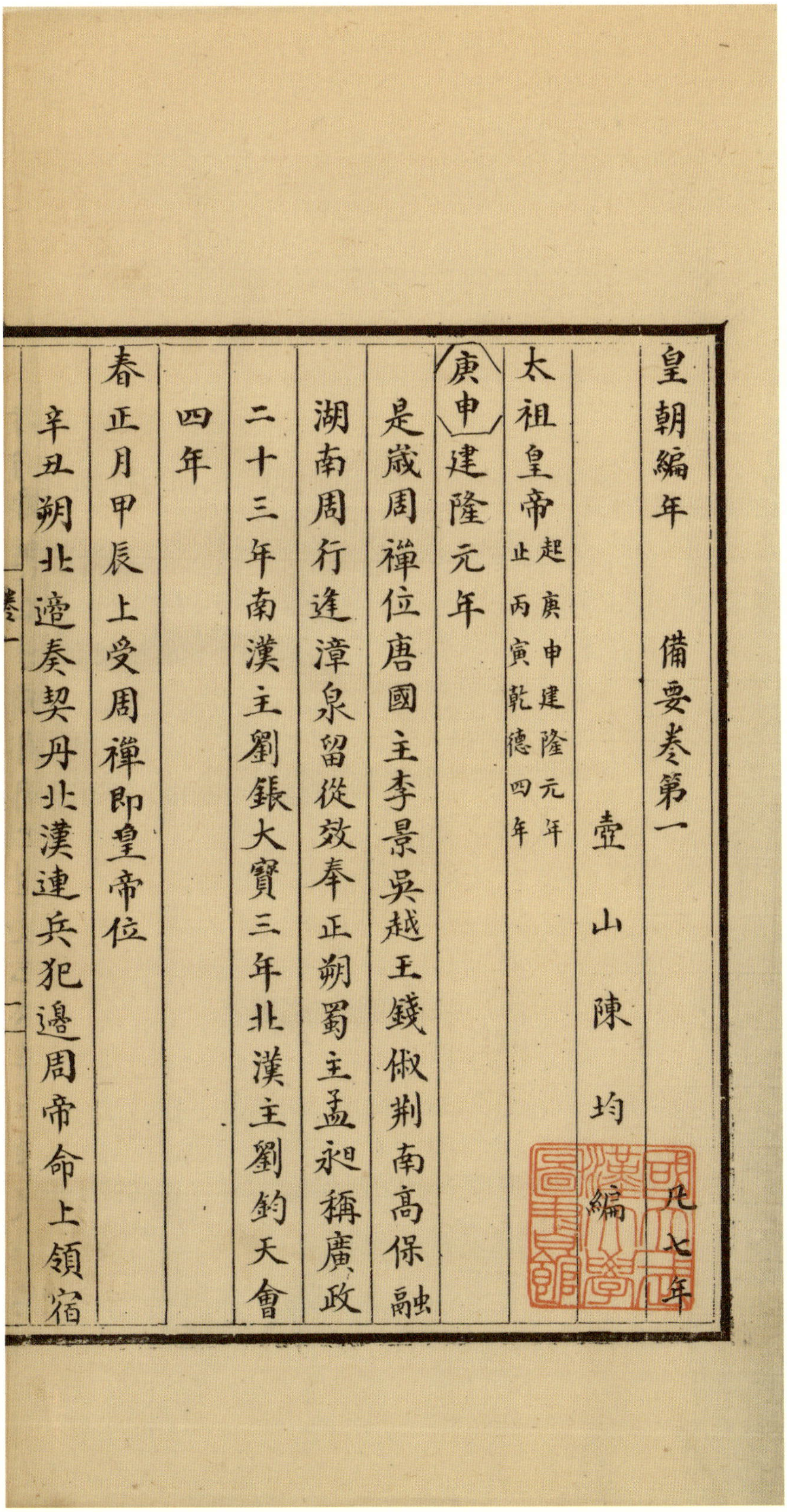

皇朝編年　備要卷第一

壺山陳均編　凡七年

太祖皇帝 起庚申建隆元年止丙寅乾德四年

庚申建隆元年

是歲周禪位唐國主李景吳越王錢俶荆南高保融湖南周行逢漳泉留從效奉正朔蜀主孟昶稱廣政二十三年南漢主劉鋹大寶三年北漢主劉鈞天會四年

春正月甲辰上受周禪即皇帝位

辛丑朔北邊奏契丹北漢連兵犯邊周帝命上領宿

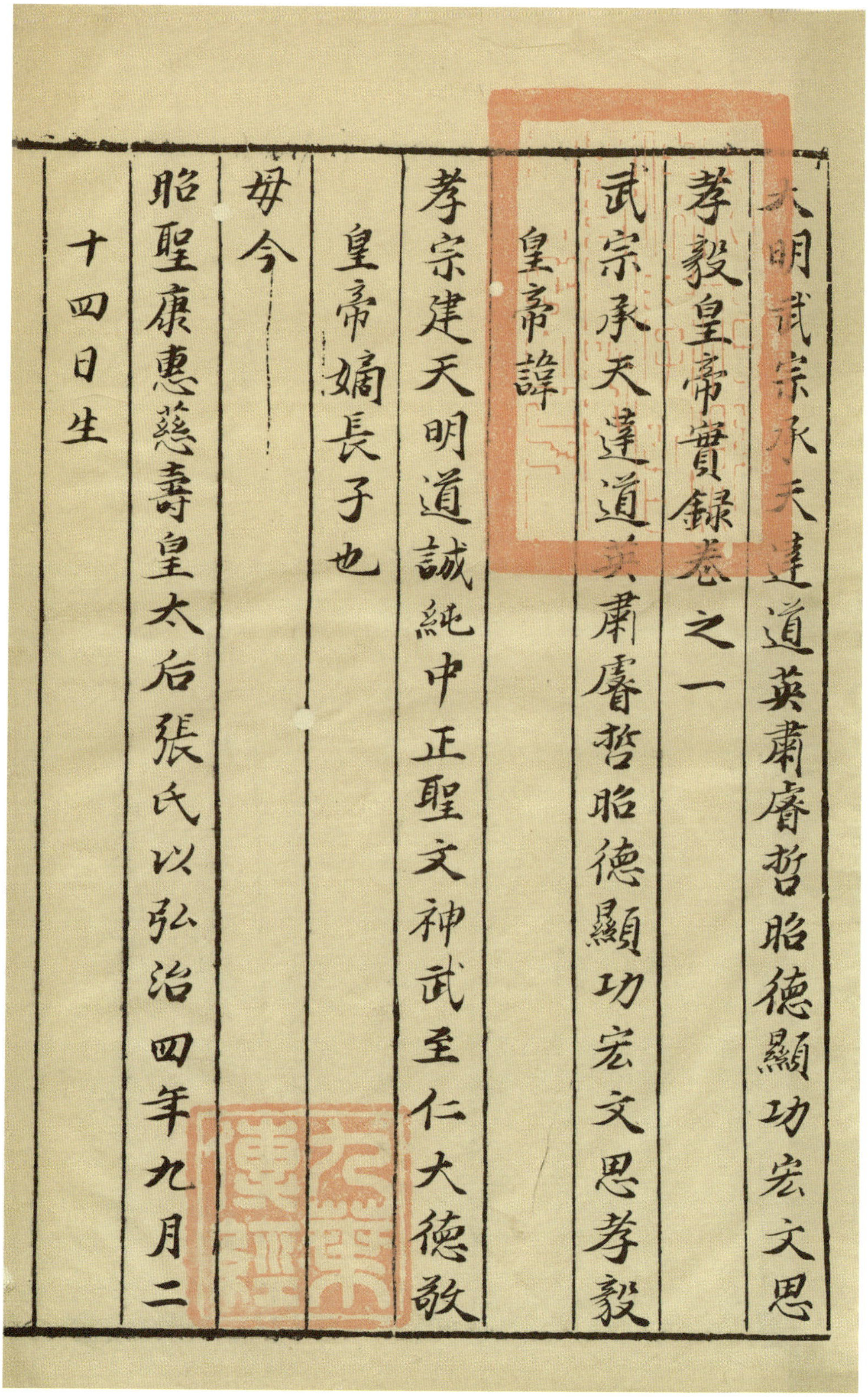

大明武宗承天達道英肅睿哲昭德顯功宏文思
孝毅皇帝實録卷之一
武宗承天達道英肅睿哲昭德顯功宏文思孝毅
皇帝諱
孝宗建天明道誠純中正聖文神武至仁大德敬
皇帝嫡長子也
母今
昭聖康惠慈壽皇太后張氏以弘治四年九月二
十四日生

大明武宗毅皇帝實録一百九十七卷　［明］費宏等纂修　明抄本　存一百六十四卷（卷一至一百六十四）

九行十九字，白口，四周單邊，版框高二十·六釐米，寬十四·四釐米。

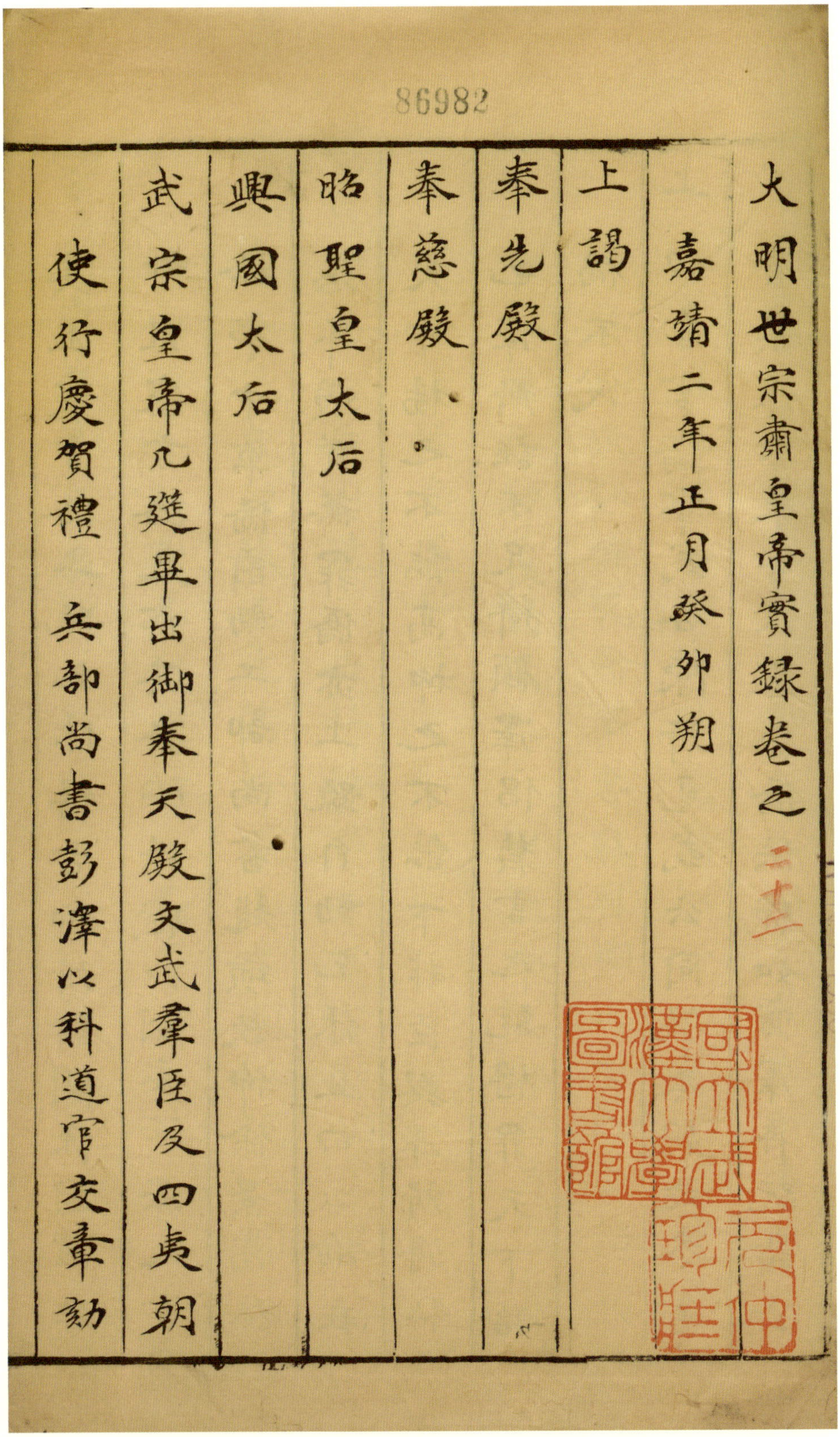

大明世宗肅皇帝實録五百六十六卷　［明］徐階等纂修　明抄本　存四百九十五卷（卷二十二至二百五十六、三百零七至五百六十六）

九行二十字，白口，四周單邊，版框高二十一釐米，寬十四・四釐米。

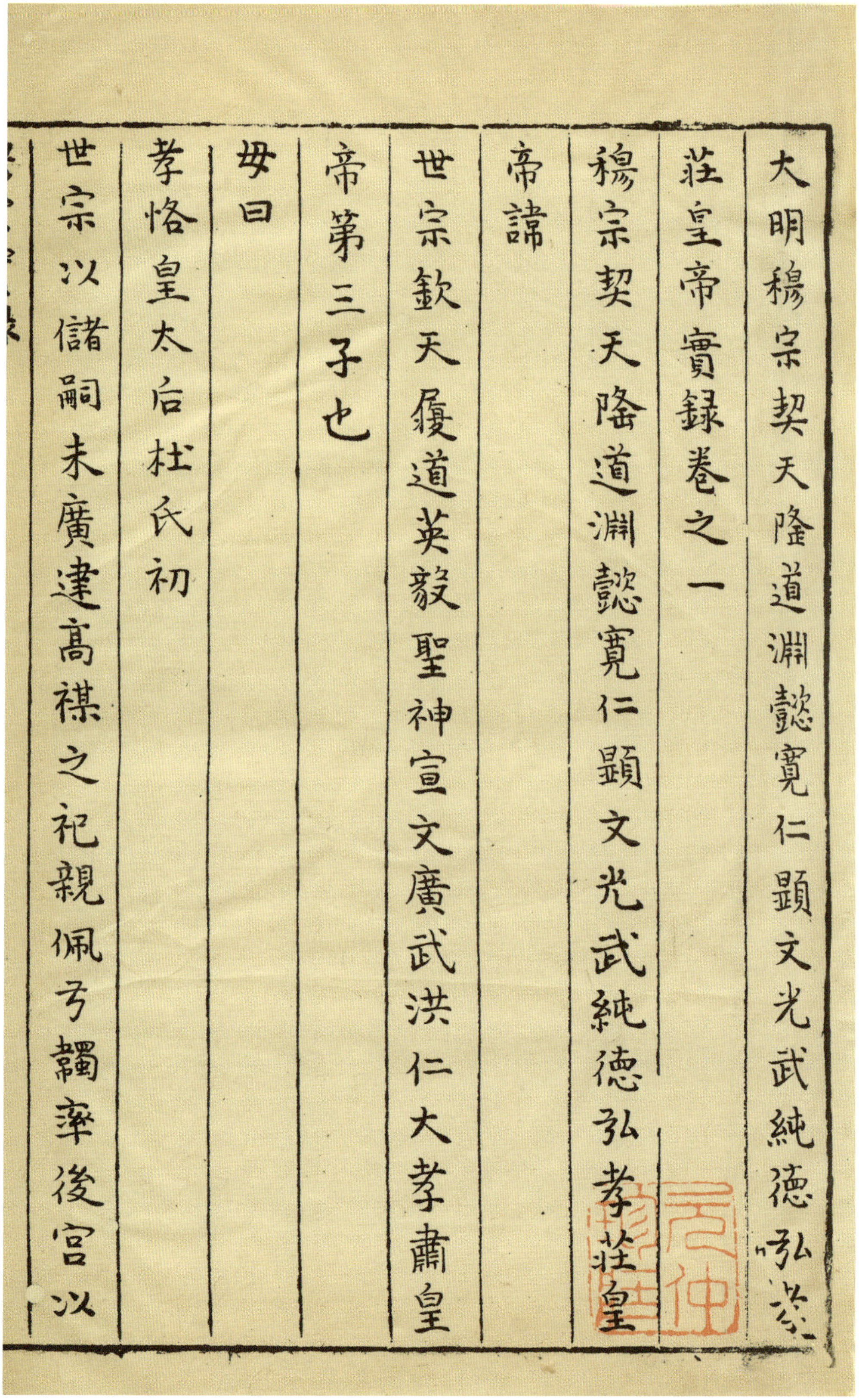
大明穆宗契天隆道淵懿寬仁顯文光武純德弘孝
莊皇帝實録卷之一
穆宗契天隆道淵懿寬仁顯文光武純德弘孝莊皇
帝諱
世宗欽天履道英毅聖神宣文廣武洪仁大孝肅皇
帝第三子也
母曰
孝恪皇太后杜氏初
世宗以儲嗣未廣建高禖之祀親佩弓韣率後宮以

大明穆宗莊皇帝實録七十卷 ［明］張溶 ［明］張居正等纂修 明抄本

九行二十字，白口，四周單邊，版框高二十一・二釐米，寬十四・三釐米。

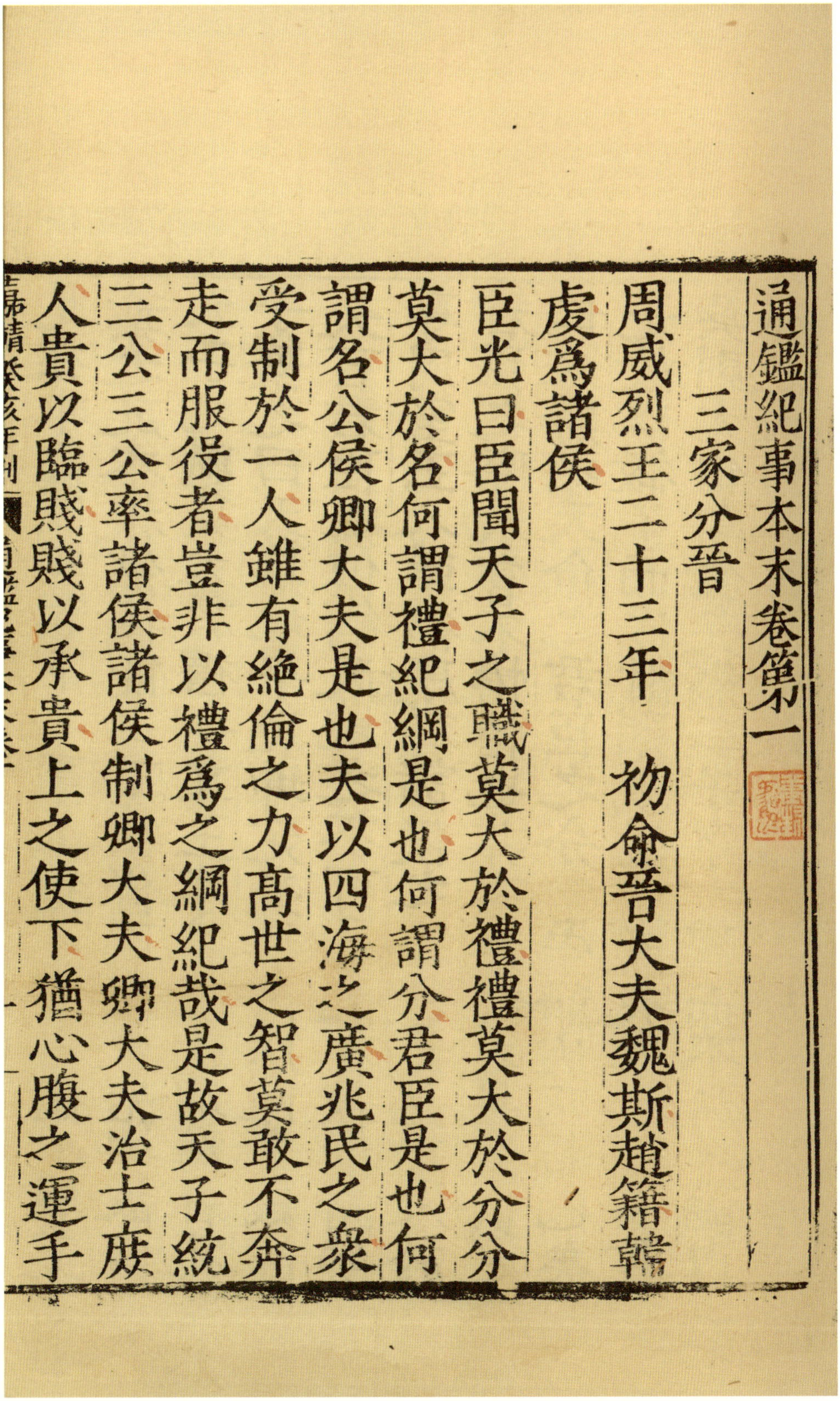

通鑑紀事本末四十二卷

〔宋〕袁樞撰　宋寶祐五年（一二五七）趙與簒刻元明遞修本

十一行十九字，白口，單魚尾，左右雙邊，版框高二十四・六釐米，寬十九・七釐米。

鮑氏國策十卷

［宋］鮑彪校注　明嘉靖七年（一五二八）龔雷影宋刻本　劉曙批點

十一行二十字，小字雙行同，白口，單魚尾，左右雙邊，版框高二十一·五釐米，寬十五·一釐米。

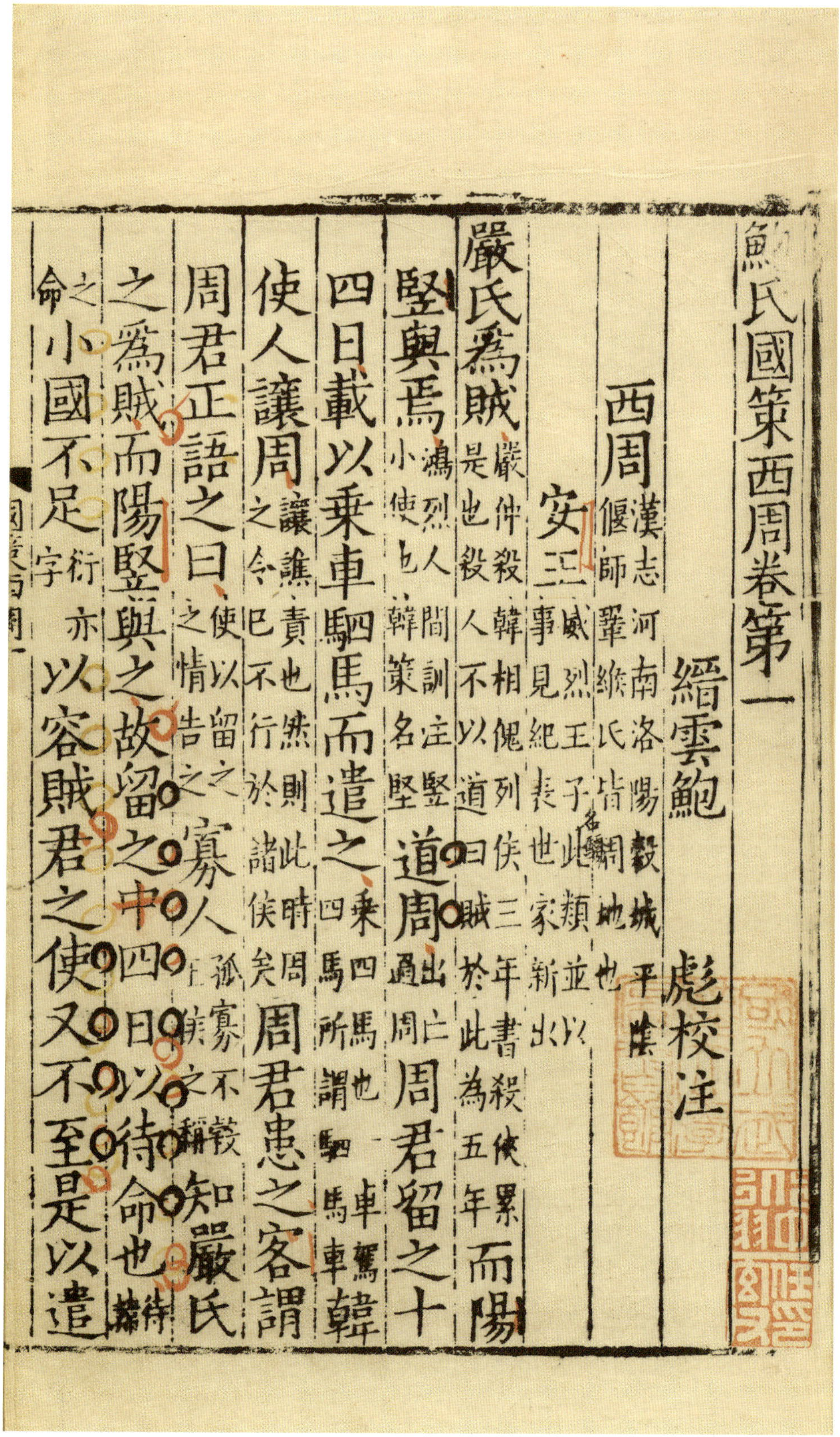

鮑氏國策西周卷第一　縉雲鮑彪校注

西周漢志河南洛陽穀城平陰偃師鞏緱氏皆周地也

安王威烈王子此類並以事見紀表世家新出

嚴氏爲賊嚴仲殺韓相傀列侯三年書殺使累是也殺人不以道曰賊於此爲殺五年而陽

豎與焉鴻烈人間訓注豎小使也韓策名堅道周過出周亡周君留之十

四日載以乘車駟馬而遣之乘四馬也四馬所謂駟馬車韓

使人讓周讓譙責也然則此時周之令已不行於諸侯矣周君患之客謂

周君正語之曰使以留之之情告之寡人孤寡不穀王侯之謙稱知嚴氏

之爲賊而陽豎與之故留之十四日以待命也

小國不足亦以容賊君之使又不至是以遣

之命行字

鮑氏國策十卷　［宋］鮑彪校注　明嘉靖七年（一五二八）龔雷影宋刻本

十一行二十字，小字雙行同，白口，單魚尾，左右雙邊，版框高二十一·五釐米，寬一十五·一釐米。

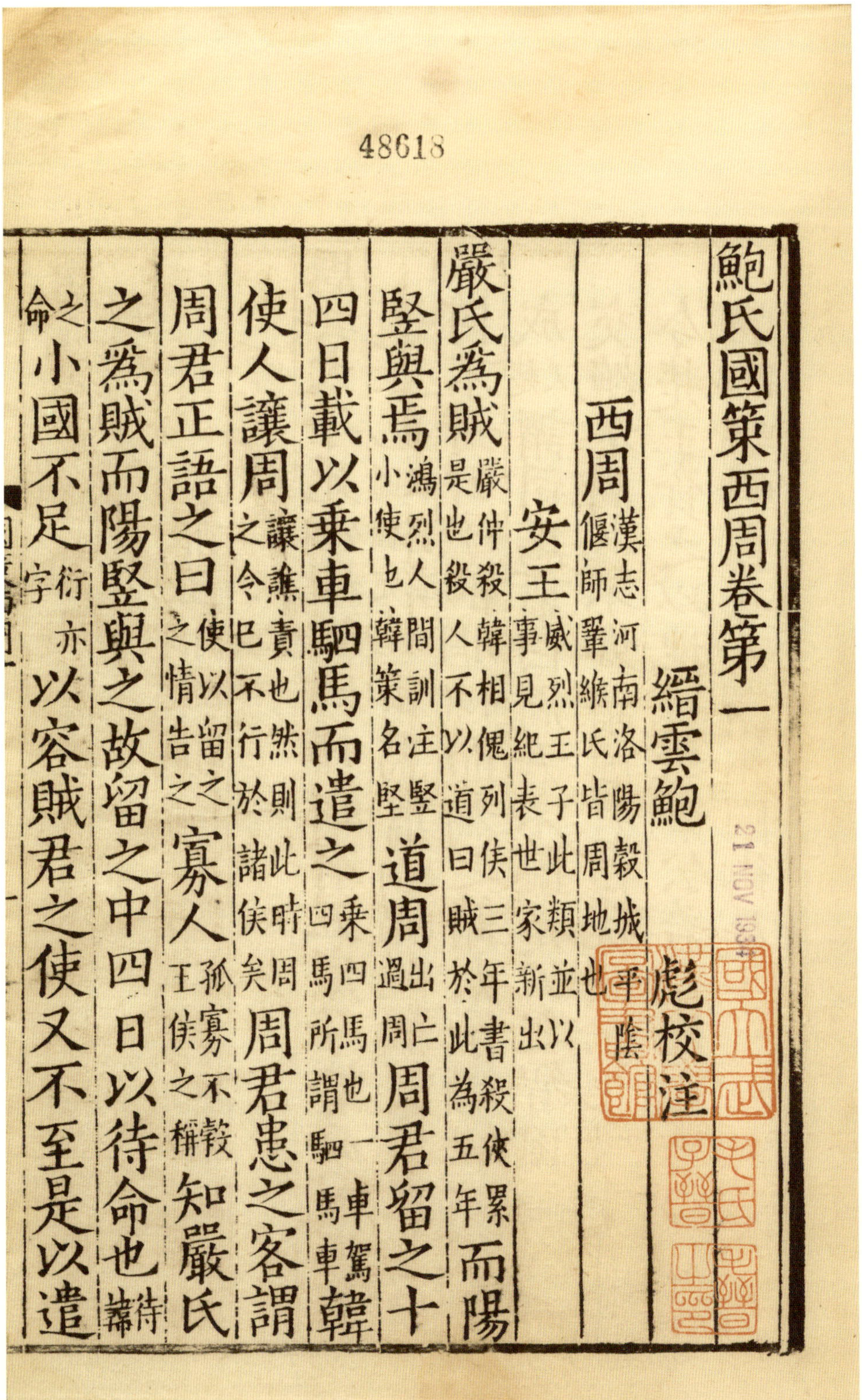
48618

鮑氏國策西周卷第一　縉雲鮑彪校注

西周 漢志河南洛陽穀城平陰偃師鞏緱氏皆周地也

安王 威烈王子此類並以事見紀表世家新出

嚴氏爲賊 嚴仲殺韓相傀列侯三年書殺使累是也殺人不以道曰賊於此爲五年 而陽豎與焉 鴻烈人間訓注豎小使也韓策名豎 道周 出亡過周 周君留之十四日載以乘車駟馬而遣之 乘四馬也一車駕四馬所謂駟馬車 韓使人讓周 讓譙責也然則此時周之令已不行於諸侯矣 周君患之客謂周君正語之曰 使以留之之情告之 寡人 孤寡不穀王侯之稱 知嚴氏之爲賊而陽豎與之故留之中四日以待命也 待韓之命 小國不足 衍字 亦以容賊君之使又不至是以遣

今言四卷

［明］鄭曉撰　明嘉靖四十五年（一五六六）項篤壽刻本

八行十六字，白口，單魚尾，左右雙邊，版框高二十一釐米，寬十三・八釐米。

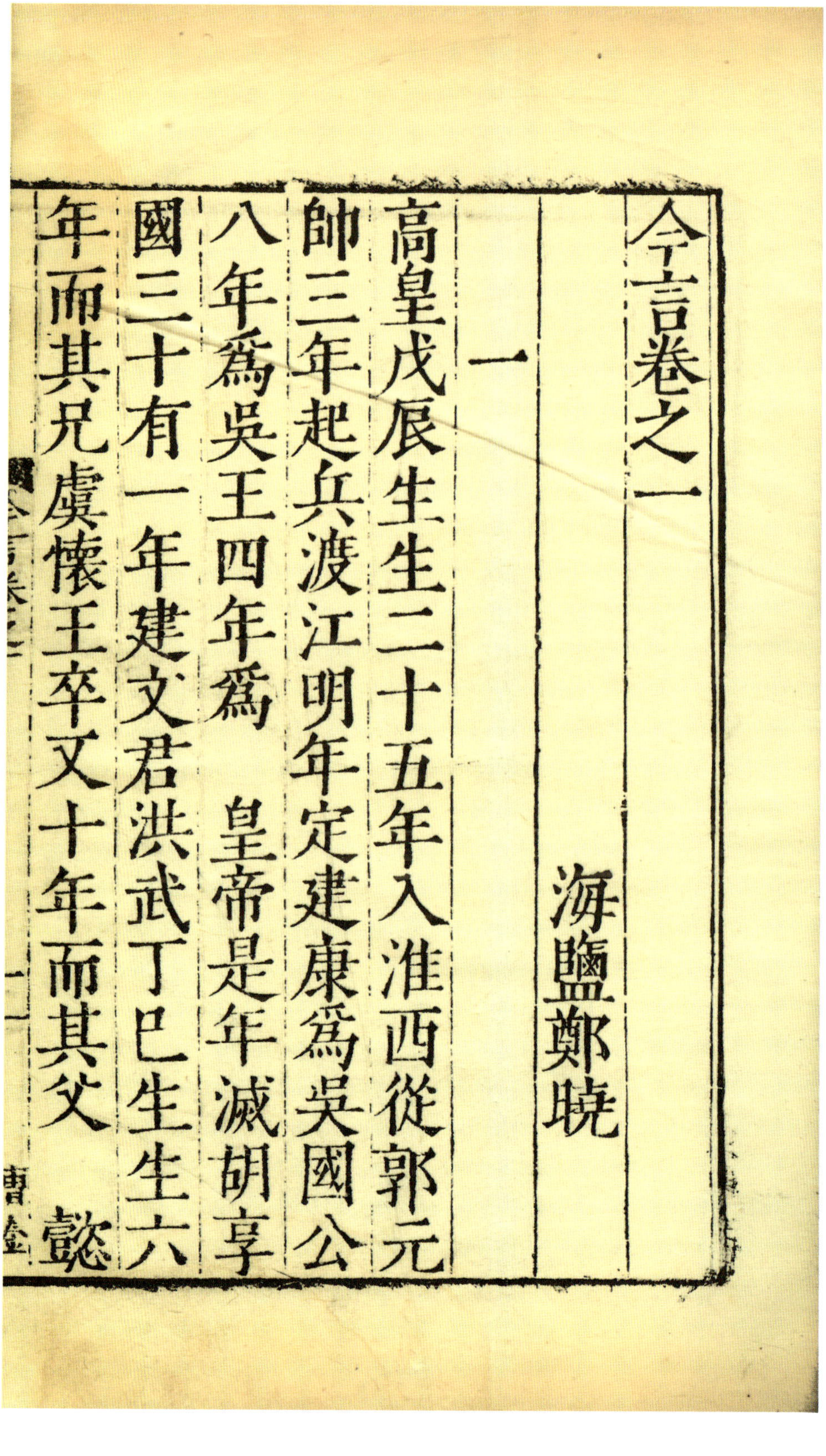

今言卷之一

一　　海鹽鄭曉

高皇戊辰生二十五年入淮西從郭元
帥三年起兵渡江明年定建康爲吳國公
八年爲吳王四年爲　皇帝是年滅胡享
國三十有一年建文君洪武丁巳生六
年而其兄虞懷王卒又十年而其父　懿

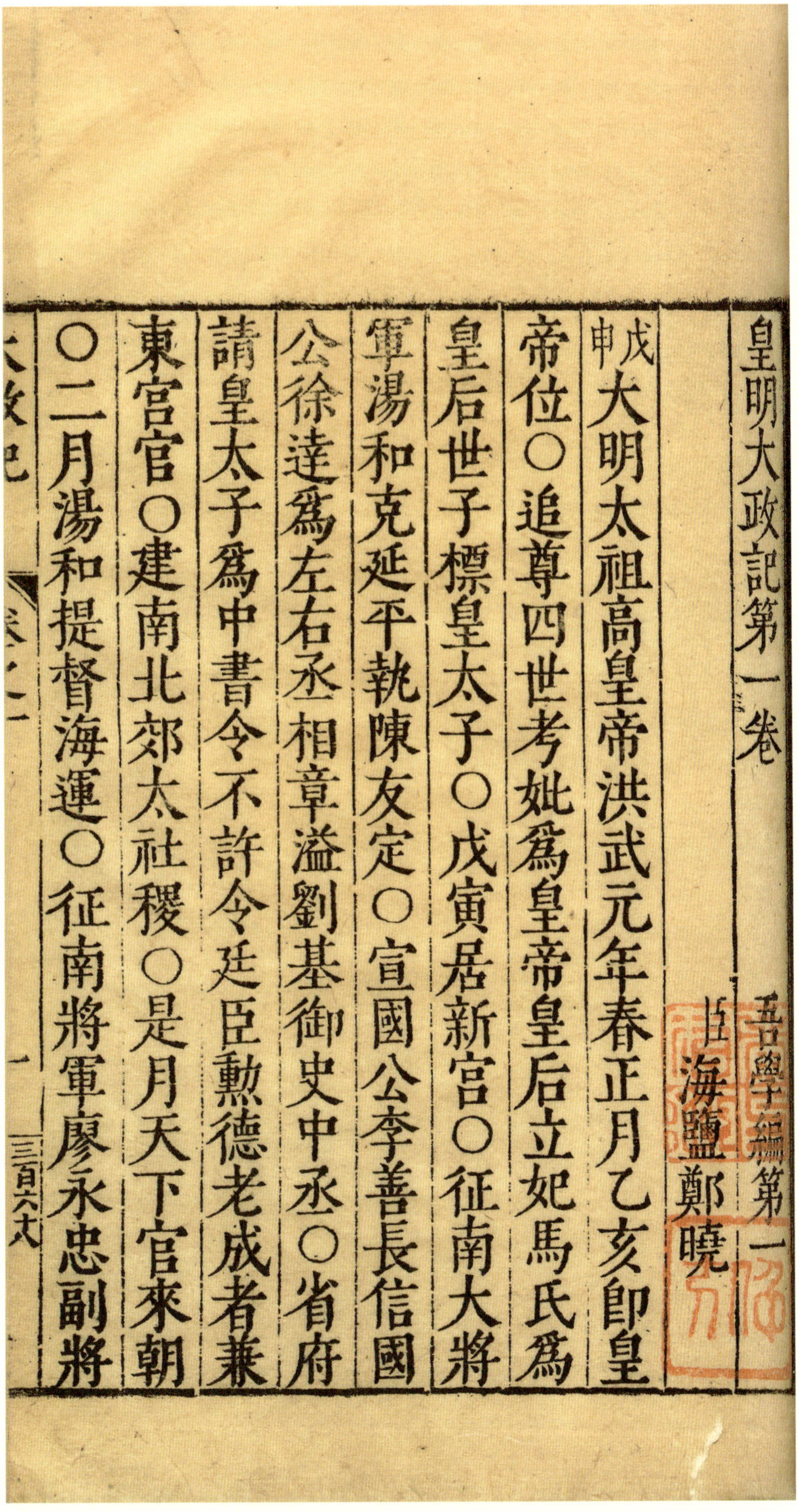

吾學編第一

臣海鹽鄭曉

皇明大政記第一卷

戊申大明太祖高皇帝洪武元年春正月乙亥即皇帝位○追尊四世考妣爲皇帝皇后立妃馬氏爲皇后世子標皇太子○戊寅居新宮○征南大將軍湯和克延平執陳友定○宣國公李善長信國公徐達爲左右丞相章溢劉基御史中丞○省府請皇太子爲中書令不許令廷臣勳德老成者兼東宮官○建南北郊太社稷○是月天下官來朝○二月湯和提督海運○征南將軍廖永忠副將

大政記　卷之一　一

吾學編六十九卷　［明］鄭曉撰　明萬曆二十七年（一五九九）鄭心材刻本

十行十九字，白口，單魚尾，左右雙邊，版框高十八·七釐米，寬十三·九釐米。

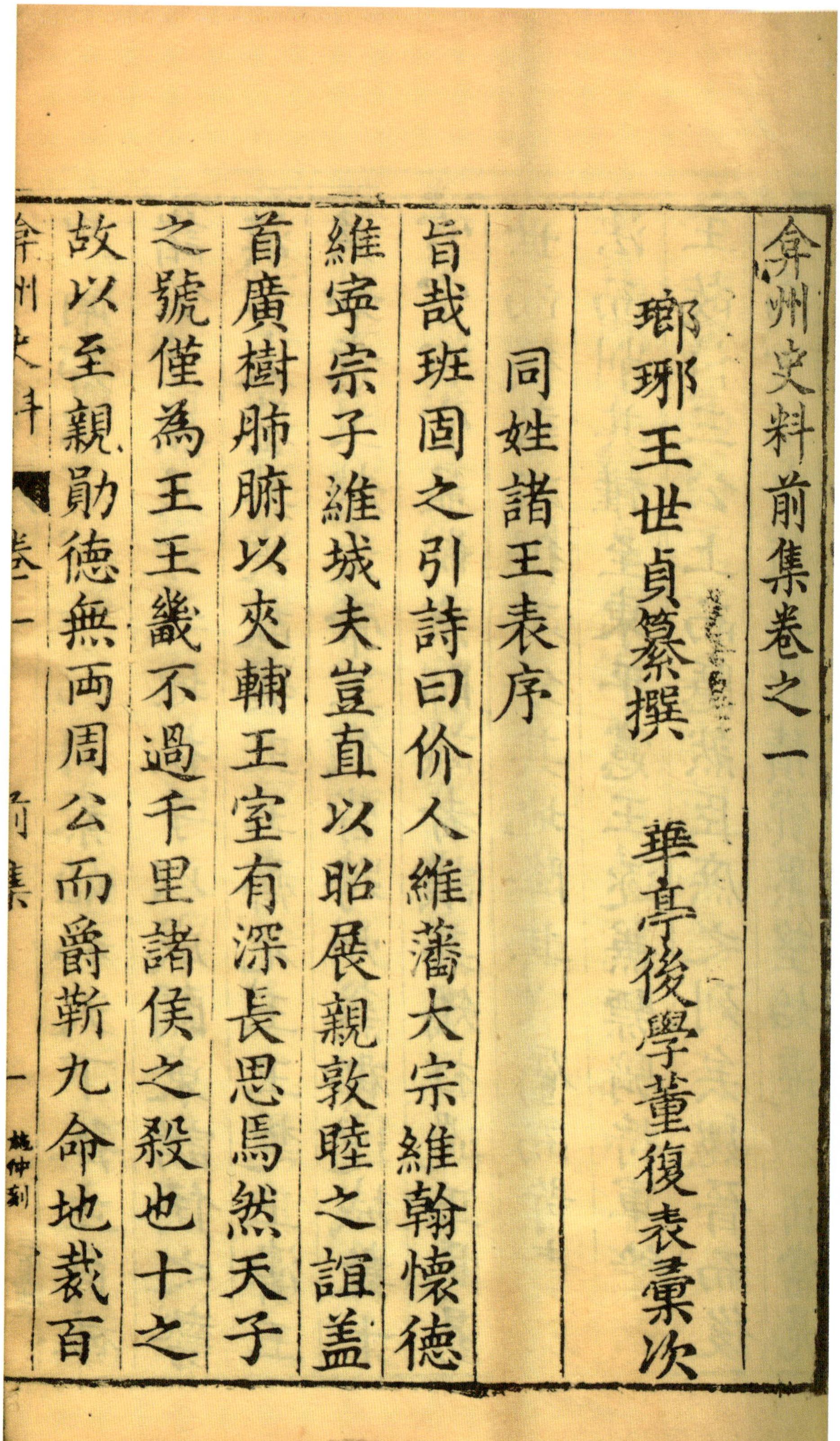
弇州史料前集卷之一

瑯琊王世貞纂撰　華亭後學董復表彙次

同姓諸王表序

旨哉班固之引詩曰价人維藩大宗維翰懷德維寧宗子維城夫豈直以昭展親敦睦之誼蓋首廣樹胏腑以夾輔王室有深長思焉然天子之號僅爲王王畿不過千里諸侯之殺也十之故以至親勛德無兩周公而爵靳九命地裁百

弇州史料　卷一　前集　一　施仲刻

弇州史料前集三十卷後集七十卷　［明］王世貞撰　［明］董復表編　明萬曆四十二年（一六一四）刻本

九行十八字，白口，單魚尾，四周單邊，版框高二十一·七釐米，寬十五·一釐米。

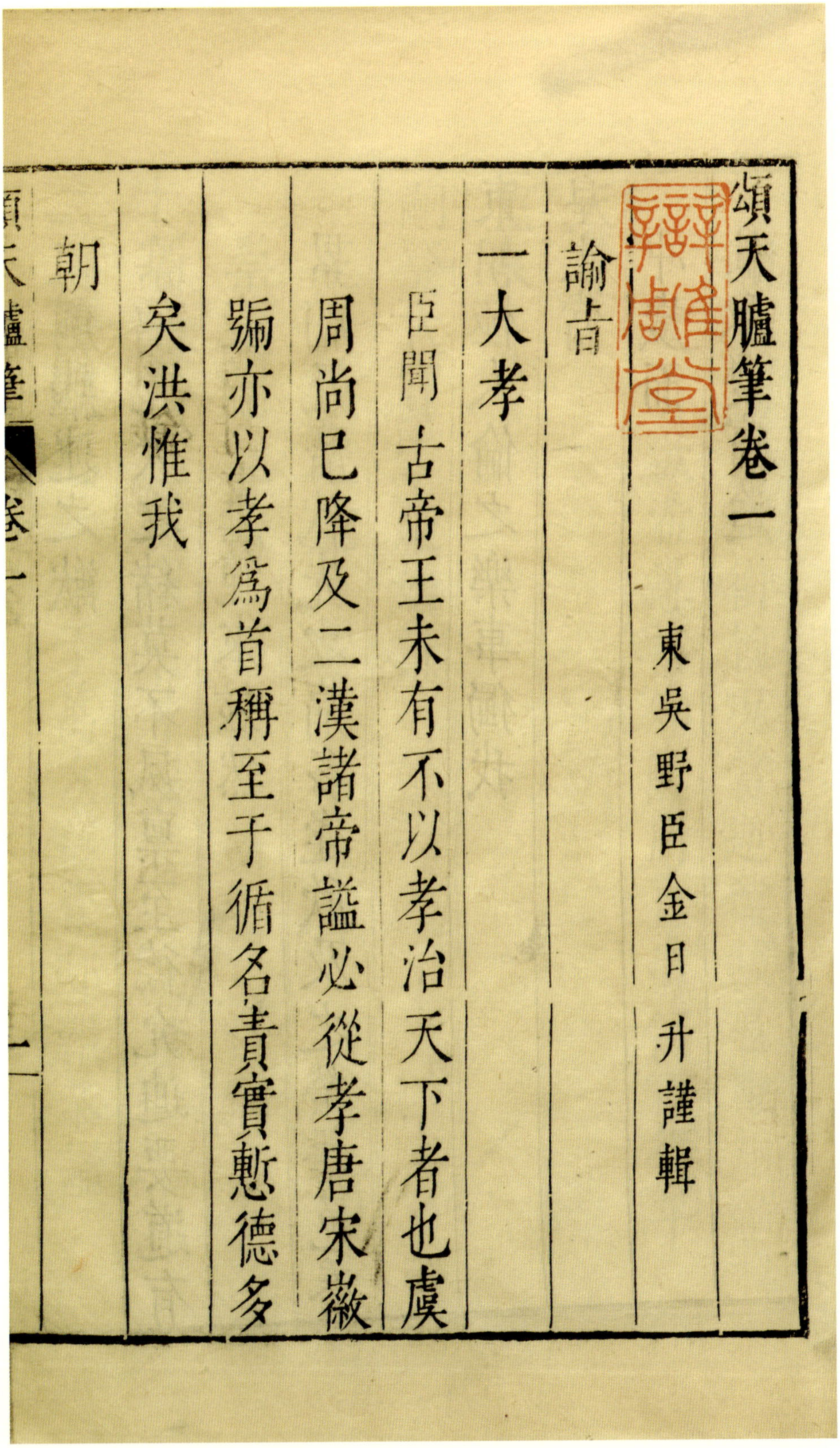

頌天臚筆卷一

東吳野臣金日升謹輯

諭旨

一大孝

臣聞古帝王未有不以孝治天下者也虞周尚已降及二漢諸帝謚必從孝唐宋徽號亦以孝爲首稱至于循名責實懃德多矣洪惟我

朝

頌天臚筆二十四卷　［明］金日升輯　明崇禎二年（一六二九）刻本

九行十八字，白口，單魚尾，四周單邊，版框高二十一釐米，寬十四釐米。

皇明典故紀聞十八卷

［明］余繼登撰　明萬曆二十九年（一六〇一）唐氏世德堂刻本

九行十八字，白口，左右雙邊，版框高二十一・七釐米，寬十五釐米。

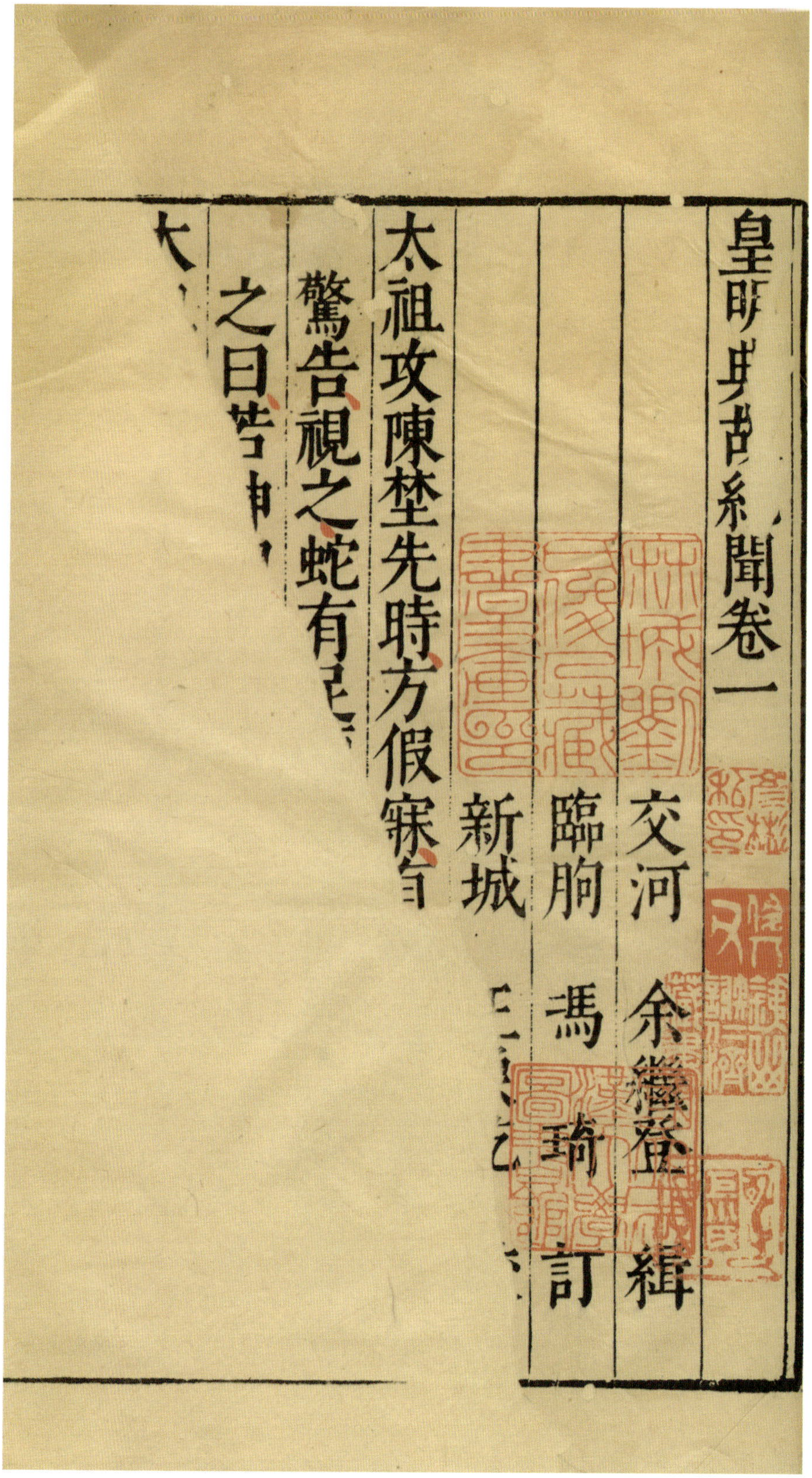

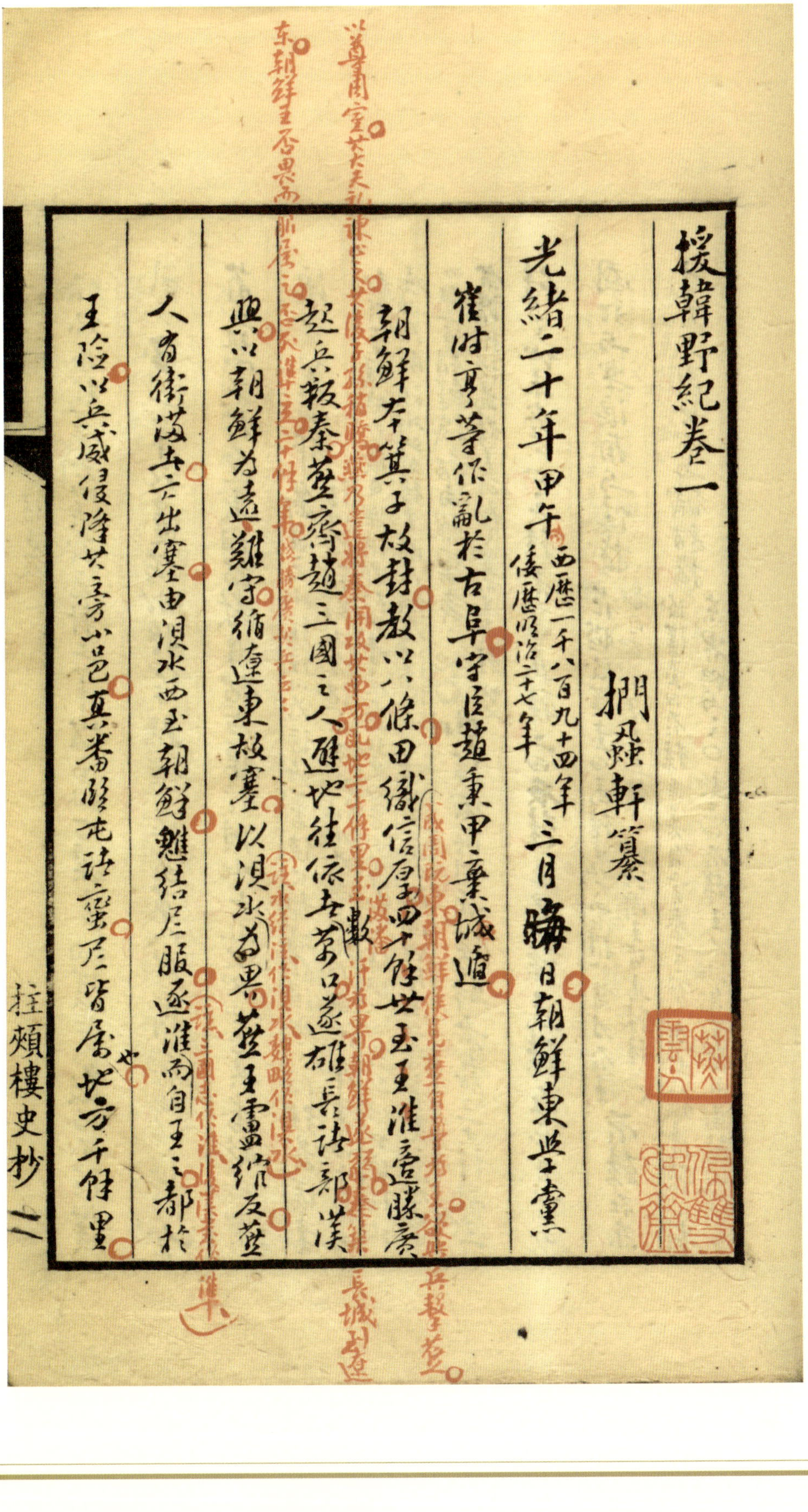

援韓野紀六卷

［清］王師曾撰　稿本　柳詒徵題識

九行，字數不等，黑口，單魚尾，四周單邊，版框高十八・四釐米，寬十二・七釐米。

國朝名臣事畧十五卷 〔元〕蘇天爵輯　清抄本

十二行二十四字，無版框。

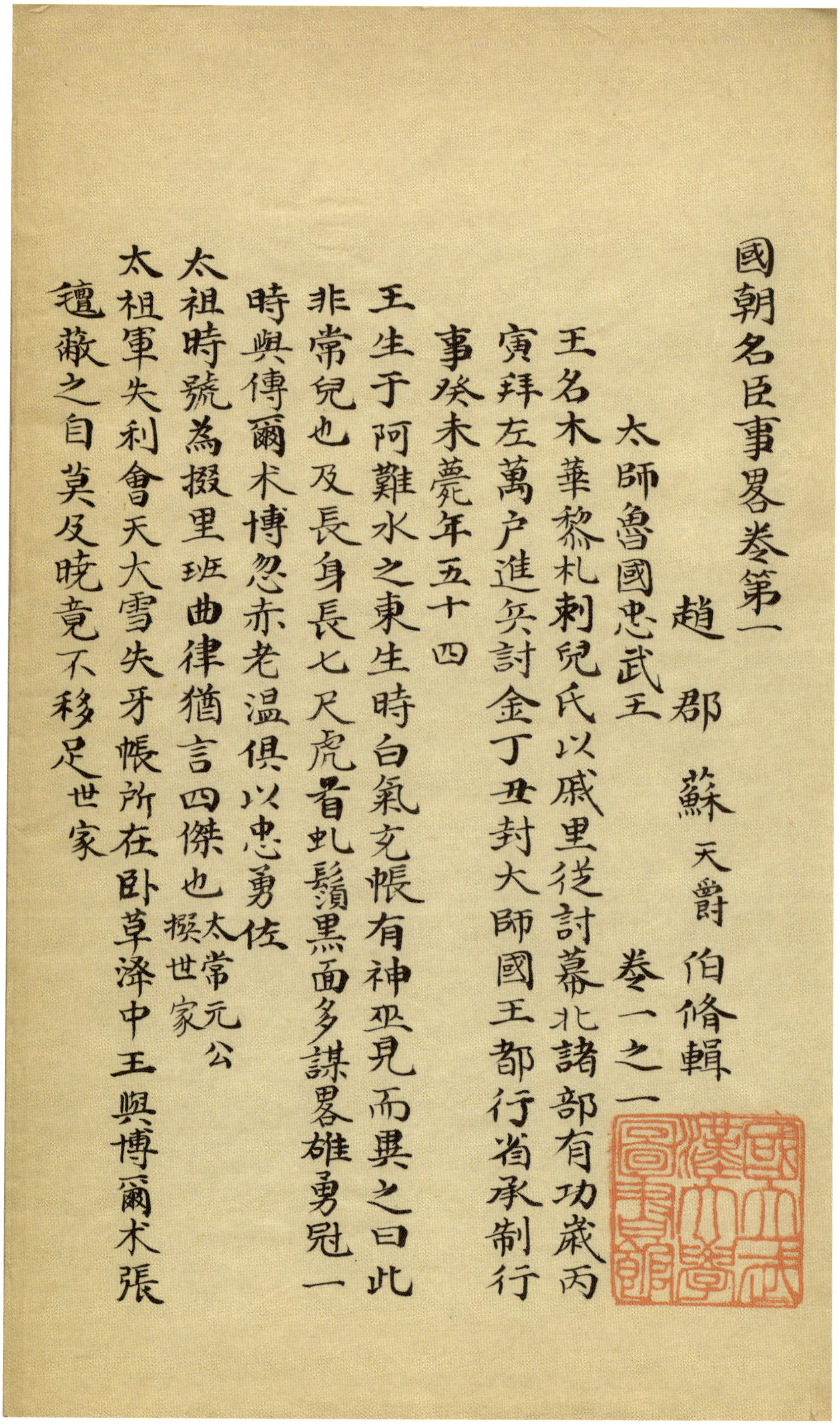

國朝名臣事畧卷第一

趙郡　蘇天爵伯脩輯

太師魯國忠武王　卷一之一

王名木華黎札剌兒氏以戚里從討幕北諸部有功歲丙寅拜左萬户進兵討金丁丑封太師國王都行省承制行事癸未薨年五十四

王生于阿難水之東生時白氣充帳有神巫見而異之曰此非常兒也及長身長七尺虎首虬鬚黑面多謀畧雄勇冠一時與傳爾术博忽赤老温俱以忠勇佐

太祖時號為掇里班曲律猶言四傑也太常元公擬世家

太祖軍失利會天大雪失牙帳所在卧草澤中王與博爾术張氈蔽之自莫及曉竟不移足世家

藏書六十八卷　〔明〕李載贄撰　〔明〕沈汝楫　〔明〕金嘉謨重訂　明萬曆二十七年（一五九九）刻本

十行二十二字，白口，四周單邊，版框高二十二・一釐米，寬十四・六釐米。

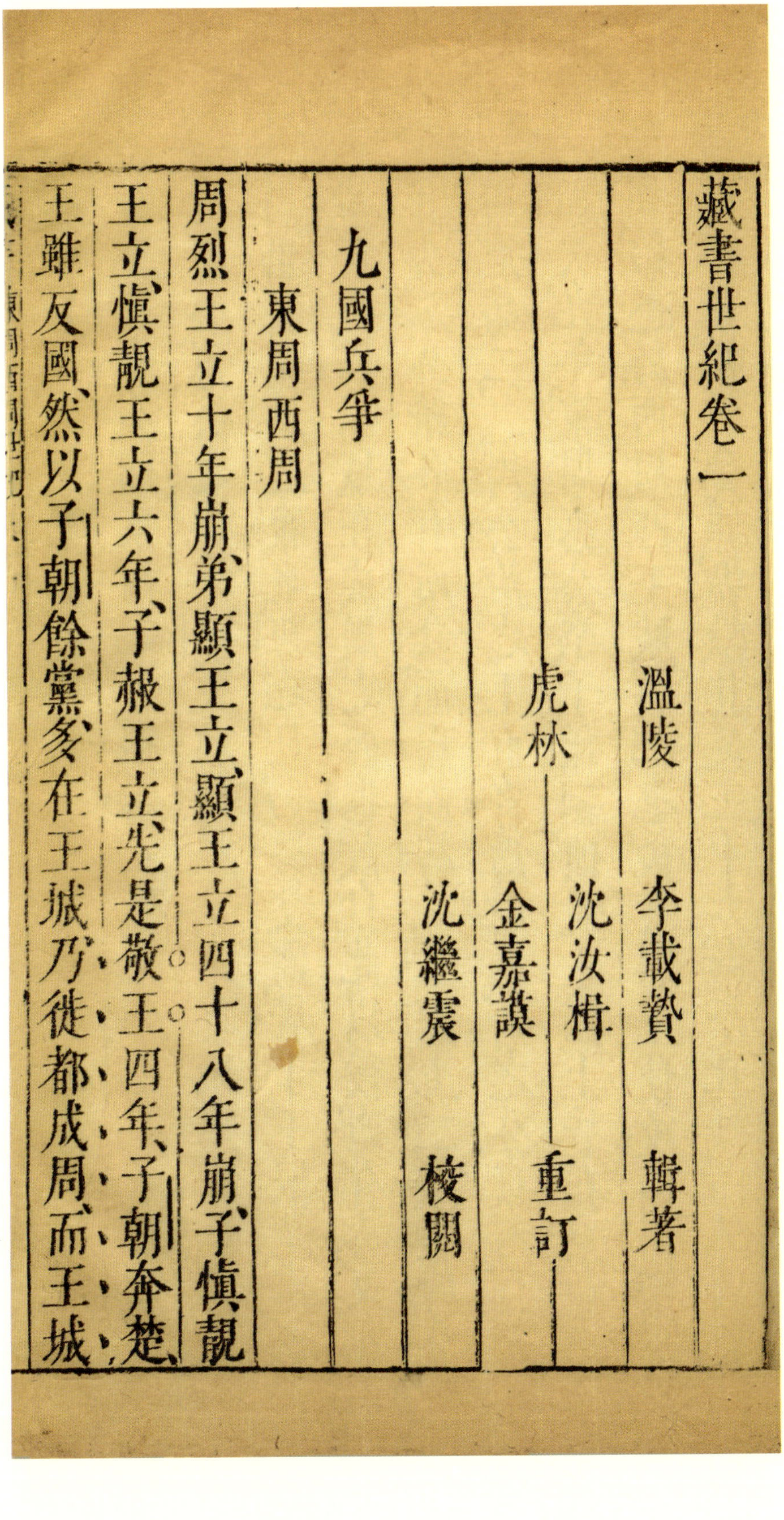

藏書世紀卷一

溫陵　李載贄　輯著

虎林　沈汝楫

金嘉謨　重訂

沈繼震　校閱

九國兵爭

東周西周

周烈王立十年崩弟顯王立顯王立四十八年崩子慎靚王立慎靚王立六年子赧王立先是敬王四年子朝奔楚王雖反國然以子朝餘黨多在王城乃徙都成周而王城

東林列傳二十四卷末二卷　［清］陳鼎編　清康熙五十年（一七一一）山壽堂刻本

九行二十字，白口，單魚尾，左右雙邊，版框高十七釐米，寬十三·八釐米。

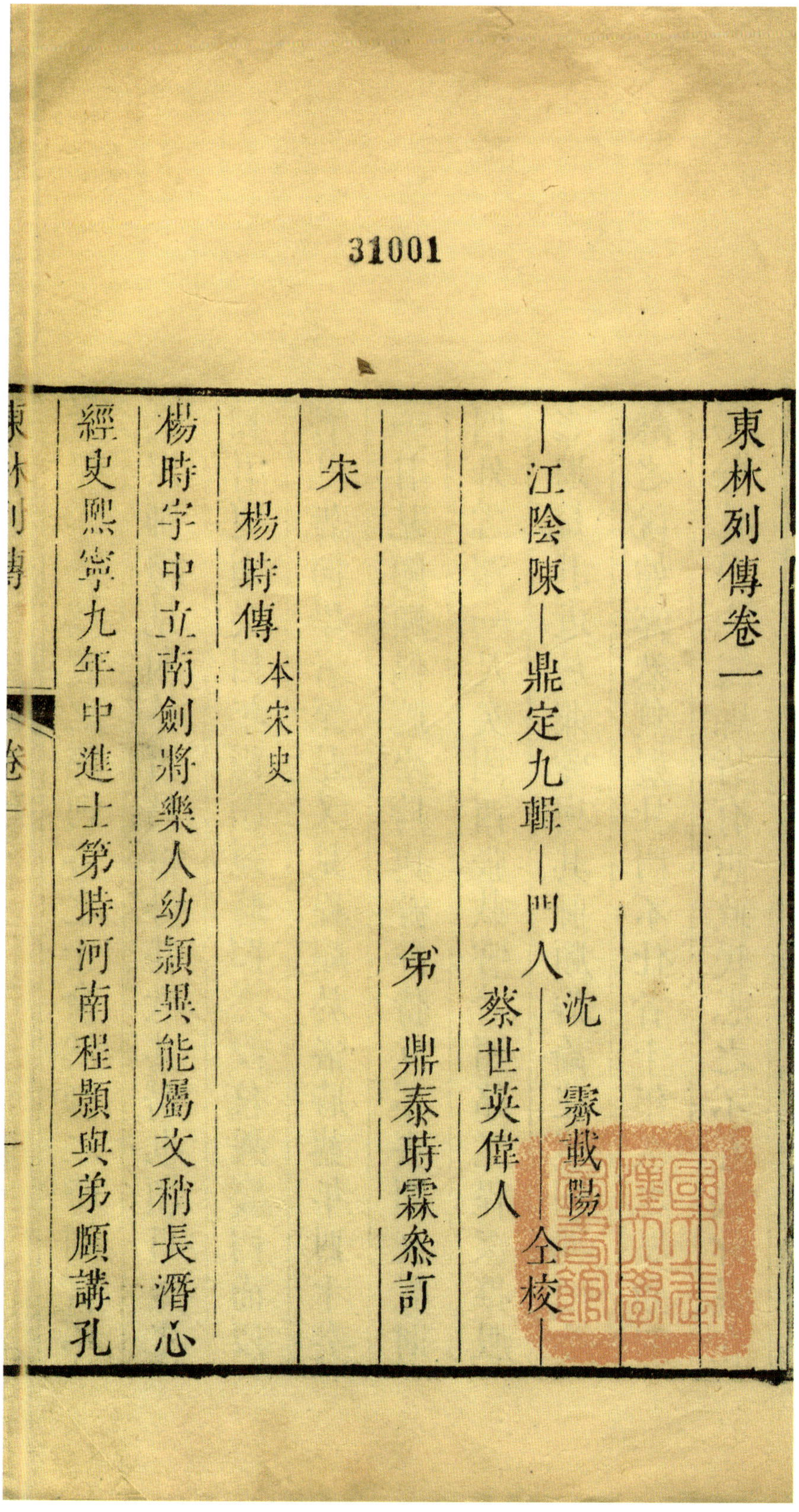

31001

東林列傳卷一

江陰陳　鼎定九輯　門人　沈　霽載陽仝校

蔡世英偉人

弟　鼎泰時霖參訂

宋

楊時傳　本宋史

楊時字中立南劍將樂人幼穎異能屬文稍長潛心

經史熙寧九年中進士第時河南程顥與弟頤講孔

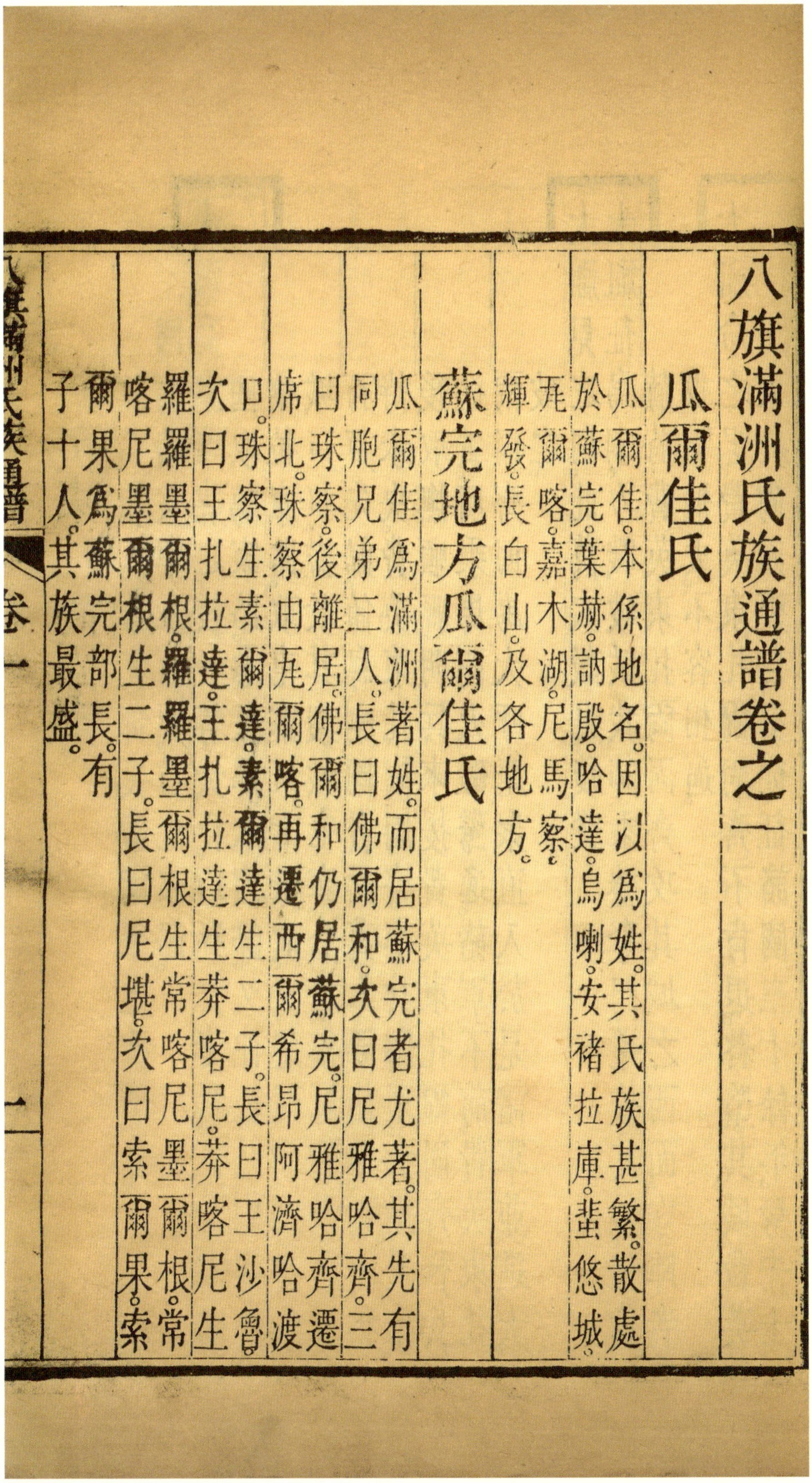

八旗滿洲氏族通譜卷之一

瓜爾佳氏

瓜爾佳。本係地名。因以爲姓。其氏族甚繁。散處於蘇完。葉赫。訥殷。哈達。烏喇。安褚拉庫。蜚悠城。瓦爾喀。嘉木湖。尼馬察。輝發。長白山。及各地方。

蘇完地方瓜爾佳氏

瓜爾佳爲滿洲著姓。而居蘇完者尤著。其先有同胞兄弟三人。長曰佛爾和。次曰尼雅哈齊。三曰珠察。後離居。佛爾和仍居蘇完。尼雅哈齊遷席北。珠察由瓦爾喀再遷西爾希昂阿濟哈渡口。珠察生素爾達。素爾達生二子。長曰王沙魯。次曰王扎拉達。王扎拉達生莽喀尼。莽喀尼生羅羅墨爾根。羅羅墨爾根生常喀尼墨爾根。常喀尼墨爾根生二子。長曰尼堪。次曰索爾果。索爾果爲蘇完部長。有子十人。其族最盛。

八旗滿洲氏族通譜　卷一　一

八旗滿洲氏族通譜八十卷目録二卷　［清］愛新覺羅・弘晝等纂修　清乾隆九年（一七四四）內府刻本

十行二十字，小字雙行同，白口，單魚尾，四周雙邊，版框高二十一・一釐米，寬十四・四釐米。

舊聞證誤四卷　［宋］李心傳撰　清抄本　陸樹藩批校題跋

八行二十一字，小字雙行同，無版框。

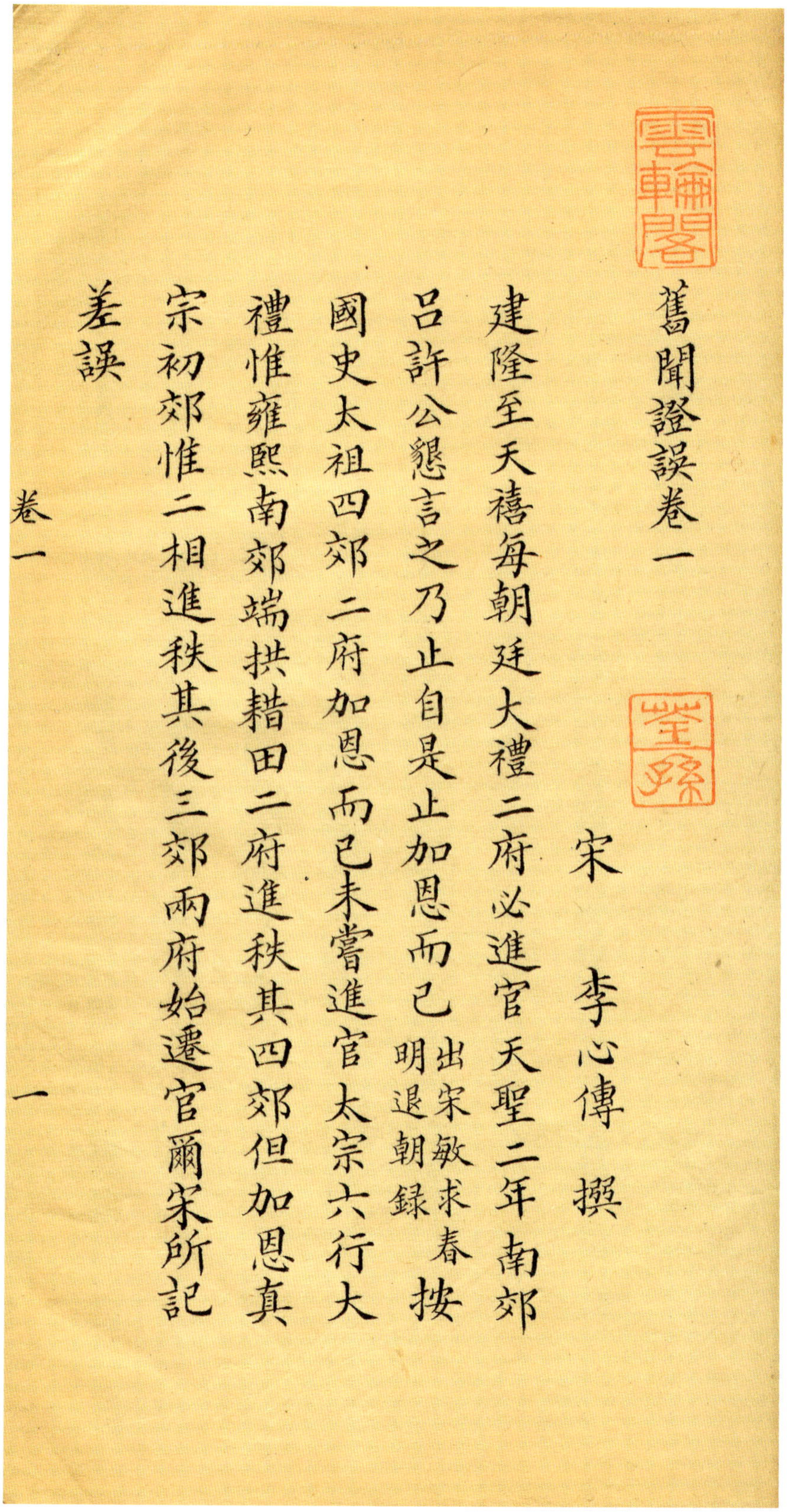

舊聞證誤卷一

宋　李心傳　撰

建隆至天禧每朝廷大禮二府必進官天聖二年南郊呂許公懇言之乃止自是止加恩而已（出宋敏求春明退朝録）按國史太祖四郊二府加恩而已未嘗進官太宗六行大禮惟雍熙南郊端拱耤田二府進秩其四郊但加恩真宗初郊惟二相進秩其後三郊兩府始遷官爾宋所記差誤

卷一　一

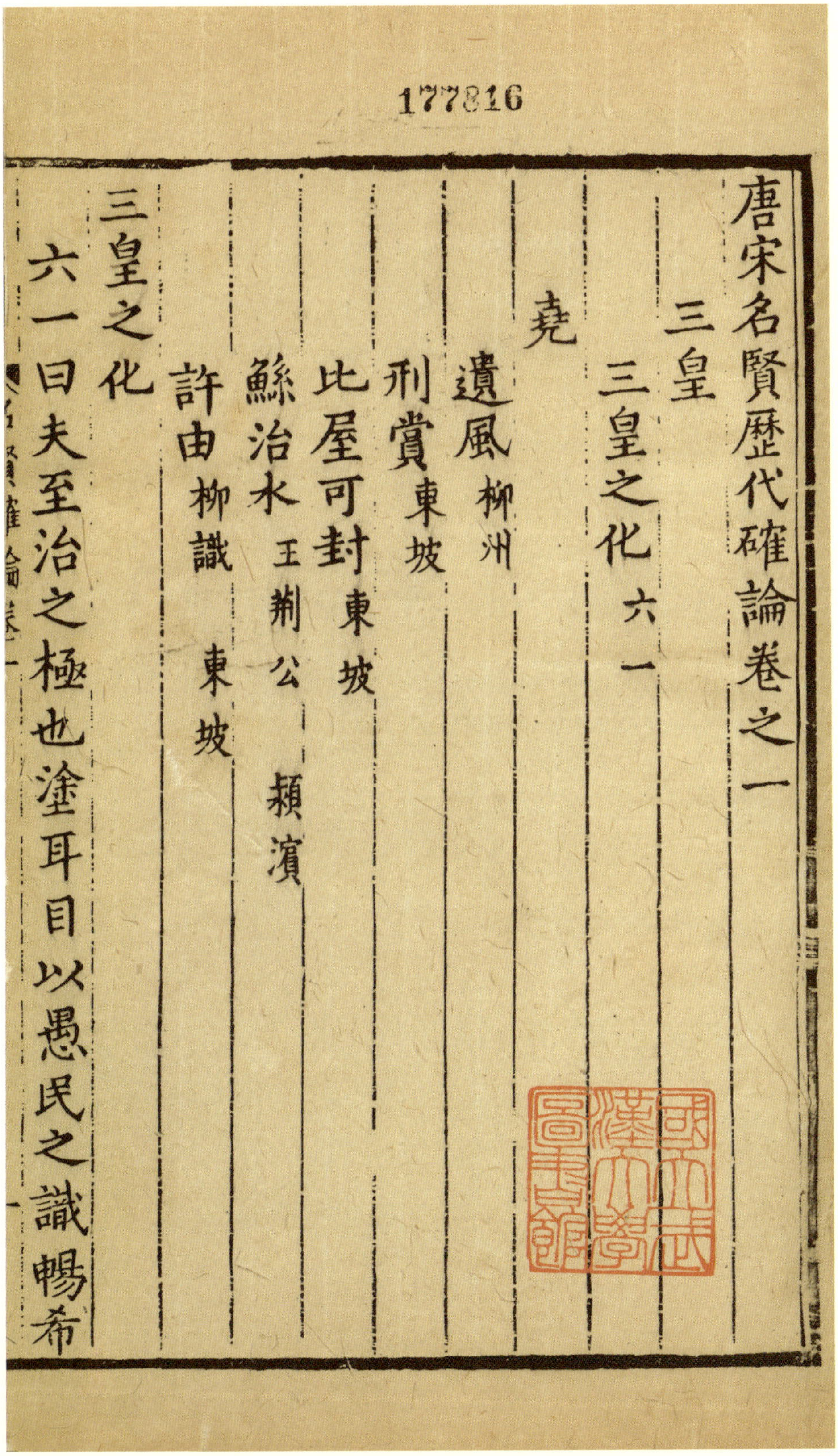

177816

唐宋名賢歷代確論卷之一

三皇

三皇之化 六一

堯

遺風 柳州

刑賞 東坡

比屋可封 東坡

鯀治水 王荊公 潁濱

許由 柳識 東坡

三皇之化

六一曰夫至治之極也塗耳目以愚民之識暢希

唐宋名賢歷代確論一百卷 明弘治十七年（一五〇四）錢孟濬刻本

十一行二十字，白口，單魚尾，左右雙邊，版框高二十二・四釐米，寬十五釐米。

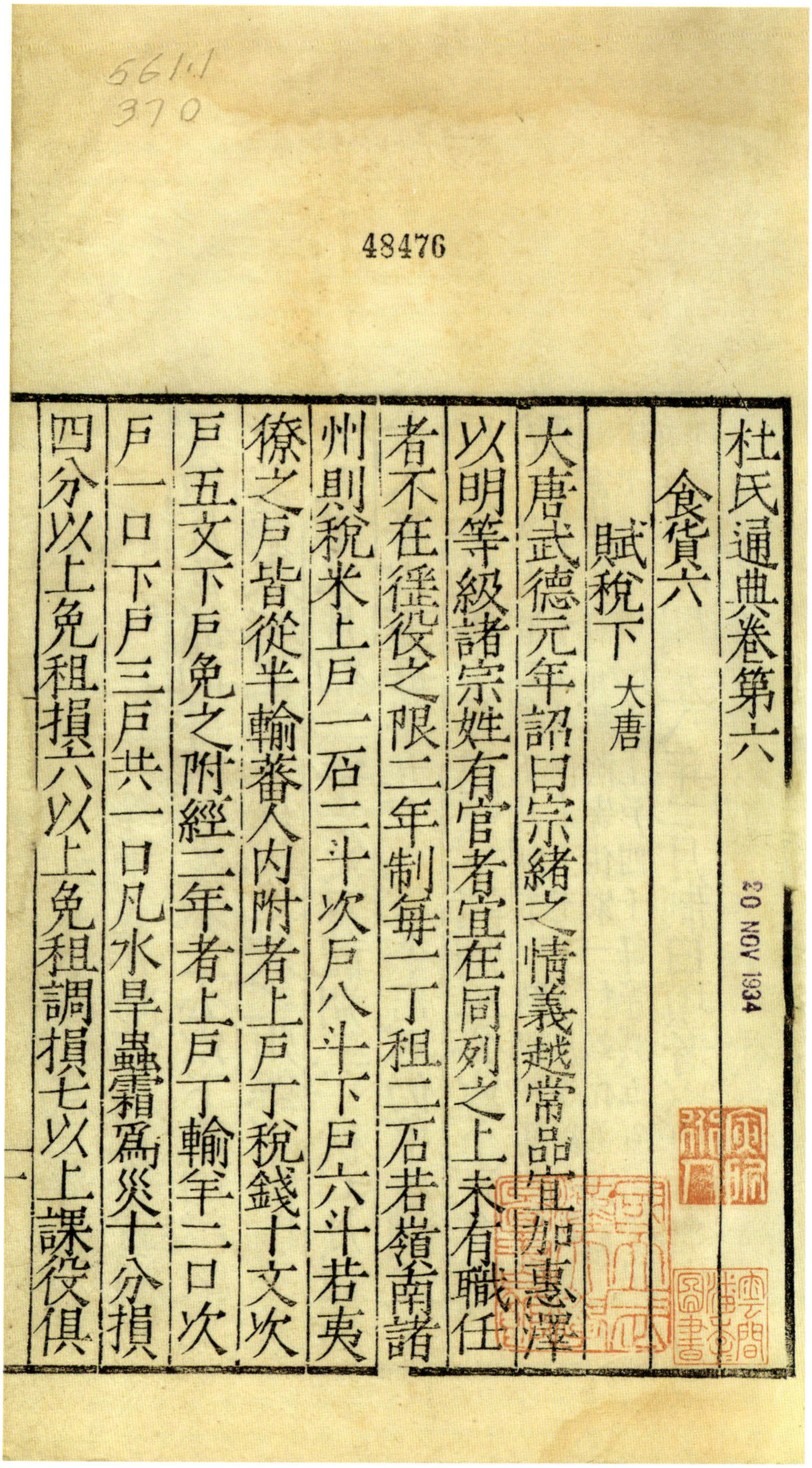

杜氏通典二百卷 ［唐］杜佑撰　明嘉靖十八年（一五三九）王德溢　吴鹏刻本

十一行二十字，白口，四周單邊，版框高十八・二釐米，寬十五・四釐米。

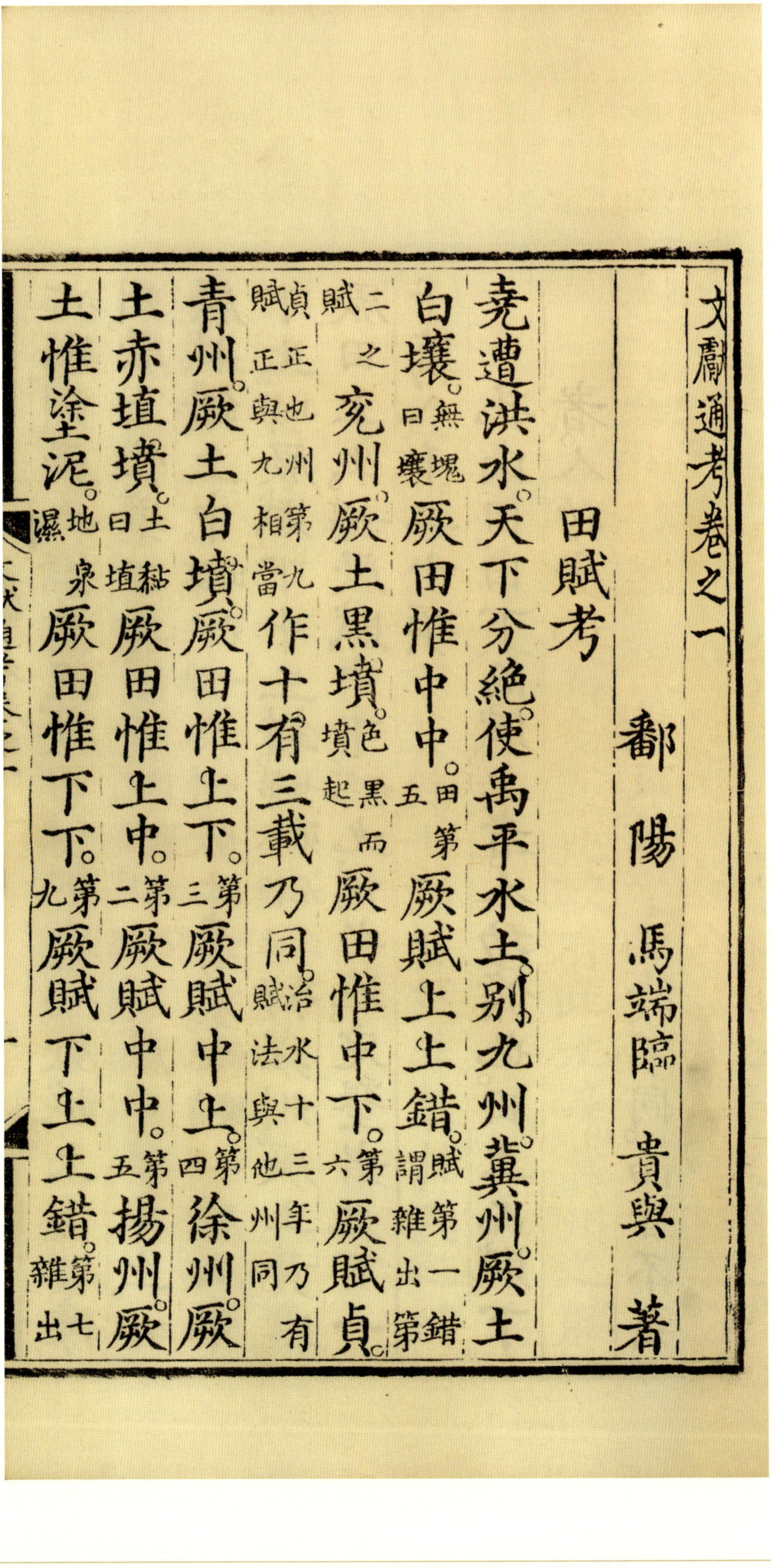

文獻通考卷之一

鄱陽 馬端臨 貴與 著

田賦考

堯遭洪水。天下分絶。使禹平水土。别九州。冀州厥土白壤。（無塊曰壤）厥田惟中中。（田第五）厥賦上上錯。（賦第一錯謂雜出第二之賦）兖州厥土黑墳。（色黑而墳起）厥田惟中下。（第六）厥賦貞。（貞正也州第九賦正與九州相當）作十有三載乃同。（治水十三年乃有賦法與他州同）青州厥土白墳。厥田惟上下。（第三）厥賦中上。（第四）徐州厥土赤埴墳。（土黏曰埴）厥田惟上中。（第二）厥賦中中。（第五）揚州厥土惟塗泥。（地泉濕）厥田惟下下。（第九）厥賦下上上錯。（第七雜出

文獻通考三百四十八卷　〔元〕馬端臨撰　明嘉靖三年（一五二四）司禮監刻本

十行二十字，小字雙行同，黑口，雙魚尾，四周雙邊，版框高二十五・五釐米，寬十七・四釐米。

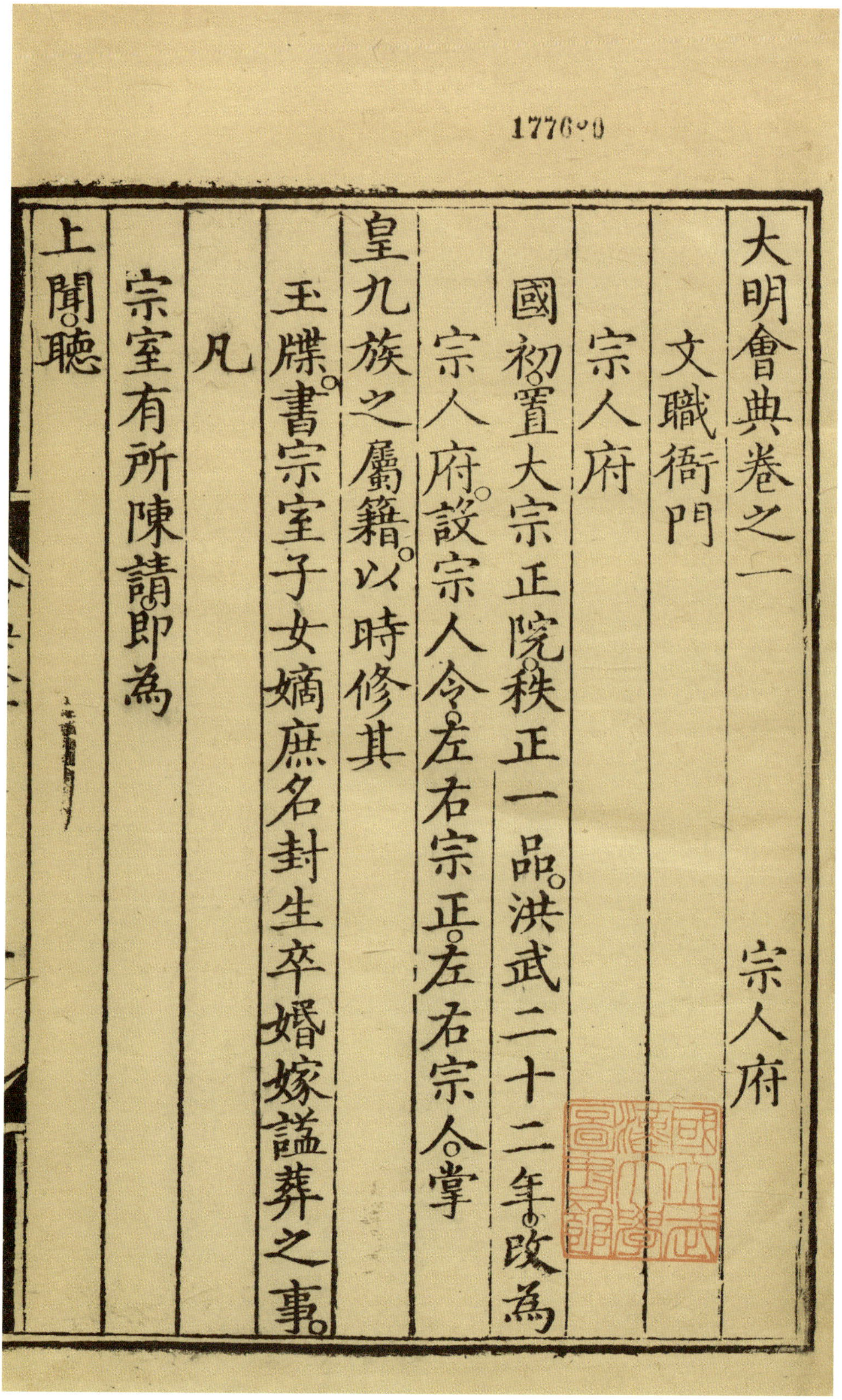

大明會典卷之一　宗人府

文職衙門

宗人府

國初置大宗正院秩正一品洪武二十二年改為宗人府設宗人令左右宗正左右宗人令掌

皇九族之屬籍以時修其

玉牒書宗室子女嫡庶名封生卒婚嫁謚葬之事

凡

宗室有所陳請即為

上聞聽

大明會典二百二十八卷　［明］申時行　［明］趙用賢等纂修　明萬曆十五年（一五八七）內府刻本

十行二十字，小字雙行同，黑口，雙魚尾，四周雙邊，版框高二十四・九釐米，寬十七・三釐米。

麟臺故事五卷首一卷末一卷 ［宋］程俱撰 清乾隆四十一年（一七七六）武英殿聚珍版木活字本

九行二十一字，小字雙行同，白口，單魚尾，四周雙邊，版框高十九・二釐米，寬十二・六釐米。

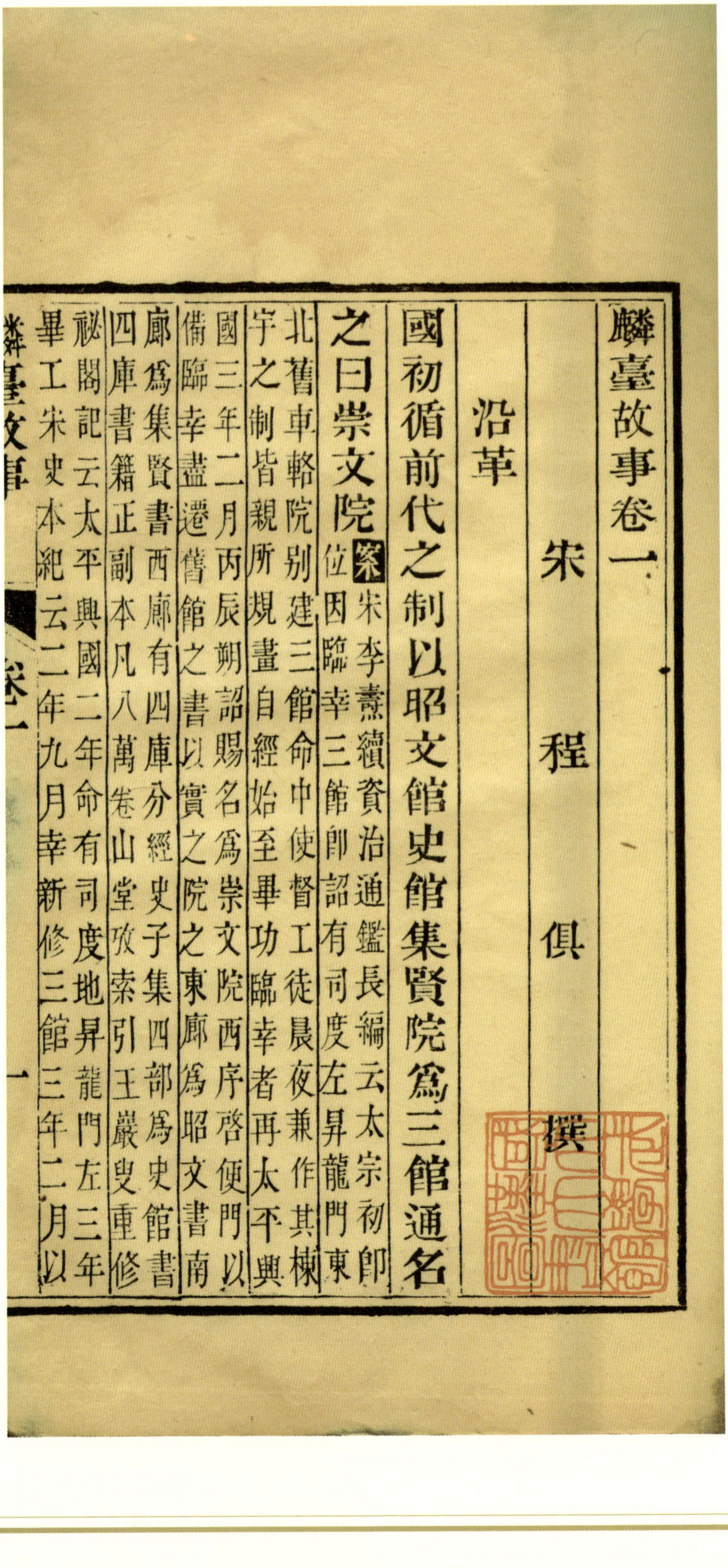

麟臺故事卷一

宋 程俱 撰

沿革

國初循前代之制以昭文館史館集賢院爲三館通名之曰崇文院案宋李燾續資治通鑑長編云太宗初即位因臨幸三館詔有司度左昇龍門東北舊車輅院別建三館命中使督工徒晨夜兼作其棟宇之制皆親所規畫自經始至畢功臨幸者再太平興國三年二月丙辰朔詔賜名爲崇文院西序啓便門以備臨幸盡遷舊館之書以實之院之東廊爲昭文書南廊爲集賢書西廊有四庫分經史子集四部爲史館書四庫書籍正副本凡八萬卷山堂攷索引王巖叟重修祕閣記云太平興國二年命有司度地昇龍門左三年畢工宋史本紀云二年九月幸新修三館三年二月以

麟臺故事 卷一 一

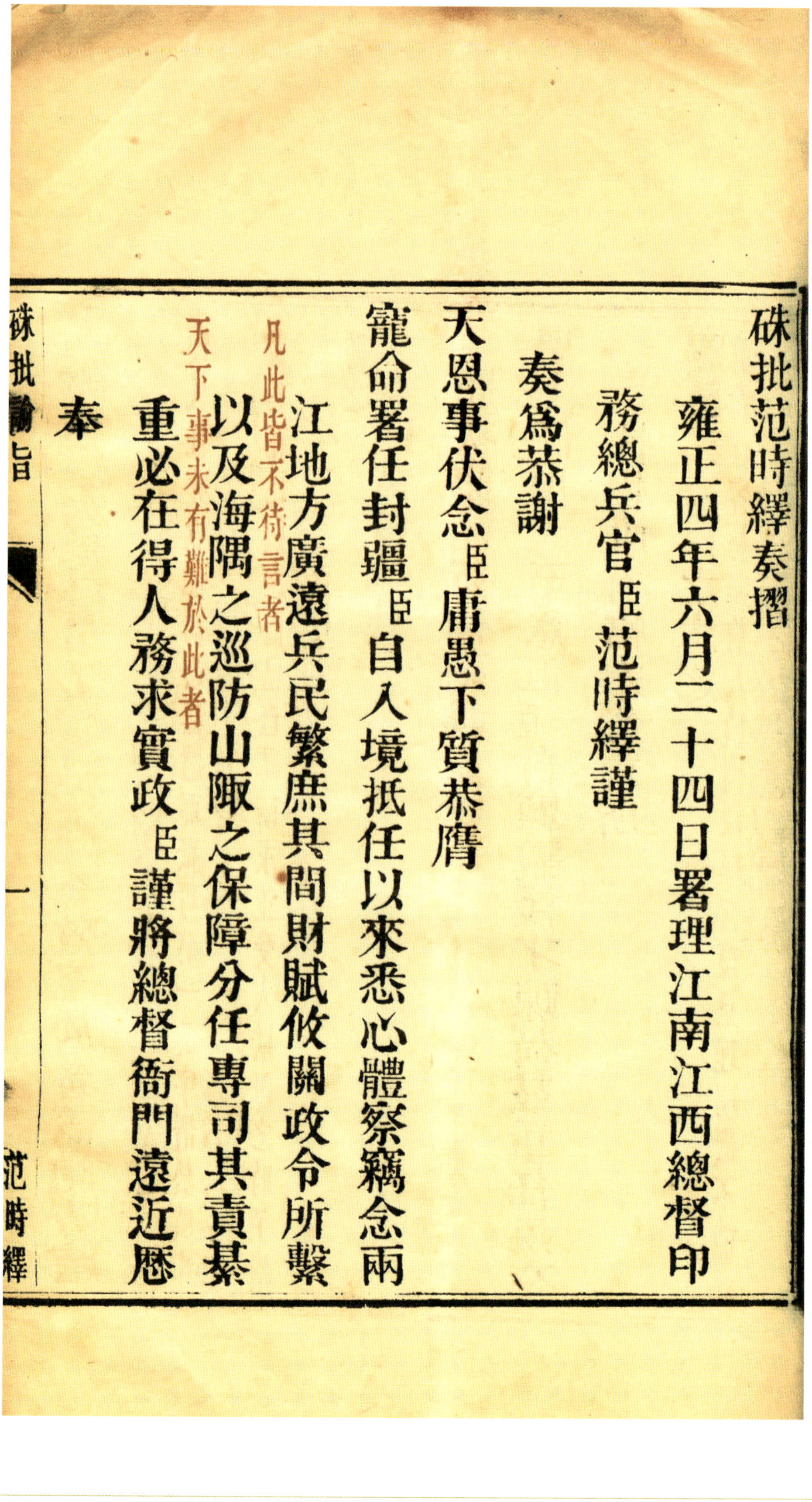

硃批范時繹奏摺

雍正四年六月二十四日署理江南江西總督印

務總兵官臣范時繹謹

奏爲恭謝

天恩事伏念臣庸愚下質恭膺

寵命署任封疆臣自入境抵任以來悉心體察竊念兩

江地方廣遠兵民繁庶其間財賦攸關政令所繫

以及海隅之巡防山陬之保障分任專司其責綦

凡此皆不待言者

天下事未有難於此者

重必在得人務求實政臣謹將總督衙門遠近歷

奉

硃批諭旨 一 范時繹

硃批諭旨不分卷 ［清］愛新覺羅·胤禛批　清雍正十年至清末活字朱墨套印本

十行二十一字，白口，單魚尾，四周雙邊，版框高二十·六釐米，寬十二·二釐米。

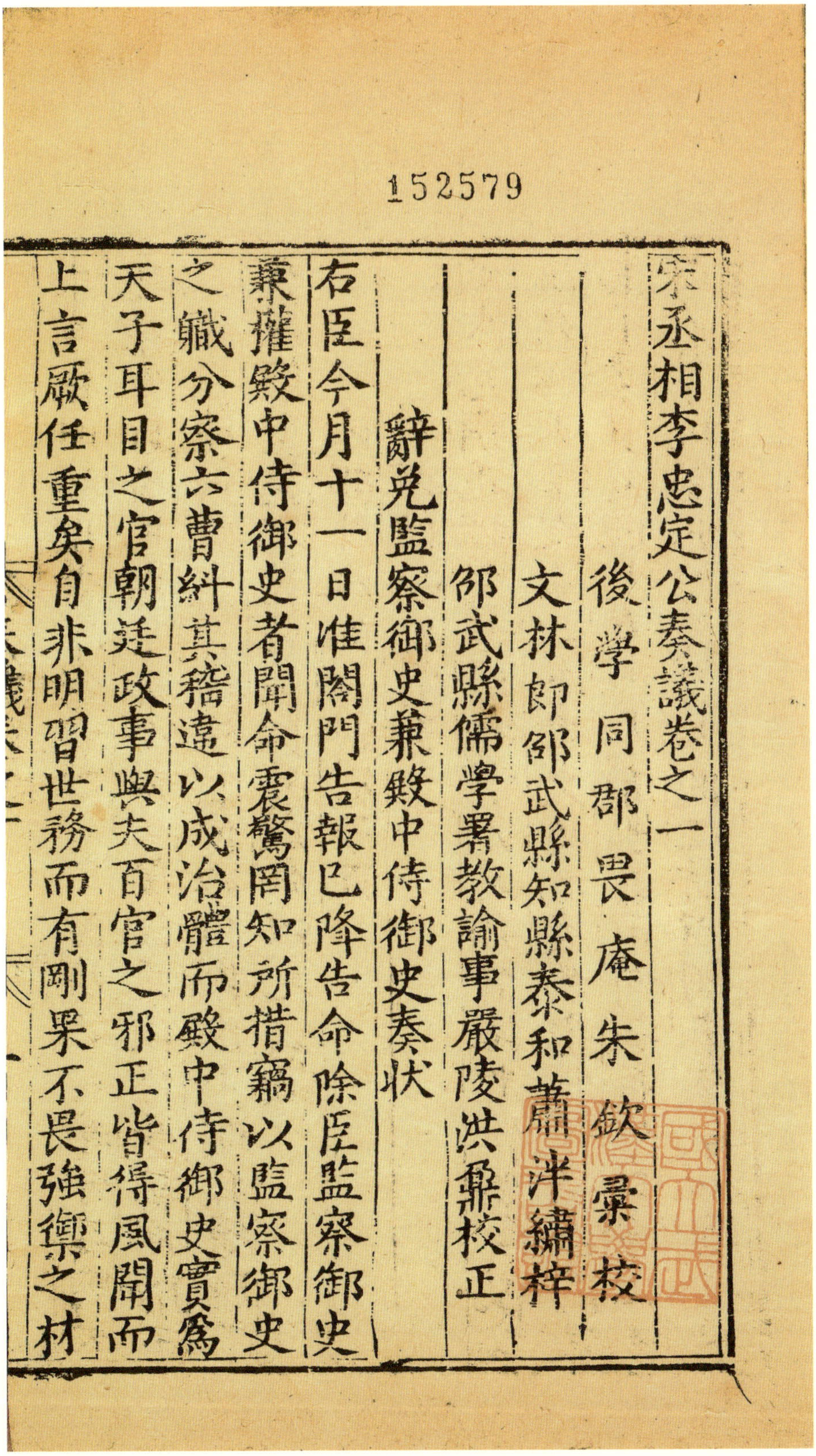

宋丞相李忠定公奏議卷之一
後學同郡畏庵朱欽彙校
文林郎邵武縣知縣泰和蕭泮繡梓
邵武縣儒學署教諭事嚴陵洪彝校正
辭免監察御史兼殿中侍御史奏狀
右臣今月十一日准閤門告報巳降告命除臣監察御史
兼權殿中侍御史者聞命震驚罔知所措竊以監察御史
之職分察六曹糾其稽違以成治體而殿中侍御史實爲
天子耳目之官朝廷政事與夫百官之邪正皆得風聞而
上言厥任重矣自非明習世務而有剛果不畏強禦之材

宋丞相李忠定公奏議六十九卷附録九卷　［宋］李綱撰　明正德十一年（一五一六）胡文静　蕭泮刻天啟二年（一六二二）重修本

十行二十二字，小字雙行同，白口，雙魚尾，四周雙邊，版框高十九・七釐米，寬十二・四釐米。

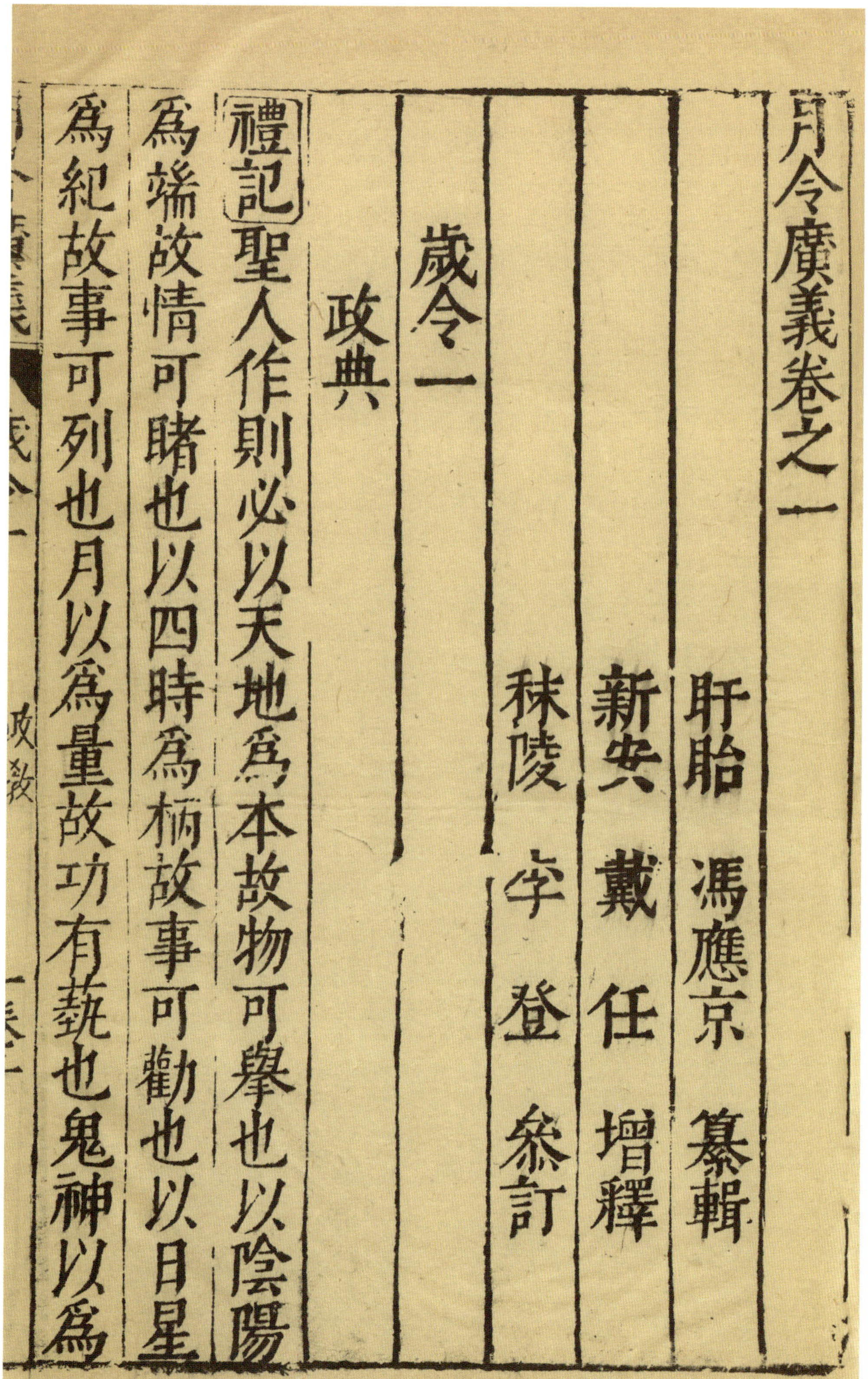

月令廣義卷之一

盱眙 馮應京 纂輯

新安 戴任 增釋

秣陵 李登 參訂

歲令一

政典

禮記 聖人作則必以天地爲本故物可舉也以陰陽爲端故情可睹也以四時爲柄故事可勸也以日星爲紀故事可列也月以爲量故功有蓺也鬼神以爲

月令廣義二十四卷首一卷統紀一卷附録一卷 〔明〕馮應京纂輯 明萬曆間刻本

九行二十字，小字雙行同，白口，單魚尾，四周單邊，版框高二十二・六釐米，寬十五・一釐米。

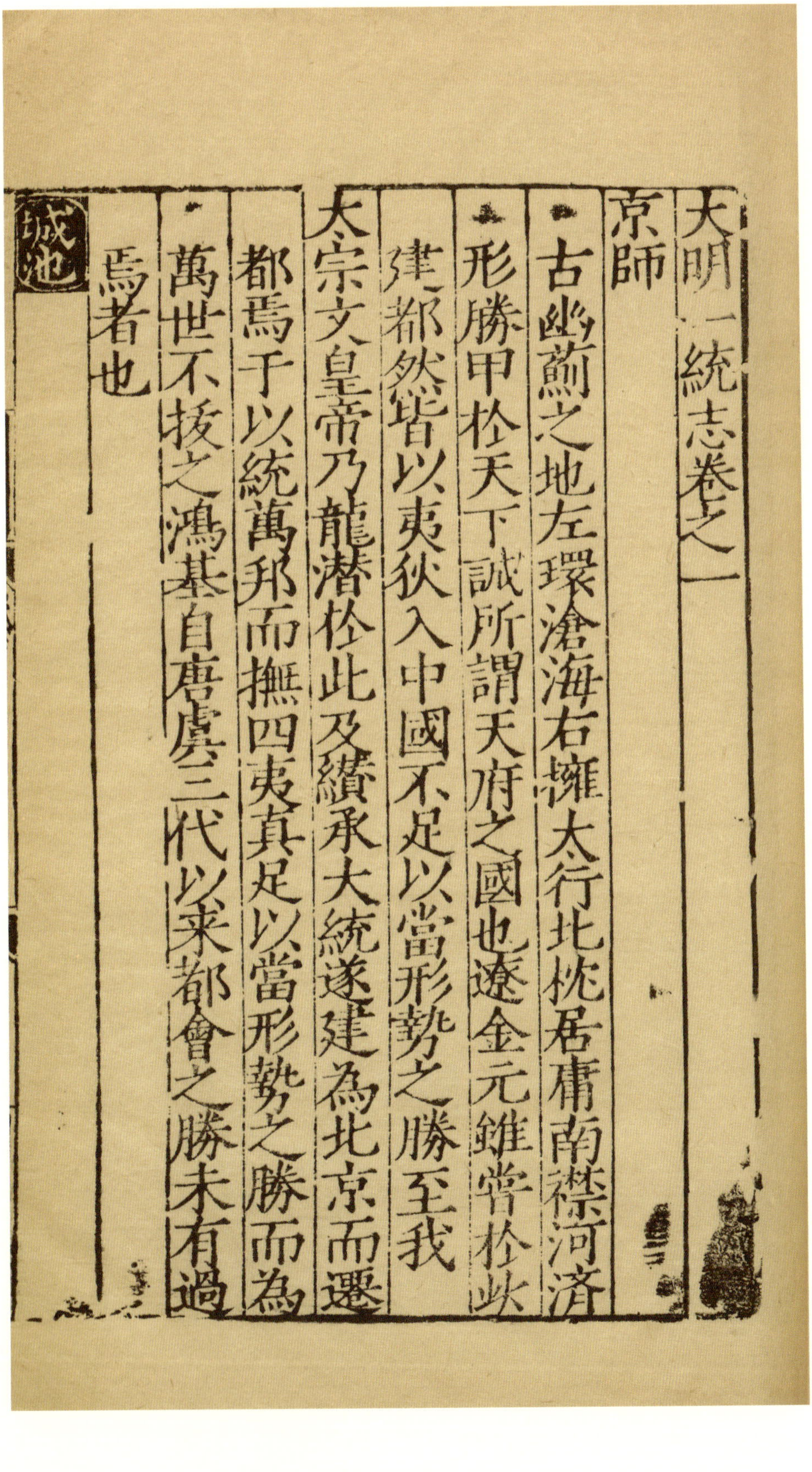
大明一統志卷之一

京師

古幽薊之地左環滄海右擁太行北枕居庸南襟河濟形勝甲於天下誠所謂天府之國也遼金元雖嘗於此建都然皆以夷狄入中國不足以當形勢之勝至我

太宗文皇帝乃龍潛於此及纘承大統遂建為北京而遷都焉于以統萬邦而撫四夷真足以當形勢之勝而為萬世不拔之鴻基自唐虞三代以来都會之勝未有過焉者也

城池

大明一統志九十卷 ［明］李賢 ［明］萬安等纂修 明嘉靖三十八年（一五五九）書林楊氏歸仁齋刻本

十行二十二字，黑口，雙魚尾，四周單邊，版框高十九・一釐米，寬十二・五釐米。

大明一統志九十卷　［明］李賢　［明］萬安等纂修　明萬曆間萬壽堂刻清代修版後印本　存八十九卷（卷二至九十）

十行二十二字，小字雙行同，白口，單魚尾，四周單邊，版框高二十一·七釐米，寬十四·七釐米。

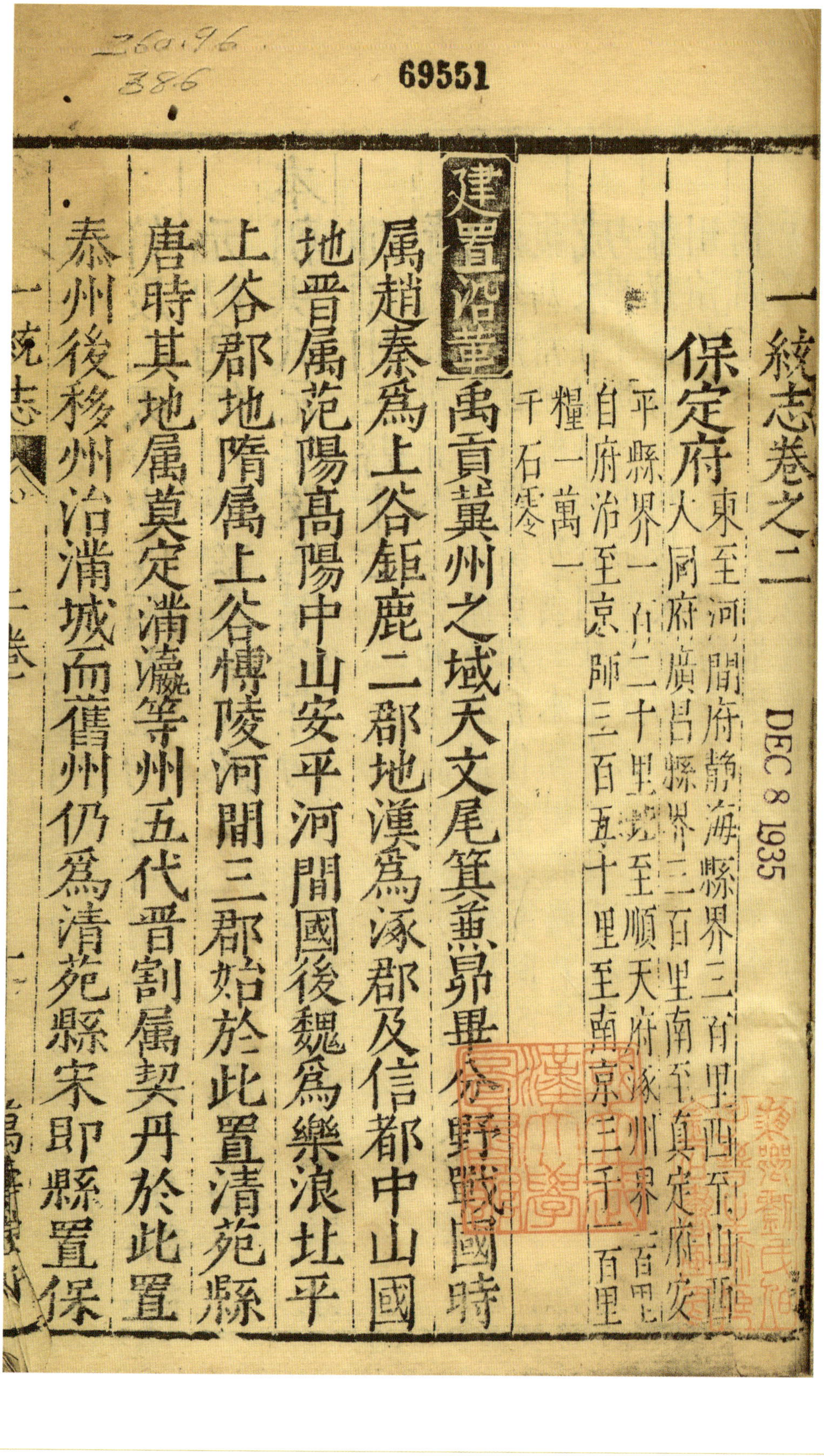

一統志卷之二

保定府 東至河間府靜海縣界三百里西至[illegible]大同府廣昌縣界三百里南至真定府安平縣界一百二十里北至順天府涿州界一百里自府治至京師三百五十里至南京三千一百里

糧一萬一千石零

建置沿革 禹貢冀州之域天文尾箕分野戰國時屬趙秦爲上谷鉅鹿二郡地漢爲涿郡及信都中山國地晉屬范陽高陽中山安平河間國後魏爲樂浪北平上谷郡地隋屬上谷博陵河間三郡始於此置清苑縣唐時其地屬莫定滿瀛等州五代晉割屬契丹於此置泰州後移州治滿城而舊州仍爲清苑縣宋即縣置保

讀史方輿紀要□□卷

［清］顧祖禹撰　清康熙間通志堂刻本

九行十九字，小字雙行同，黑口，單魚尾，左右雙邊，版框高十九·六釐米，寬十四·七釐米。

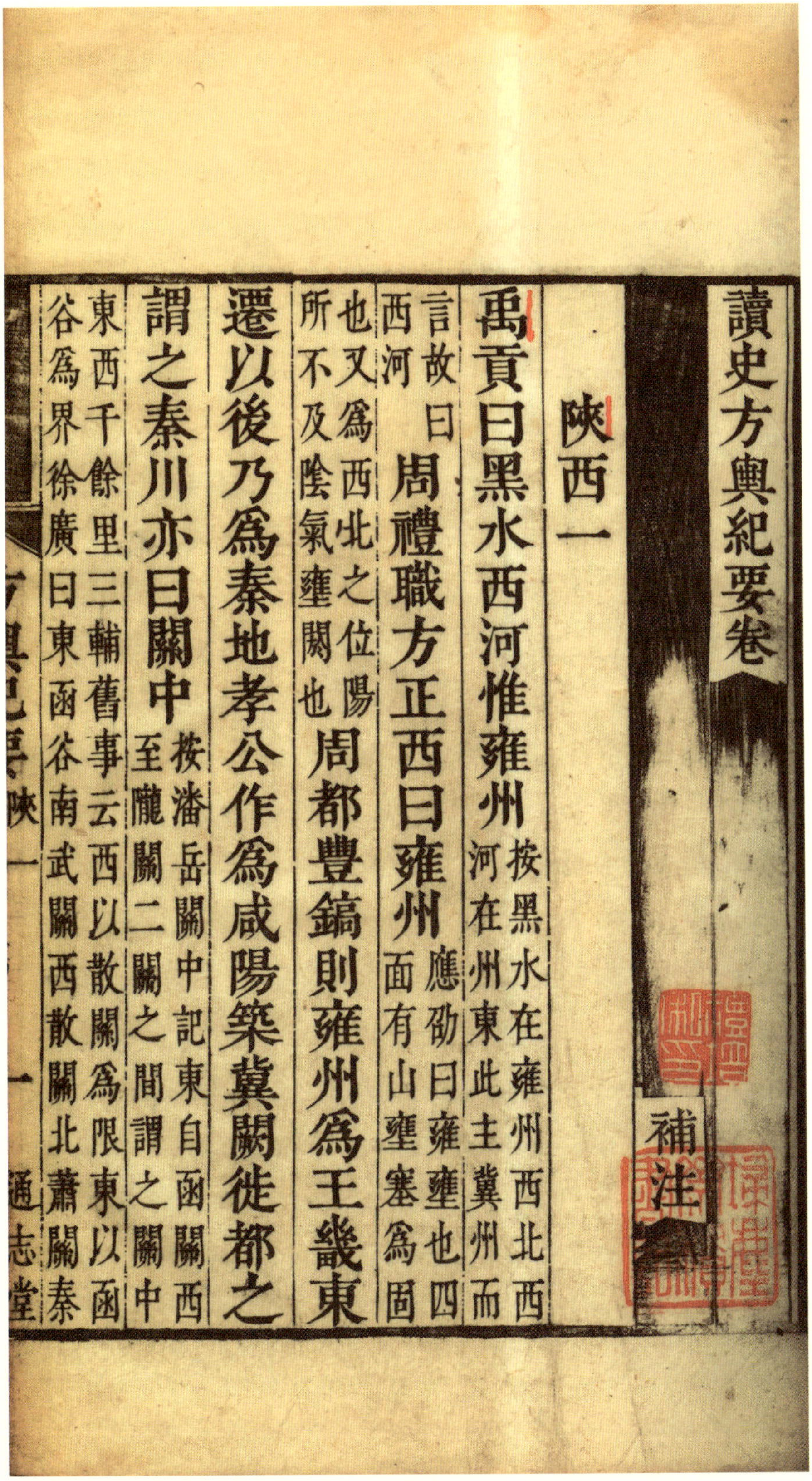

括地志不分卷 ［唐］李泰撰 ［清］孫星衍輯 清乾隆五十七年（一七九二）抄本

十行二十二字，小字雙行同，无版框。

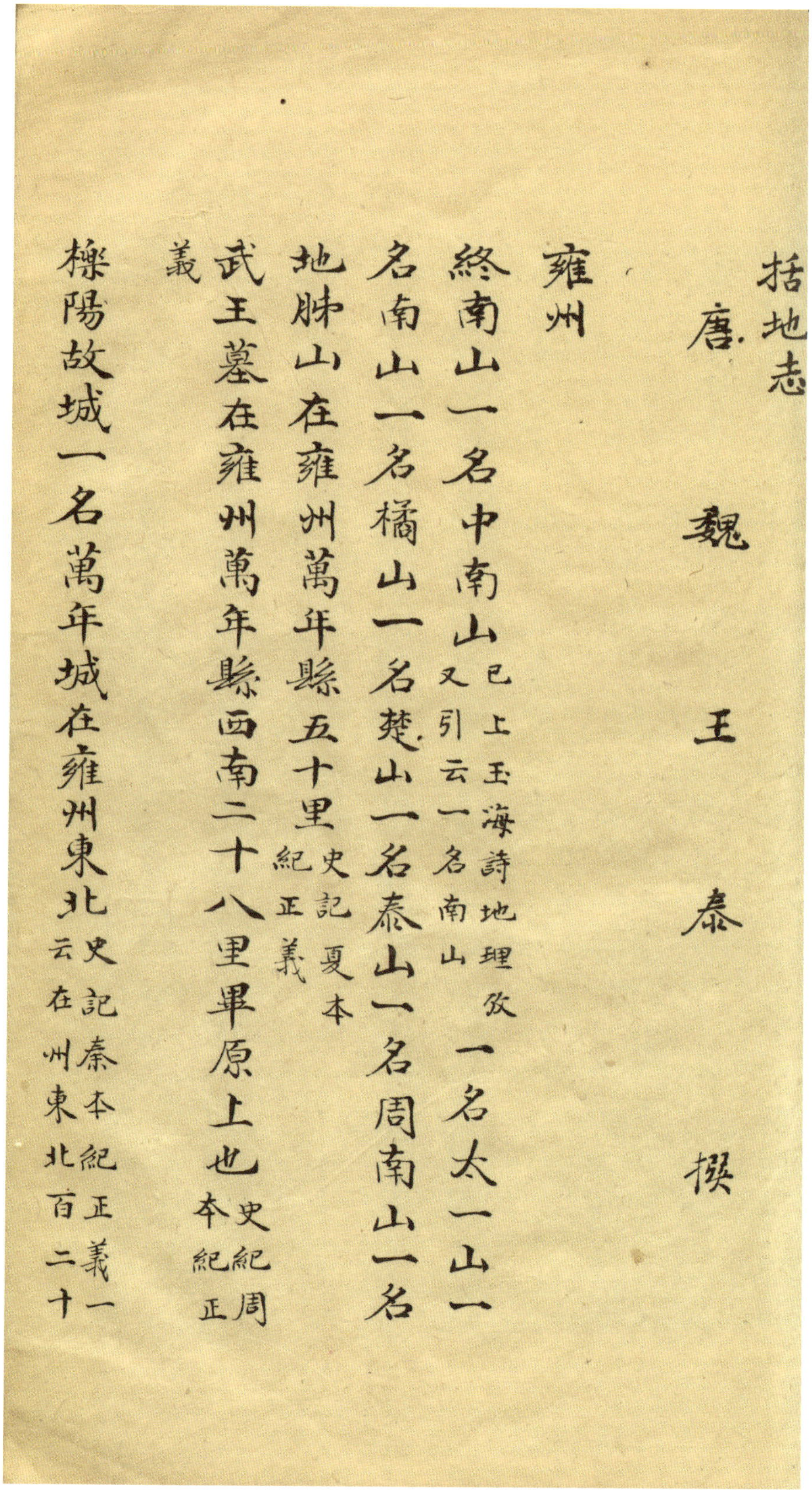

括地志

唐 魏 王 泰 撰

雍州

終南山一名中南山已上玉海詩地理攷又引云一名南山一名太一山一

名南山一名橘山一名楚山一名秦山一名周南山一名

地肺山在雍州萬年縣五十里史記夏本紀正義

武王墓在雍州萬年縣西南二十八里畢原上也史記周本紀正

義

櫟陽故城一名萬年城在雍州東北史記秦本紀正義一云在州東北百二十

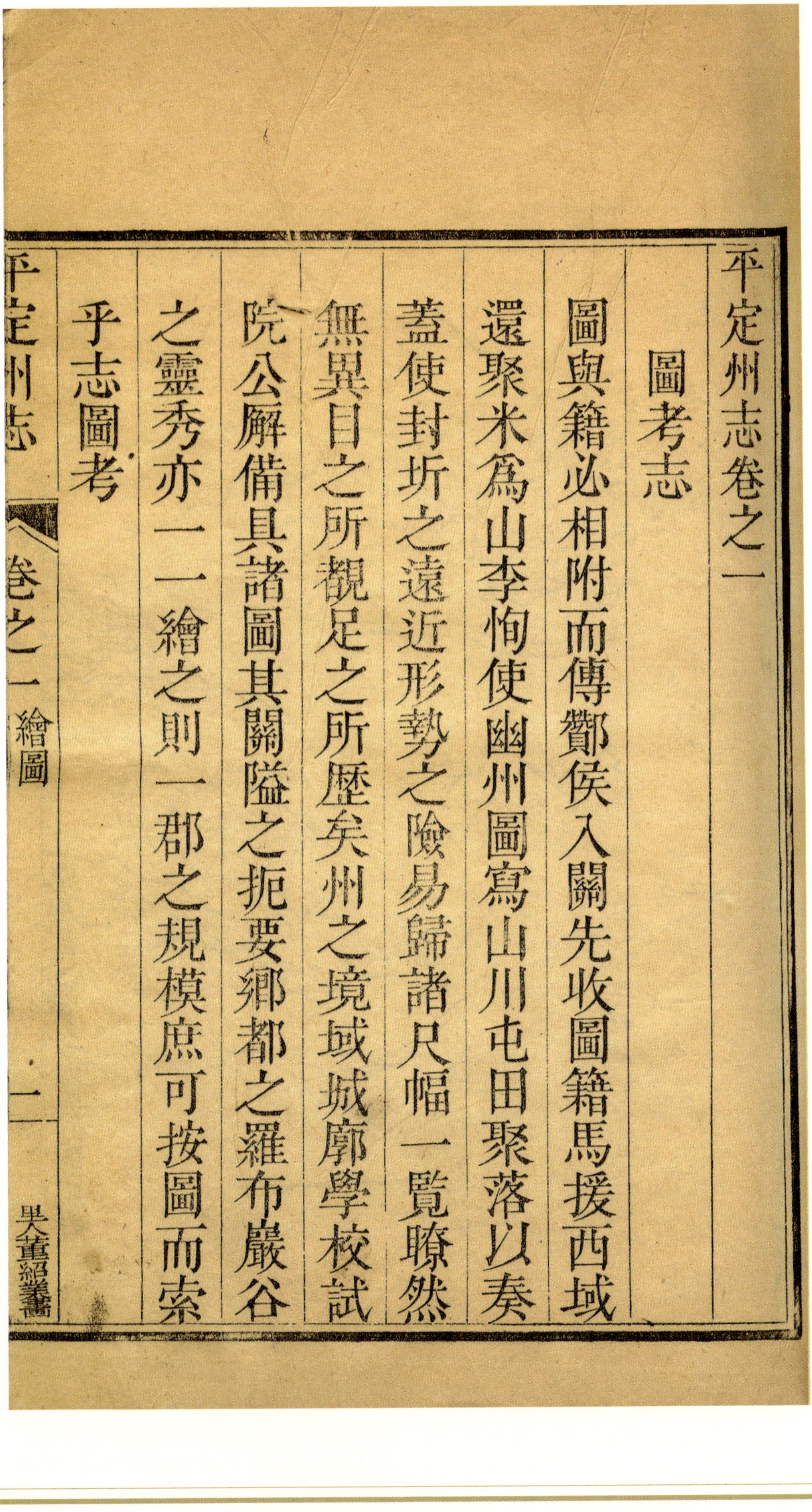
平定州志卷之一

圖考志

圖與籍必相附而傳酇侯入關先收圖籍馬援西域還聚米爲山李恂使幽州圖寫山川屯田聚落以奏蓋使封圻之遠近形勢之險易歸諸尺幅一覽瞭然無異目之所覩足之所歷矣州之境域城廓學校試院公廨備具諸圖其關隘之扼要鄉都之羅布巖谷之靈秀亦一一繪之則一郡之規模庶可按圖而索乎志圖考

平定州志 卷之一 繪圖 一 吳董紹蕃

〔乾隆〕平定州志八卷 〔清〕德保 〔清〕王祖庚纂修 清乾隆十四年（一七四九）刻本

九行二十一字，小字雙行同，白口，單魚尾，四周雙邊，版框高二十釐米，寬十四・五釐米。

［嘉慶］鄢陵縣志十二卷首一卷　［清］吳堂纂修　清嘉慶十三年（一八〇八）刻本

九行二十字，小字雙行同，白口，單魚尾，四周單邊，版框高十九釐米，寬十三・四釐米。

鄢陵縣志卷一

邑令武進吳堂纂修

地理志　星野　沿革　疆域　封建　岡阜　鄉保　村莊　河渠　陂溝　湖潭

隄防　古蹟　風俗　土産

鄢音偃古妘姓之國路史國名記鄢地有三楚之鄢都今襄之宜城與莒鄢鄭鄢異羅苹注穆叔如莒及鄢陵今沂之安陵也鄭伯克段於鄢則開封之傿陵漢之故縣括地志古鄢城在縣西北十五里晉楚戰於鄢陵即其地又曰隱陵見水經注

鄢陵縣志　地理志　一　星野

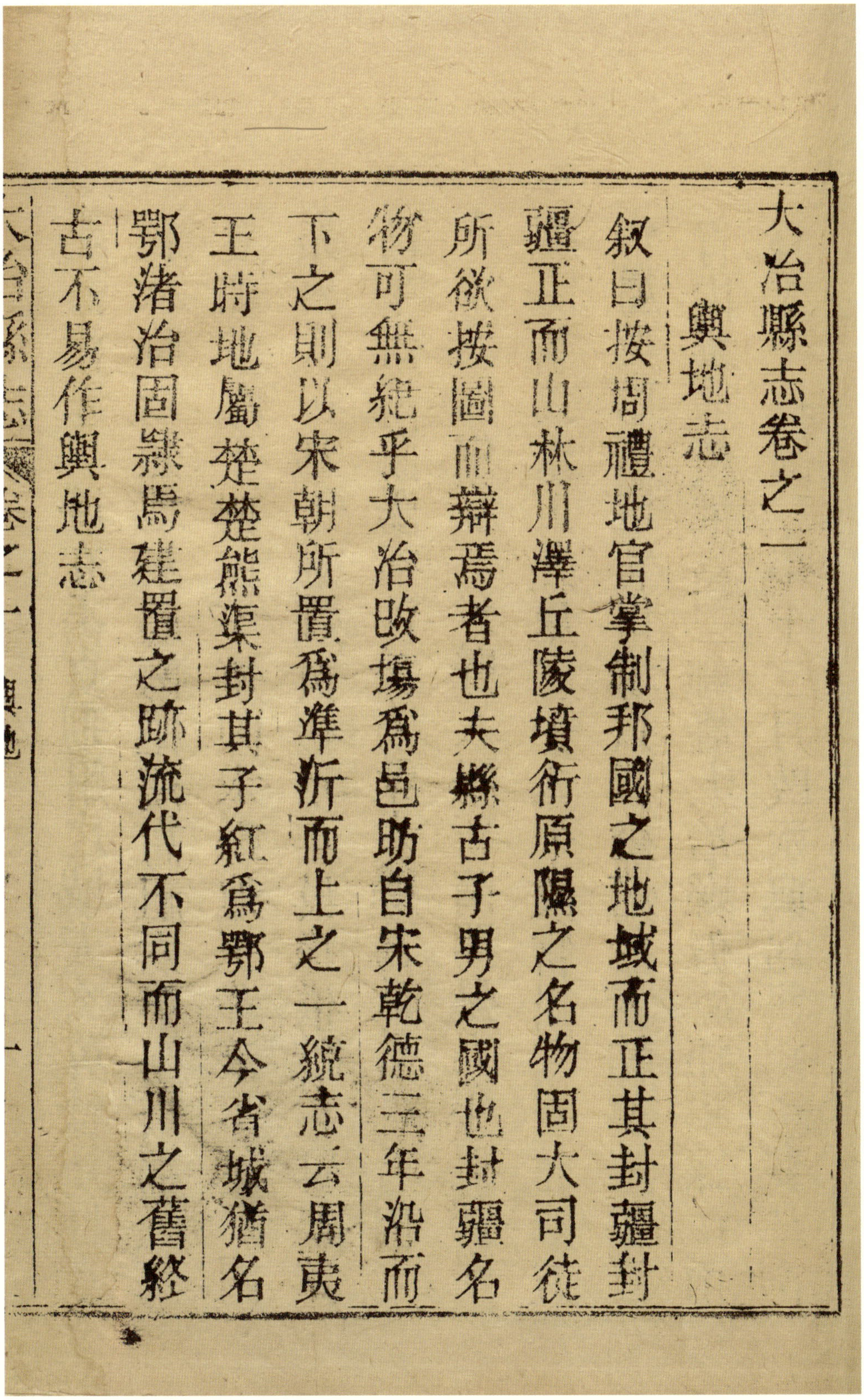
大冶縣志卷之一

輿地志

敘曰按周禮地官掌制邦國之地域而正其封疆封疆正而山林川澤丘陵墳衍原隰之名物固大司徒所欲按圖而辯焉者也夫縣古子男之國也封疆名物可無紀乎大冶改場爲邑昉自宋乾德三年沿而下之則以宋朝所置爲準泝而上之一統志云周夷王時地屬楚楚熊渠封其子紅爲鄂王今省城猶名鄂渚冶固隸焉建置之跡歷代不同而山川之舊蹤古不易作輿地志

大冶縣志卷之一　輿地　一

〔嘉靖〕大冶縣志七卷　〔明〕趙鼐　〔明〕冷儒宗纂修　清乾隆間活字本

十行二十字，白口，單魚尾，四周雙邊，版框高二十一・三釐米，寬十五・七釐米。

［嘉慶］應城縣志十二卷首一卷

［清］奚大壯 ［清］姚觀纂修 ［清］呂廷栩 ［清］熊汝弼等補纂 稿本

十行，字数不等，无版框。

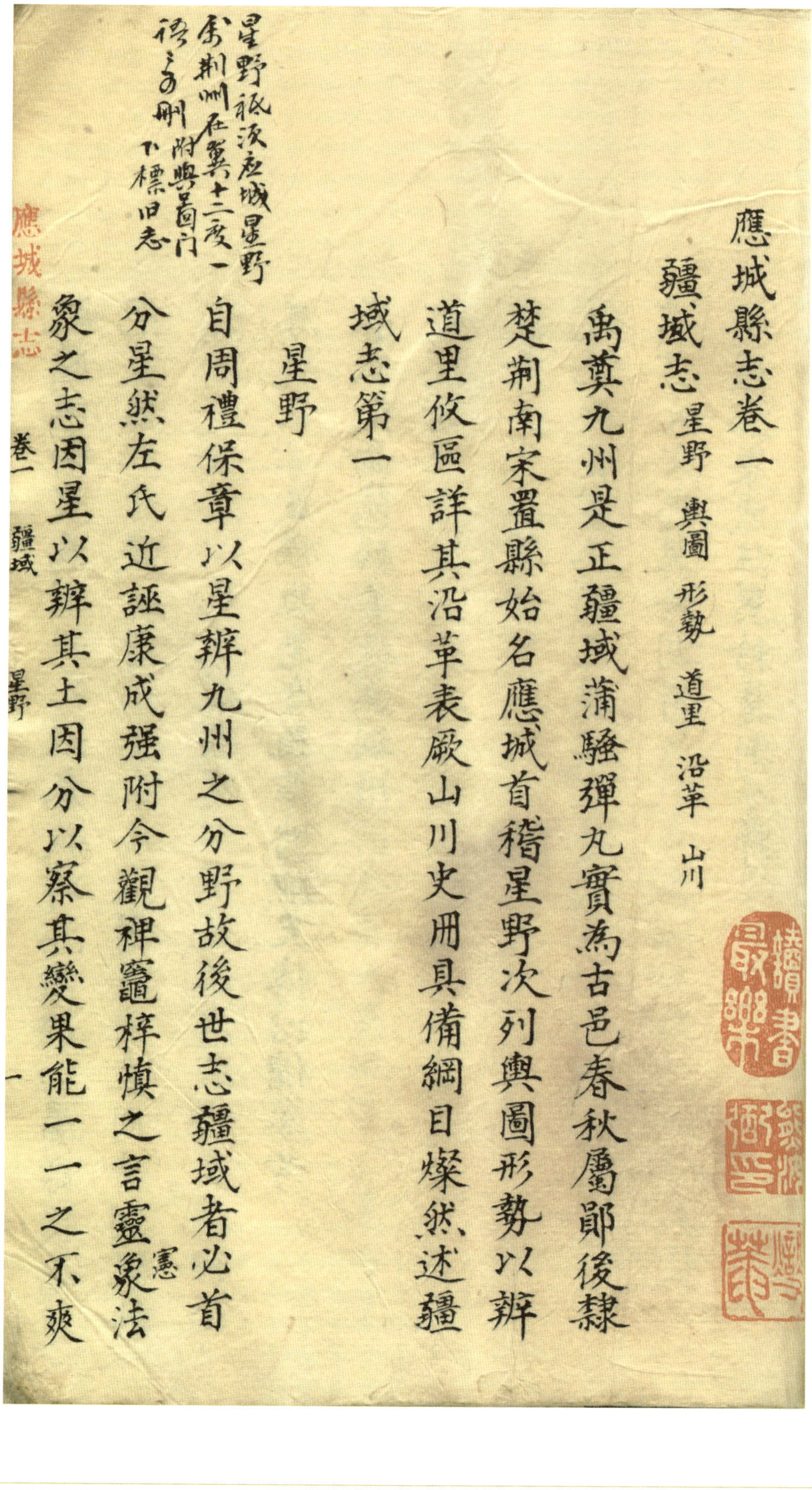

應城縣志卷一

疆域志 星野 輿圖 形勢 道里 沿革 山川

禹貢九州是正疆域蒲騷彈丸實為古邑春秋屬鄖後隸楚荊南宋置縣始名應城首稽星野次列輿圖形勢以辨道里攸區詳其沿革表厥山川史冊具備綱目燦然述疆域志第一

星野

星野祇叙應城星野系荊州在翼十二度一語之多刪 附輿圖門下標旧志

自周禮保章以星辨九州之分野故後世志疆域者必首分星然左氏近誣康成強附令觀禆竈梓慎之言靈(憲)象法象之志因星以辨其土因分以察其變果能一一之不爽

應城縣志 卷一 疆域 星野 一

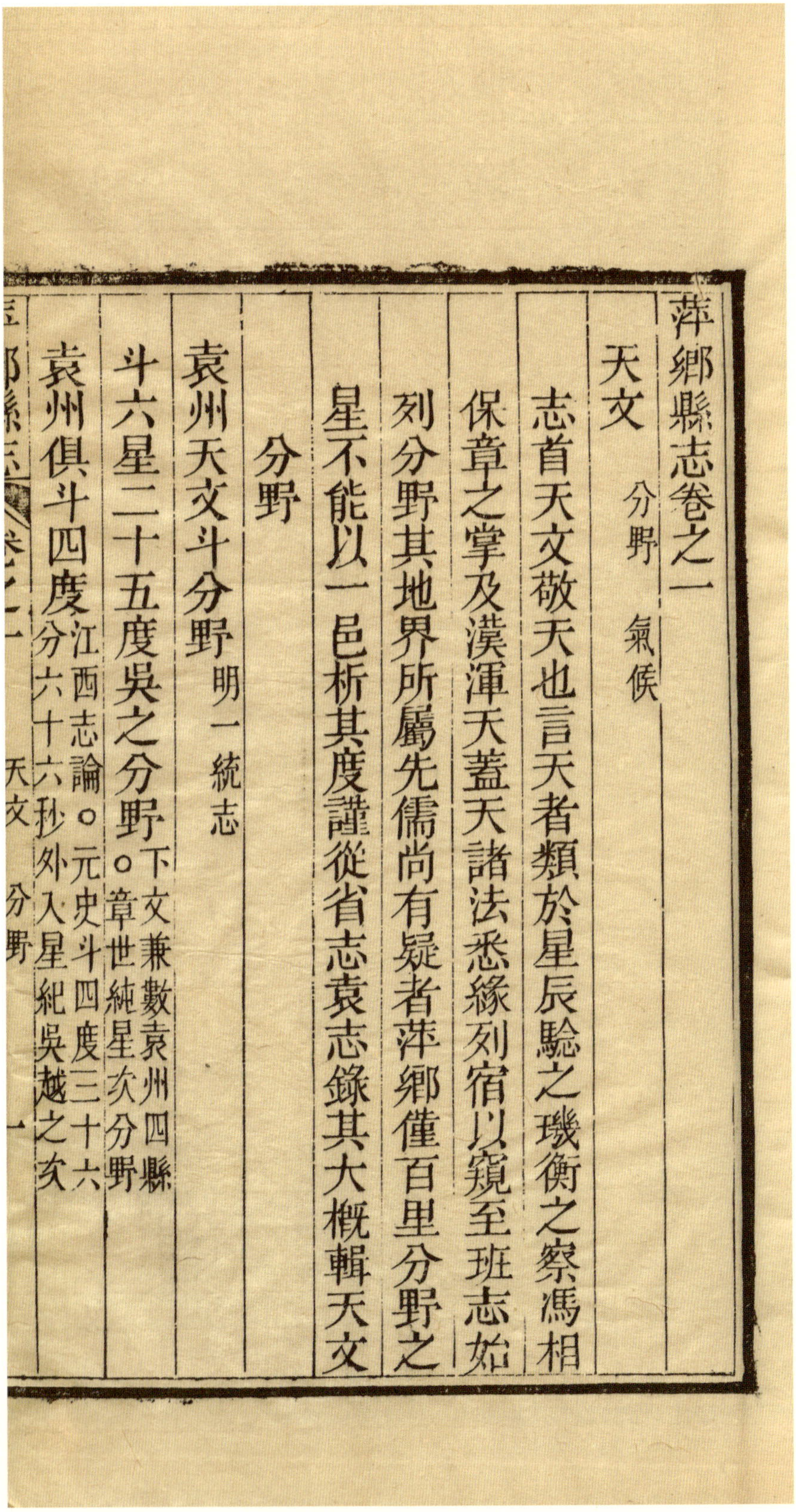
萍鄉縣志卷之一
天文　分野　氣候
志首天文敬天也言天者類於星辰驗之璣衡之察焉相
保章之掌及漢渾天蓋天諸法悉緣列宿以窺至班志始
列分野其地界所屬先儒尚有疑者萍鄉僅百里分野之
星不能以一邑析其度謹從省志袁志錄其大概輯天文
分野
袁州天文斗分野　明一統志
斗六星二十五度吳之分野○下文兼數袁州四縣章世純星次分野
袁州俱斗四度江西志論○元史斗四度三十六分六十六秒外入星紀吳越之次
萍鄉縣志　卷之一　天文　分野　一

〔嘉慶〕萍鄉縣志二十卷　〔清〕周繼炘　〔清〕張彭齡等修　〔清〕陳建勳　〔清〕劉一珠等纂　清嘉慶十六年（一八一一）刻本

十行二十四字，小字雙行同，白口，單魚尾，四周雙邊，版框高十九・三釐米，寬十二・八釐米。

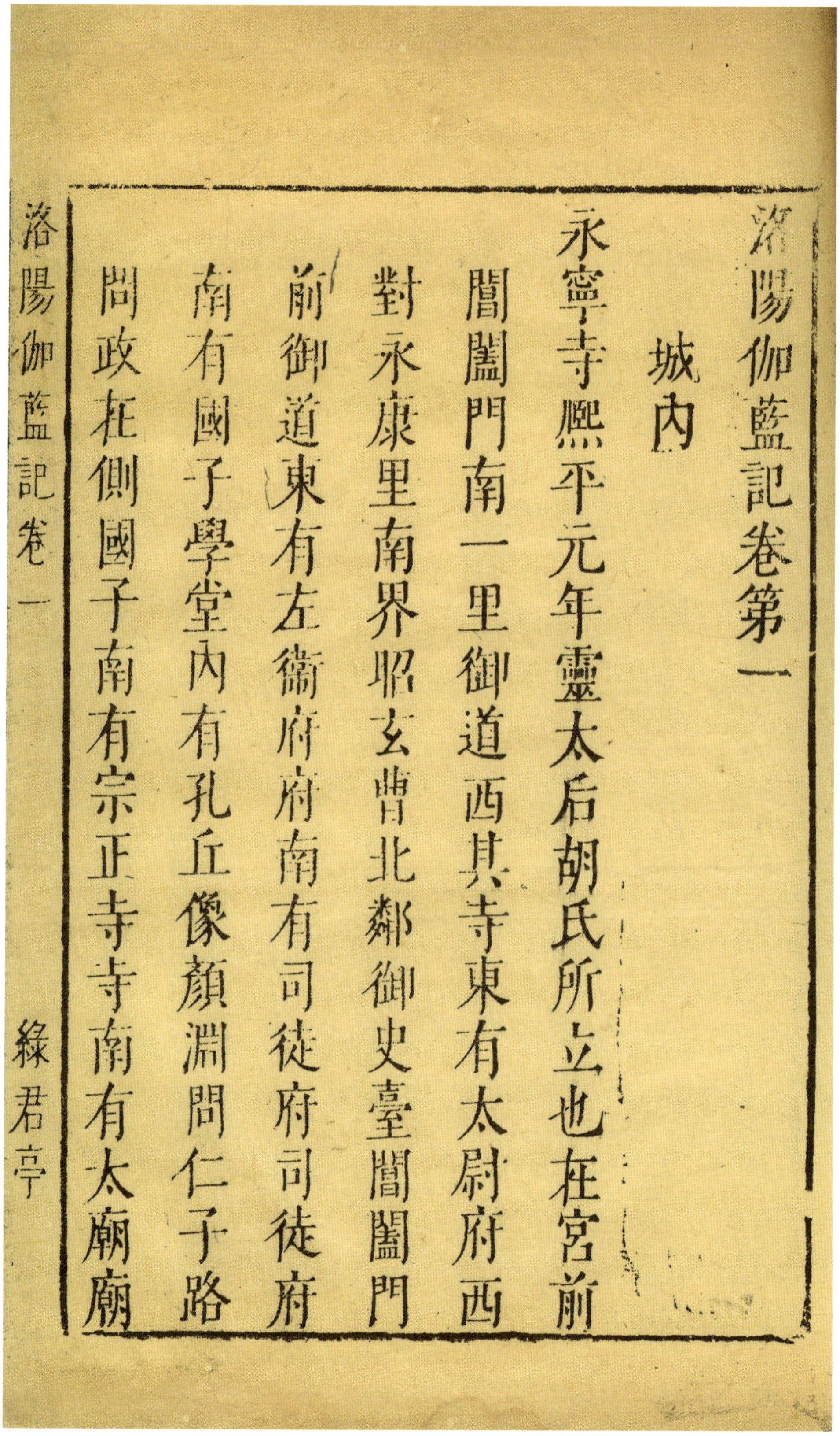

洛陽伽藍記卷第一

城内

永寧寺熙平元年靈太后胡氏所立也在宫前
閶闔門南一里御道西其寺東有太尉府西
對永康里南界昭玄曹北鄰御史臺閶闔門
前御道東有左衛府府南有司徒府司徒府
南有國子學堂内有孔丘像顔淵問仁子路
問政在側國子南有宗正寺寺南有太廟廟

洛陽伽藍記卷一　綠君亭

洛陽伽藍記五卷　［北朝・魏］楊衒之撰　明末毛氏綠君亭刻本

八行十八字，白口，四周單邊，版框高二十・四釐米，寬十四・五釐米。

水經注箋四十卷

［漢］桑欽撰　［北朝・魏］酈道元注　［明］朱謀㙔箋　明萬曆四十三年（一六一五）李長庚刻本　王禮培朱筆批點並四色筆過録朱之臣、陳仁錫、鍾惺、譚元春、何焯批點

十行二十字，小字雙行同，白口，單魚尾，左右雙邊，版框高二十一・三釐米，寬十四・五釐米。

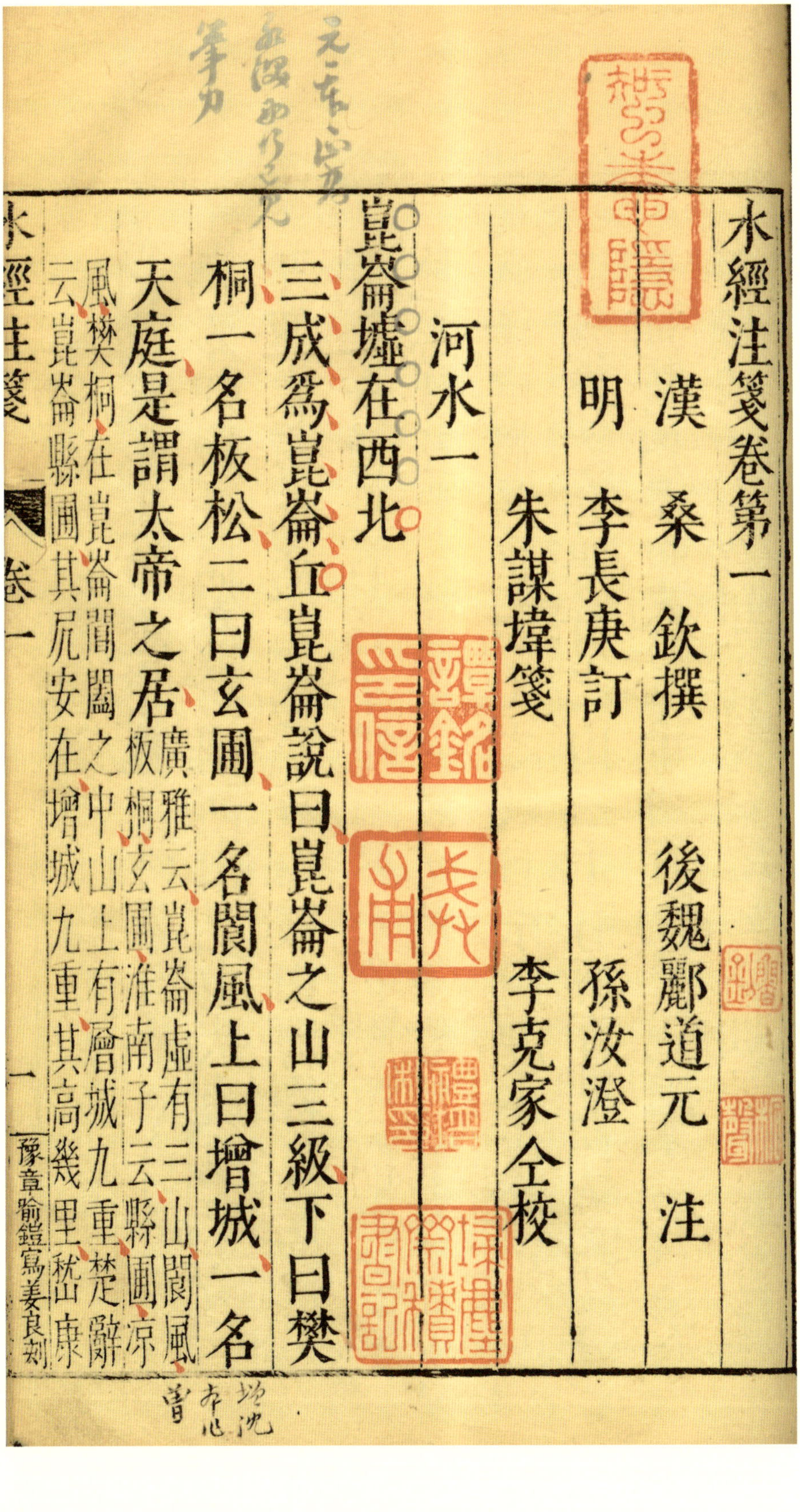
水經注箋卷第一
漢　桑　欽撰　後魏酈道元　注
明　李長庚訂　孫汝澄
朱謀㙔箋　李克家仝校
河水一
崑崙墟在西北
三成爲崑崙丘崑崙說曰崑崙之山三級下曰樊
桐一名板松二曰玄圃一名閬風上曰增城一名
天庭是謂太帝之居廣雅云崑崙虛有三山閬風板桐玄圃淮南子云縣圃凉
風樊桐在崑崙閶闔之中山上有層城九重楚辭云崑崙縣圃其尻安在增城九重其高幾里秋山康
豫章喻鎧寫姜良刻
水經注箋　卷一　一

變爲牧牛小兒聚土爲佛塔法王因而成大塔所
謂四大塔也法顯傳曰國有佛鉢月氏王大興兵
衆來伐此國欲持鉢去置鉢象上象不能進更作
四輪車載鉢八象共牽復不進王知鉢緣（一本無鉢字）
未至於是起塔留鉢供養鉢容二斗雜色而黑多
四際分明厚可二分甚光澤貧人以少華投中便
滿富人以多華供養正復百千萬斛終亦不滿佛
圖曰佛鉢青玉也受三斗許彼國寶之供養時願
終日香華不滿則如言願一把滿則亦便如言又
按道人竺法維所說佛鉢在大月支國起浮圖高

以兵作佛事者鉢緣何由而至

佛吾教只一願字

籌海圖編十三卷　［明］鄭若曾撰　明嘉靖四十一年（一五六二）胡宗憲刻本

十行二十二字，白口，單魚尾，四周雙邊，版框高二十一・二釐米，寬十六・一釐米。

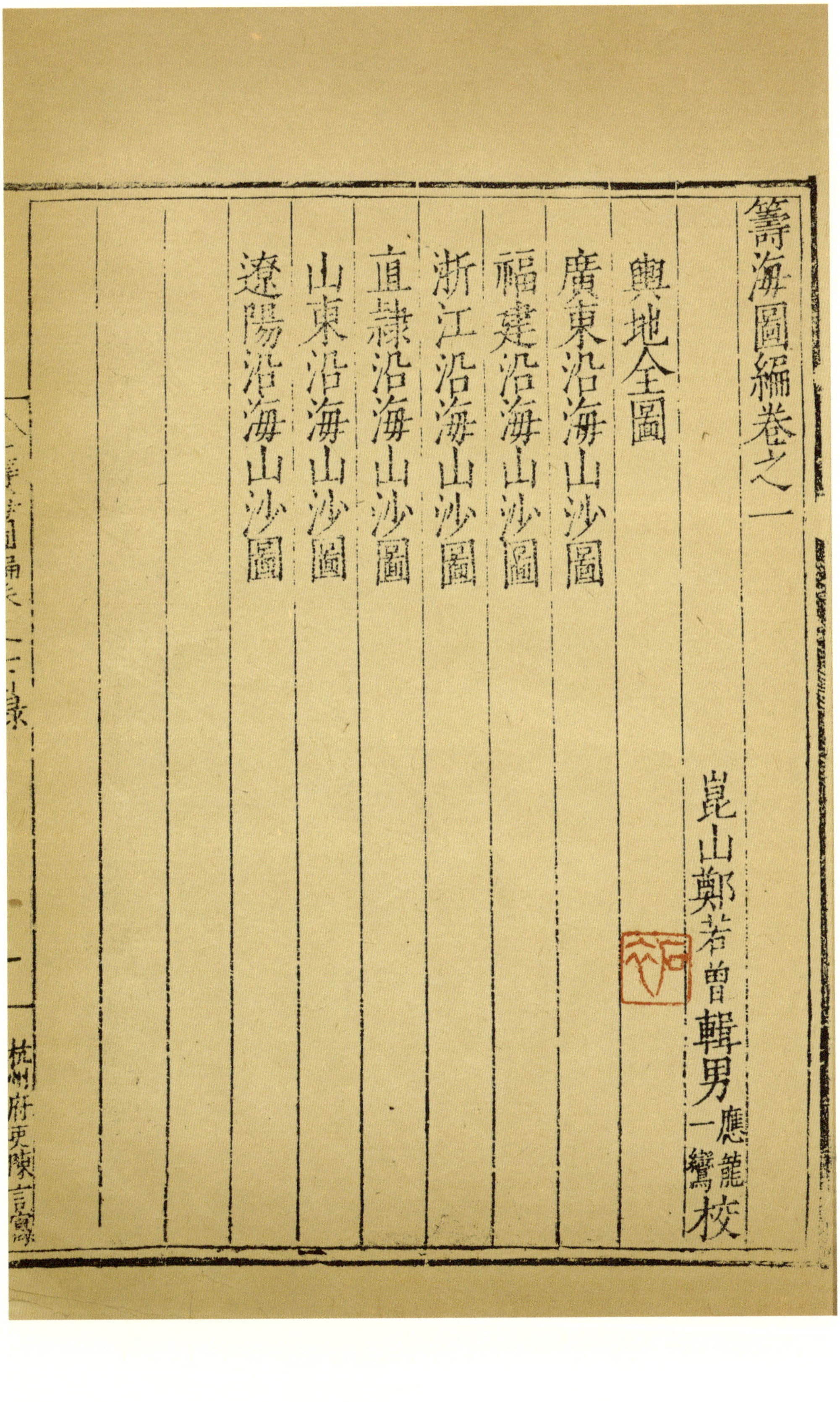

吾妻鏡補二十八卷　［清］翁廣平纂　清嘉慶十九年（一八一四）抄本

九行二十一字，白口，單魚尾，四周雙邊，版框高十八・八釐米，寬十三・六釐米。

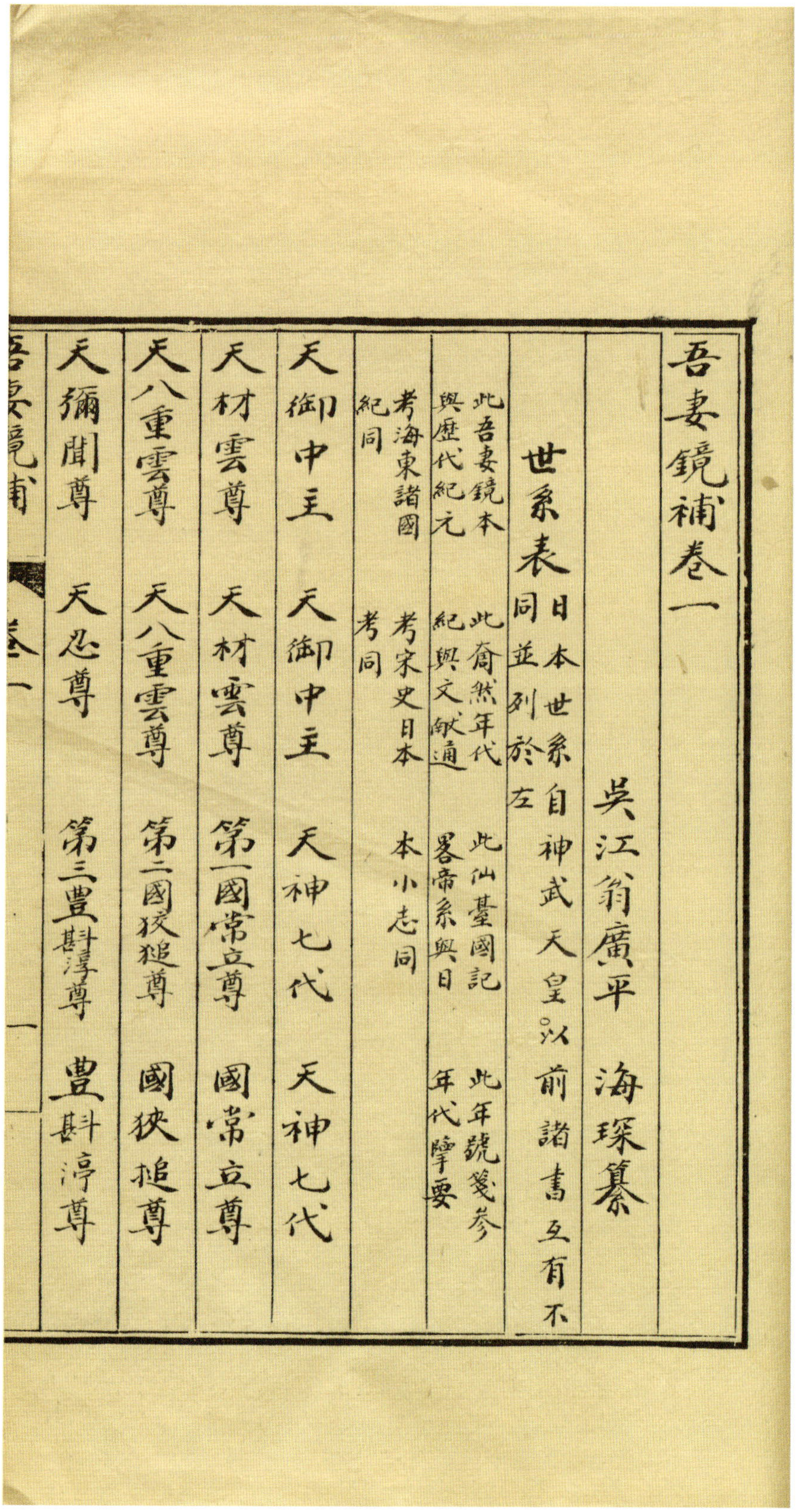
吾妻鏡補卷一
吳江翁廣平　海琛纂
世系表　日本世系自神武天皇以前諸書互有不同並列於左
此吾妻鏡本與歷代紀元考海東諸國紀同　此奝然年代紀與文獻通考宋史日本考同　此仙臺國記畧帝系與日本小志同　此年號箋參年代擘要
天御中主　天御中主　天神七代　天神七代
天材雲尊　天材雲尊　第一國常立尊　國常立尊
天八重雲尊　天八重雲尊　第二國狭槌尊　國狭槌尊
天彌聞尊　天忍尊　第三豐斟淳尊　豐斟渟尊
吾妻鏡補　卷一　一

至大重修宣和博古圖録三十卷

［宋］王黼等撰　明嘉靖七年（一五二八）蔣暘刻本

八行十七字，白口，雙魚尾，左右雙邊，版框高三十·四釐米，寬二十三·四釐米。

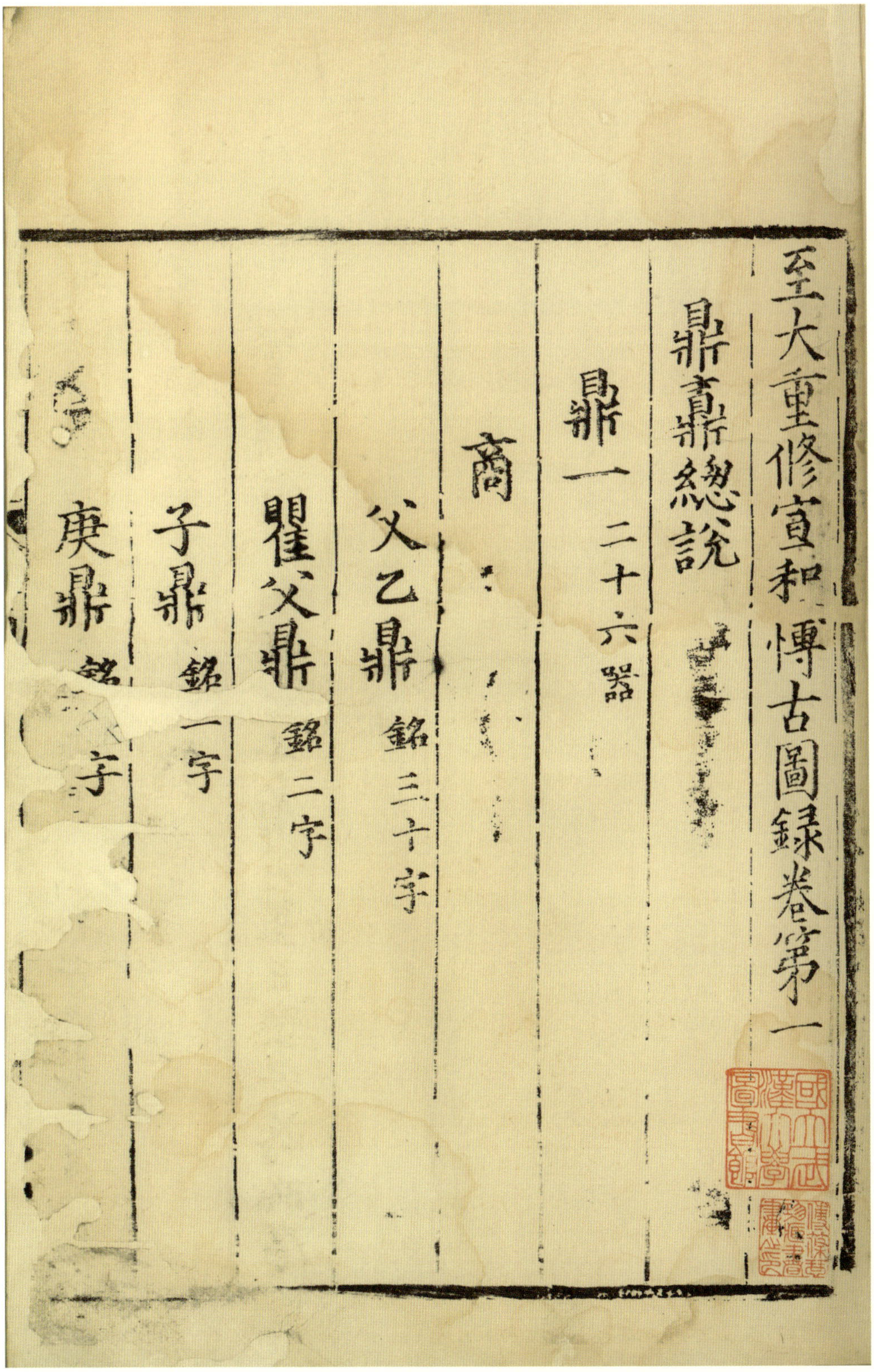

至大重修宣和博古圖録卷第一

鼎鬲鼎總説

鼎一　二十六器

商

父乙鼎　銘三十字

瞿父鼎　銘二字

子鼎　銘一字

庚鼎　銘[illegible]字

至大重修宣和博古圖録卷第三

鼎二 二十器

周

叔液鼎 銘二十三字

單從鼎 銘五字

舉鼎 銘一字

威君鼎 銘七字

鮮鼎 銘一字

劉氏二書三十卷　［漢］劉向撰　明嘉靖十四年（一五三五）楚藩崇本書院刻本　存說苑二十卷

十行十九至二十字，黑口，四周雙邊，版框高二十五・一釐米，寬十六・八釐米。

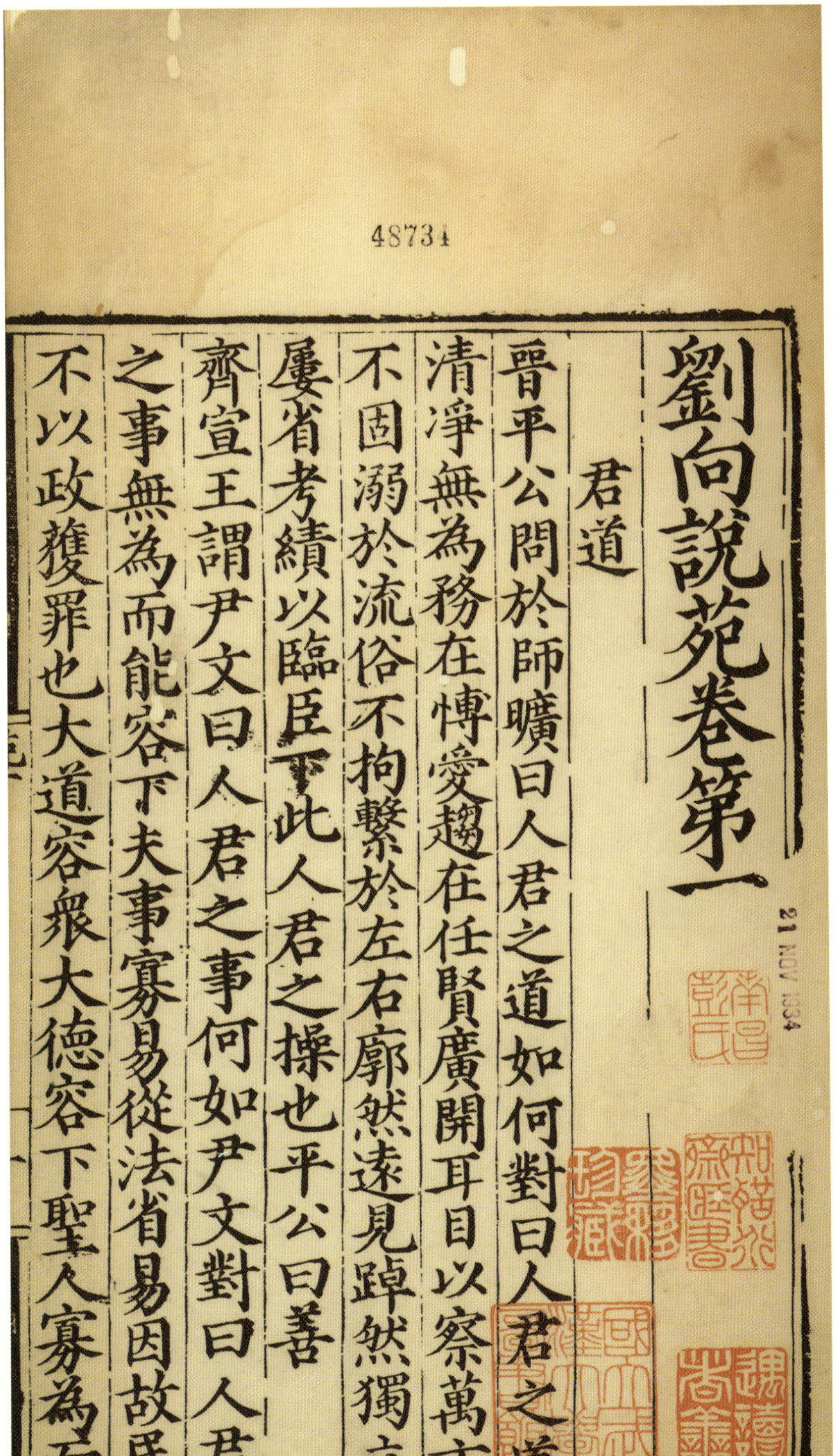

劉向說苑卷第一

君道

晉平公問於師曠曰人君之道如何對曰人君之道清淨無為務在博愛趨在任賢廣開耳目以察萬方不固溺於流俗不拘繫於左右廓然遠見踔然獨立屢省考績以臨臣下此人君之操也平公曰善

齊宣王謂尹文曰人君之事何如尹文對曰人君之事無為而能容下夫事寡易從法省易因故民不以政獲罪也大道容衆大德容下聖人寡為而

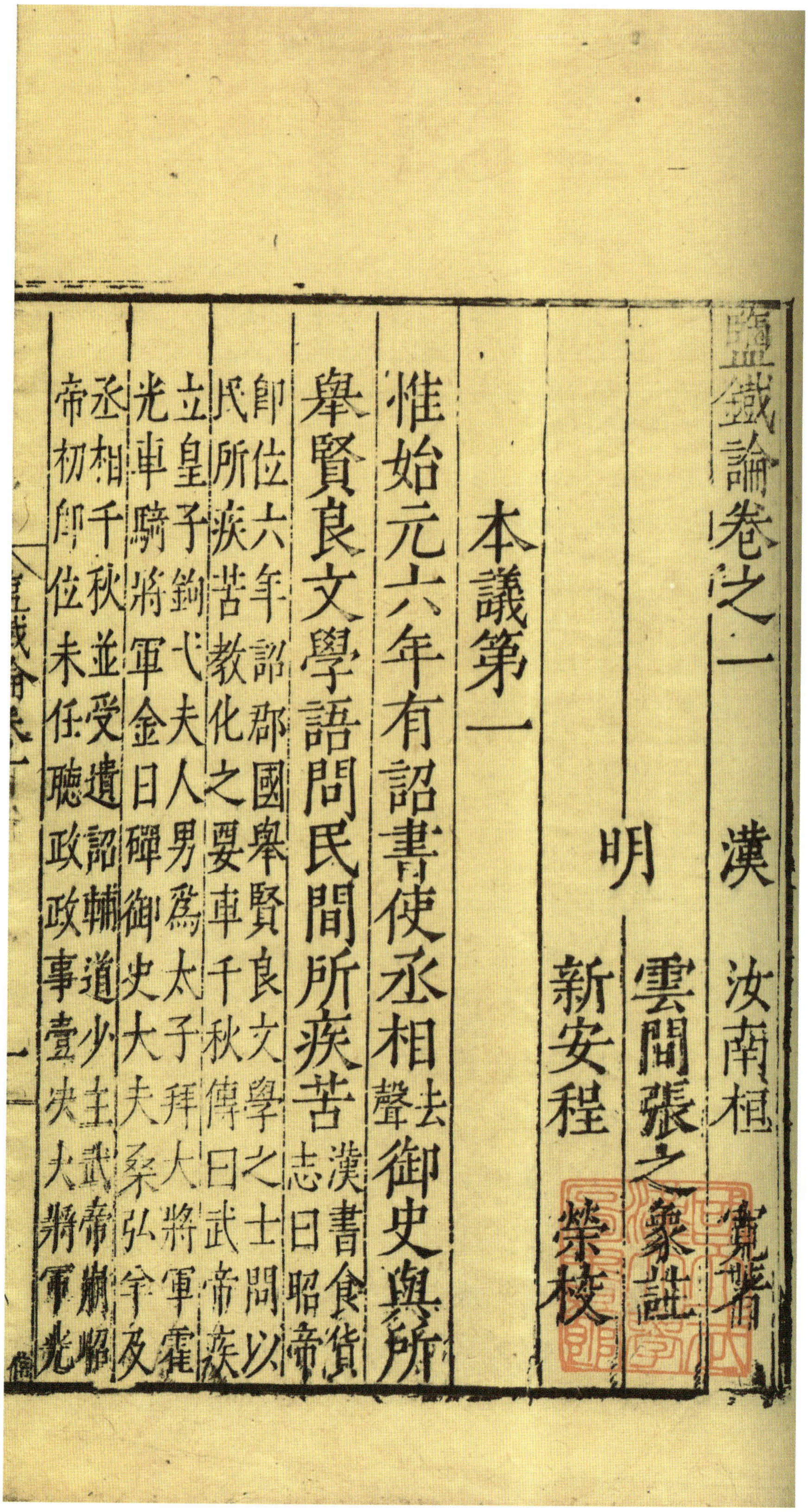
鹽鐵論卷之一
漢　汝南桓　寬著
明　雲間張之象註
新安程　榮校
本議第一
惟始元六年有詔書使丞相去聲御史與所
舉賢良文學語問民間所疾苦漢書食貨志曰昭帝即位六年詔郡國舉賢良文學之士問以民所疾苦教化之要車千秋傳曰武帝疾立皇子鉤弋夫人男爲太子拜大將軍霍光車騎將軍金日磾御史大夫桑弘羊及丞相千秋並受遺詔輔道少主武帝崩昭帝初即位未任聽政政事壹決大將軍光

鹽鐵論十二卷　［漢］桓寬撰　明嘉靖三十二年（一五五三）張之象刻本

九行十七字，小字雙行同，白口，單魚尾，左右雙邊，版框高十九釐米，寬十四・三釐米。

纂圖互註揚子法言十卷

［漢］揚雄撰　［晉］李軌　［唐］柳宗元　［宋］宋咸　［宋］吳祕　［宋］司馬光註　明刻本

十二行二十六字，小字雙行同，黑口，雙魚尾，四周雙邊，版框高二十·三釐米，寬十三·五釐米。

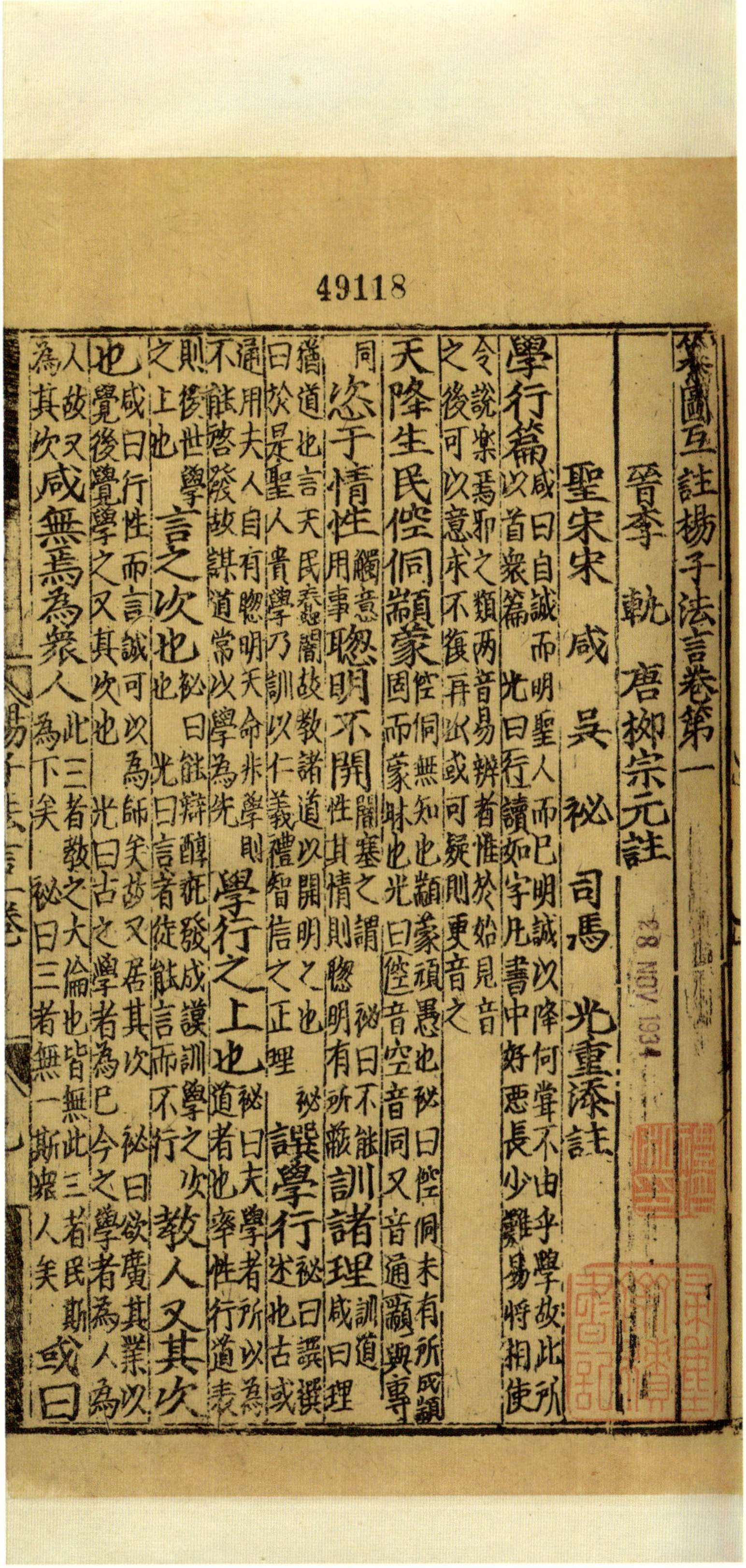

纂圖互註揚子法言卷第一

晉李軌　唐柳宗元註

聖宋宋咸　吳祕　司馬光重添註

學行篇咸曰自誠而明聖人而已明誠以降何嘗不由乎學故此所以首衆篇光曰行讀如字凡書中好惡長少難易將相使令說樂焉耶之類兩音易辨者惟於始見音之後可以意求不復再出或可疑則更音之

天降生民倥侗顓蒙倥侗無知也顓蒙頑愚也祕曰倥侗未有所成顓固而蒙昧也光曰倥音空侗音同又音通顓與專同

恣于情性縱意用事聰明不開閹塞之謂性其情則聰明有所蔽祕曰不能訓諸理訓道咸曰理猶道也言天民蠢蠢闇故教諸道以開明之也祕曰於是聖人貴學乃訓以仁義禮智信之正理

譔學行祕曰譔述也古或選通用夫人自有聰明天命非學則不能啓發故謀道常以學為先

學之上也祕曰夫學者所以為道者也率性行道表則後世學之上也

言之次也祕曰能辯醇疵發成謨訓學之次也光曰言者徒能言而不行

教人又其次也咸曰行性而言誠可以為師矣故又居其次祕曰欲廣其業以覺後覺學之又其次也光曰古之學者為己今之學者為人故又其次

咸無焉為衆人此三者教之大倫也皆無此三者民斯為下矣祕曰三者無一斯衆人矣

或曰

性理大全書七十卷

［明］胡廣等撰　明永樂十三年（一四一五）內府刻清康熙十二年（一六七三）內府補版重印本

十行二十二字，小字雙行同，黑口，雙魚尾，四周雙邊，版框高二十五・八釐米，寬十八釐米。

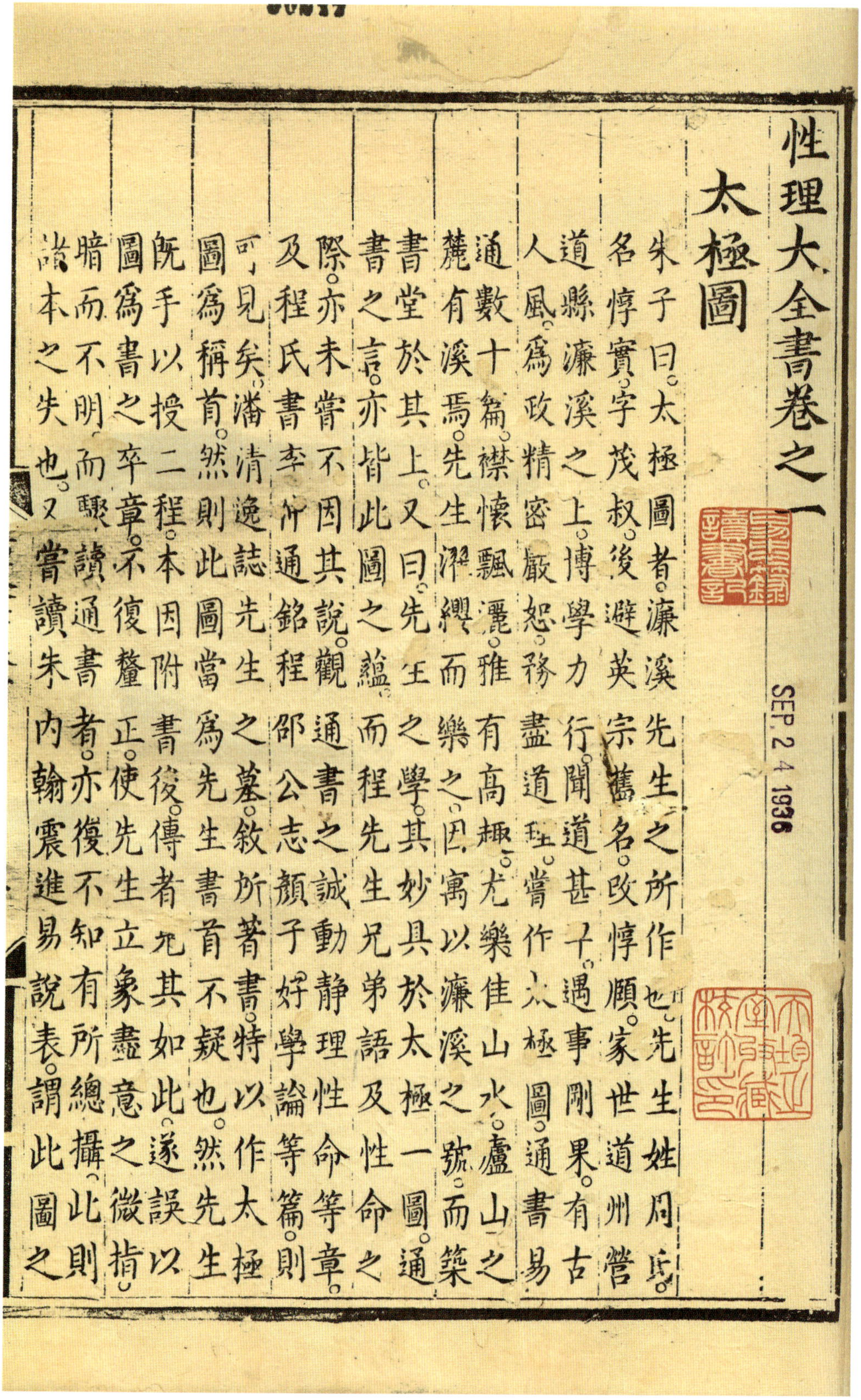

性理大全書卷之一

太極圖

朱子曰。太極圖者。濂溪先生之所作也。先生姓周氏。名惇實。字茂叔。後避英宗舊名。改惇頤。家世道州營道縣濂溪之上。博學力行。聞道甚早。遇事剛果。有古人風。爲政精密嚴恕。務盡道理。嘗作太極圖。通書易通數十篇。襟懷飄灑。雅有高趣。尤樂佳山水。廬山之麓有溪焉。先生濯纓而樂之。因寓以濂溪之號。而築書堂於其上。又曰。先生之學。其妙具於太極一圖。通書之言。亦皆此圖之藴。而程先生兄弟語及性命之際。亦未嘗不因其說。觀通書之誠動靜理性命等章及程氏書李仲通銘程邵公志顔子好學論等篇則可見矣。潘清逸誌先生之墓。敘所著書。特以作太極圖爲稱首。然則此圖當爲先生書首不疑也。然先生既手以授二程。本因附書後。傳者見其如此。遂誤以圖爲書之卒章。不復釐正。使先生立象盡意之微指暗而不明。而驟讀通書者。亦復不知有所總攝。此則諸本之失也。又嘗讀朱内翰震進易說表。謂此圖之

SEP. 2 4 1936

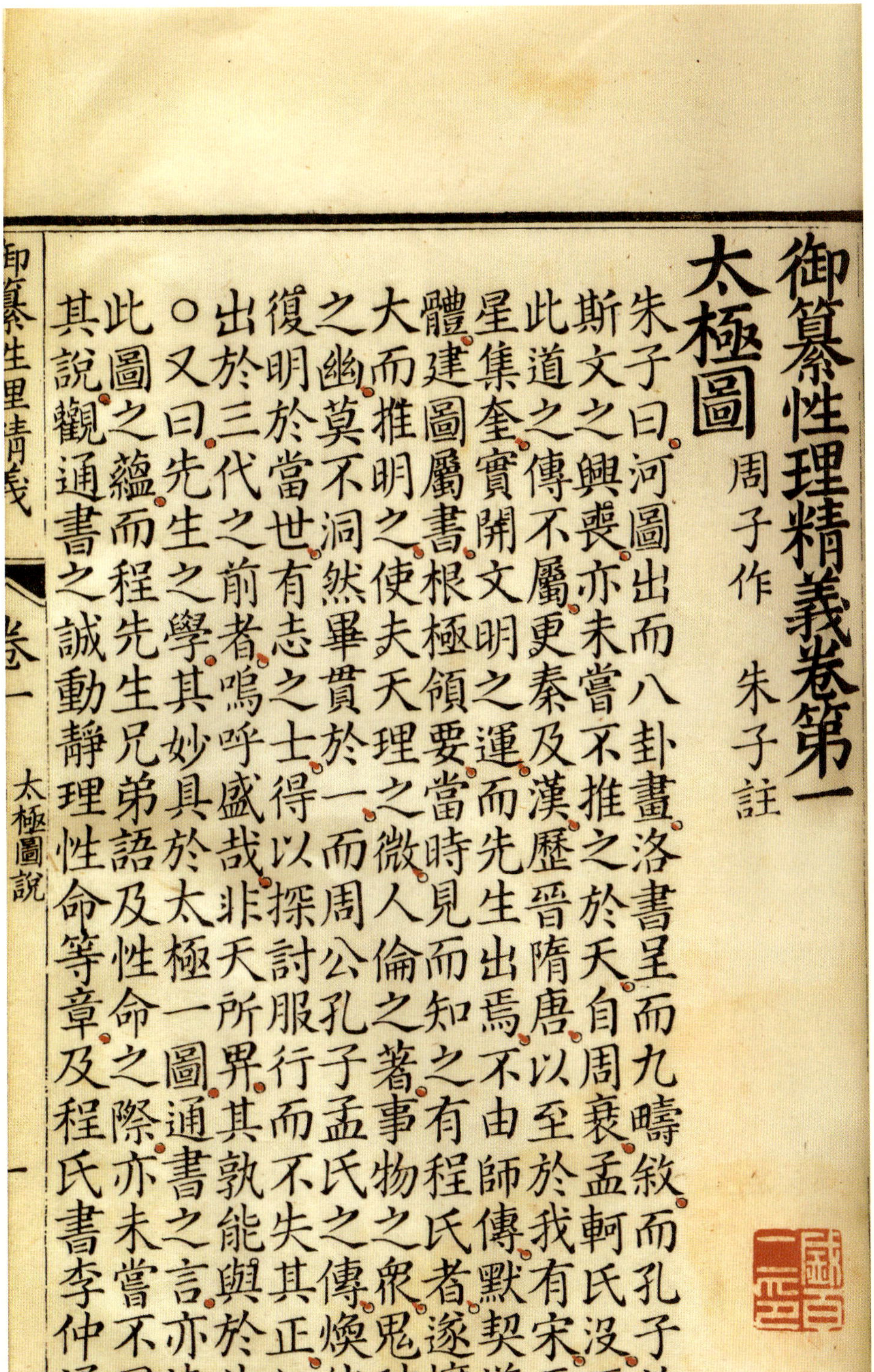
御纂性理精義卷第一

太極圖　周子作　朱子註

朱子曰河圖出而八卦畫洛書呈而九疇敘而孔子於斯文之興喪亦未嘗不推之於天自周衰孟軻氏没而此道之傳不屬更秦及漢歷晉隋唐以至於我有宋五星集奎實開文明之運而先生出焉不由師傳默契道體建圖屬書根極領要當時見而知之有程氏者遂擴大而推明之使夫天理之微人倫之著事物之衆鬼神之幽莫不洞然畢貫於一而周公孔子孟氏之傳煥然復明於當世有志之士得以探討服行而不失其正如出於三代之前者嗚呼盛哉非天所畀其孰能與於此

○又曰先生之學其妙具於太極一圖通書之言亦皆此圖之蘊而程先生兄弟語及性命之際亦未嘗不因其說觀通書之誠動靜理性命等章及程氏書李仲通

御纂性理精義　卷一　太極圖說　一

御纂性理精義十二卷　［清］李光地纂修　清康熙五十四年（一七一五）武英殿刻本。

八行十八字，小字雙行二十二字，白口，單魚尾，四周雙邊，版框高二十二·四釐米，寬十六·四釐米。

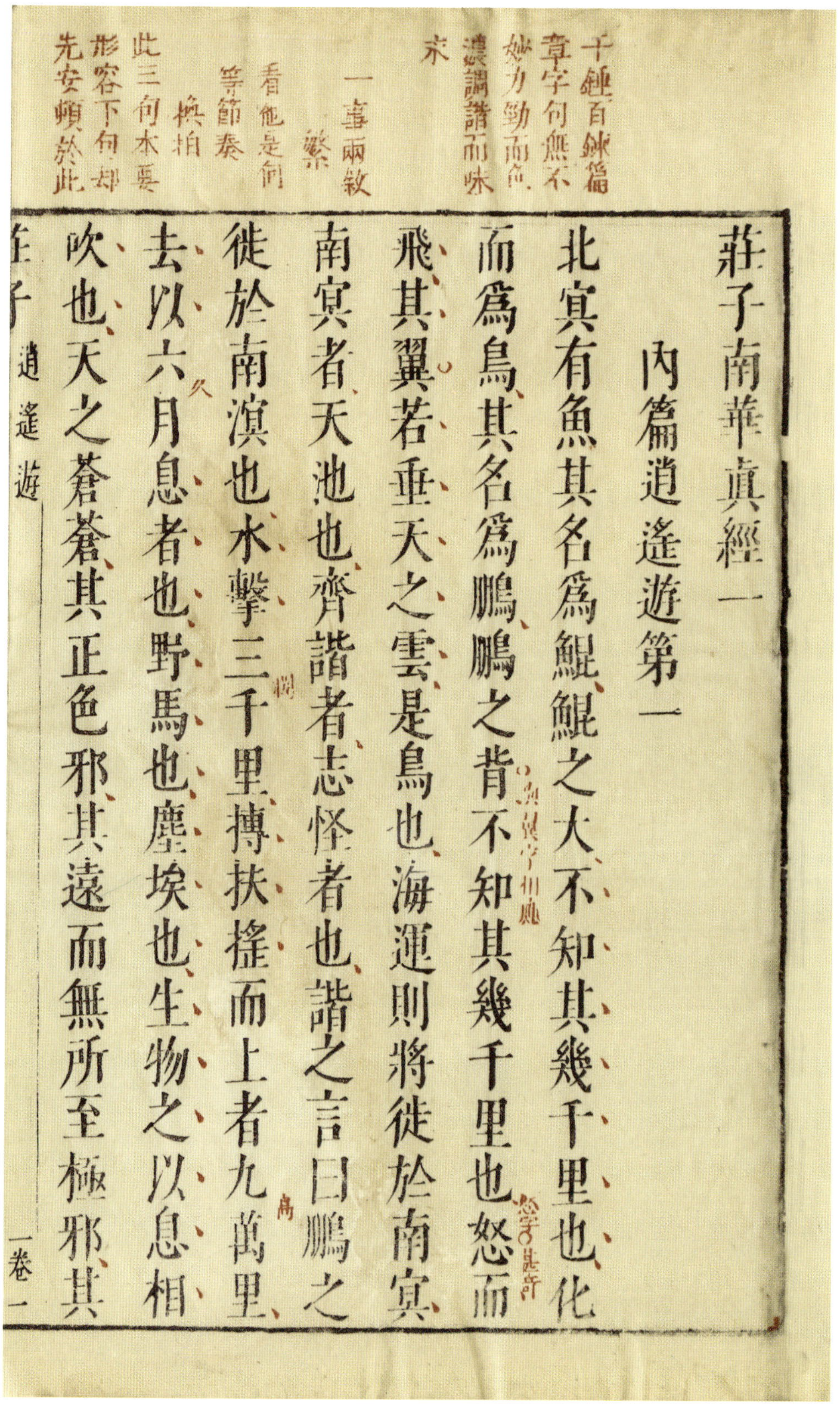

莊子南華真經四卷　［戰國］莊周撰　［晉］郭象註　明閔齊伋朱墨套印本

九行十九字，行間眉上鐫評註，白口，四周單邊，版框高二十一・八釐米，寬十五・三釐米。

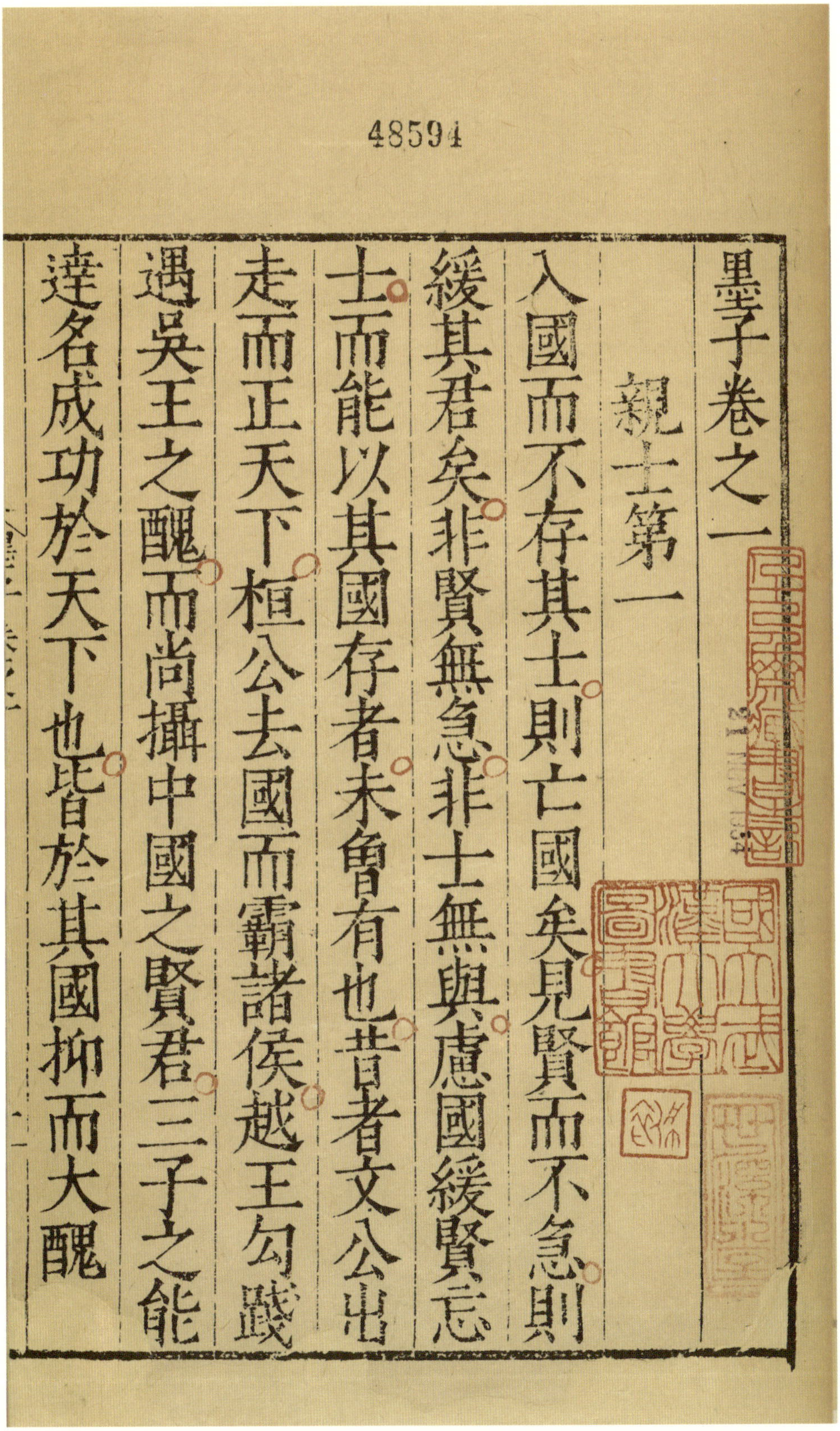

墨子卷之一

親士第一

入國而不存其士則亡國矣見賢而不急則緩其君矣非賢無急非士無與慮國緩賢忘士而能以其國存者未曾有也昔者文公出走而正天下桓公去國而霸諸侯越王勾踐遇吳王之醜而尚攝中國之賢君三子之能達名成功於天下也皆於其國抑而大醜

墨子十五卷 明嘉靖江藩刻本（有抄配）

八行十七字，白口，單魚尾，四周單邊，版框高十九・二釐米，寬十三・六釐米。

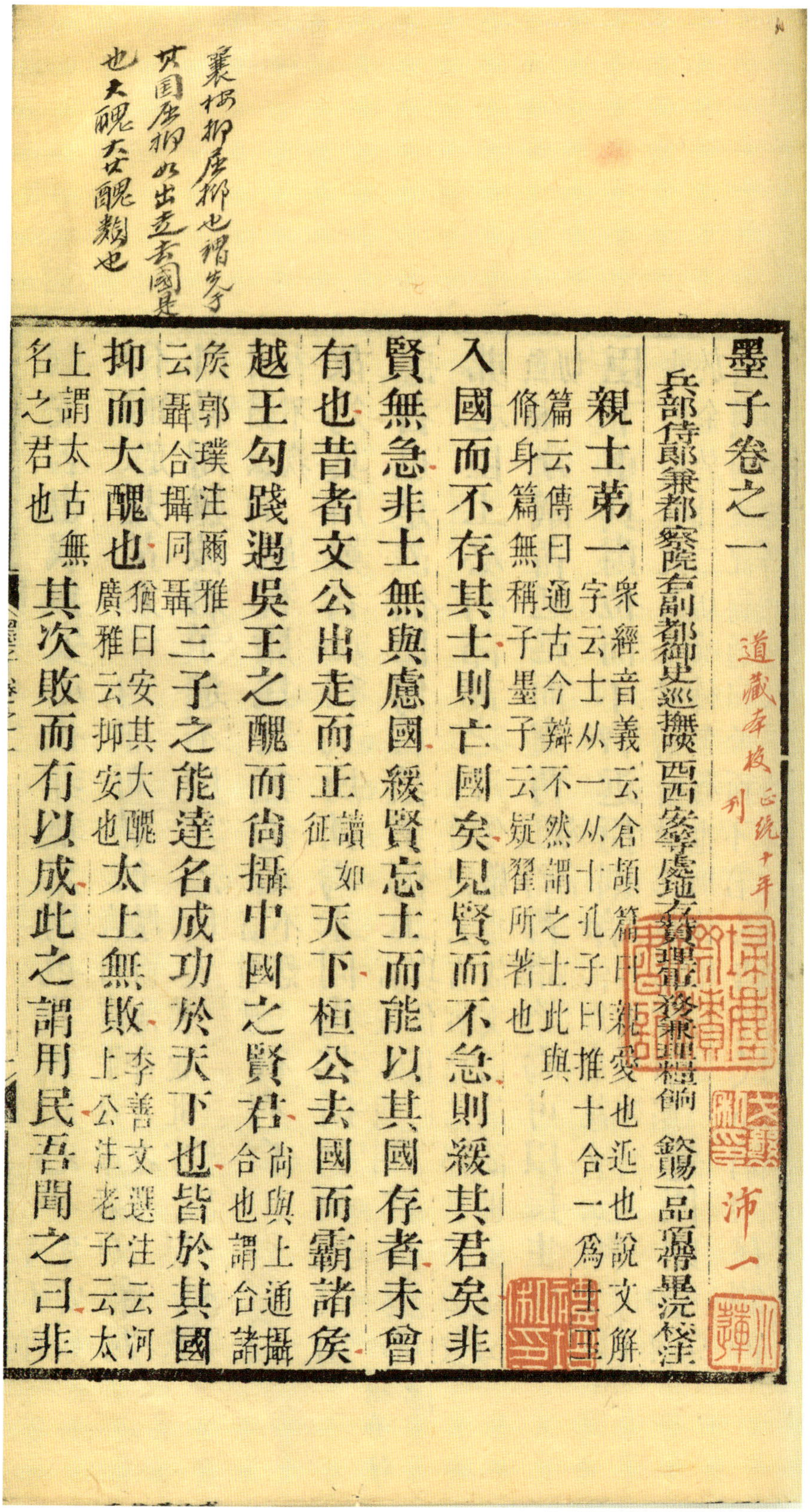

墨子十五卷目録一卷附篇目考 ［清］畢沅校注 清乾隆四十九年（一七八四）靈巖山館刻本 戈襄評點

十一行二十二字，小字雙行同，黑口，雙魚尾，四周單邊，版框高十九·九釐米，寬十四·九釐米。

東醫寶鑑二十三卷　〔朝鮮〕許浚撰　明崇禎七年（一六三四）朝鮮内醫院刻本

十行二十一字，小字雙行同，白口，双魚尾，四周雙邊，版框高二十五釐米，寬十七·七釐米。

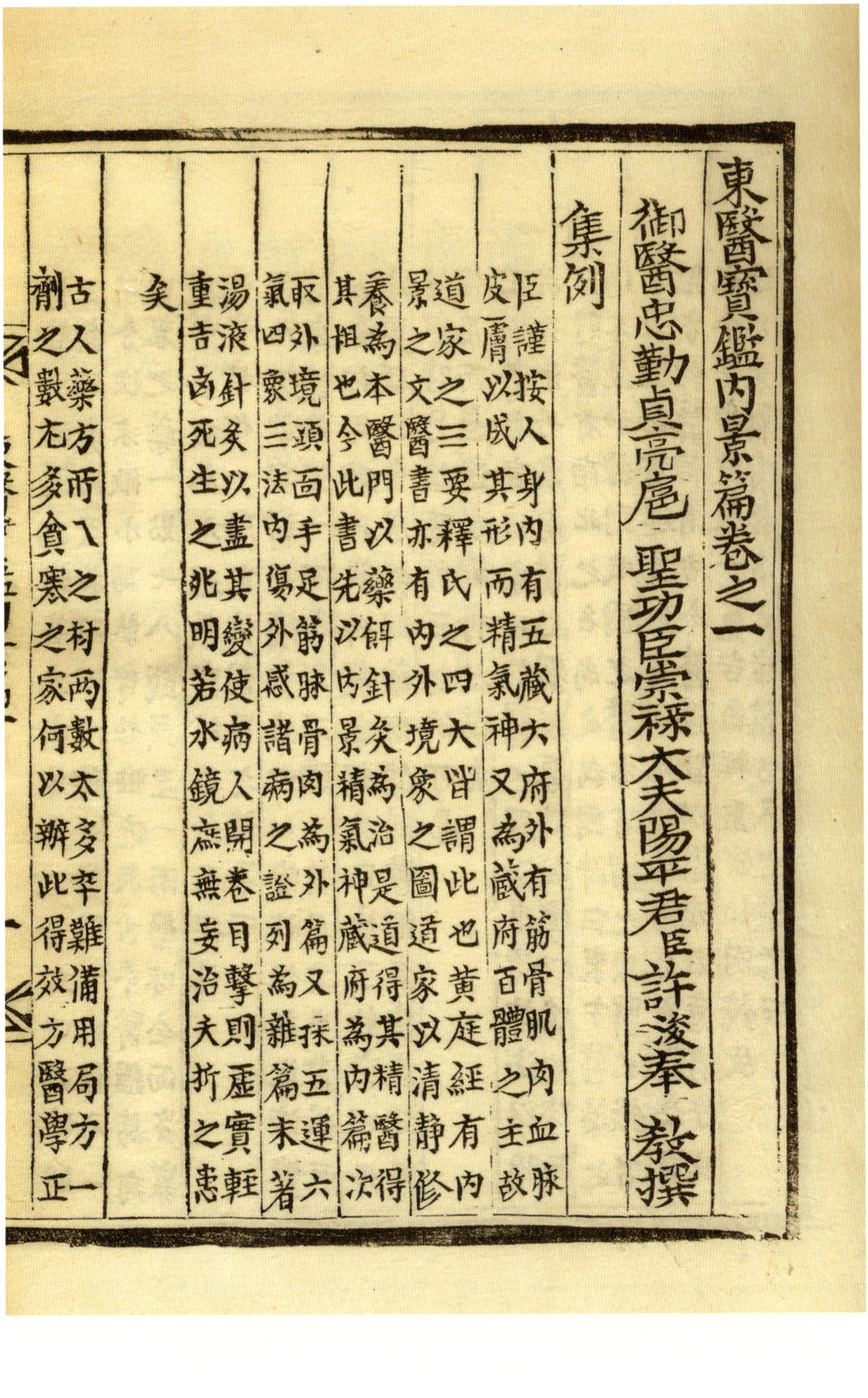
東醫寶鑑内景篇卷之一
御醫忠勤貞亮扈聖功臣崇祿大夫陽平君臣許浚奉 教撰
集例
臣謹按人身内有五藏六府外有筋骨肌肉血脉皮膚以成其形而精氣神又為藏府百體之主故道家之三要釋氏之四大皆謂此也黄庭經有内景之文醫書亦有内外境象之圖道家以清靜修養為本醫門以藥餌針灸為治是道得其精醫得其粗也今此書先以内景精氣神藏府為内篇次取外境頭面手足筋脉骨肉為外篇又採五運六氣四象三法内傷外感諸病之證列為雜篇末著湯液針灸以盡其變使病人開卷目擊則虛實輕重吉凶死生之兆明若水鏡庶無妄治夭折之患矣
古人藥方所入之材兩數太多卒難備用局方一劑之數尤多貧寒之家何以辦此得效方醫學正

新刊黄帝内經靈樞十二卷黄帝内經素問遺篇一卷新刊素問入式運氣論奥三卷黄帝内經素問靈樞運氣音釋補遺一卷素問運氣圖括定局立成一卷

〔明〕田經校正　明嘉靖四年山東布政使司刻本

各種行格不一，白口，四周單邊，版框高十九・二釐米，寬十二・六釐米。

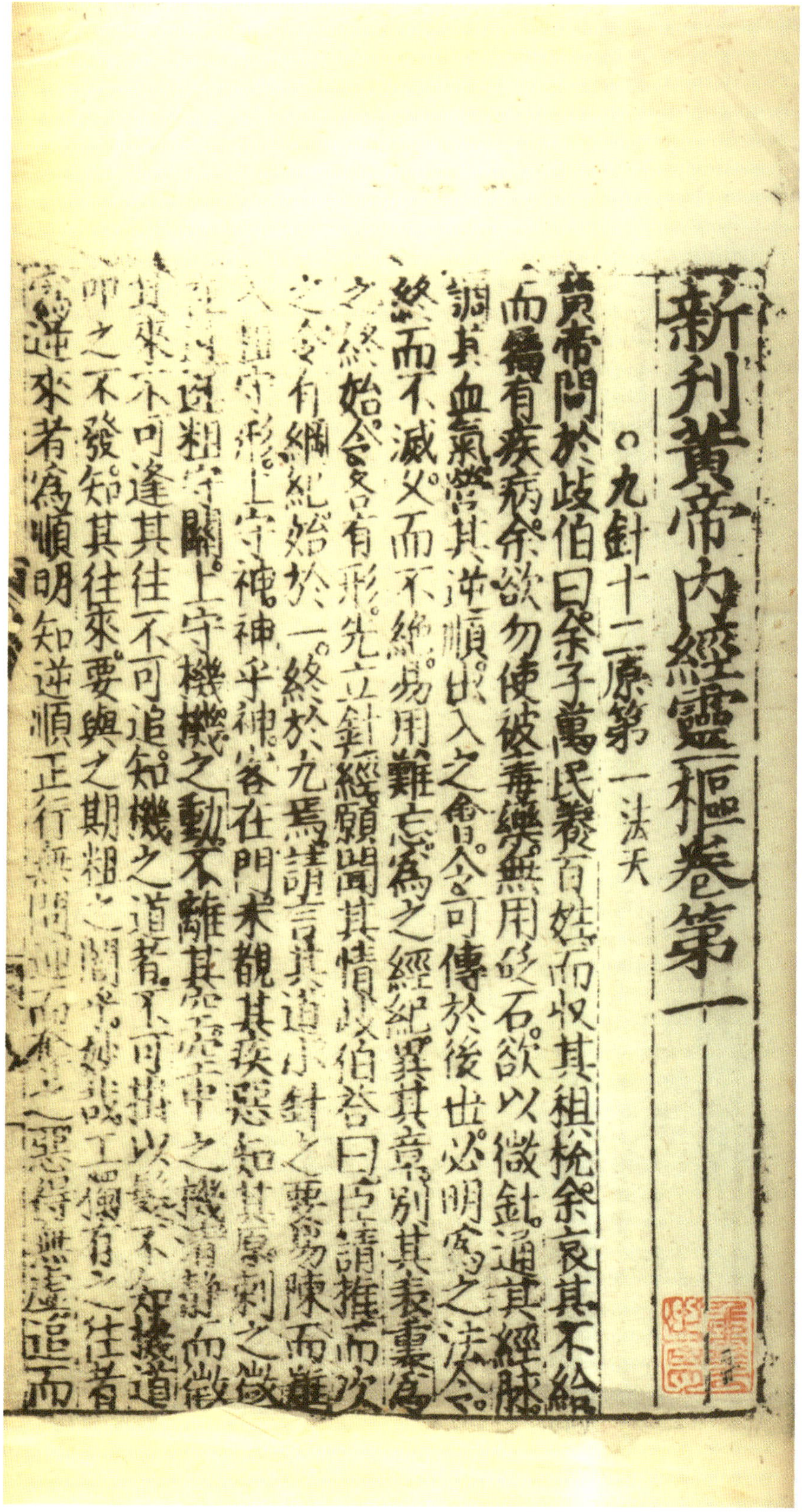

新刊銅人鍼灸經七卷

元明間刻本

十三行二十一字，黑口，双魚尾，四周雙邊，版框高十七・二釐米，寬十一・一釐米。

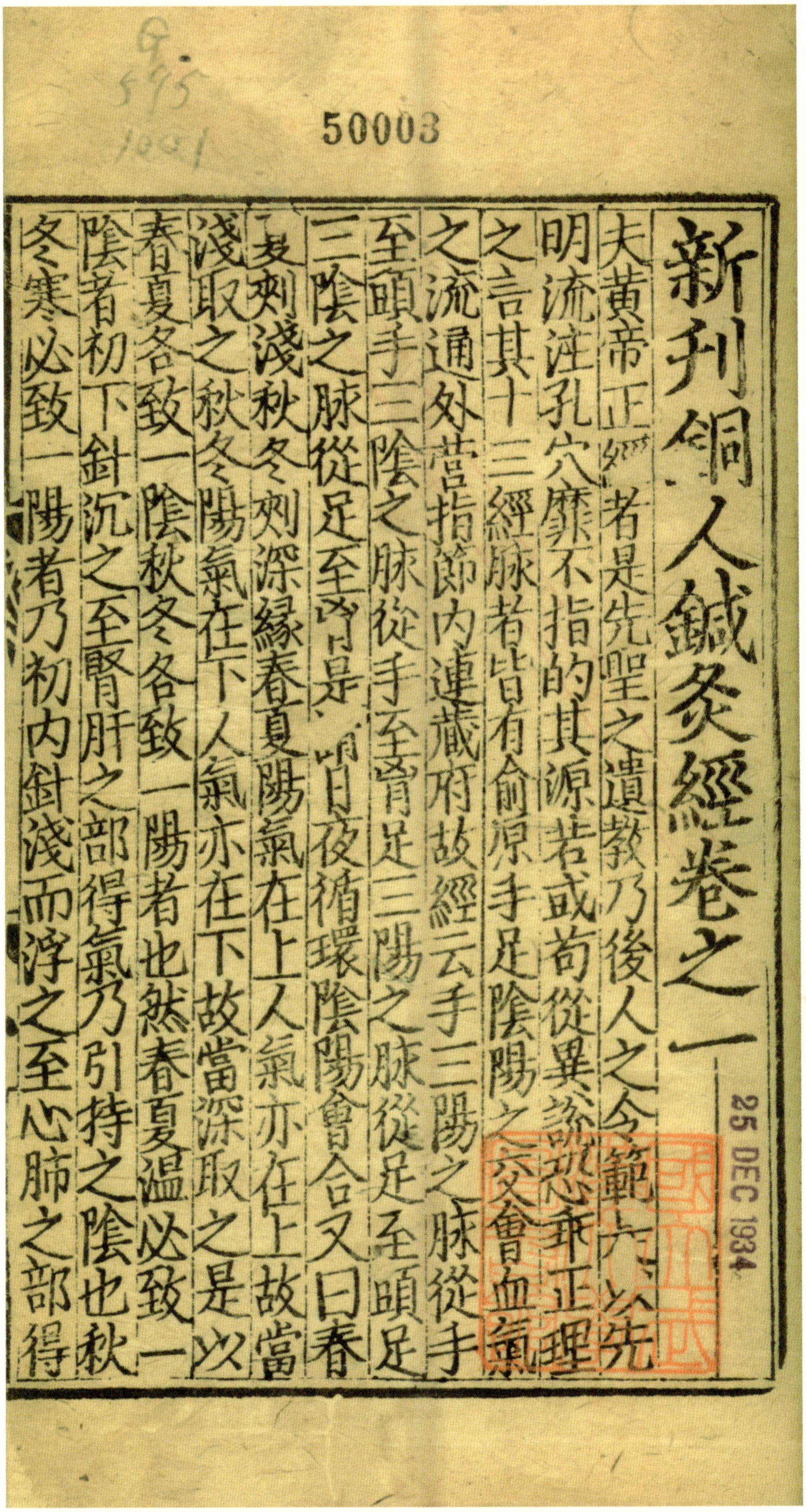

50003

新刊銅人鍼灸經卷之一

夫黄帝正經者是先聖之遺教乃後人之令範亦以先明流注孔穴靡不指的其源若或茍從異說恐乖正理之言其十二經脉者皆有俞原手足陰陽之交會血氣之流通外營指節內連藏府故經云手三陽之脉從手至頭手三陰之脉從手至胷足三陽之脉從足至頭足三陰之脉從足至腹是以晝夜循環陰陽會合又曰春夏刺淺秋冬刺深緣春夏陽氣在上人氣亦在上故當淺取之秋冬陽氣在下人氣亦在下故當深取之是以春夏各致一陰秋冬各致一陽者也然春夏温必致一陰者初下鍼沉之至腎肝之部得氣乃引持之陰也秋冬寒必致一陽者乃初內鍼淺而浮之至心肺之部得

新編西方子明堂灸經八卷

元明間刻本

十三行二十一字，黑口，双魚尾，左右雙邊，版框高十七・六釐米，寬十一・一釐米。

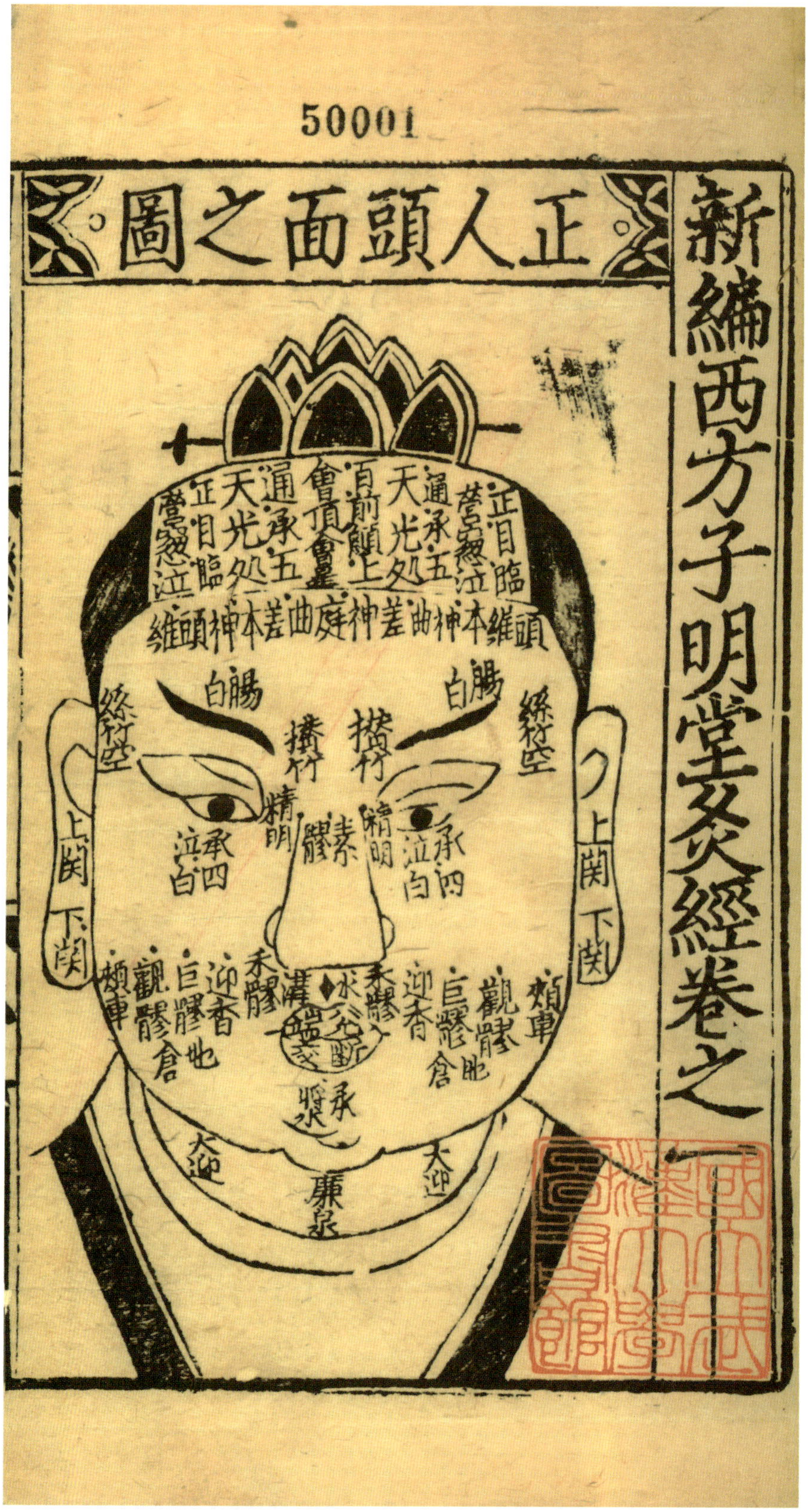

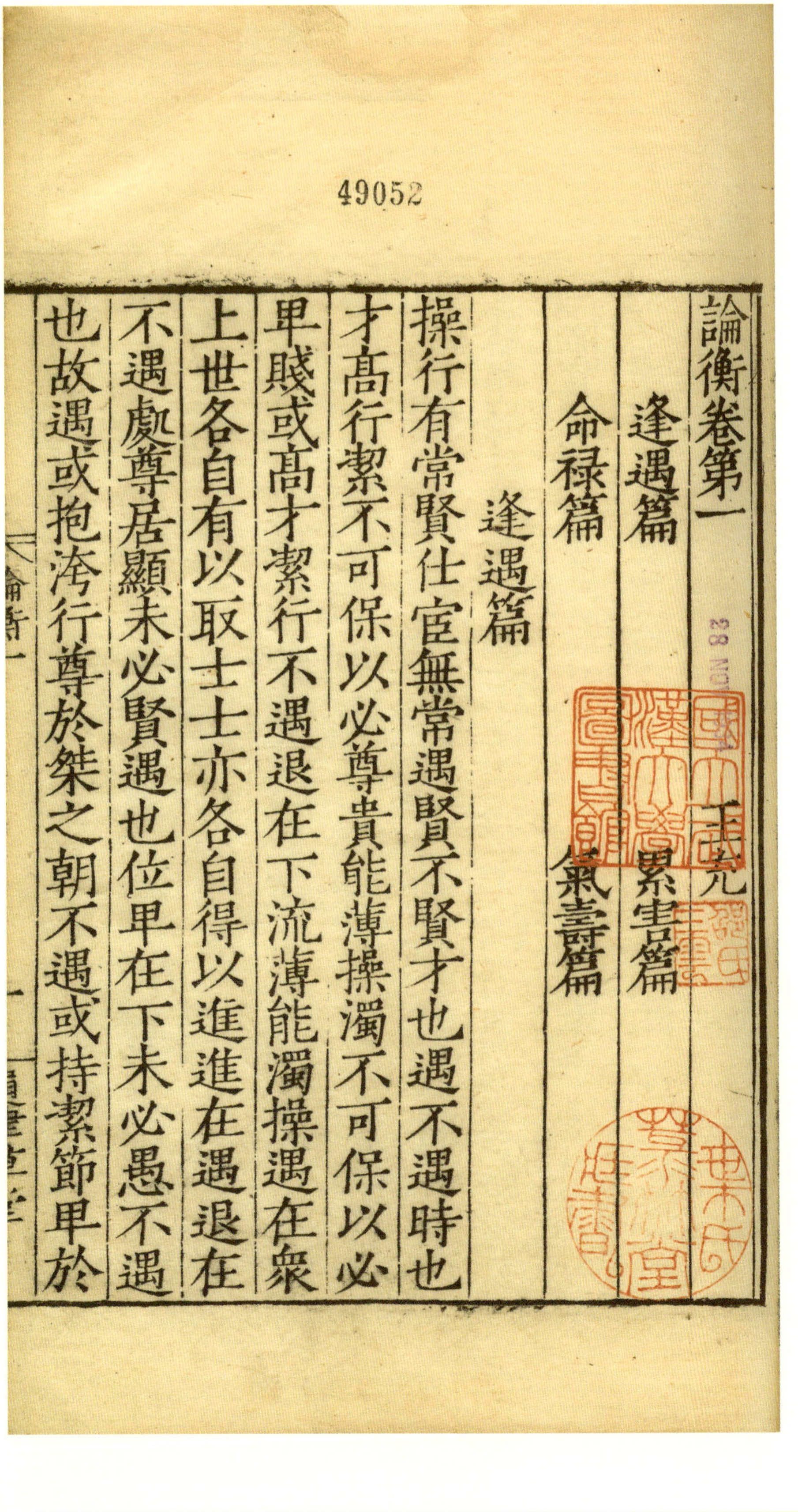
49052

論衡卷第一　王充

逢遇篇　累害篇

命禄篇　氣壽篇

逢遇篇

操行有常賢仕宦無常遇賢不賢才也遇不遇時也才高行潔不可保以必尊貴能薄操濁不可保以必卑賤或高才潔行不遇退在下流薄能濁操遇在衆上世各自有以取士士亦各自得以進進在遇退在不遇處尊居顯未必賢遇也位卑在下未必愚不遇也故遇或抱洿行尊於桀之朝不遇或持潔節卑於

論衡一　一

論衡三十卷

［漢］王充撰　明嘉靖十四年（一五三五）蘇獻可通津草堂刻本

十行二十字，白口，單魚尾，左右雙邊，版框高十九・四釐米，寬十四・六釐米。

古言二卷　［明］鄭曉撰　明嘉靖四十四年（一五六五）項篤壽刻本

八行十六字，白口，單魚尾，四周雙邊，版框高二十一·二釐米，寬十三·七釐米。

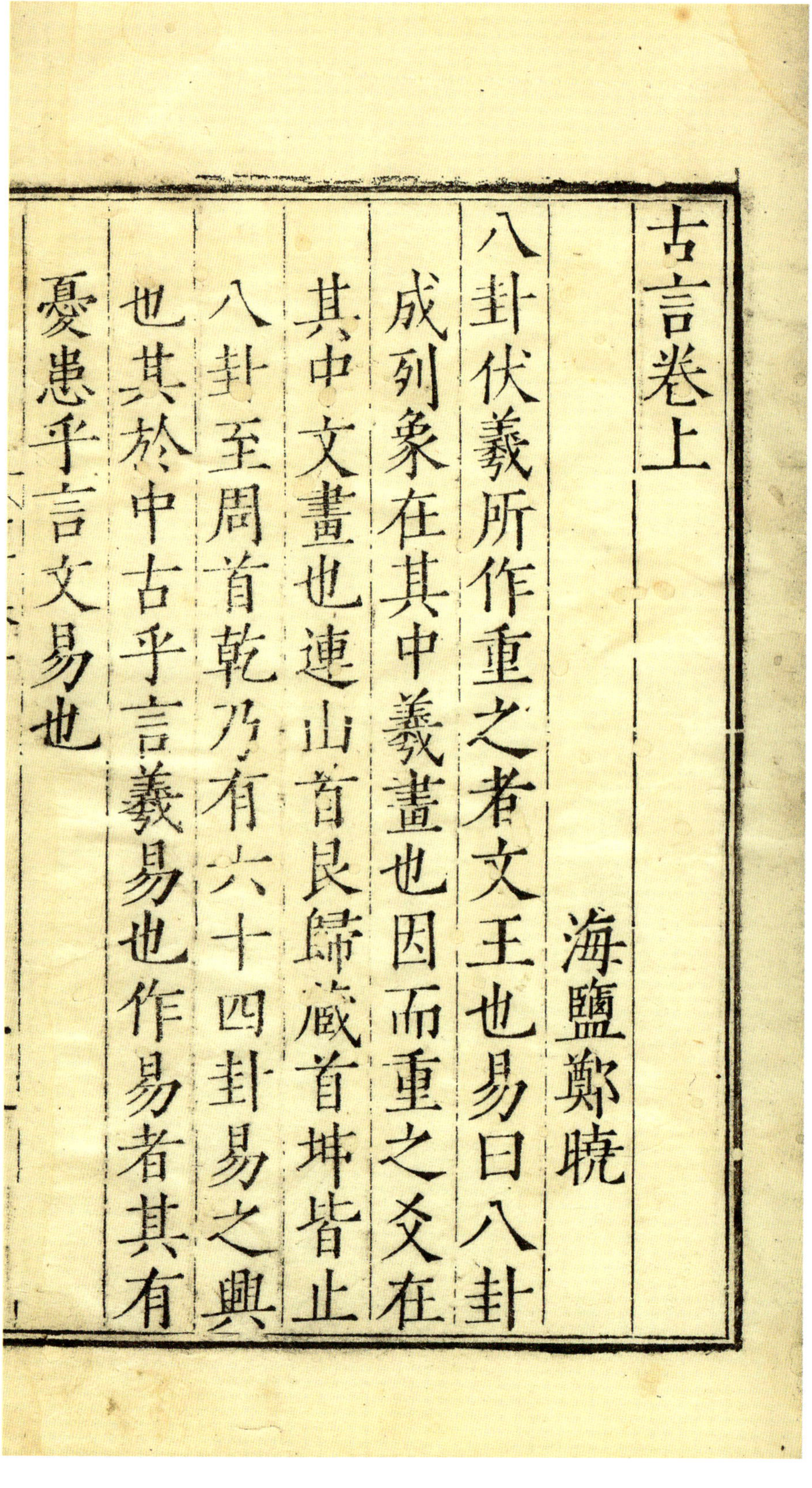
古言卷上

海鹽鄭曉

八卦伏羲所作重之者文王也易曰八卦成列象在其中義畫也因而重之爻在其中文畫也連山首艮歸藏首坤皆止八卦至周首乾乃有六十四卦易之興也其於中古乎言義易也作易者其有憂患乎言文易也

欽定儀象考成三十卷首二卷　［清］愛新覺羅・允祿等奉敕撰　清乾隆十九年（一七五四）武英殿刻本

九行二十字，小字雙行同，白口，單魚尾，四周雙邊，版框高二十・七釐米，寬十四・五釐米。

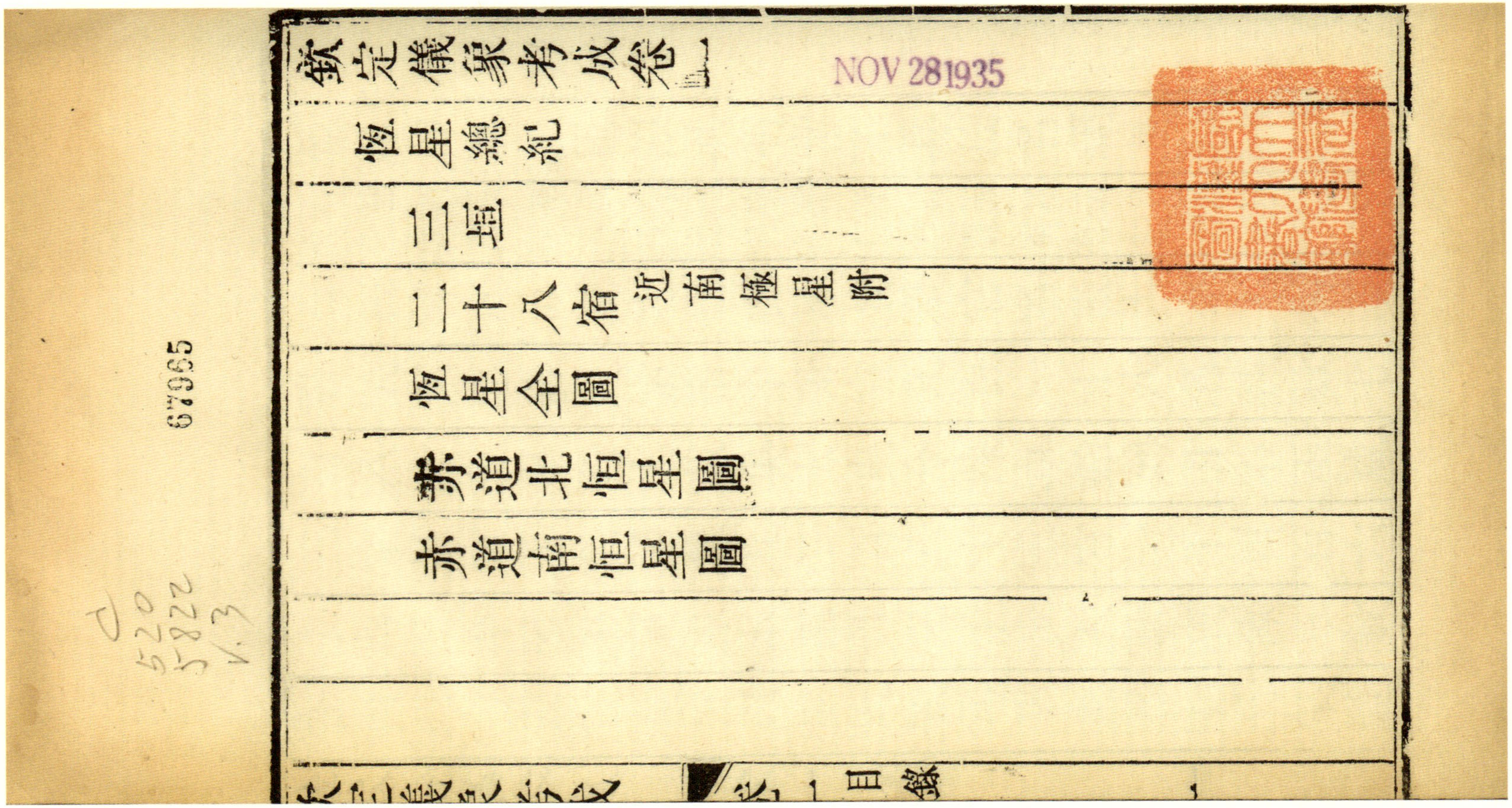
欽定儀象考成卷一
恆星總紀
三垣
二十八宿 近南極星附
恆星全圖
赤道北恆星圖
赤道南恆星圖

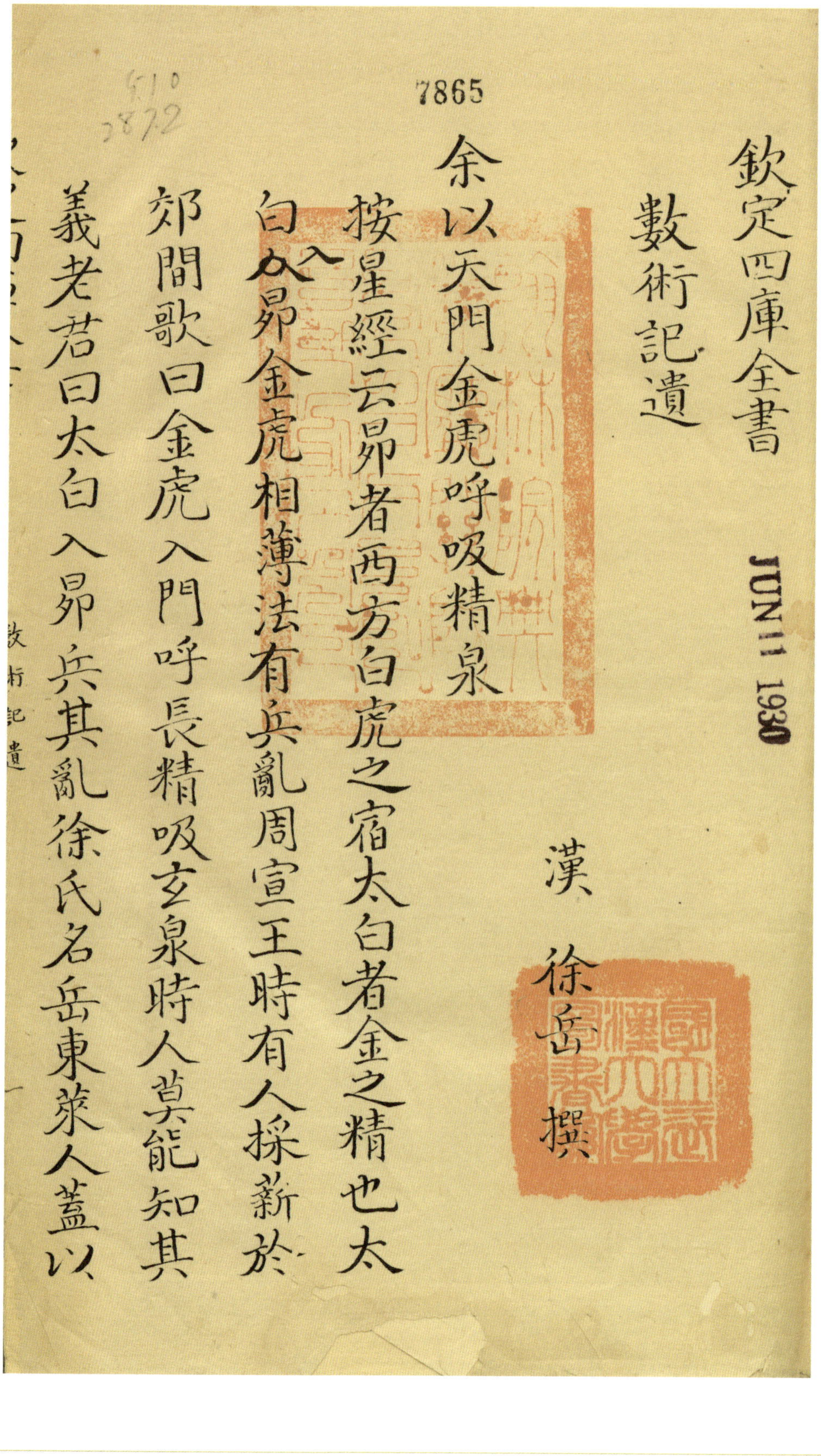
欽定四庫全書

數術記遺　　漢　徐岳　撰

余以天門金虎呼吸精泉

按星經云昴者西方白虎之宿太白者金之精也太白入昴金虎相薄法有兵亂周宣王時有人採薪於郊間歌曰金虎入門呼吸長精吸玄泉時人莫能知其義老君曰太白入昴兵其亂徐氏名岳東萊人蓋以

數術記遺一卷　〔漢〕徐岳撰　〔北朝·周〕甄鸞注　清乾隆三十七年至四十六年（一七七二—一七八一）抄本

八行二十一字，行間有墨筆圈改，無版框。

飛鴻堂印譜五集四十卷

［清］汪啟淑藏並輯　清乾隆間汪氏飛鴻堂精刻鈐印本

白口，單魚尾，四周雙邊，版框高二十二·三釐米，寬十四釐米。

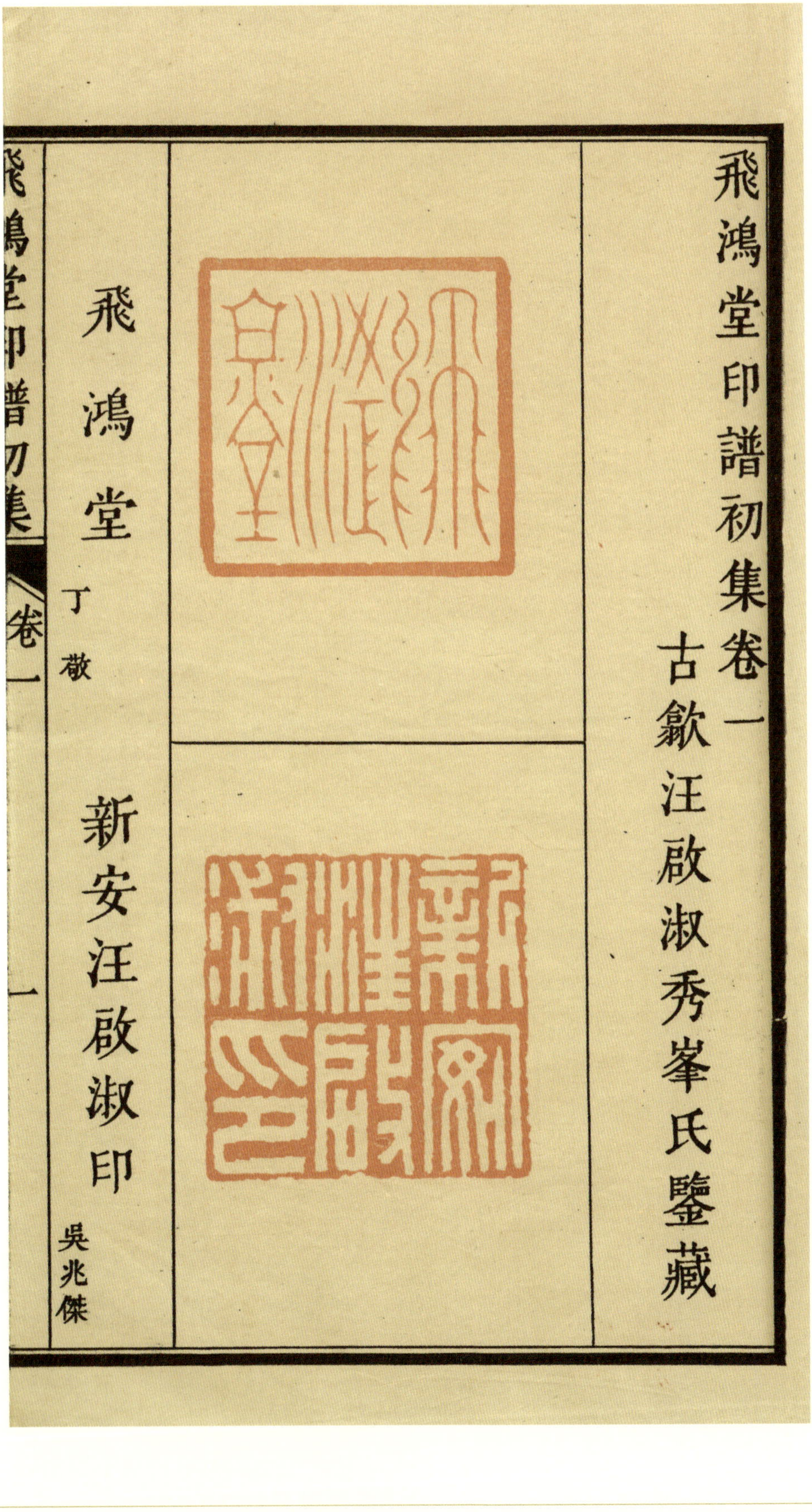

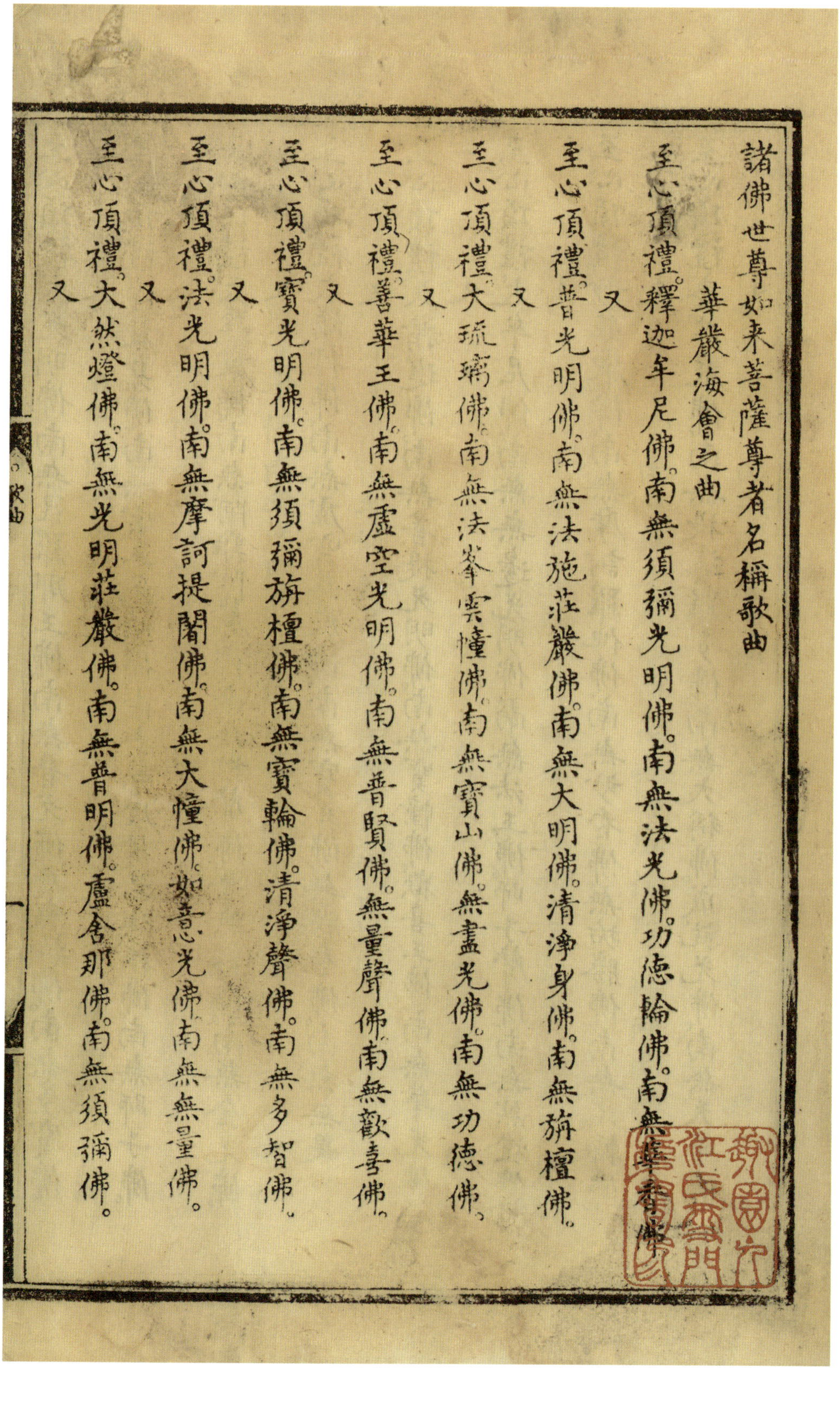

諸佛世尊如來菩薩尊者名稱歌曲

華嚴海會之曲

至心頂禮。釋迦牟尼佛。南無須彌光明佛。南無法光佛。功德輪佛。南無華香佛。

又

至心頂禮。普光明佛。南無法施莊嚴佛。南無大明佛。清淨身佛。南無旃檀佛。

又

至心頂禮。大琉璃佛。南無法峯雲幢佛。南無寶山佛。無盡光佛。南無功德佛。

又

至心頂禮。善華王佛。南無虛空光明佛。南無普賢佛。無量聲佛。南無歡喜佛。

又

至心頂禮。寶光明佛。南無須彌旃檀佛。南無寶輪佛。清淨聲佛。南無多智佛。

又

至心頂禮。法光明佛。南無摩訶提闍佛。南無大幢佛。如意光佛。南無無量佛。

又

至心頂禮。大然燈佛。南無光明莊嚴佛。南無普明佛。盧舍那佛。南無須彌佛。

又

諸佛世尊如來菩薩尊者名稱歌曲不分卷　［明］朱棣撰　明永樂十八年（一四二〇）內府刻本

十六行三十一字，黑口，雙魚尾，四周雙邊，版框高二十九·五釐米，寬十九·五釐米。

諸佛世尊如來菩薩尊者神僧名經不分卷

〔明〕朱棣撰　明永樂十五年（一四一七）內府刻本

十六行三十字，黑口，雙魚尾，四周雙邊，版框高二十九・五釐米，寬十九・五釐米。

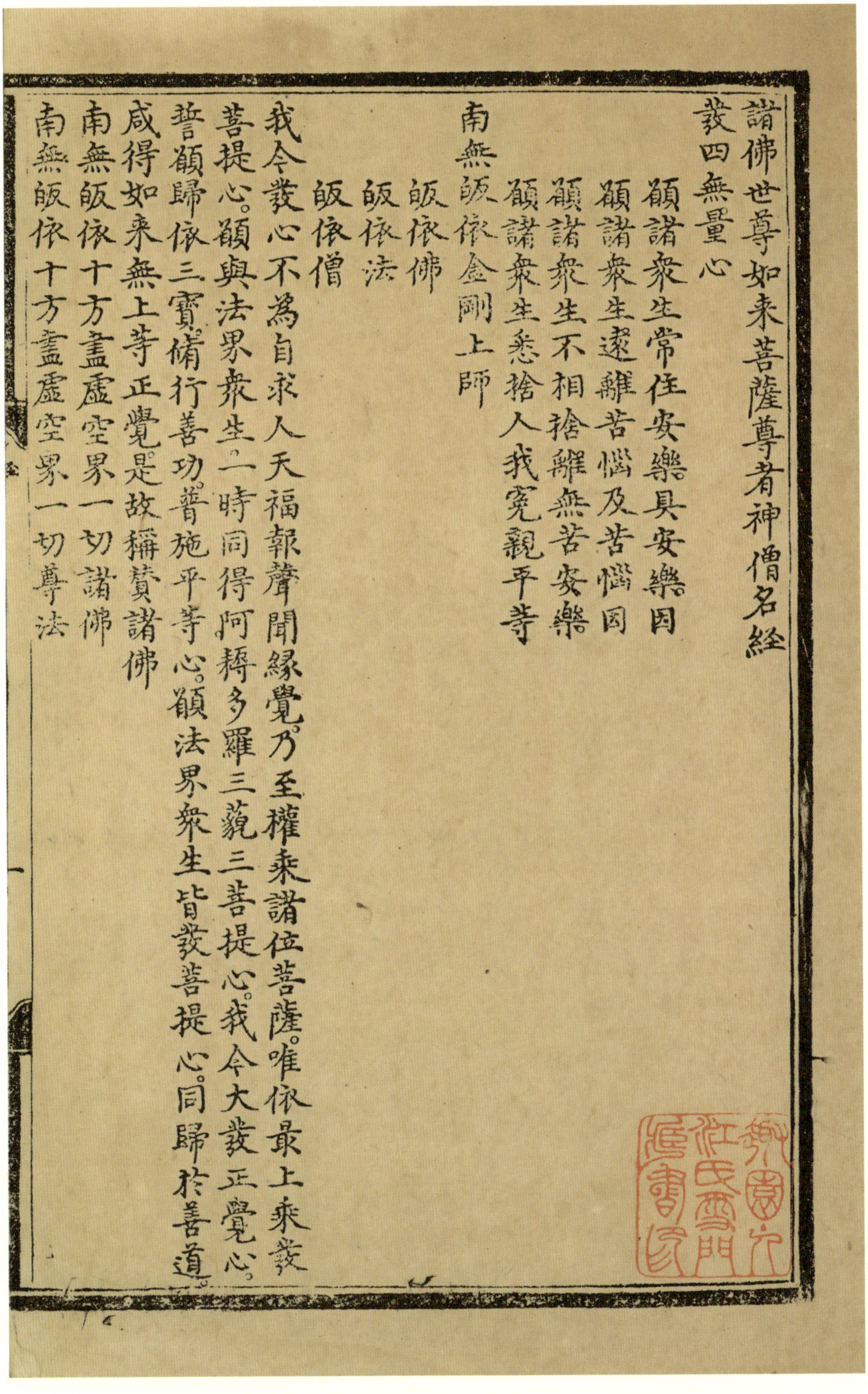
諸佛世尊如來菩薩尊者神僧名經
發四無量心
願諸衆生常住安樂具安樂因
願諸衆生遠離苦惱及苦惱因
願諸衆生不相捨離無苦安樂
願諸衆生悉捨人我冤親平等
南無皈依金剛上師
皈依佛
皈依法
皈依僧
我今發心不為自求人天福報聲聞緣覺乃至權乘諸位菩薩。唯依最上乘發菩提心。願與法界衆生。一時同得阿耨多羅三藐三菩提心。我今大發正覺心。誓願歸依三寶。脩行善功。普施平等心。願法界衆生皆發菩提心。同歸於善道。咸得如來無上等正覺。是故稱贊諸佛
南無皈依十方盡虚空界一切諸佛
南無皈依十方盡虚空界一切尊法

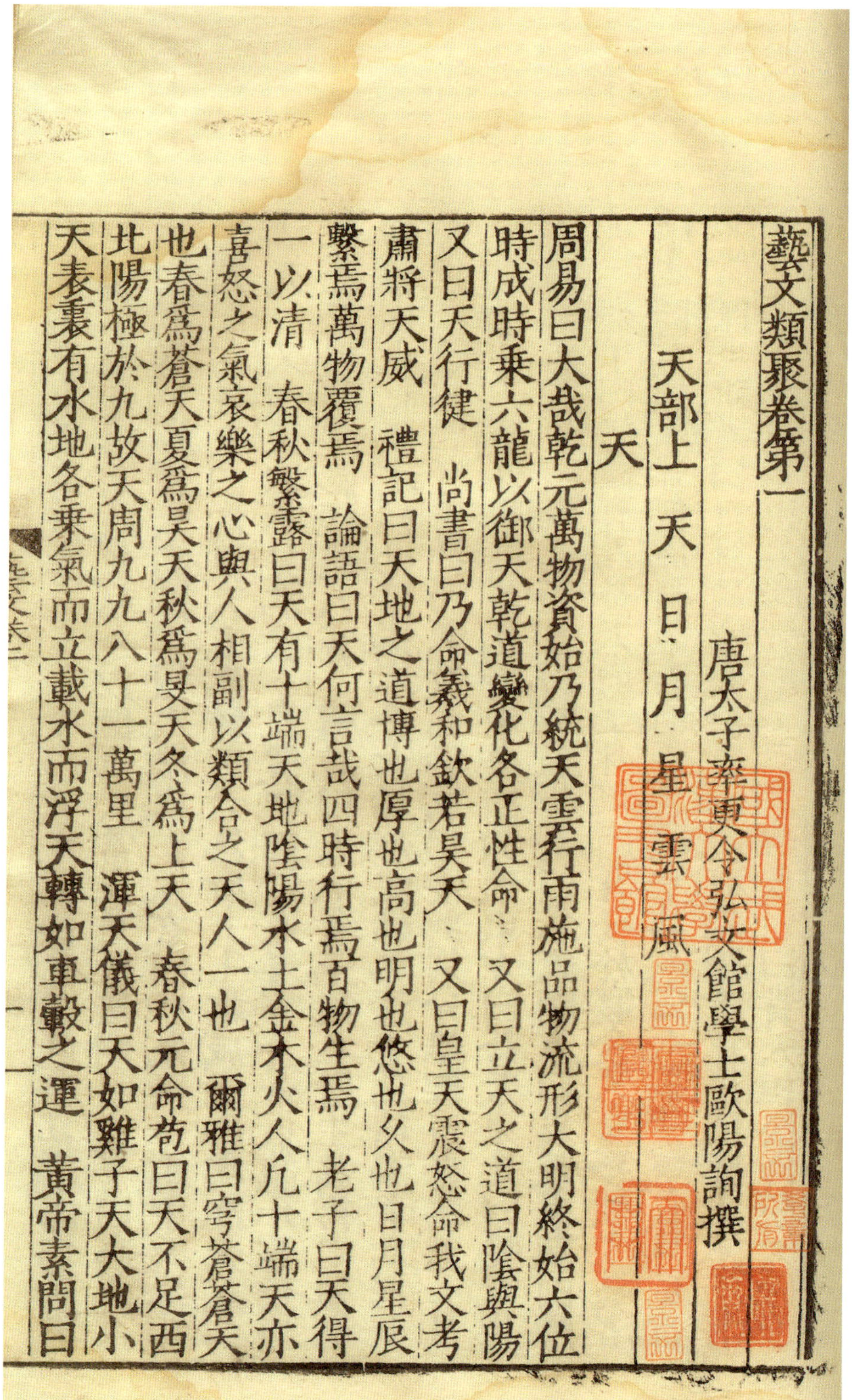

藝文類聚卷第一

唐太子率更令弘文館學士歐陽詢撰

天部上　天　日　月　星　雲　風

天

周易曰大哉乾元萬物資始乃統天雲行雨施品物流形大明終始六位時成時乘六龍以御天乾道變化各正性命　又曰立天之道曰陰與陽　又曰天行健　尚書曰乃命羲和欽若昊天　又曰皇天震怒命我文考肅將天威　禮記曰天地之道博也厚也高也明也悠也久也日月星辰繫焉萬物覆焉　論語曰天何言哉四時行焉百物生焉　老子曰天得一以清　春秋繁露曰天有十端天地陰陽水土金木火人凡十端天亦喜怒之氣哀樂之心與人相副以類合之天人一也　爾雅曰穹蒼蒼天也春爲蒼天夏爲昊天秋爲旻天冬爲上天　春秋元命苞曰天不足西北陽極於九故天周九九八十一萬里　渾天儀曰天如雞子天大地小天表裏有水地各乘氣而立載水而浮天轉如車轂之運　黃帝素問曰

藝文類聚一百卷　［唐］歐陽詢輯　明嘉靖六年至七年（一五二七—一五二八）胡纘宗　陸采刻本

十四行二十八字，白口，單魚尾，左右雙邊，版框高二十二・四釐米，寬十六・一釐米。

初學記三十卷

［唐］徐堅等輯　明嘉靖十三年（一五三四）晉府虛益堂刻本

九行十八字，小字雙行二十四字，黑口，單魚尾，左右雙邊，版框高二十・八釐米，寬十六・三釐米。

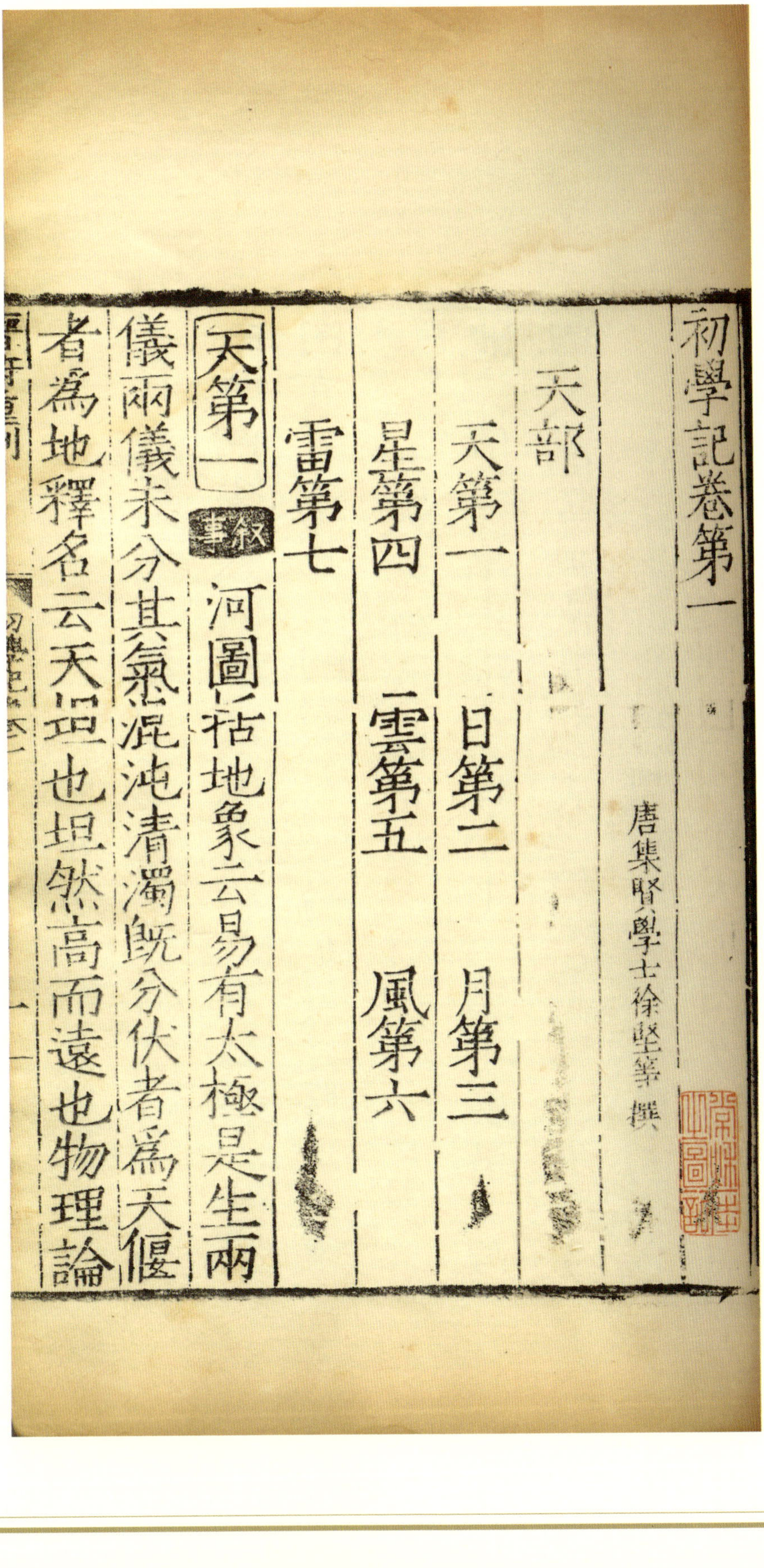
初學記卷第一

唐集賢學士徐堅等撰

天部

天第一　日第二　月第三

星第四　雲第五　風第六

雷第七

天第一 敘事 河圖括地象云易有太極是生兩儀兩儀未分其氣混沌清濁既分伏者爲天偃者爲地釋名云天坦也坦然高而遠也物理論

唐宋白孔六帖一百卷　［唐］白居易　［宋］孔傳輯　明刻本

十行十八字，小字雙行同，白口，單魚尾，左右雙邊，版框高十九・四釐米，寬十五・二釐米。

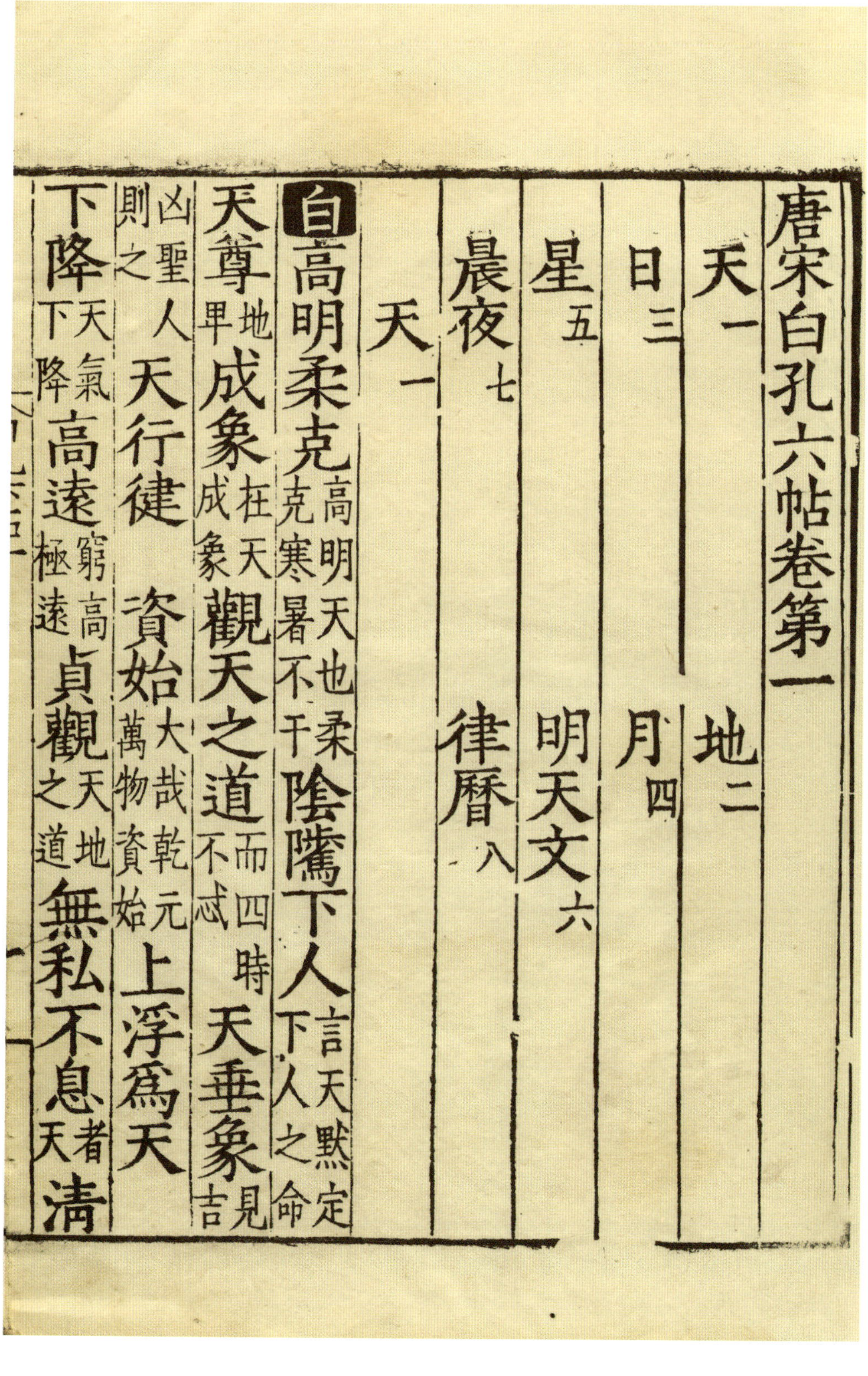
唐宋白孔六帖卷第一
天一　地二
日三　月四
星五　明天文六
晨夜七　律曆八
天一
白　高明柔克高明天也柔克克寒暑不干陰騭下人言天默定下人之命
天尊地卑成象在天成象觀天之道而四時不忒天垂象見吉
凶聖人則之天行健資始大哉乾元萬物資始上浮爲天
下降天氣下降高遠窮高極遠貞觀天地之道無私不息者天清

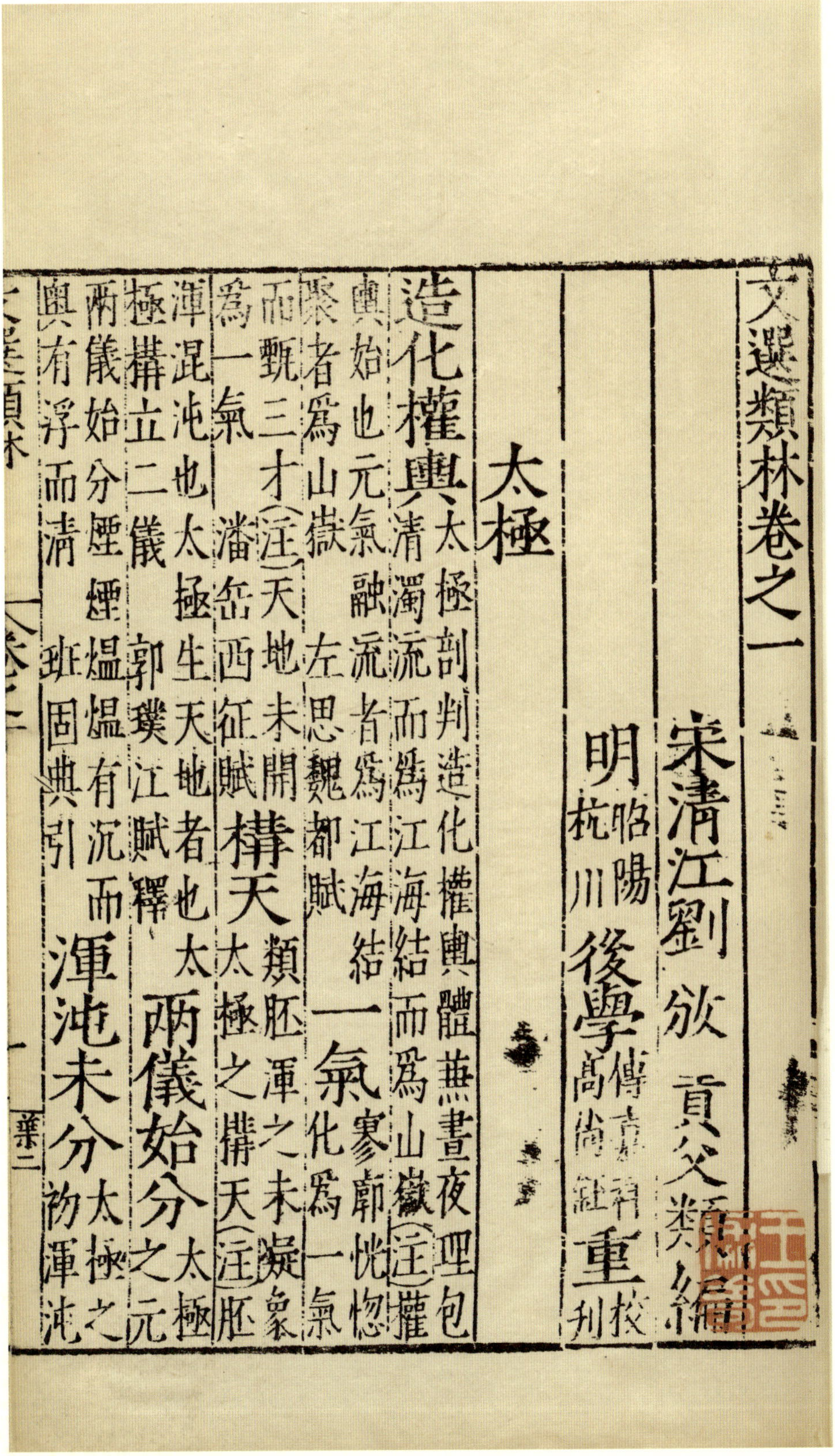

文選類林十八卷

［宋］劉攽輯　明隆慶六年（一五七二）傅嘉祥　高尚鈺刻本

九行十八字，小字雙行同，白口，單魚尾，四周單邊，版框高十九・三釐米，寬十四・七釐米。

事類賦三十卷　［宋］吳淑撰　明嘉靖十三年（一五三四）白坪仿宋刻本

十一行二十字，小字雙行同，黑口，單魚尾，四周單邊，版框高二十・二釐米，寬十五・二釐米。

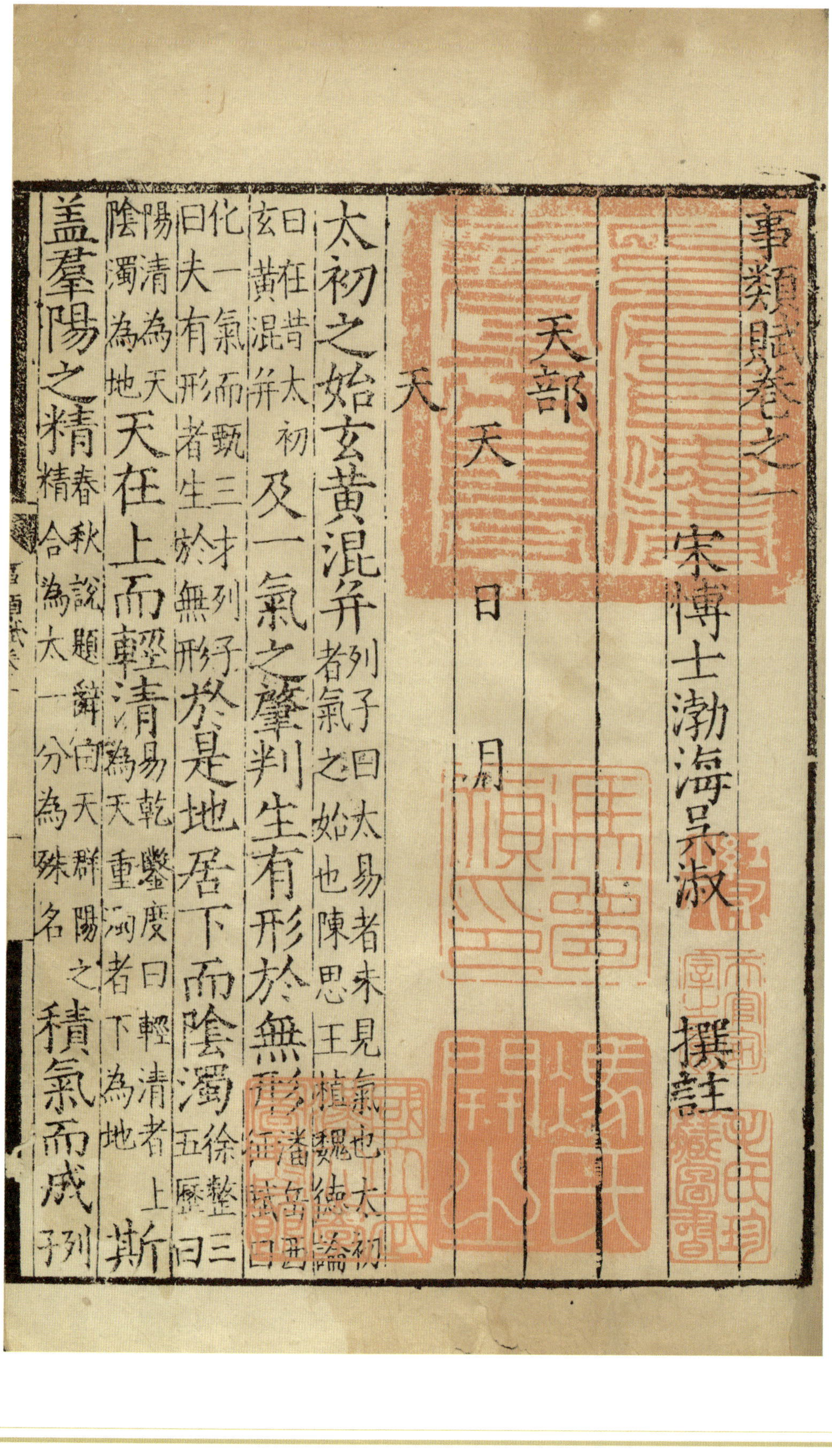
事類賦卷之一　宋博士渤海吳淑　撰註

天部

天　天　日　月

天

太初之始玄黃混并列子曰太易者未見氣也太初者氣之始也陳思王植魏德論曰在昔太初玄黃混并及一氣之肇判生有形於無形潘岳西征賦曰化一氣而甄三才列子曰夫有形者生於無形於是地居下而陰濁徐整三五歷紀曰陽清為天陰濁為地天在上而輕清易乾鑿度曰輕清者上為天重濁者下為地斯蓋羣陽之精春秋說題辭曰天群陽之精合為太一分為殊名積氣而成列子

太平御覽一千卷目録二卷

［宋］李昉等撰　明抄本

十一行二十二字，小字雙行同，白口，左右雙邊，版框高二十三・四釐米，寬十五・六釐米。

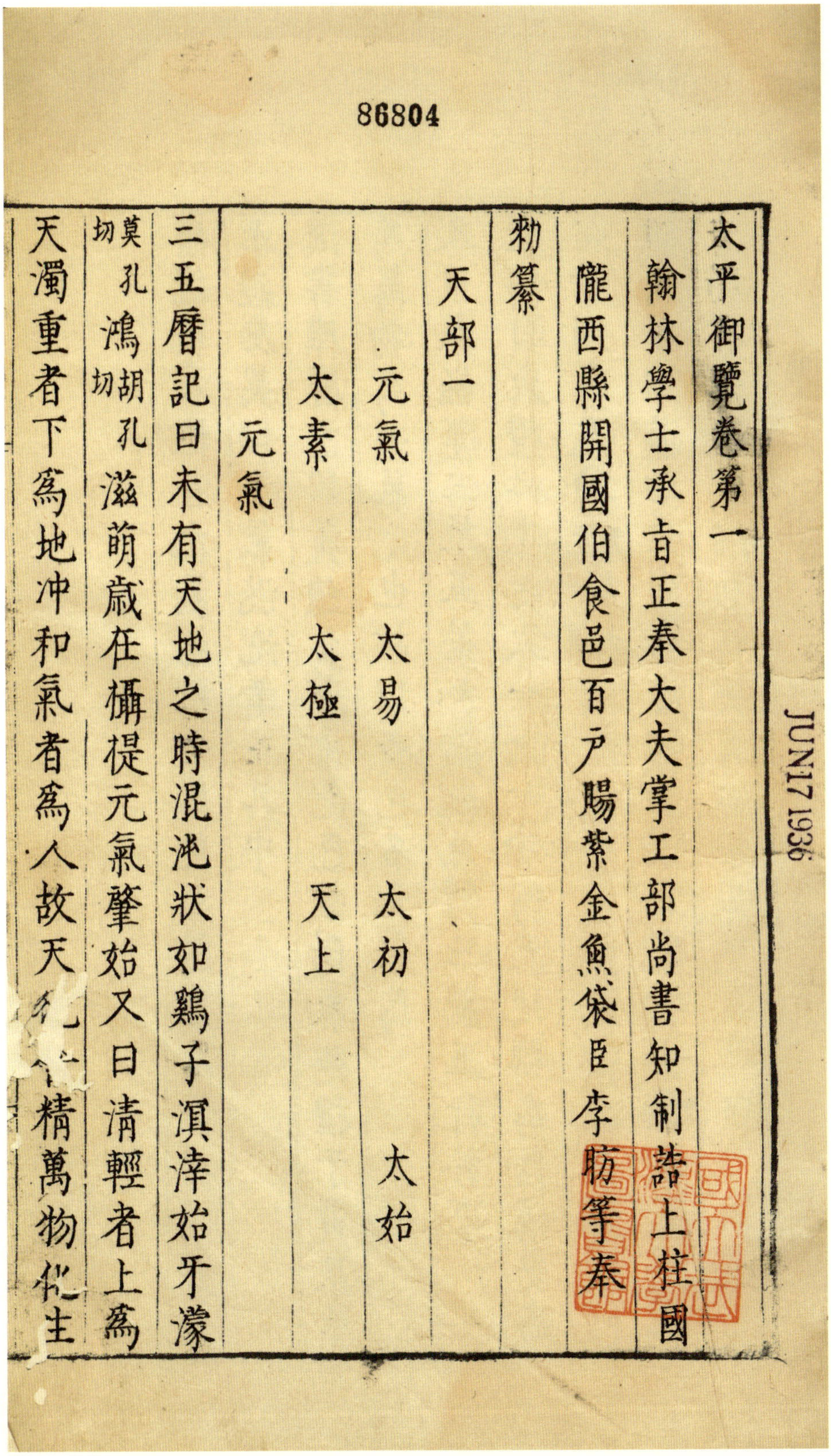

86804

JUN17 1936

太平御覽卷第一

翰林學士承旨正奉大夫掌工部尚書知制誥上柱國

隴西縣開國伯食邑百户賜紫金魚袋臣李昉等奉

勑纂

天部一

元氣　太易　太初　太始

太素　太極　天上

元氣

三五曆記曰未有天地之時混沌狀如鷄子溟涬始牙濛莫孔切

鴻胡孔切滋萌歲在攝提元氣肇始又曰清輕者上爲

天濁重者下爲地冲和氣者爲人故天地含精萬物化生

玉海二百卷辭學指南四卷詩考一卷詩地理考六卷漢藝文志考證十卷通鑑地理通釋十四卷周書王會補註一卷漢制考四卷踐阼篇集解一卷急就篇補註四卷小學紺珠十卷姓氏急就篇二卷六經天文篇二卷周易鄭康成註一卷通鑑答問五卷

［宋］王應麟撰　明嘉靖萬曆崇禎刻清康熙乾隆遞修本

十行二十字，小字雙行同，白口，雙魚尾，四周單邊，版框高二十一·一釐米，寬十三·三釐米。

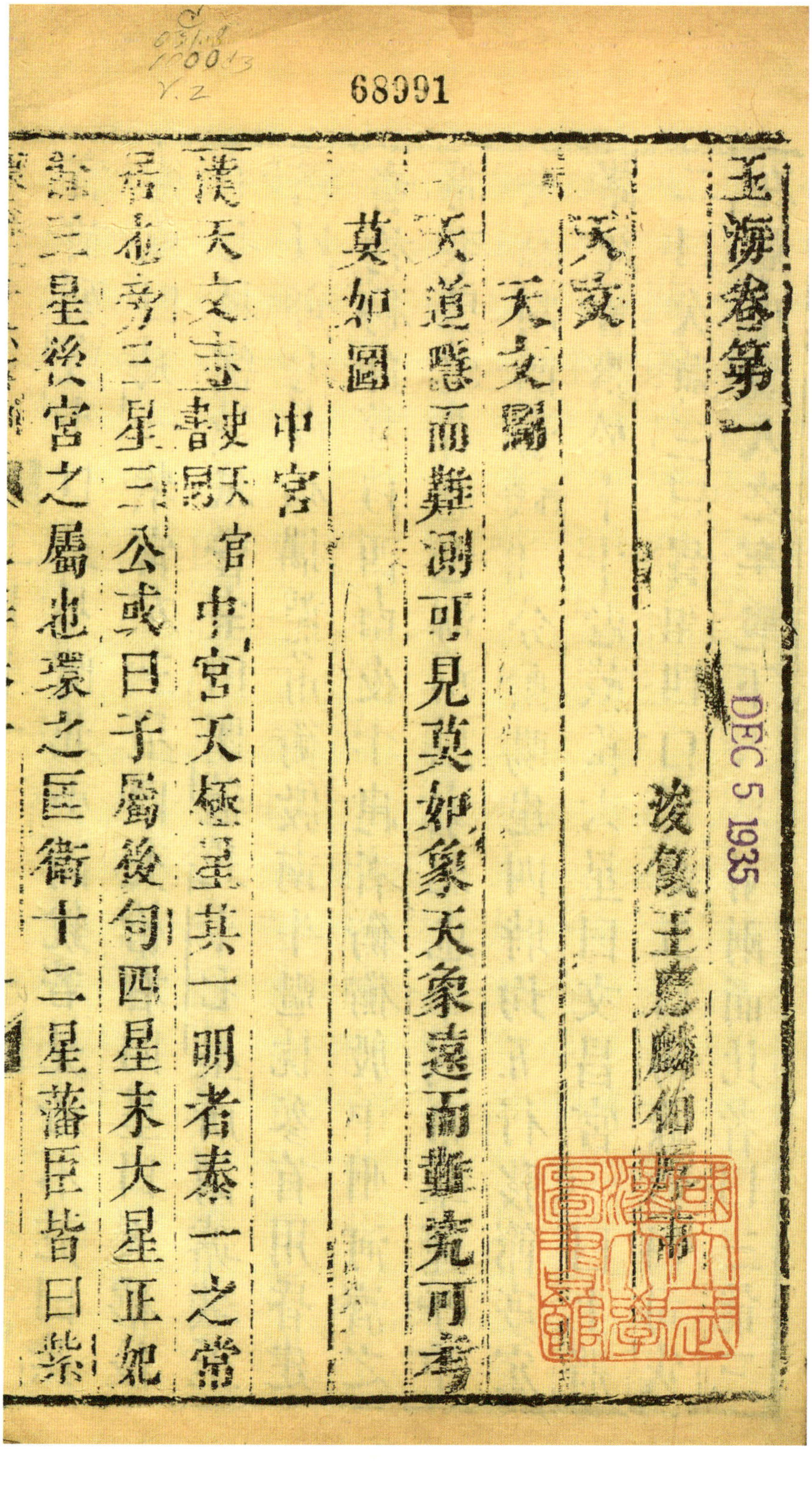

群書考索前集六十六卷後集六十五卷續集五十六卷別集二十五卷目録一卷

［宋］章如愚輯　明正德三至十三年（一五〇八—一五一八）劉洪慎獨書齋刻十六年（一五二一）重修本

十四行二十八字，小字雙行同，黑口，雙魚尾，四周雙邊，版框高二十釐米，寬十三·四釐米。

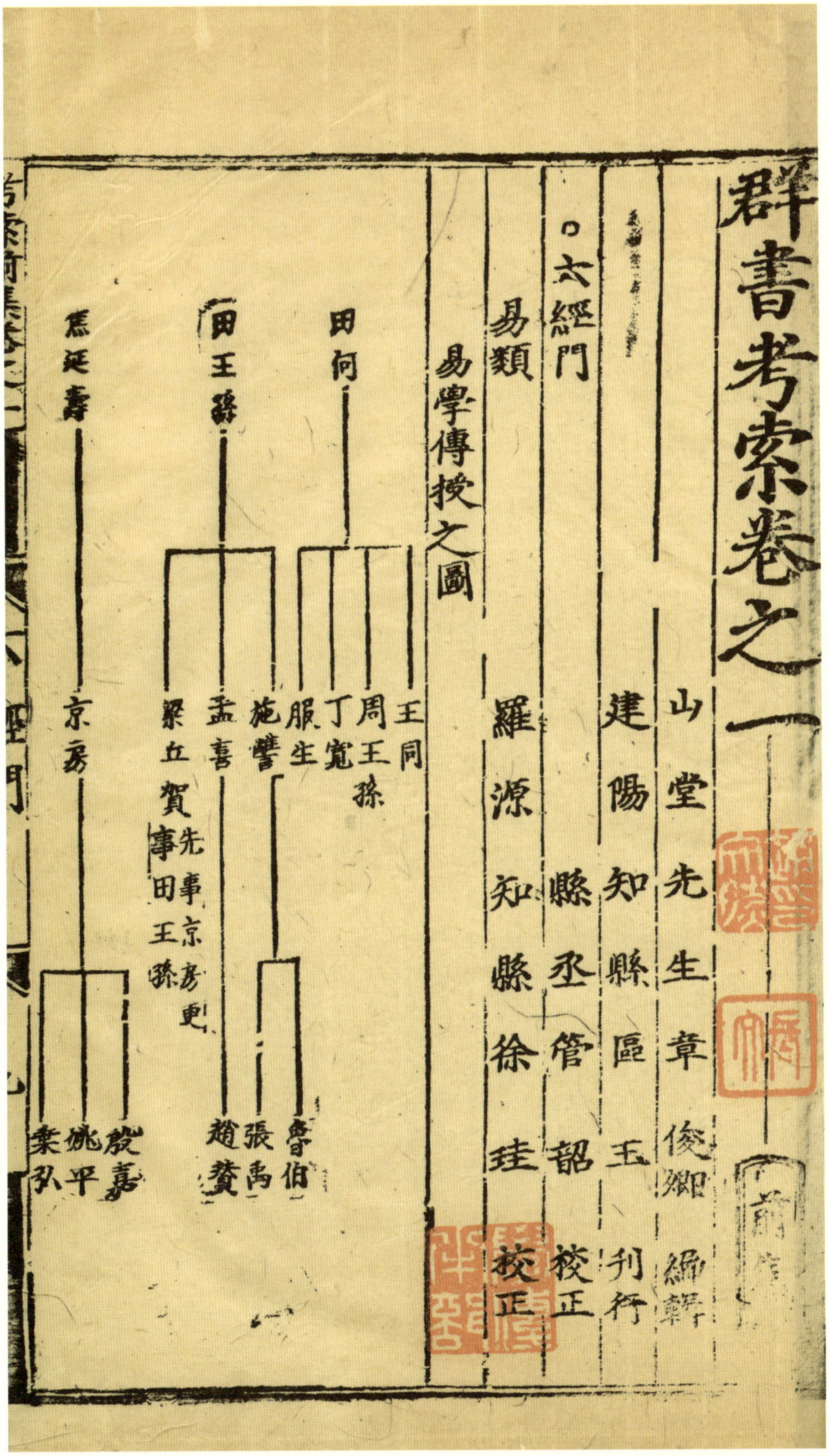

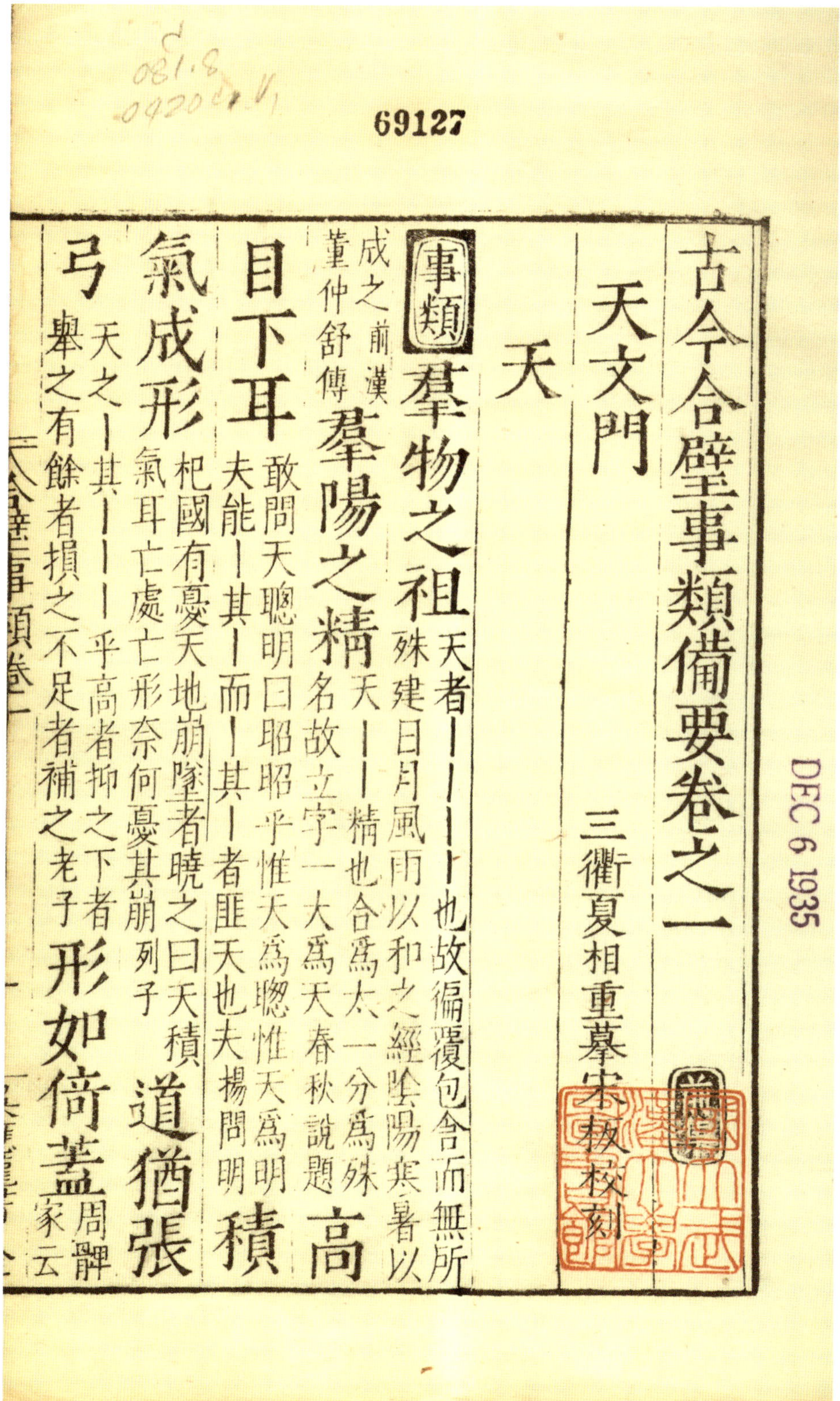

古今合璧事類備要前集六十九卷後集八十一卷續集五十六卷別集九十四卷外集六十六卷 ［宋］謝維新輯 ［宋］虞載輯

明嘉靖三十一至三十五年（一五五二—一五五六）夏相刻本

八行，行字無定數，小字雙行二十四字，白口，單魚尾，左右雙邊，版框高二十釐米，寬十四・一釐米。

錦繡萬花谷前集四十卷後集四十卷續集四十卷別集三十卷

明嘉靖十五年（一五三六）秦汴繡石書堂刻本

十二行二十一字，小字雙行同，白口，單魚尾，左右雙邊，版框高十八・八釐米，寬十三・四釐米。

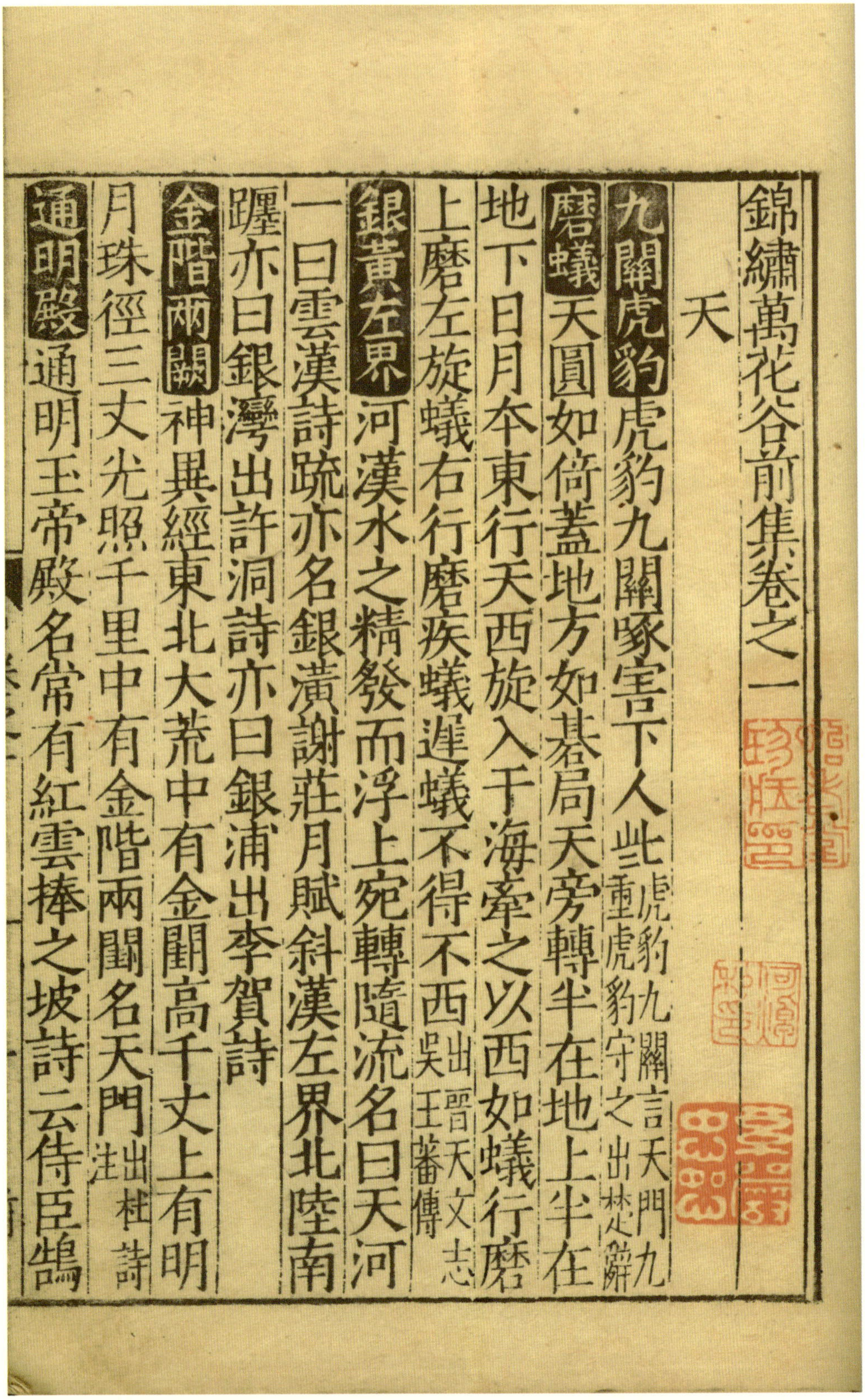
錦繡萬花谷前集卷之一

天

九關虎豹　虎豹九關啄害下人些虎豹九關言天門九重虎豹守之出楚辭

磨蟻　天圓如倚蓋地方如碁局天旁轉半在地上半在地下日月夲東行天西旋入于海牽之以西如蟻行磨上磨左旋蟻右行磨疾蟻遲蟻不得不西出晉天文志吳王蕃傳

銀黄左界　河漢水之精發而浮上宛轉隨流名曰天河一曰雲漢詩疏亦名銀潢謝莊月賦斜漢左界北陸南躔亦曰銀灣出許洞詩亦曰銀浦出李賀詩

金階兩闕　神異經東北大荒中有金闕高千丈上有明月珠徑三丈光照千里中有金階兩闕名天門出杜詩注

通明殿　通明玉帝殿名常有紅雲捧之坡詩云侍臣鵠

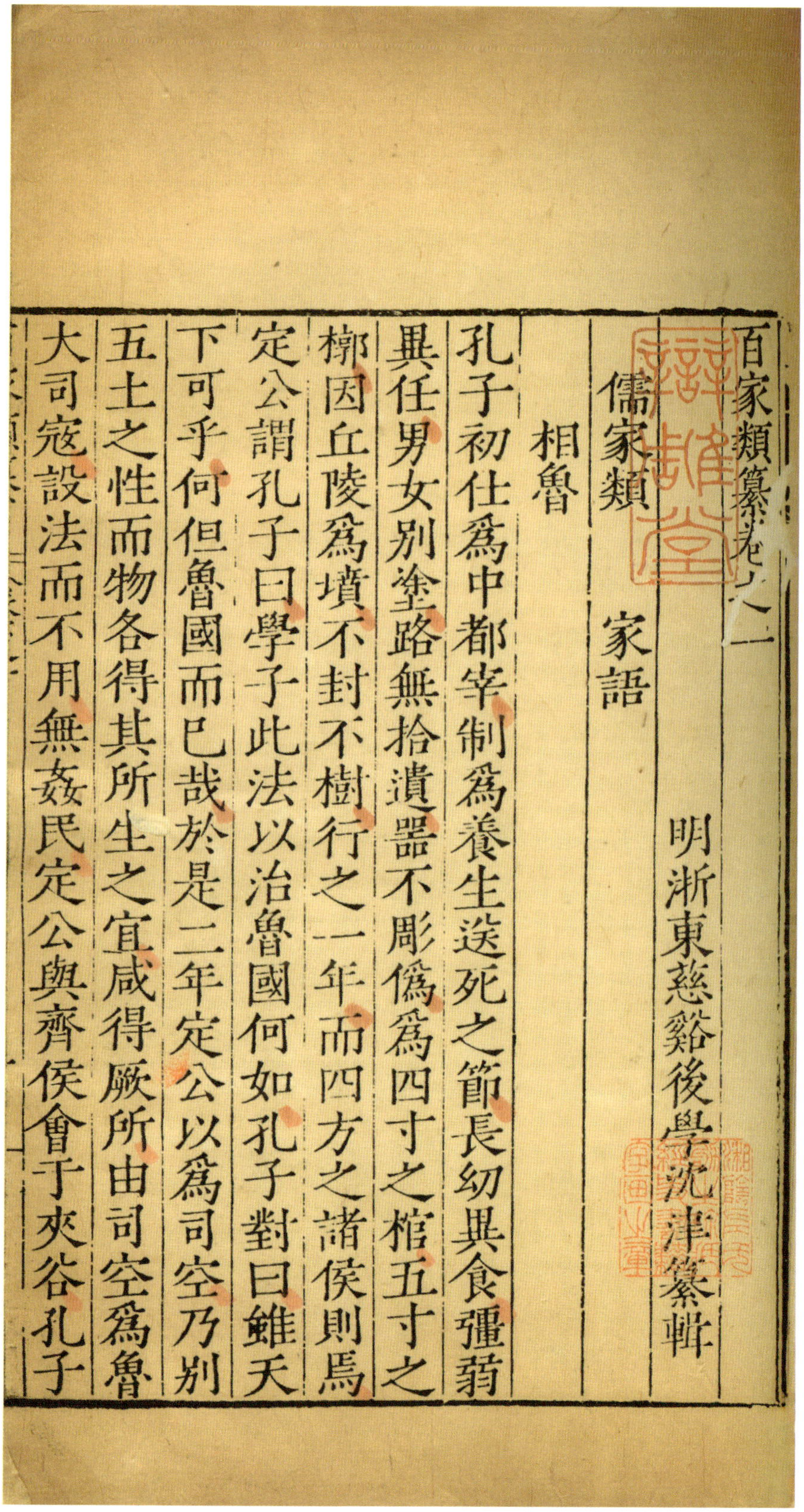
百家類纂卷之二

明浙東慈谿後學沈津纂輯

儒家類　家語

相魯

孔子初仕爲中都宰制爲養生送死之節長幼異食彊弱異任男女別塗路無拾遺器不彫僞爲四寸之棺五寸之槨因丘陵爲墳不封不樹行之一年而四方之諸侯則焉定公謂孔子曰學子此法以治魯國何如孔子對曰雖天下可乎何但魯國而已哉於是二年定公以爲司空乃別五土之性而物各得其所生之宜咸得厥所由司空爲魯大司寇設法而不用無姦民定公與齊侯會于夾谷孔子

百家類纂四十卷　［明］沈津纂輯　明隆慶元年（一五六七）含山縣儒學刻本

十一行二十二字，白口，單魚尾，左右雙邊，版框高十九・二釐米，寬十三・七釐米。

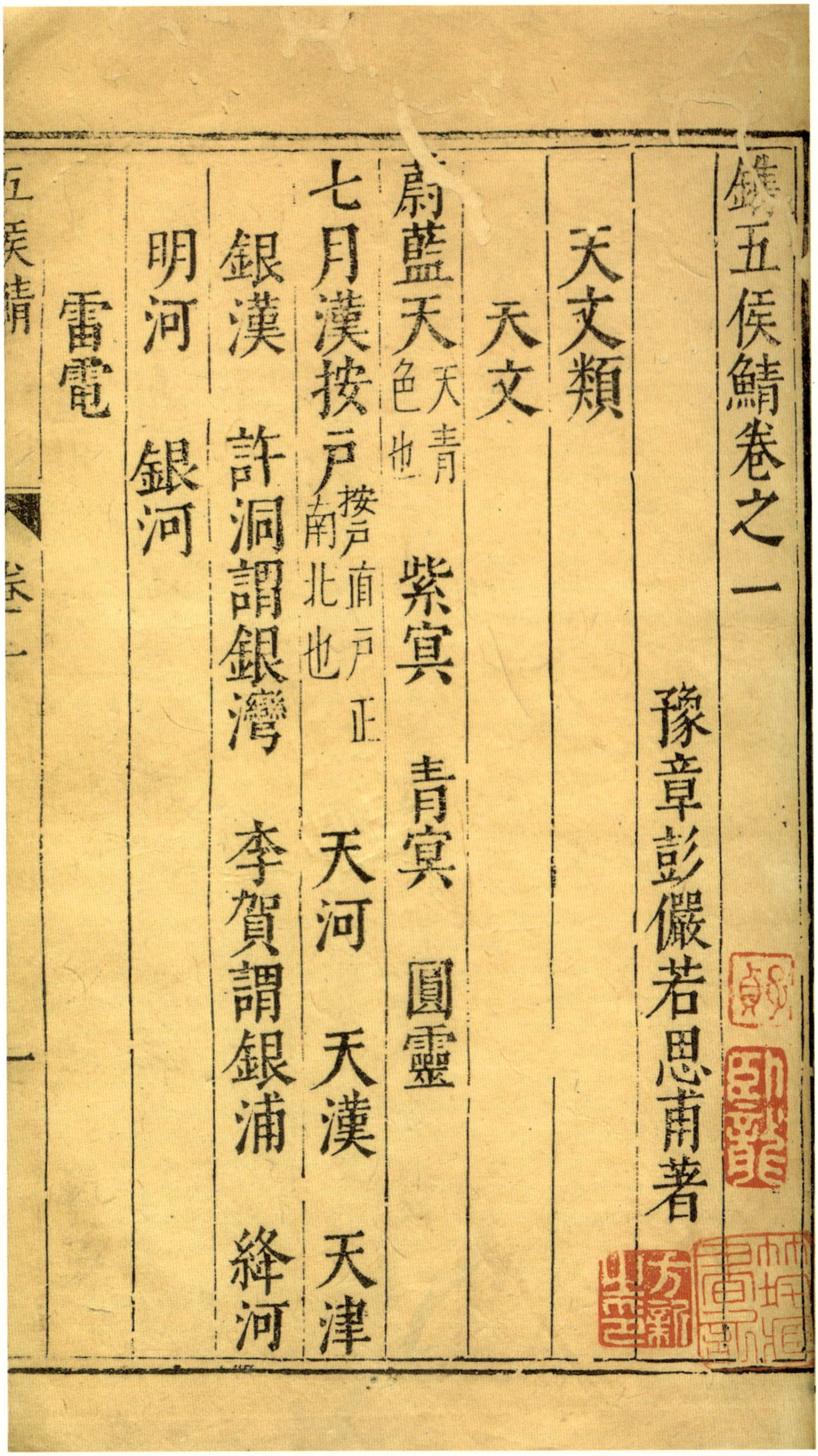
鐫五侯鯖卷之一
豫章彭儼若思甫著
天文類
天文
蔚藍天（天青色也） 紫宸 青宸 圓靈
七月漢 按戸（按戸直戸正南北也） 天河 天漢 天津
銀漢 許洞謂銀灣 李賀謂銀浦 絳河
明河 銀河
雷電
五侯鯖 卷之一 一

鐫五侯鯖十二卷 〔明〕彭儼撰 明萬曆三十一年（一六〇三）吴勉學刻本 朱彝尊題跋

九行十八字，小字雙行同，白口，單魚尾，四周雙邊，版框高二十・五釐米，寬十三・七釐米。

文選六十卷

［南朝·梁］蕭統選　［唐］李善注　［清］何焯評　清乾隆三十七年（一七七二）長洲葉樹藩海録軒朱墨套印本

周貞亮題跋

十二行二十五字，小字雙行三十七字，眉上鐫評，白口，雙魚尾，左右雙邊，版框高二十釐米，寬十五釐米。

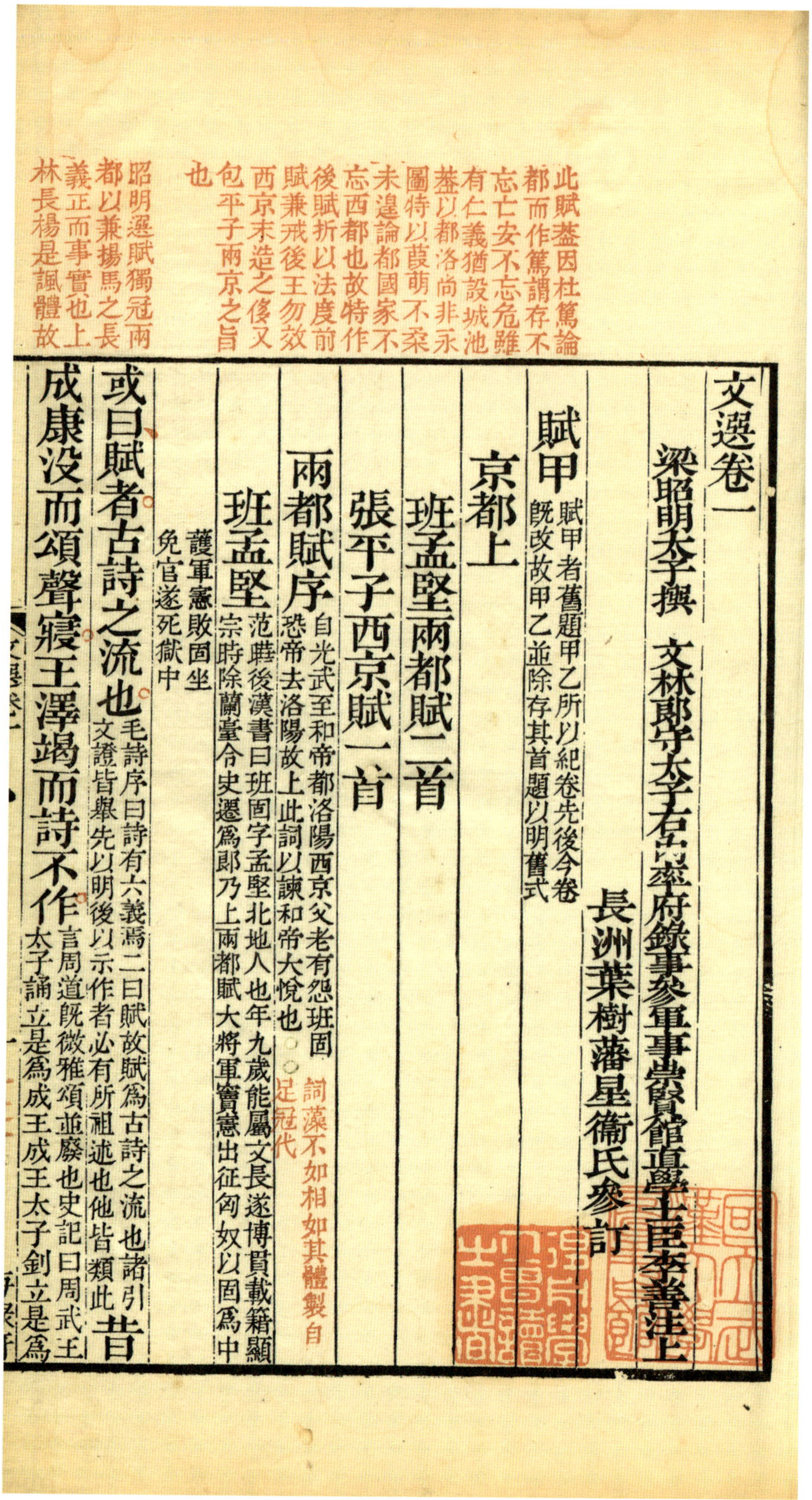

此賦蓋因杜篤論都而作篤謂存不忘亡安不忘危雖有仁義猶設城池蓋以都洛尚非永圖特以葭萌不柔未遑論都國家不忘西都也故特作後賦折以法度前賦兼戒後王勿效西京末造之侈又包平子兩京之旨也

昭明選賦獨冠兩都以兼揚馬之長義正而事實也上林長楊是諷體故

文選卷一

梁昭明太子撰　文林郎守太子右内率府錄事參軍事崇賢館直學士臣李善注上

長洲葉樹藩星衛氏參訂

賦甲 賦甲者舊題甲乙所以紀卷先後今卷既改故甲乙並除存其首題以明舊式

京都上

班孟堅兩都賦二首

張平子西京賦一首

兩都賦序 自光武至和帝都洛陽西京父老有怨班固恐帝去洛陽故上此詞以諫和帝大悅也

詞藻不如相如其體製自足冠代

班孟堅 范曄後漢書曰班固字孟堅北地人也年九歲能屬文長遂博貫載籍顯宗時除蘭臺令史遷爲郎乃上兩都賦大將軍竇憲出征匈奴以固爲中護軍憲敗固坐免官遂死獄中

或曰賦者古詩之流也 毛詩序曰詩有六義焉二曰賦故賦爲古詩之流也諸引文證皆舉先以明後以示作者必有所祖述也他皆類此 昔

成康沒而頌聲寢王澤竭而詩不作 言周道既微雅頌並廢也史記曰周武王太子誦立是爲成王成王太子釗立是爲

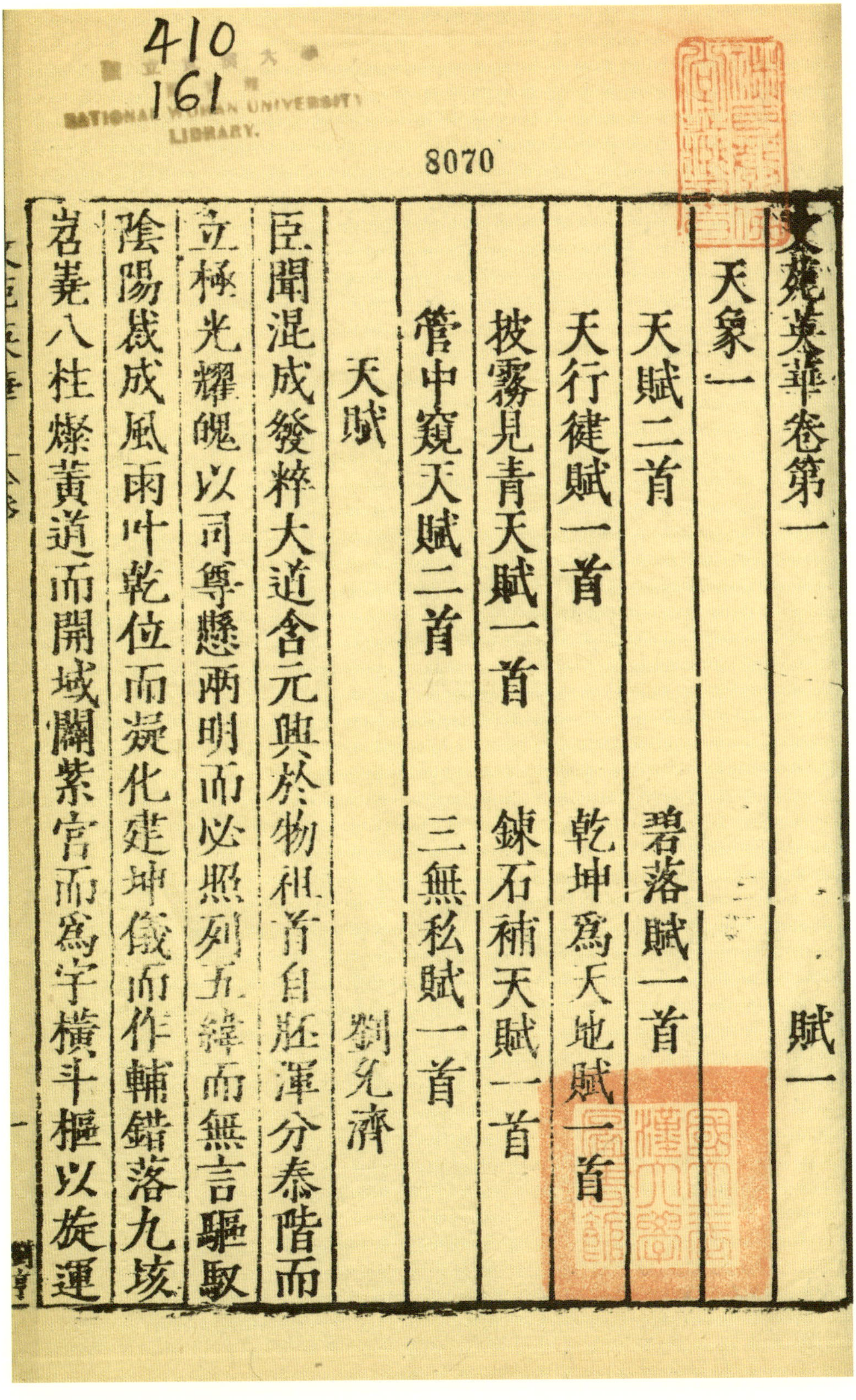

文苑英華卷第一　賦一

天象一

天賦二首　碧落賦一首

天行健賦一首　乾坤爲天地賦一首

披霧見青天賦一首　鍊石補天賦一首

管中窺天賦二首　三無私賦一首

天賦　劉允濟

臣聞混成發粹大道含元與於物祖首自胚渾分泰階而立極光耀魄以司尊懸兩明而必照列五緯而無言驅馭陰陽裁成風雨叶乾位而凝化建坤儀而作輔錯落九垓岩嶤八柱燦黄道而開域闢紫宫而爲宇横斗樞以旋運

文苑英華一千卷　［宋］李昉等輯　明隆慶元年（一五六七）胡維新　戚繼光刻萬曆六年（一五七八）修版重印本

十一行二十二字，小字雙行同，白口，單魚尾，四周單邊，版框高二十·八釐米，寬十五·七釐米。

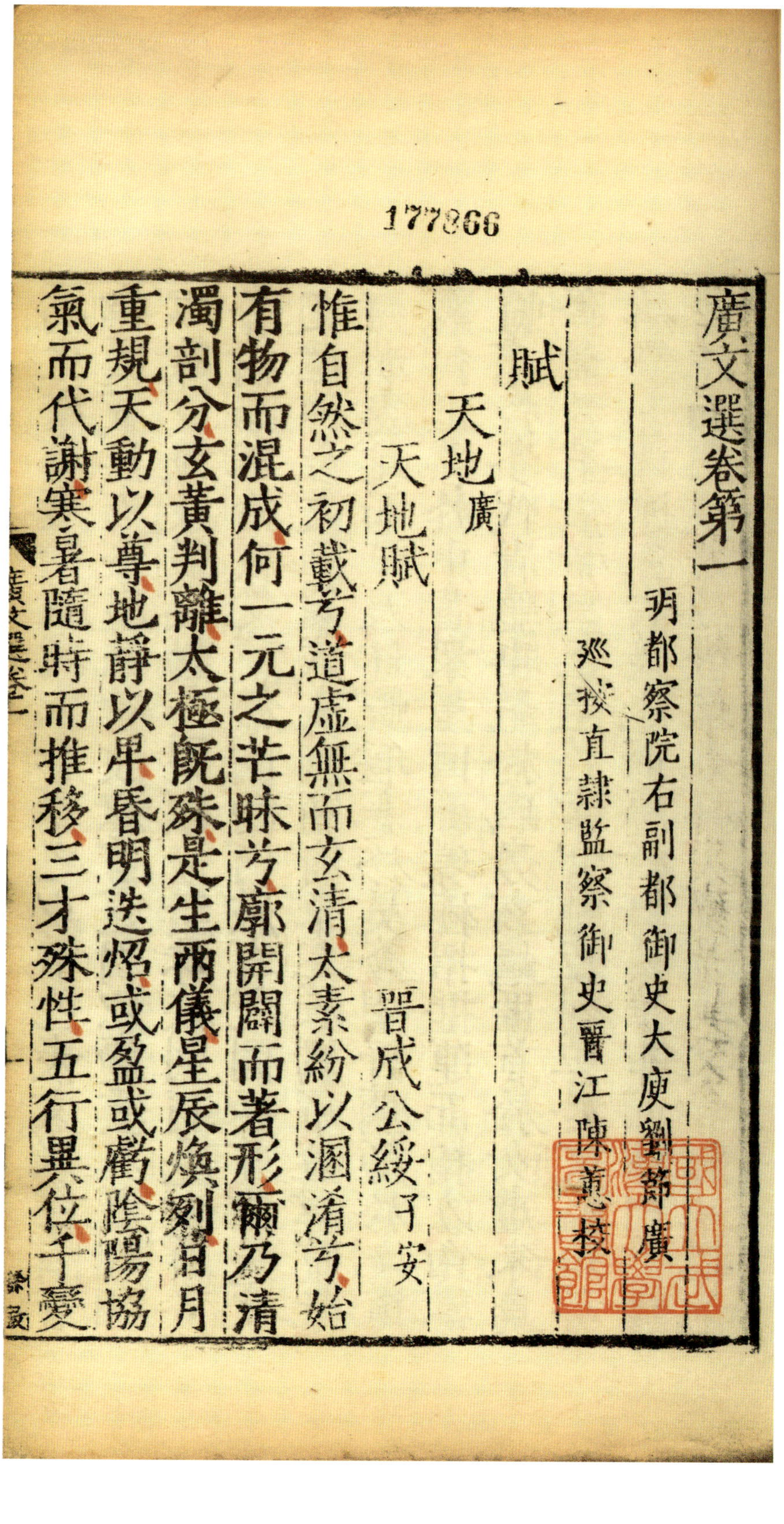

廣文選卷第一

明都察院右副都御史大庾劉節廣

巡按直隸監察御史晉江陳蕙校

賦

天地 廣

天地賦 晉成公綏子安

惟自然之初載兮道虛無而玄清太素紛以溷淆兮始有物而混成何一元之芒昧兮廓開闢而著形爾乃清濁剖分玄黃判離太極既殊是生兩儀星辰煥列日月重規天動以尊地靜以卑昏明迭炤或盈或虧陰陽協氣而代謝寒暑隨時而推移三才殊性五行異位千變

廣文選卷一

廣文選六十卷 ［明］劉節輯　明嘉靖十六年（一五三七）陳蕙刻本

十一行二十一字，白口，單魚尾，四周單邊，版框高二十一釐米，寬十五釐米。

古文淵鑑六十四卷

［清］徐乾學等編註　清康熙間内府刻四色套印本

九行二十字，小字雙行同，眉上鐫評註，黑口，雙魚尾，四周單邊，版框高十九・三釐米，寬十四・二釐米。

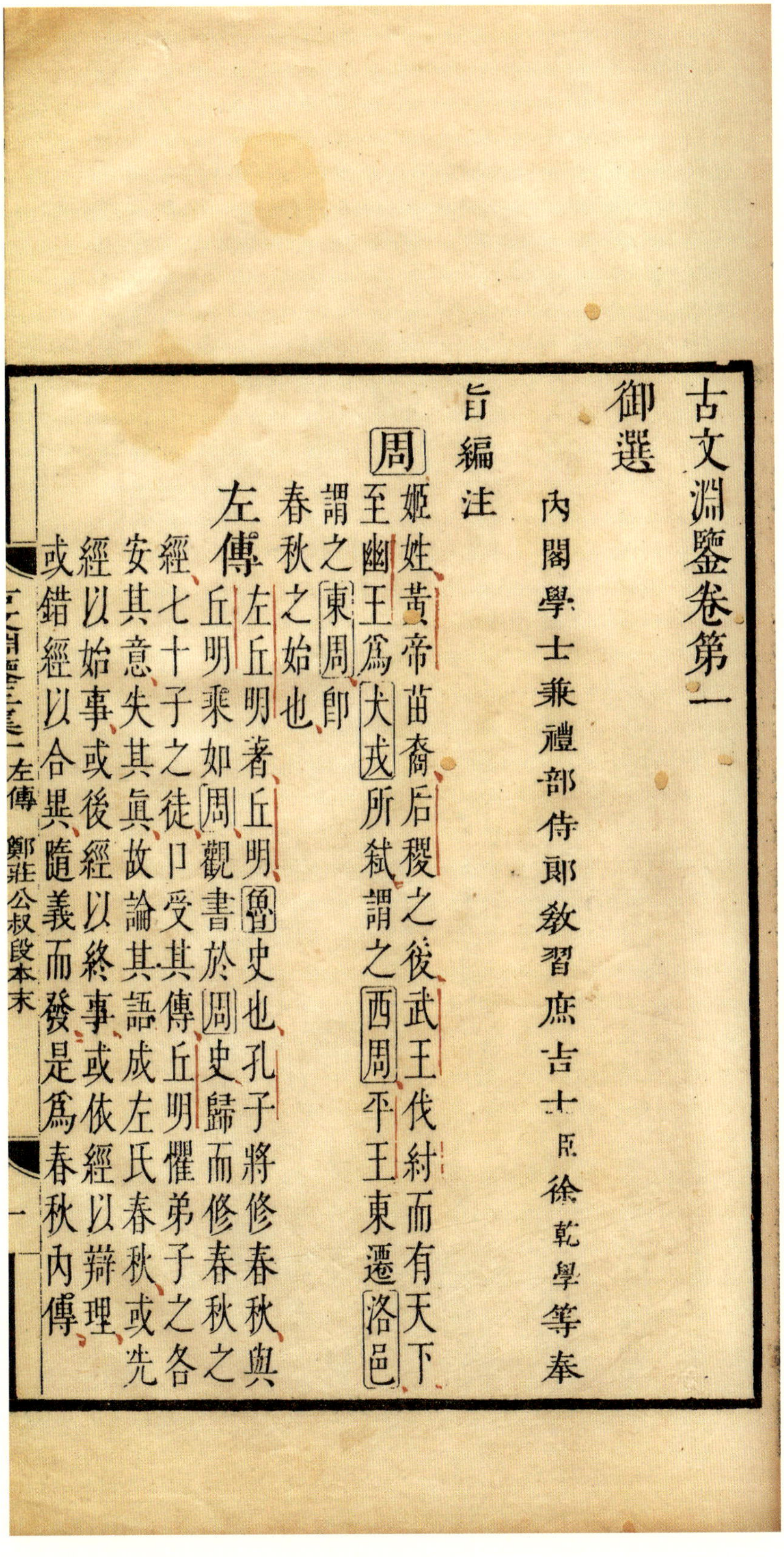
古文淵鑑卷第一

御選　内閣學士兼禮部侍郎教習庶吉士臣徐乾學等奉

旨編注

周　姬姓黄帝苗裔后稷之後武王伐紂而有天下至幽王爲犬戎所弒謂之西周平王東遷洛邑謂之東周郎春秋之始也

左傳　左丘明著丘明魯史也孔子將修春秋與丘明乘如周觀書於周史歸而修春秋之經七十子之徒卩受其傳丘明懼弟子之各安其意失其眞故論其語成左氏春秋或先經以始事或後經以終事或依經以辯理或錯經以合異隨義而發是爲春秋内傳

古文淵鑑卷一　左傳　鄭莊公叔段本末　一

臣鴻緒曰吐辭與瞻莊雅鏗然作金石聲

臣英曰納民軌物一句為一篇之主文全從此立論氣格端重色澤濃縟

一篇之中論斷多於序事此史家又一格歐陽五代諸傳每得此法

水心葉適曰周任去惡之論蓋

登於俎皮革齒牙骨角毛羽不登於器則公不射古之制也若夫山林川澤之實器用之資皁隸之事官司之守非君所及也公曰吾將略地焉（略總攝巡行之名）遂往陳魚而觀之僖伯稱疾不從書曰公矢魚于棠（矢亦陳也）非禮也且言遠地也

鄭伯侵陳（隱公六年）

五月庚申鄭伯侵陳大獲（大獲俘馘）往歲鄭伯請成於陳（成猶平也）陳侯不許五父諫曰（五父陳公子佗）親仁善鄰國之寶也君其許鄭陳侯曰宋衛實難（難可畏也）鄭何能為遂不

古文淵鑒卷一　左傳　鄭伯侵陳　五

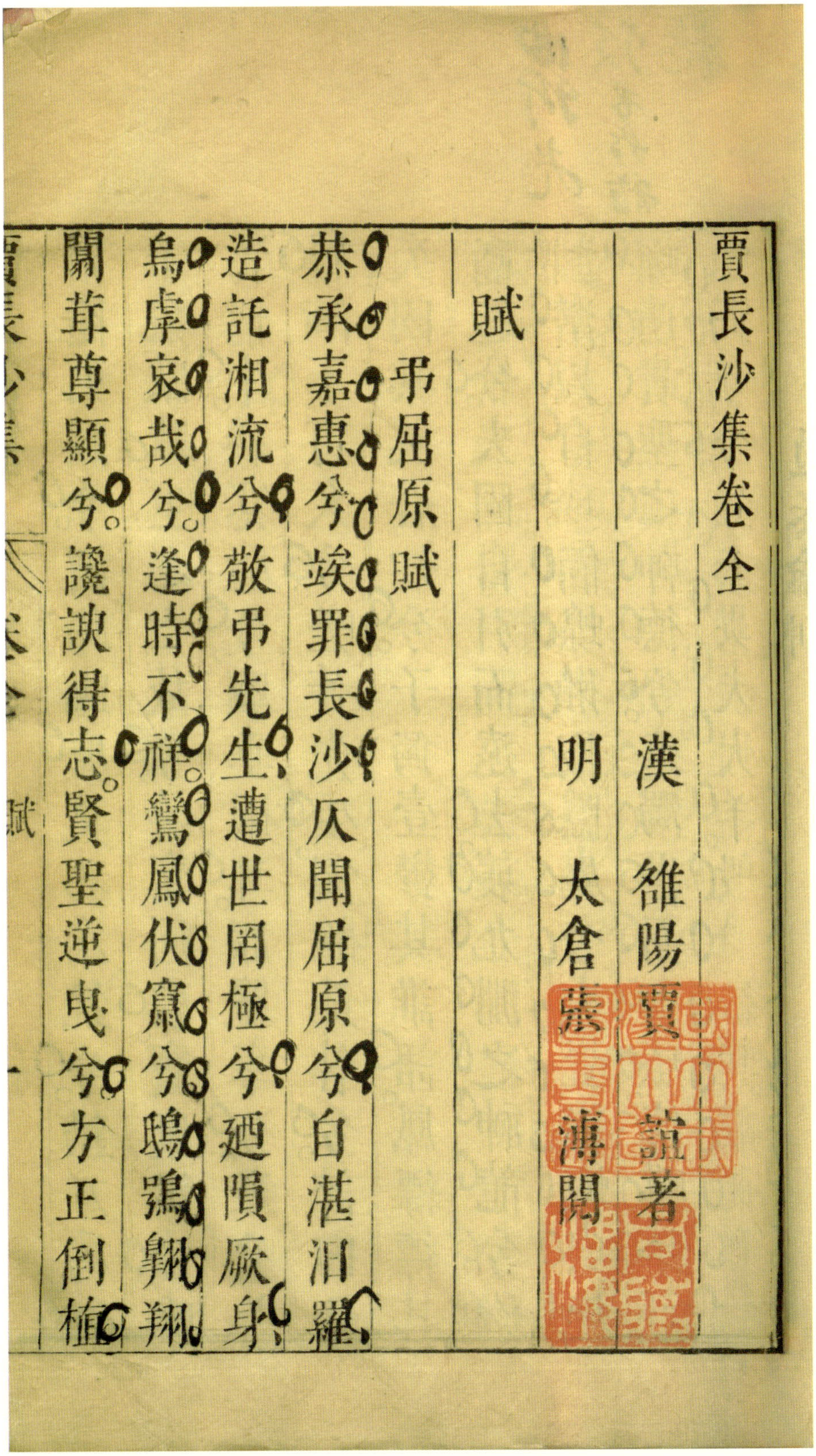

賈長沙集卷全

漢　雒陽賈誼著

明　太倉張溥閱

賦

弔屈原賦

恭承嘉惠兮竢罪長沙仄聞屈原兮自湛汨羅

造託湘流兮敬弔先生遭世罔極兮迺隕厥身

烏虖哀哉兮逢時不祥鸞鳳伏竄兮鴟鴞翺翔

闒茸尊顯兮讒諛得志賢聖逆曳兮方正倒植

漢魏六朝一百三家集一百十八卷　［明］張溥編　明婁東張氏刻本　何紹基批點

九行十八字，白口，單魚尾，左右雙邊，版框高二十·五釐米，寬十四·二釐米。

十家唐詩二十三卷

〔明〕畢效欽編　明萬曆二十年（一五九二）畢懋謙增刻本　程蟄菴朱筆批校並跋

九行十九字，小字雙行同，白口，單魚尾，四周雙邊，版框高二十・六釐米，寬十四・二釐米。

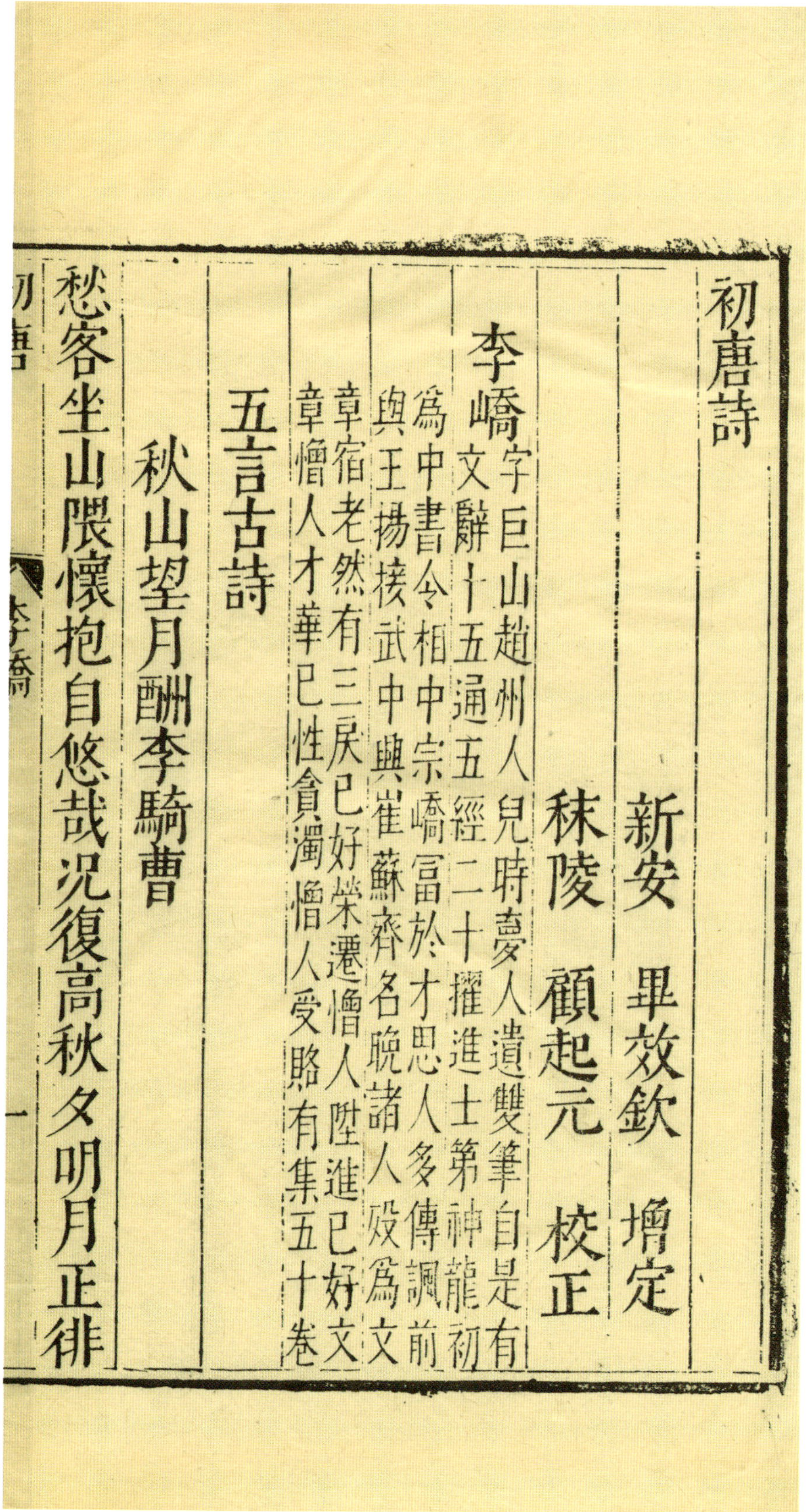

初唐詩

新安　畢效欽　增定

秣陵　顧起元　校正

李嶠字巨山趙州人兒時夢人遺雙筆自是有文辭十五通五經二十擢進士第神龍初爲中書令相中宗嶠富於才思人多傳諷前與王揚接武中與崔蘇齊名晚諸人歿爲文章宿老然有三戾已好榮遷憎人陞進已好文章憎人才華已性貪濁憎人受賂有集五十卷

五言古詩

秋山望月酬李騎曹

愁客坐山隈懷抱自悠哉況復高秋夕明月正徘

初唐　李嶠　一

御選唐宋詩醇四十七卷目録二卷

［清］愛新覺羅・弘曆選　清乾隆十六年（一七五一）內府四色套印本

九行十九字，白口，單魚尾，四周單邊，版框高十九釐米，寬十四・三釐米。

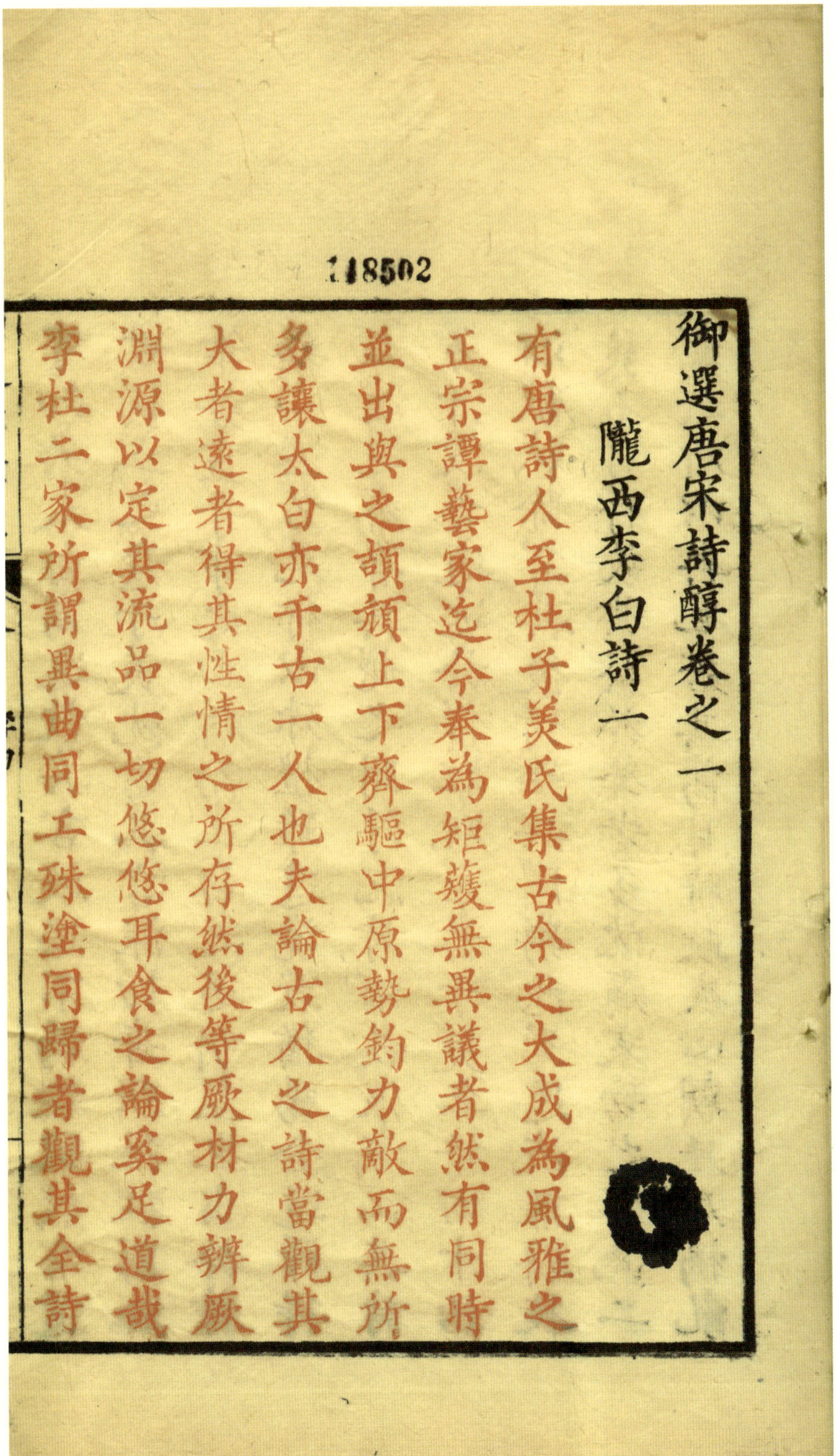

御選唐宋詩醇卷之一

隴西李白詩一

有唐詩人至杜子美氏集古今之大成為風雅之正宗譚藝家迄今奉為矩矱無異議者然有同時並出與之頡頏上下齊驅中原勢鈞力敵而無所多讓太白亦千古一人也夫論古人之詩當觀其大者遠者得其性情之所存然後等厥材力辨厥淵源以定其流品一切悠悠耳食之論奚足道哉李杜二家所謂異曲同工殊塗同歸者觀其全詩

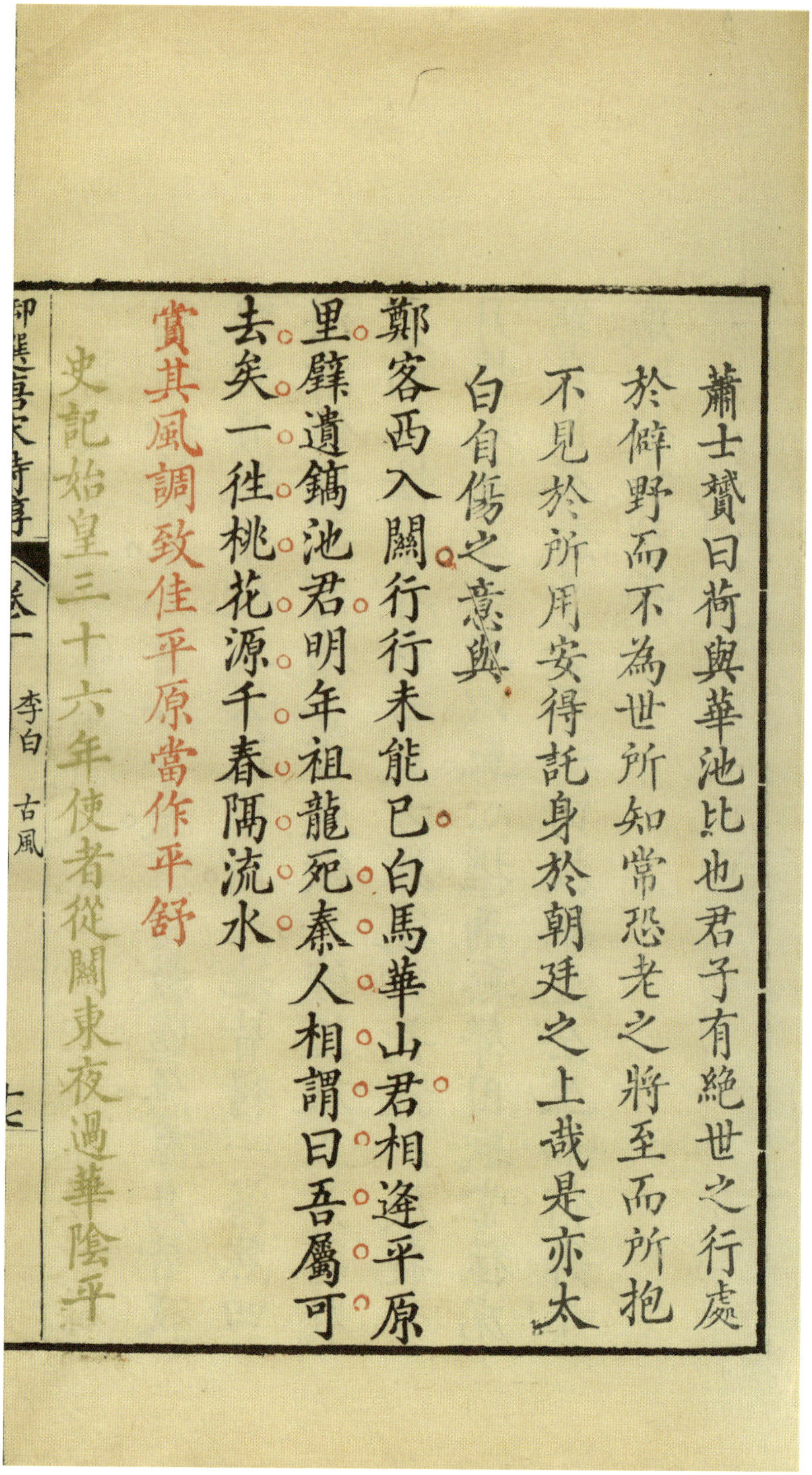

蕭士贇曰荷與華池比也君子有絕世之行處
於僻野而不為世所知常恐老之將至而所抱
不見於所用安得託身於朝廷之上哉是亦太
白自傷之意與
鄭客西入關行行未能已白馬華山君相逢平原
里璧遺鎬池君明年祖龍死秦人相謂曰吾屬可
去矣一往桃花源千春隔流水
賞其風調致佳平原當作平舒
史記始皇三十六年使者從關東夜過華陰平
御選唐宋詩醇　卷一　李白　古風　十七

全唐詩九百卷目録十二卷 ［清］曹寅　［清］彭定求等輯　清康熙四十四至四十六年（一七〇五—一七〇七）揚州詩局刻本

十一行二十一字，小字雙行三十二字，黑口，雙魚尾，左右雙邊，版框高十六・六釐米，寬十一・七釐米。

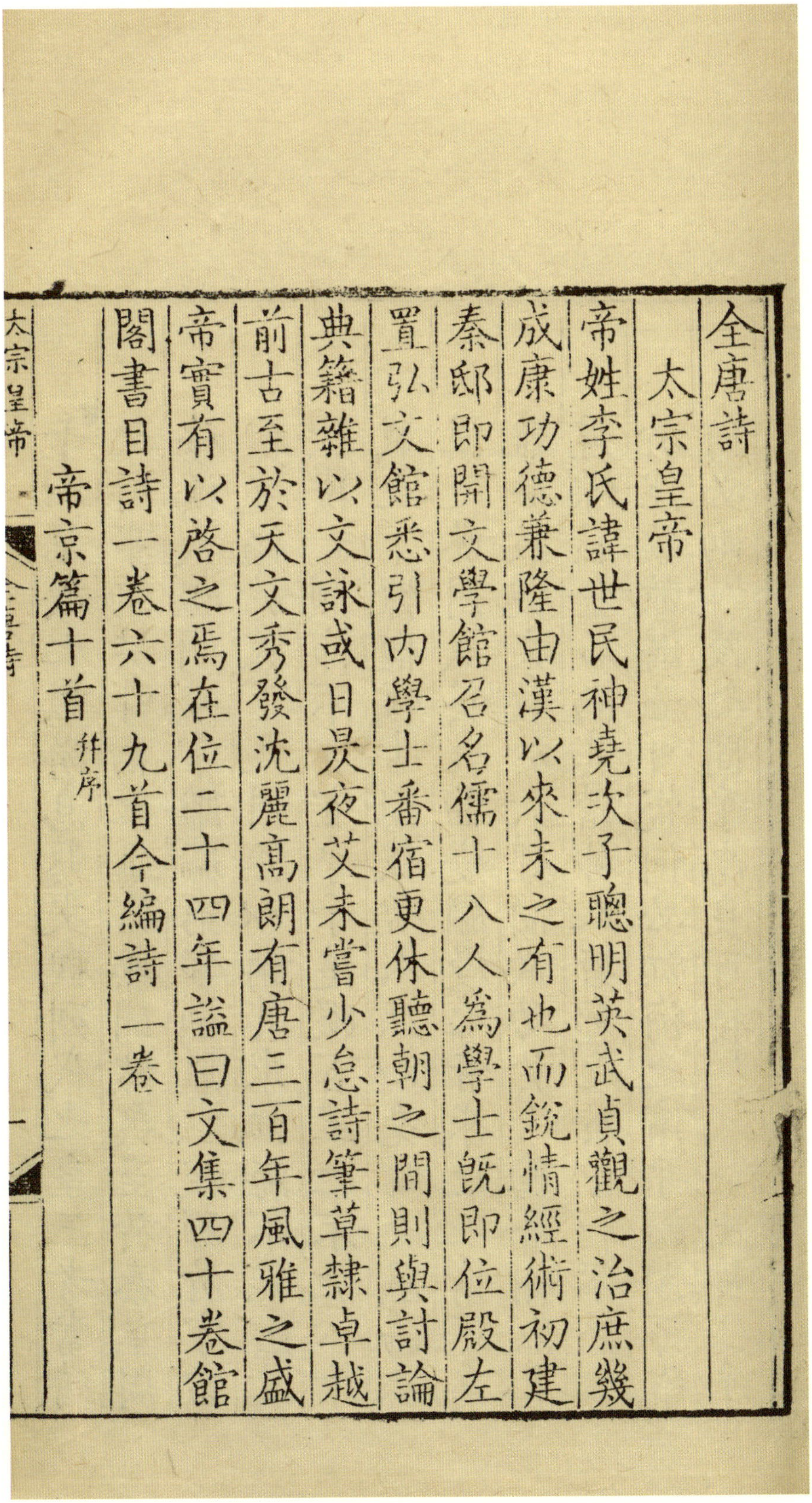
全唐詩
太宗皇帝
帝姓李氏諱世民神堯次子聰明英武貞觀之治庶幾成康功德兼隆由漢以來未之有也而銳情經術初建秦邸即開文學館召名儒十八人爲學士既即位殿左置弘文館悉引内學士番宿更休聽朝之間則與討論典籍雜以文詠或日昃夜艾未嘗少息詩筆草隸卓越前古至於天文秀發沈麗高朗有唐三百年風雅之盛帝實有以啓之焉在位二十四年謚曰文集四十卷館閣書目詩一卷六十九首今編詩一卷
帝京篇十首 并序
太宗皇帝　一　全唐詩

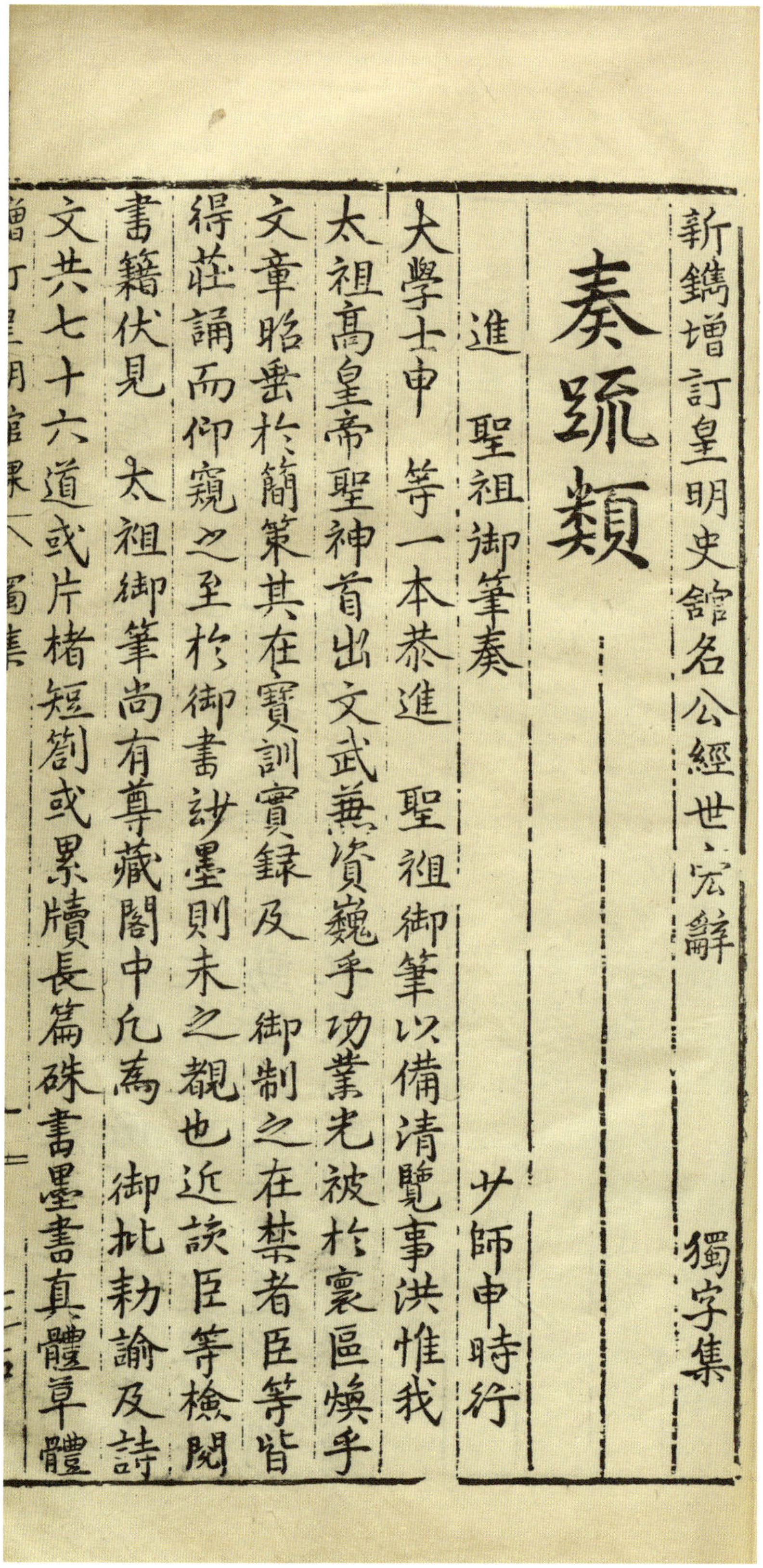
新鐫增訂皇明史館名公經世宏辭　獨字集

奏疏類

進　聖祖御筆奏　少師申時行

大學士申　等一本恭進　聖祖御筆以備清覽事洪惟我
太祖高皇帝聖神首出文武兼資巍乎功業光被於寰區煥乎
文章昭垂於簡策其在寶訓實録及　御制之在禁者臣等皆
得莊誦而仰窺之至於御書紗墨則未之覩也近該臣等檢閱
書籍伏見　太祖御筆尚有尊藏閣中凡爲　御批勅諭及詩
文共七十六道或片楮短劄或累牘長篇硃書墨書真體草體

增訂皇明館課八　獨集

新鐫增訂皇明史館名公經世宏辭十四卷　〔明〕施潔　〔明〕凌稚隆輯　〔明〕項鳴秋增訂　明萬曆刻本

十行二十四字，白口，單魚尾，四周單邊，版框高二十一・六釐米，寬十二・四釐米。

新雕宋朝文鑑一百五十卷　［宋］呂祖謙輯　明天順八年（一四六四）嚴州府刻弘治十七年（一五〇四）胡韶補修本

十三行二十一字，黑口，雙魚尾，左右雙邊，版框高十九·三釐米，寬十三釐米。

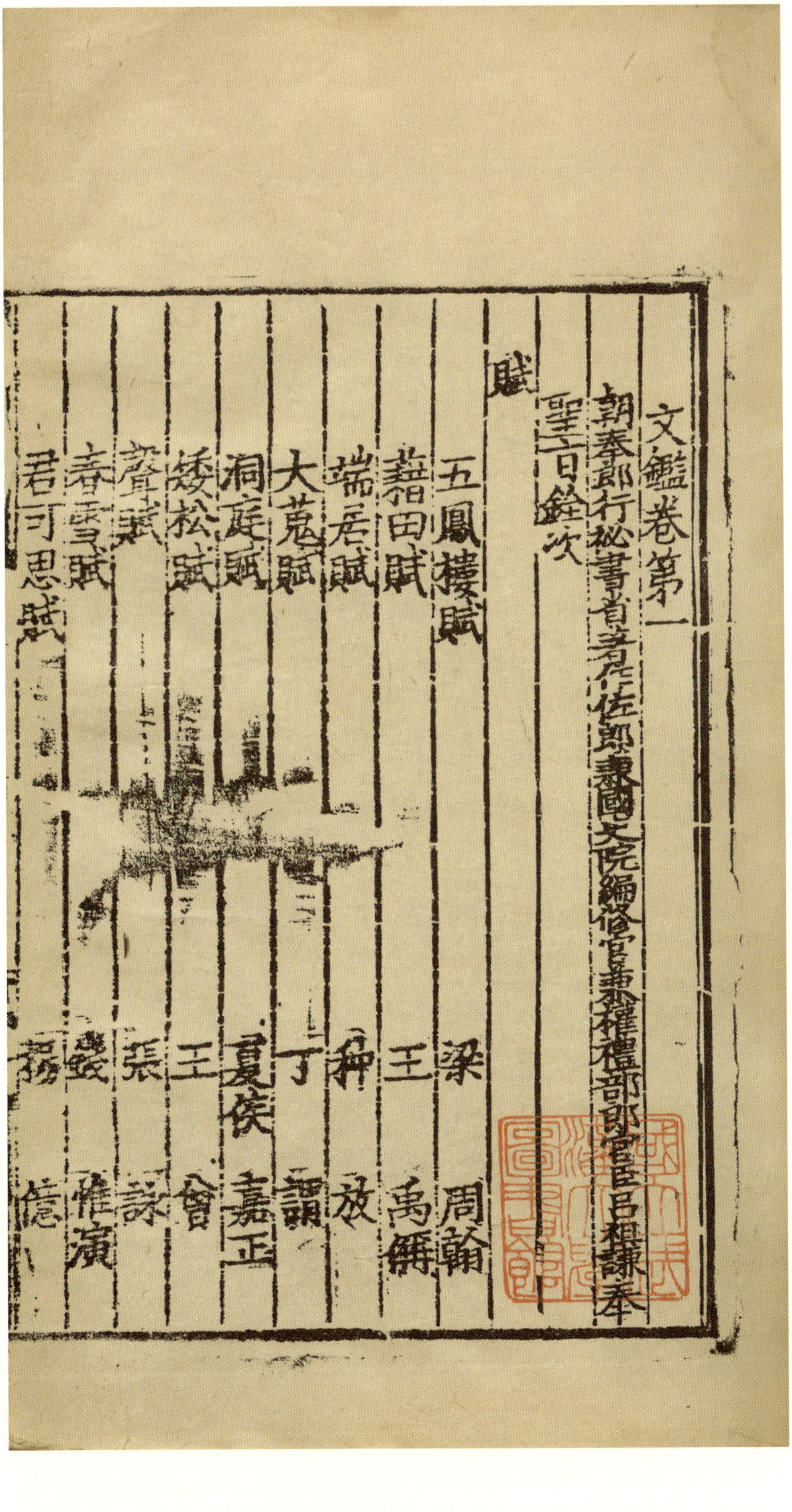

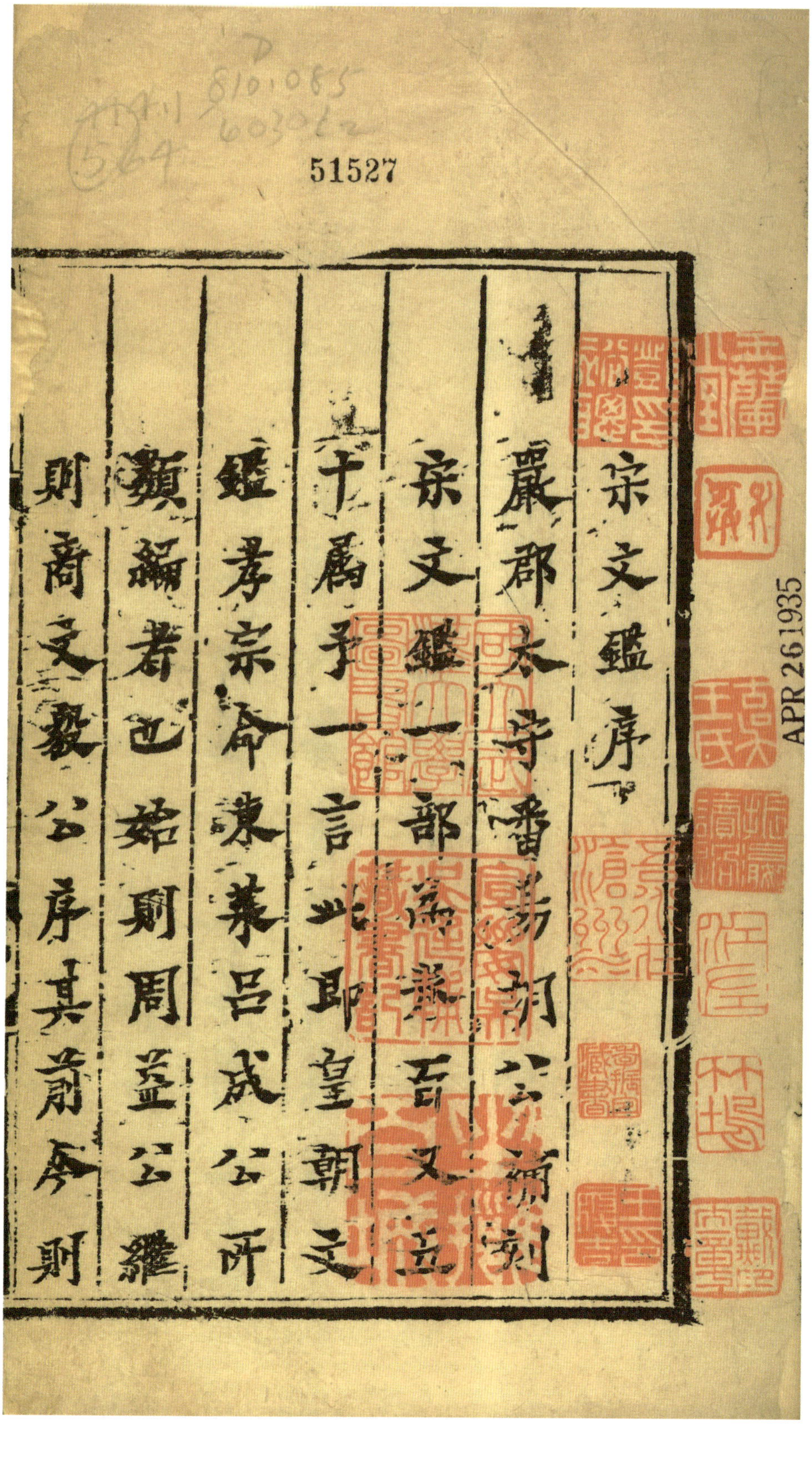

宋文鑑序

嚴郡太守晉陽胡公前刻宋文鑑一部爲卷百又五十屬予一言此即皇朝文鑑孝宗命東萊呂成公所類編者也始則周益公繼則商文毅公序其前今則

吴都文粹十卷

［宋］鄭虎臣編　清活字本

九行二十一字，白口，单鱼尾，左右雙邊，版框高二十·二釐米，寬十二·九釐米。

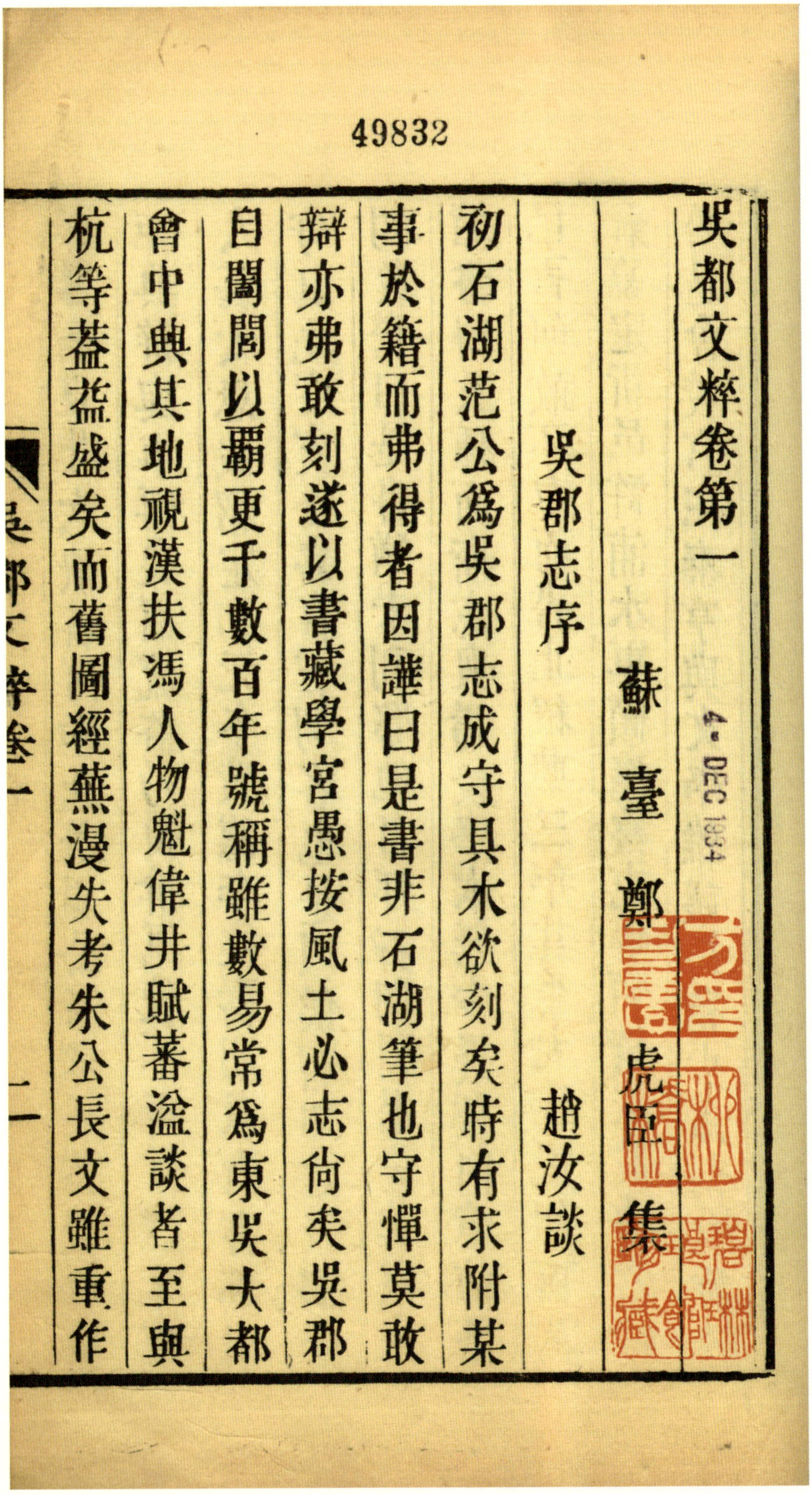

吳都文粹卷第一

蘇臺鄭虎臣集

吳郡志序　趙汝談

初石湖范公爲吳郡志成守具木欲刻矣時有求附某事於籍而弗得者因譁曰是書非石湖筆也守憚莫敢辯亦弗敢刻遂以書藏學宮愚按風土必志尚矣吳郡自闔閭以覇更千數百年號稱雖數易常爲東吳大都會中典其地視漢扶馮人物魁偉井賦蕃溢談者至與杭等葢盛矣而舊圖經蕪漫失考朱公長文雖重作

吳都文粹卷一　二

中州集十卷首一卷附中州樂府一卷　［金］元好問撰　明末毛氏汲古閣刻本

八行十九字，白口，左右雙邊，版框高十八・九釐米，寬十三・六釐米。

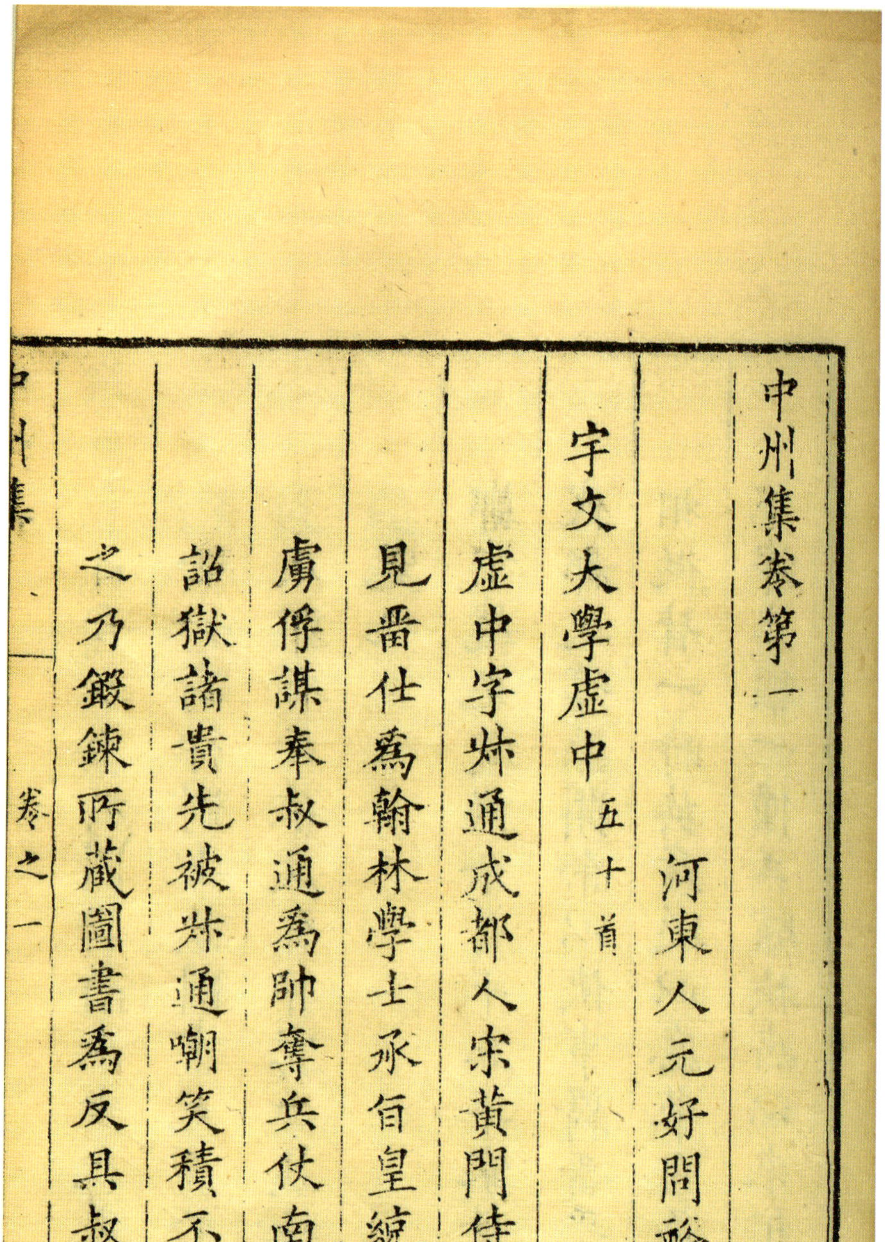

中州集卷第一　甲集

河東人元好問裕之集

宇文大學虛中　五十首

虛中字叔通成都人宋黃門侍郎以奉使
見留仕爲翰林學士承旨皇統初上京諸
虜俘謀奉叔通爲帥奪兵仗南奔事覺繫
詔獄諸貴先被叔通嘲笑積不平必欲殺
之乃鍛鍊所藏圖書爲反具叔通歎曰死

中州集　卷之一　汲古閣

新安文獻志一百卷先賢事略二卷目録二卷　［明］程敏政輯　明弘治十年（一四九七）祁司員　彭哲等刻本

十三行二十七字，小字雙行同，白口，雙魚尾，左右雙邊，版框高十八・九釐米，寬十三・六釐米。

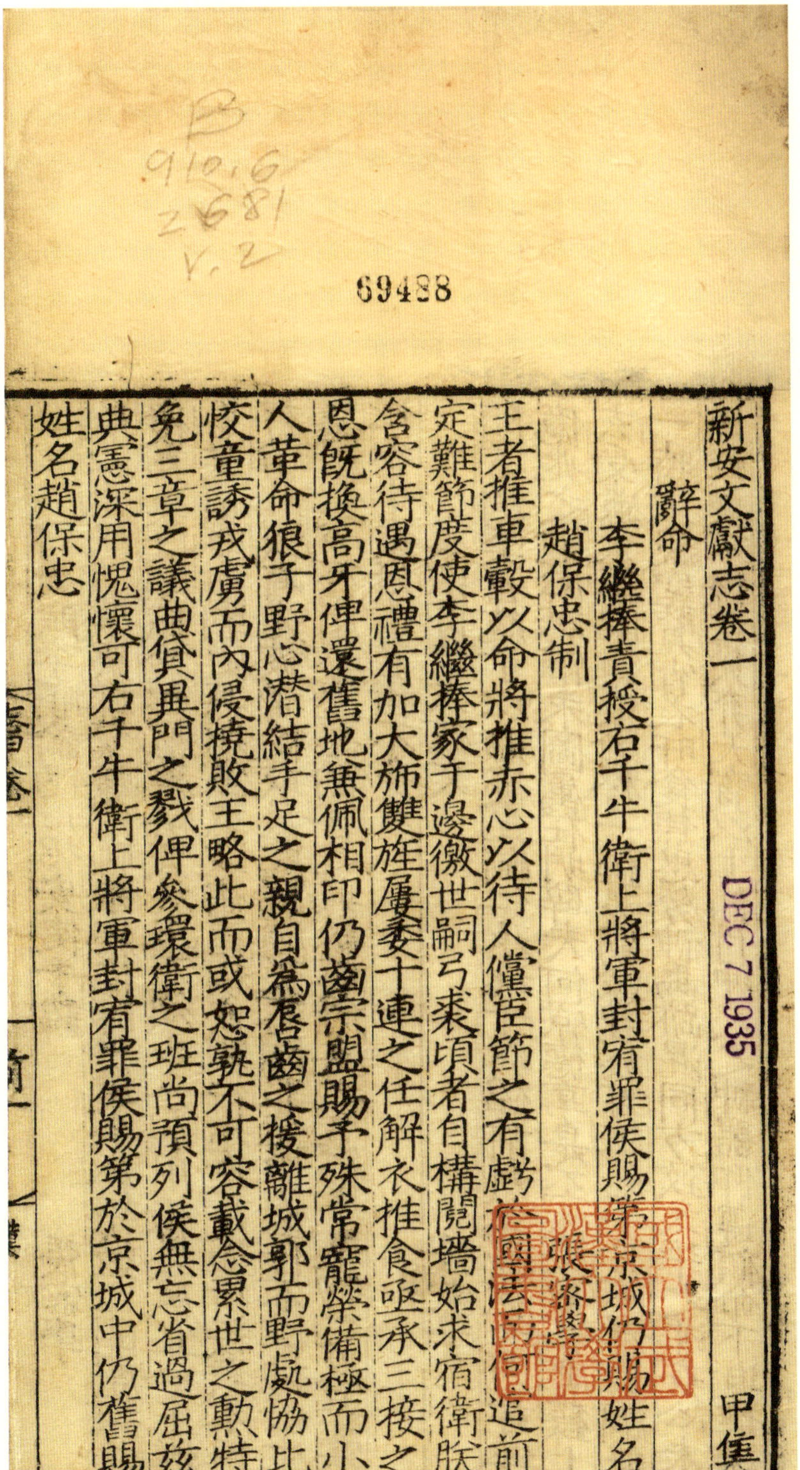
新安文獻志卷一　甲集

辭命

李繼捧責授右千牛衛上將軍封宥罪侯賜第京城仍賜姓名

趙保忠制

王者推車轂以命將推赤心以待人儻臣節之有虧必追前定難節度使李繼捧家于邊徼世嗣弓裘頃者自構閱墻始求宿衛朕含容待遇恩禮有加大斾雙旌屢委十連之任解衣推食亟承三接之恩既換高牙俾還舊地兼佩相印仍齒宗盟賜予殊常寵榮備極而小人革命狼子野心潛結手足之親自爲唇齒之援離城郭而野處協比校童誘戎虜而內侵撓敗王略此而或恕孰不可容載念累世之勳特免三章之議曲貸異門之戮俾參環衛之班尚預列侯無忘省過屈兹典憲深用愧懷可右千牛衛上將軍封宥罪侯賜第於京城中仍舊賜姓名趙保忠

三蕉文纂五卷　［明］馮汝弼輯　明嘉靖二十一年（一五四二）刻本

九行二十字，白口，單魚尾，左右雙邊，版框高二十二釐米，寬十四·八釐米。

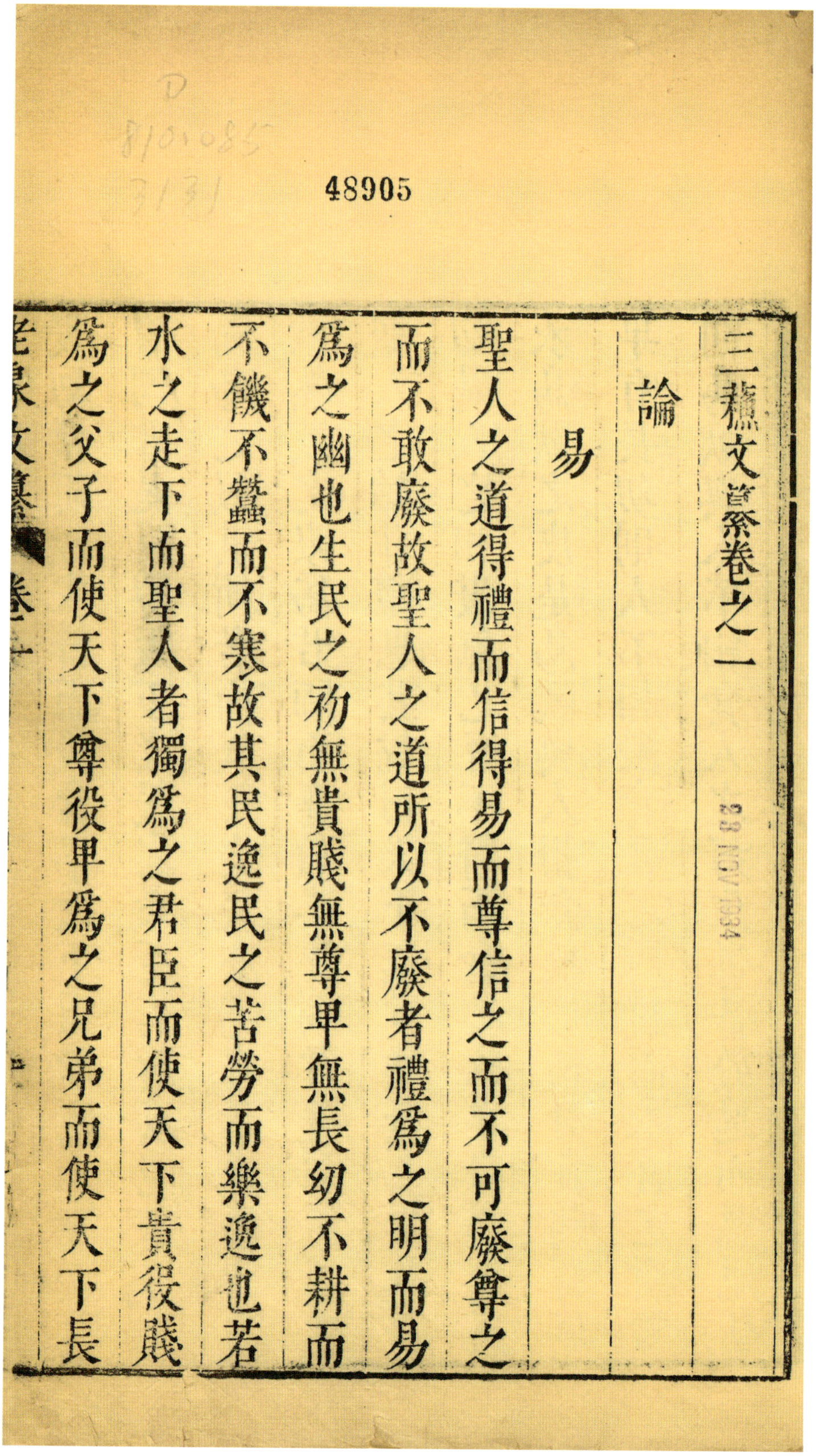

三蕉文纂卷之一

論

易

聖人之道得禮而信得易而尊信之而不可廢尊之
而不敢廢故聖人之道所以不廢者禮爲之明而易
爲之幽也生民之初無貴賤無尊卑無長幼不耕而
不饑不蠶而不寒故其民逸民之苦勞而樂逸也若
水之走下而聖人者獨爲之君臣而使天下貴役賤
爲之父子而使天下尊役卑爲之兄弟而使天下長

三蕉文纂　卷一

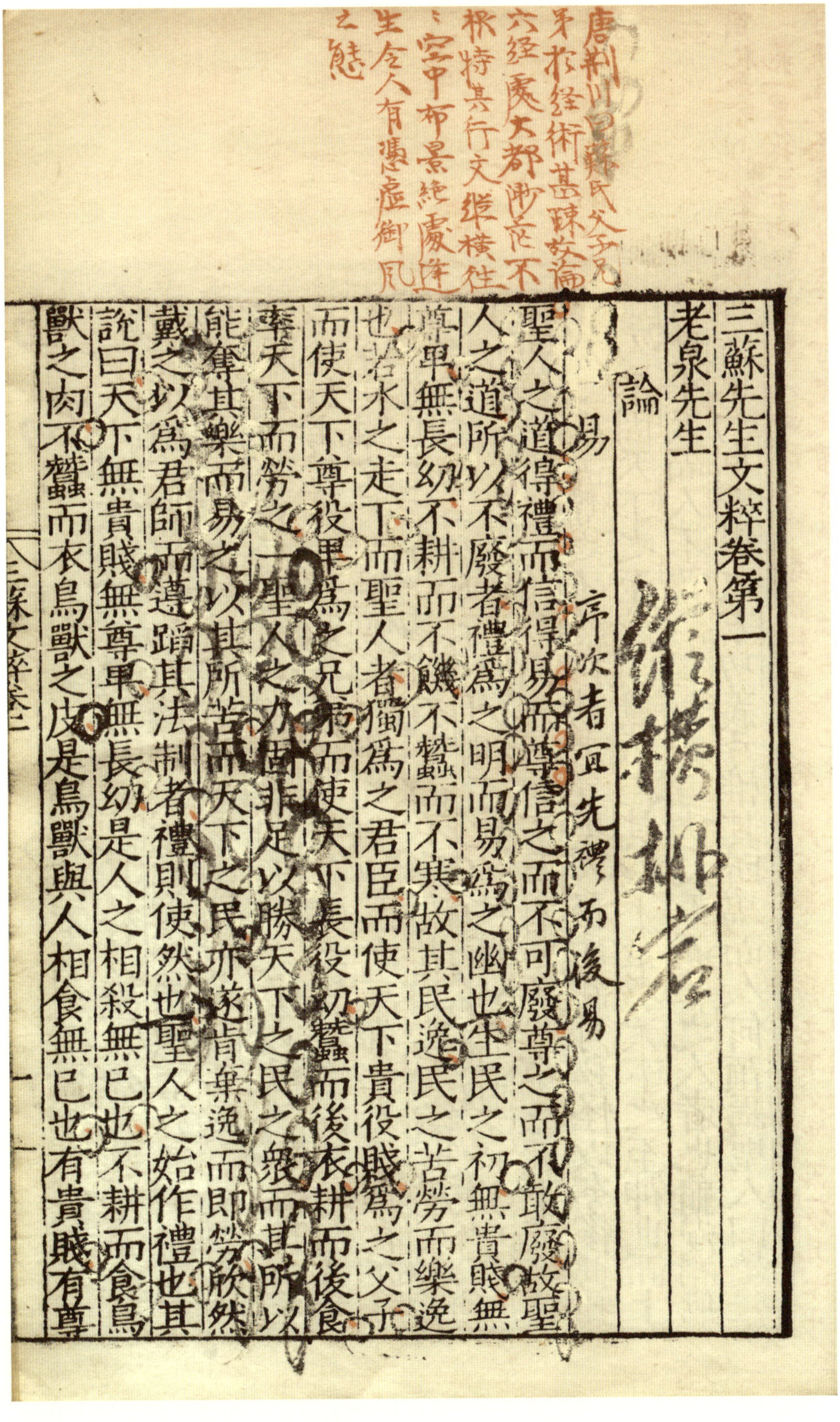

唐荆川曰蘇氏父子兄弟於经術甚疎故論六经處大都渺茫不根特其行文縱横往往空中布景絶處逢生令人有憑虚御風之態

三蘇先生文粹卷第一

老泉先生

論

易　序次者宜先禮而後易

聖人之道得禮而信得易而尊信之而不可廢尊之而不敢廢故聖人之道所以不廢者禮爲之明而易爲之幽也生民之初無貴賤無尊卑無長幼不耕而不饑不蠶而不寒故其民逸民之苦勞而樂逸也若水之走下而聖人者獨爲之君臣而使天下貴役賤爲之父子而使天下尊役卑爲之兄弟而使天下長役幼蠶而後衣耕而後食率天下而勞之一聖人之力固非足以勝天下之民之衆而其所以能奪其樂而易之以其所苦而天下之民亦遂肯棄逸而即勞欣然戴之以爲君師而遵蹈其法制者禮則使然也聖人之始作禮也其說曰天下無貴賤無尊卑無長幼是人之相殺無已也不耕而食鳥獸之肉不蠶而衣鳥獸之皮是鳥獸與人相食無已也有貴賤有尊

三蘇文粹卷一　一

三蘇先生文粹七十卷

［宋］蘇洵　［宋］蘇軾　［宋］蘇轍撰　明刻本

十四行二十六字，白口，單魚尾，左右雙邊，版框高十九・一釐米，寬十四・二釐米。

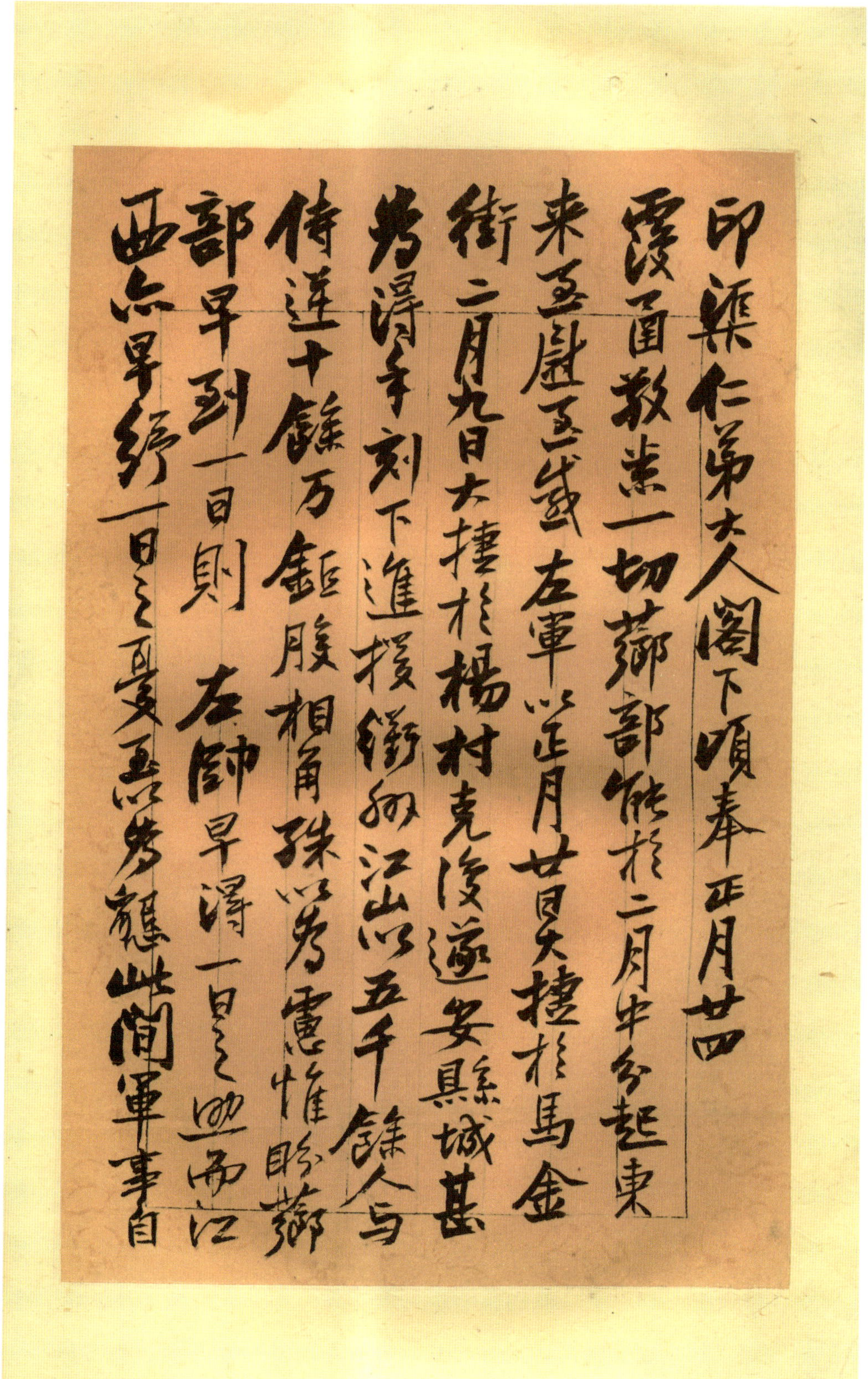

印渠仁弟大人閣下：頃奉正月廿四
覆函，敬悉一切。蕭部能於二月中旬赴東
來，至慰至感。左軍以正月廿七大捷於馬金
街，二月九日大捷於楊村，克復遂安縣城，甚
爲得手。刻下進援衢州、江山，以五千餘人與
侍逆十餘萬鉅股相角，殊以爲慮。惟盼蕭
部早到一日，則左帥早得一日之助，而江
西亦早紓一日之憂，至以爲懇。此間軍事自

曾文正手劄不分卷附胡文忠左季高手劄不分卷

［清］曾國藩　［清］胡林翼　［清］左宗棠撰並書　清末精裱冊頁

陳伯玉文集十卷　［唐］陳子昂撰　清抄本　許乃普批校　董文渙跋

八行十七字，無版框。

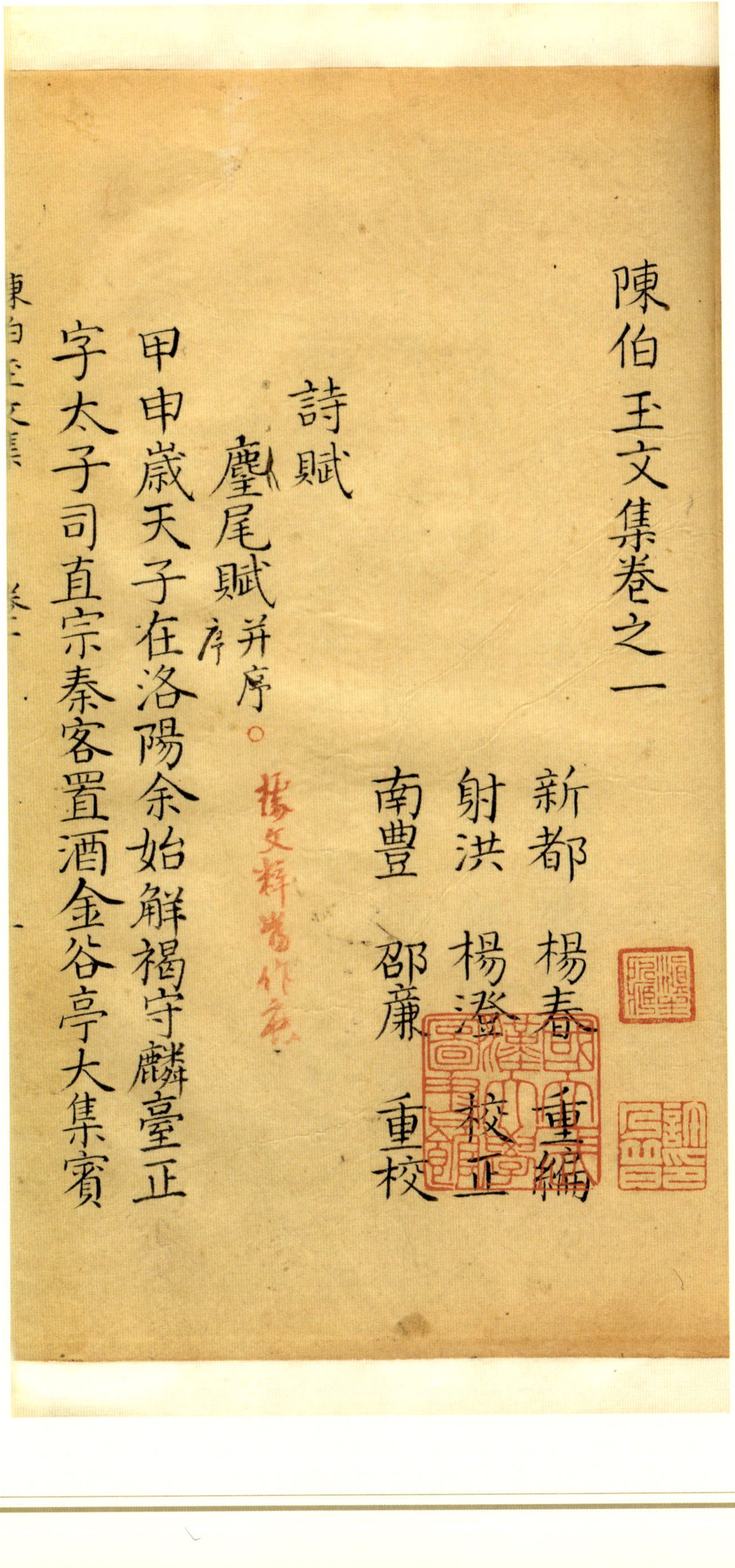
陳伯玉文集卷之一
新都　楊春　重編
射洪　楊澄　校正
南豐　邵廉　重校
詩賦
麈尾賦并序
甲申歲天子在洛陽余始解褐守麟臺正
字太子司直宗秦客置酒金谷亭大集賓

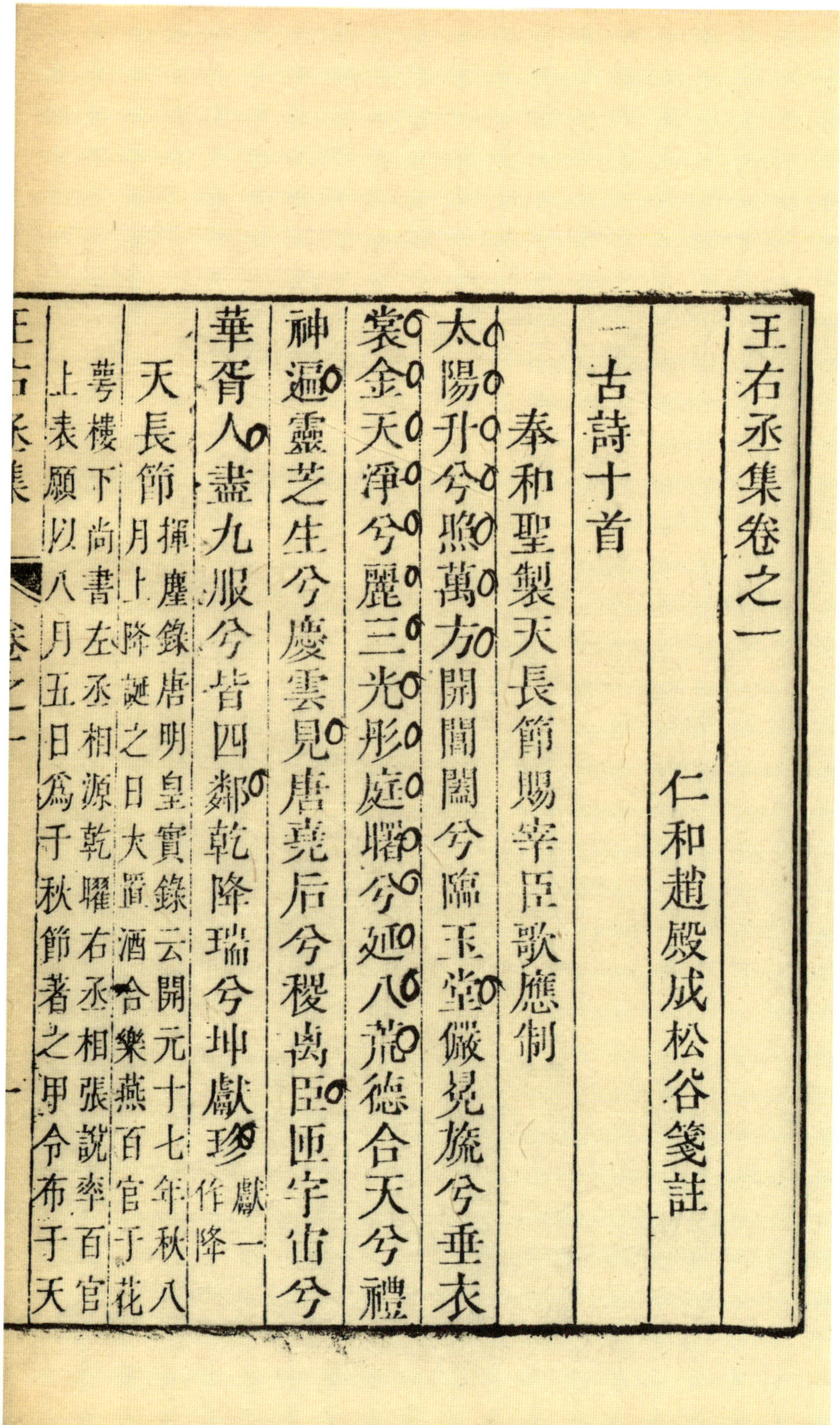
王右丞集卷之一

仁和趙殿成松谷箋註

古詩十首

奉和聖製天長節賜宰臣歌應制

太陽升兮照萬方開閶闔兮臨玉堂儼冕旒兮垂衣裳金天淨兮麗三光彤庭曜兮延八荒德合天兮禮神遍靈芝生兮慶雲見唐堯后兮稷禼臣匝宇宙兮華胥人盡九服兮皆四鄰乾降瑞兮坤獻珍 獻一作降

天長節 揮麈錄唐明皇實錄云開元十七年秋八月上降誕之日大置酒合樂燕百官于花萼樓下尚書左丞相源乾曜右丞相張說率百官上表願以八月五日爲千秋節著之甲令布于天

王右丞集 卷之一 一

王右丞集二十八卷首一卷末一卷　〔唐〕王維撰　〔清〕趙殿成箋注　清乾隆二年（一七三七）趙氏刻本　何紹基批點

十行二十字，小字雙行同，白口，單魚尾，左右雙邊，版框高十七・八釐米，寬十三・一釐米。

分類補註李太白詩二十五卷 〔唐〕李白撰 〔宋〕楊齊賢集注 〔元〕蕭士贇補注 **年譜一卷** 〔宋〕薛仲邕撰 明嘉靖二十五年（一五四六）玉几山人刻本

八行十七字，小字雙行同，白口，雙魚尾，四周雙邊，版框高二十二·三釐米，寬十四·三釐米。

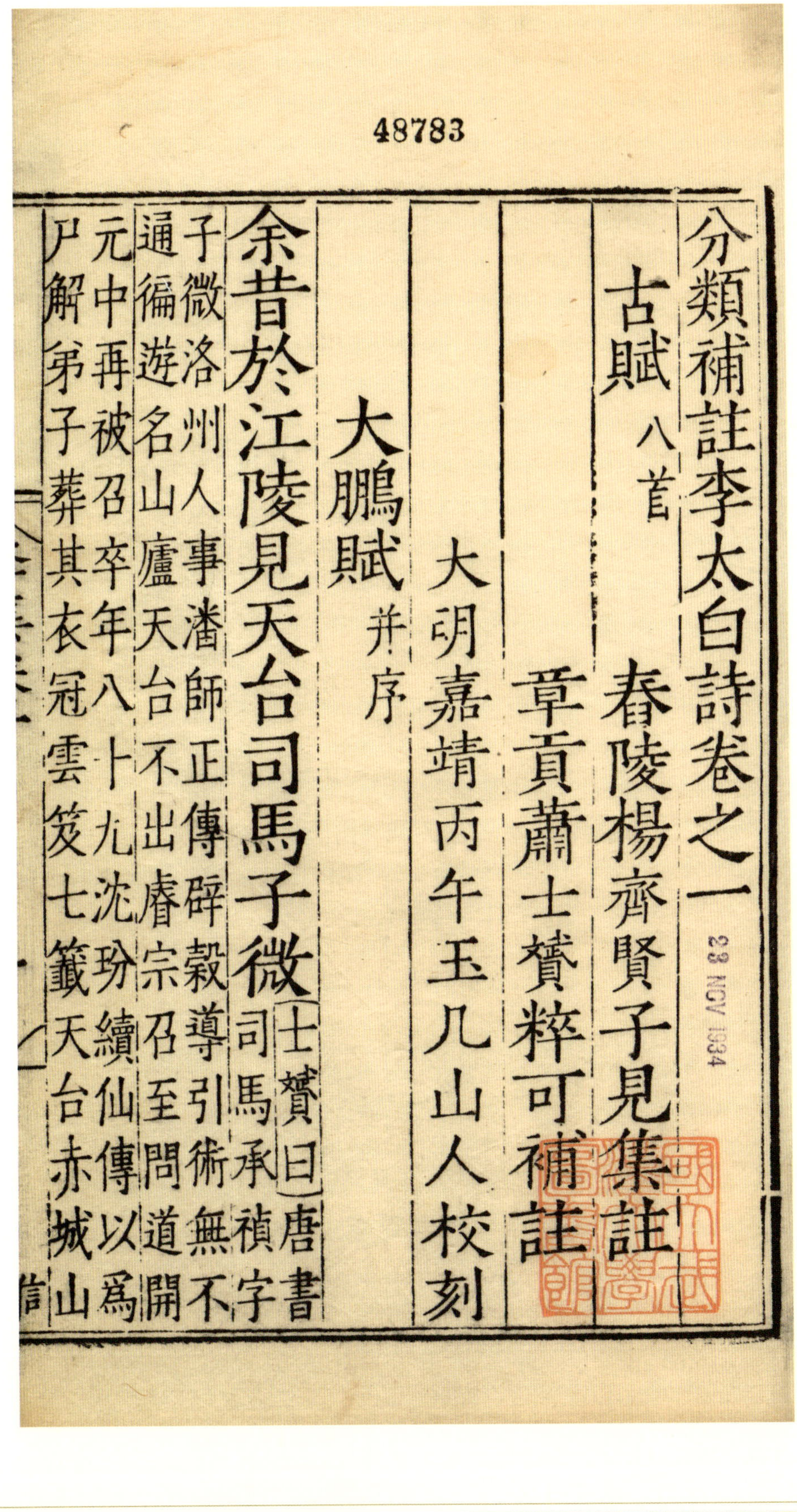

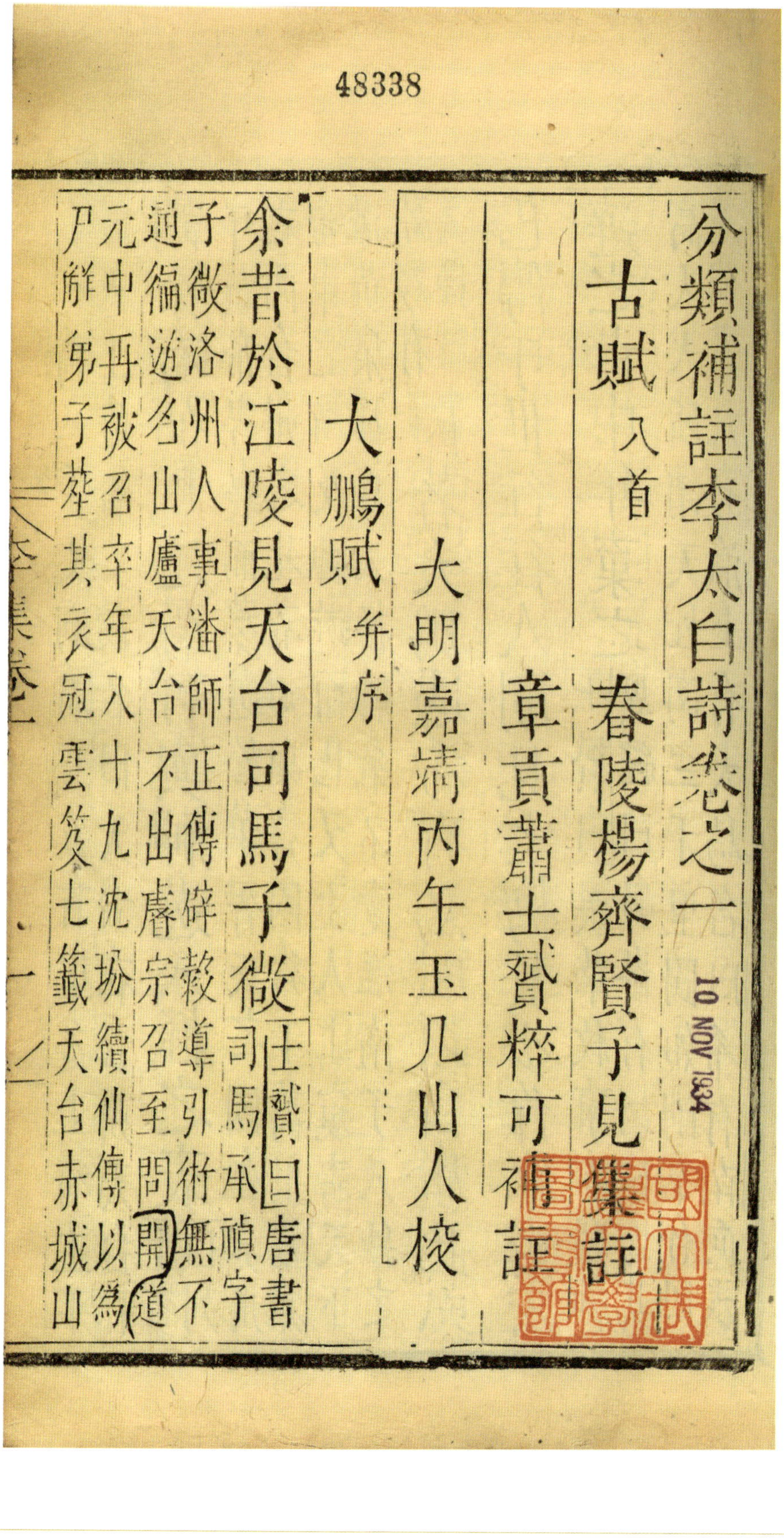

分類補註李太白詩卷之一

古賦 八首

春陵楊齊賢子見集註

章貢蕭士贇粹可補註

大明嘉靖丙午玉几山人校

大鵬賦 并序

余昔於江陵見天台司馬子微士贇曰唐書司馬承禎字子微洛州人事潘師正傳辟穀導引術無不通徧遊名山廬天台不出睿宗召至問開道元中再被召卒年八十九沈汾續仙傳以爲尸解弟子茟其衣冠雲笈七籤天台赤城山

李集卷之一

分類補註李太白詩二十五卷 〔唐〕李白撰 〔宋〕楊齊賢集注 〔元〕蕭士贇補注 年譜一卷 〔宋〕薛仲邕撰 明嘉靖間六經堂刻本

八行十七字，小字雙行同，白口，雙魚尾，四周雙邊，版框高二十二·一釐米，寬十四釐米。

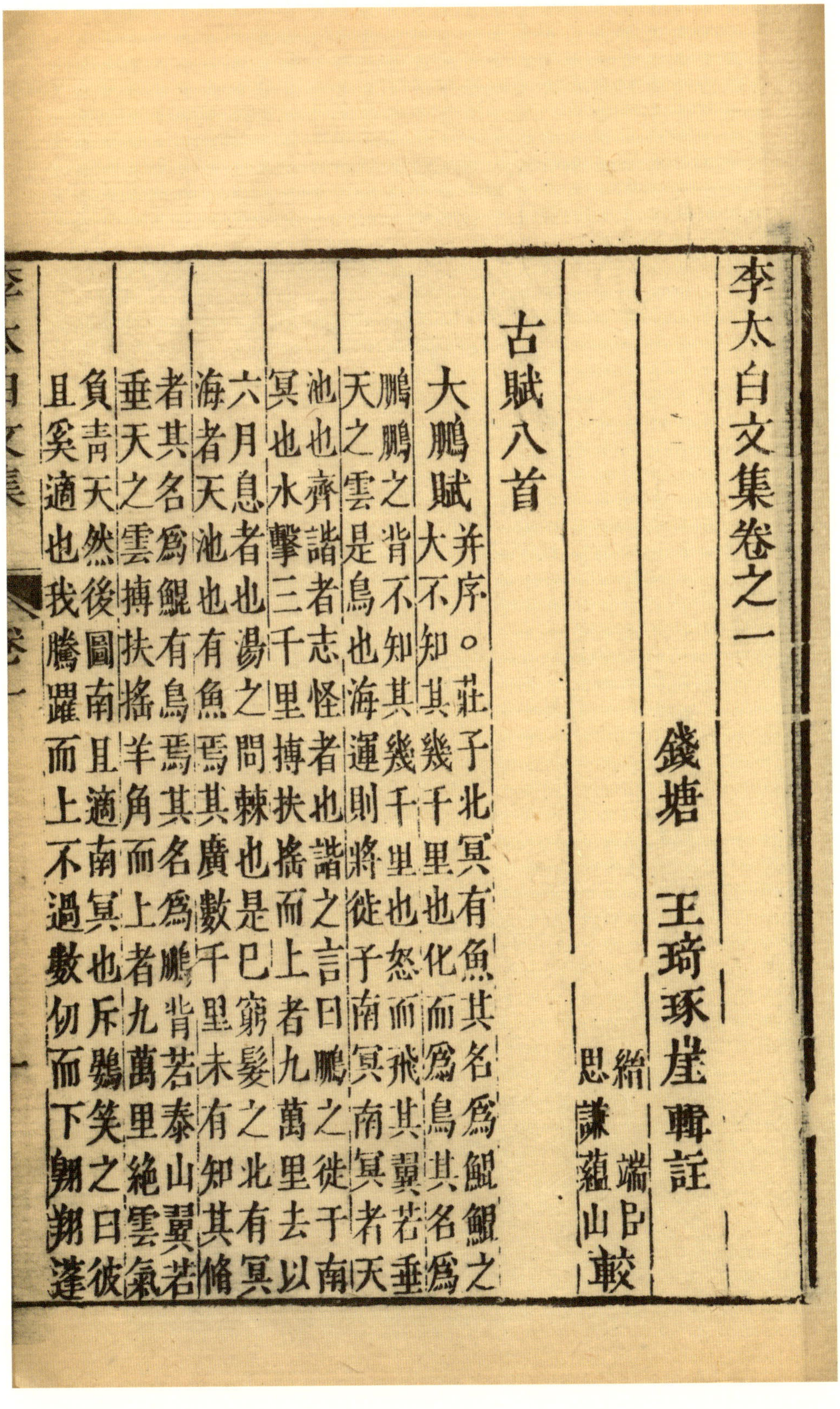
李太白文集卷之一
錢塘　王琦琢崖輯註
緒端卬
思謙蘊山　較
古賦八首
大鵬賦并序。莊子北冥有魚其名爲鯤鯤之
大不知其幾千里也化而爲鳥其名爲
鵬鵬之背不知其幾千里也怒而飛其翼若垂
天之雲是鳥也海運則將徙于南冥南冥者天
池也齊諧者志怪者也諧之言曰鵬之徙于南
冥也水擊三千里摶扶搖而上者九萬里去以
六月息者也湯之問棘也是已窮髮之北有冥
海者天池也有魚焉其廣數千里未有知其脩
者其名爲鯤有鳥焉其名爲鵬背若泰山翼若
垂天之雲摶扶搖羊角而上者九萬里絶雲氣
負青天然後圖南且適南冥也斥鴳笑之曰彼
且奚適也我騰躍而上不過數仞而下翱翔蓬
李太白文集　卷一　一

李太白文集三十六卷　［唐］李白撰　［清］王琦輯注　清乾隆二十四年（一七五九）刻本　何紹基批點

十行二十字，小字雙行同，白口，單魚尾，左右雙邊，版框高十七・六釐米，寬十三・五釐米。

杜工部詩通十六卷

［明］張綖撰　明隆慶六年（一五七二）張守中刻本

十行二十二字，白口，四周單邊，版框高二十·八釐米，寬十五·五釐米。

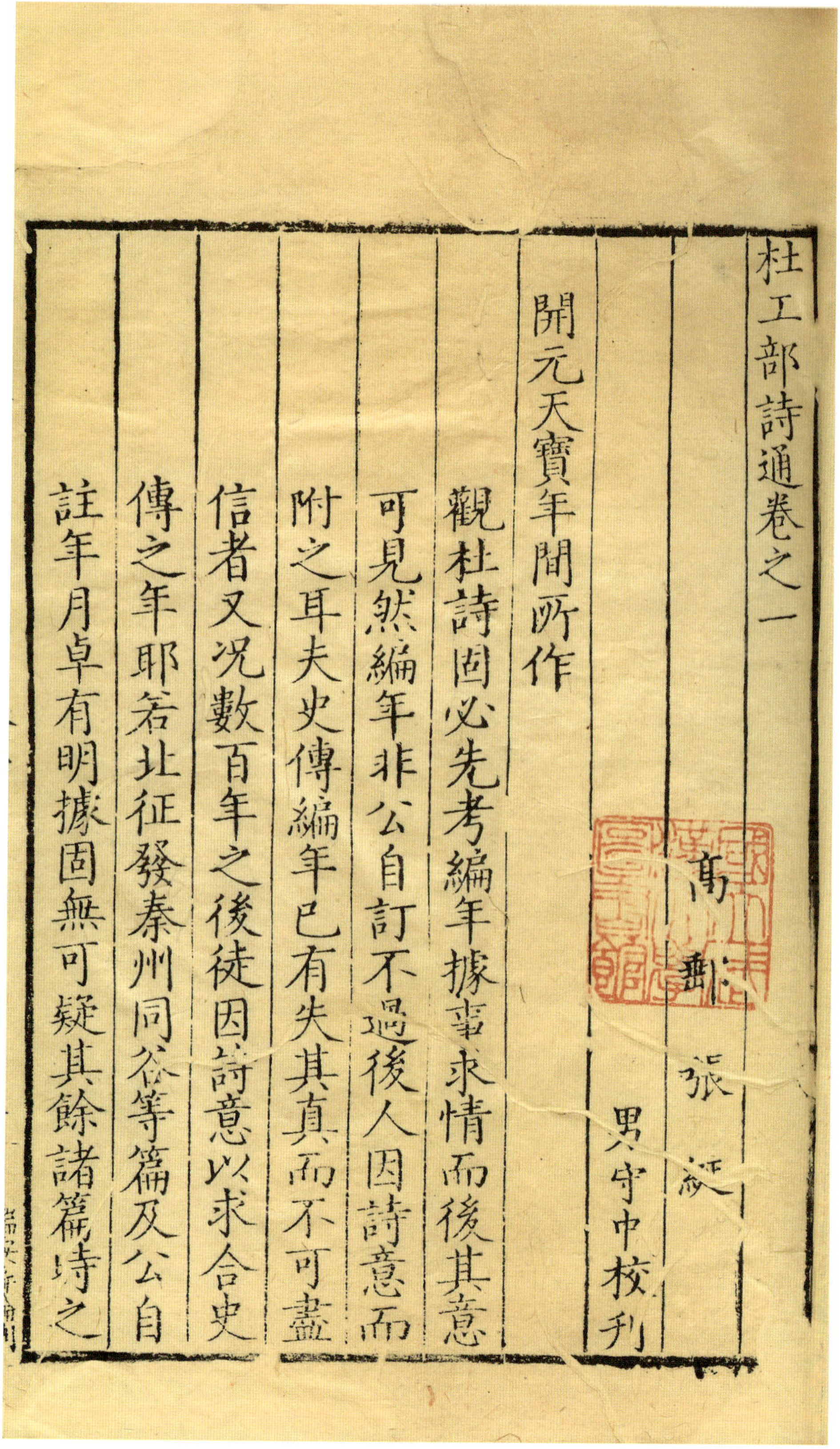

杜工部詩通卷之一

高郵　張　綖

男守中校刊

開元天寶年間所作

觀杜詩固必先考編年據事求情而後其意可見然編年非公自訂不過後人因詩意而附之耳夫史傳編年已有失其真而不可盡信者又况數百年之後徒因詩意以求合史傳之年耶若北征發秦州同谷等篇及公自註年月卓有明據固無可疑其餘諸篇時之

唐劉隨州詩集十一卷外集一卷 ［唐］劉長卿撰　明嘉靖二十九年（一五五〇）蔣孝刻廣十二家唐詩本

十行二十字，小字雙行同，白口，單魚尾，左右雙邊，版框高十九・四釐米，寬十三・九釐米。

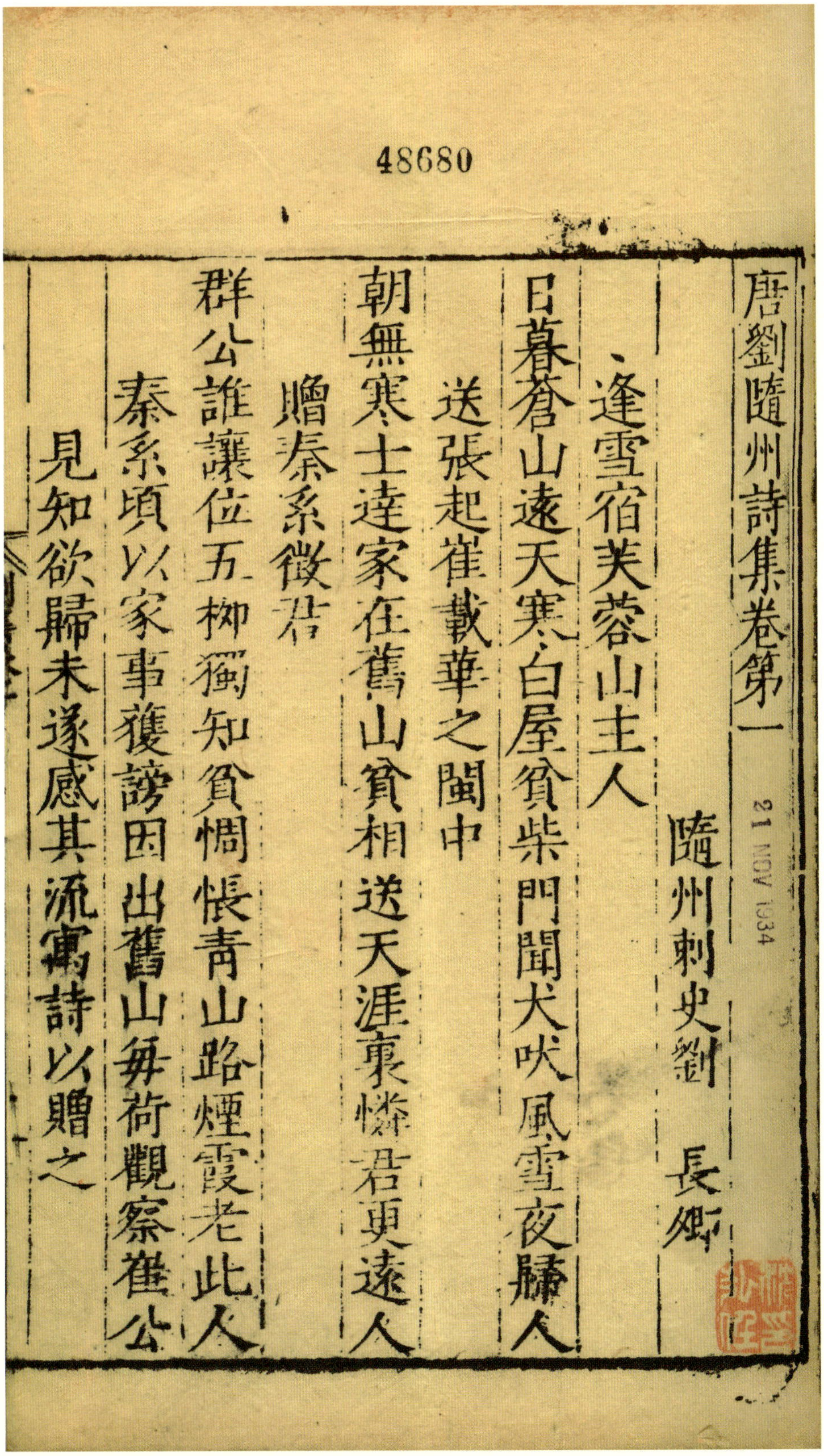

唐劉隨州詩集卷第一

隨州刺史劉　長卿

逢雪宿芙蓉山主人

日暮蒼山遠天寒白屋貧柴門聞犬吠風雪夜歸人

送張起崔載華之閩中

朝無寒士達家在舊山貧相送天涯裏憐君更遠人

贈秦系徵君

群公誰讓位五柳獨知貧惆悵青山路煙霞老此人

秦系頃以家事獲謗因出舊山每荷觀察推公見知欲歸未遂感其流寓詩以贈之

唐陸宣公集二十四卷

［唐］陸贄撰　明嘉靖二十七年（一五四八）沈伯咸西清書舍刻本　孔廣陶校補並跋

九行十八字，白口，單魚尾，左右雙邊，版框高十九・二釐米，寬十三・八釐米。

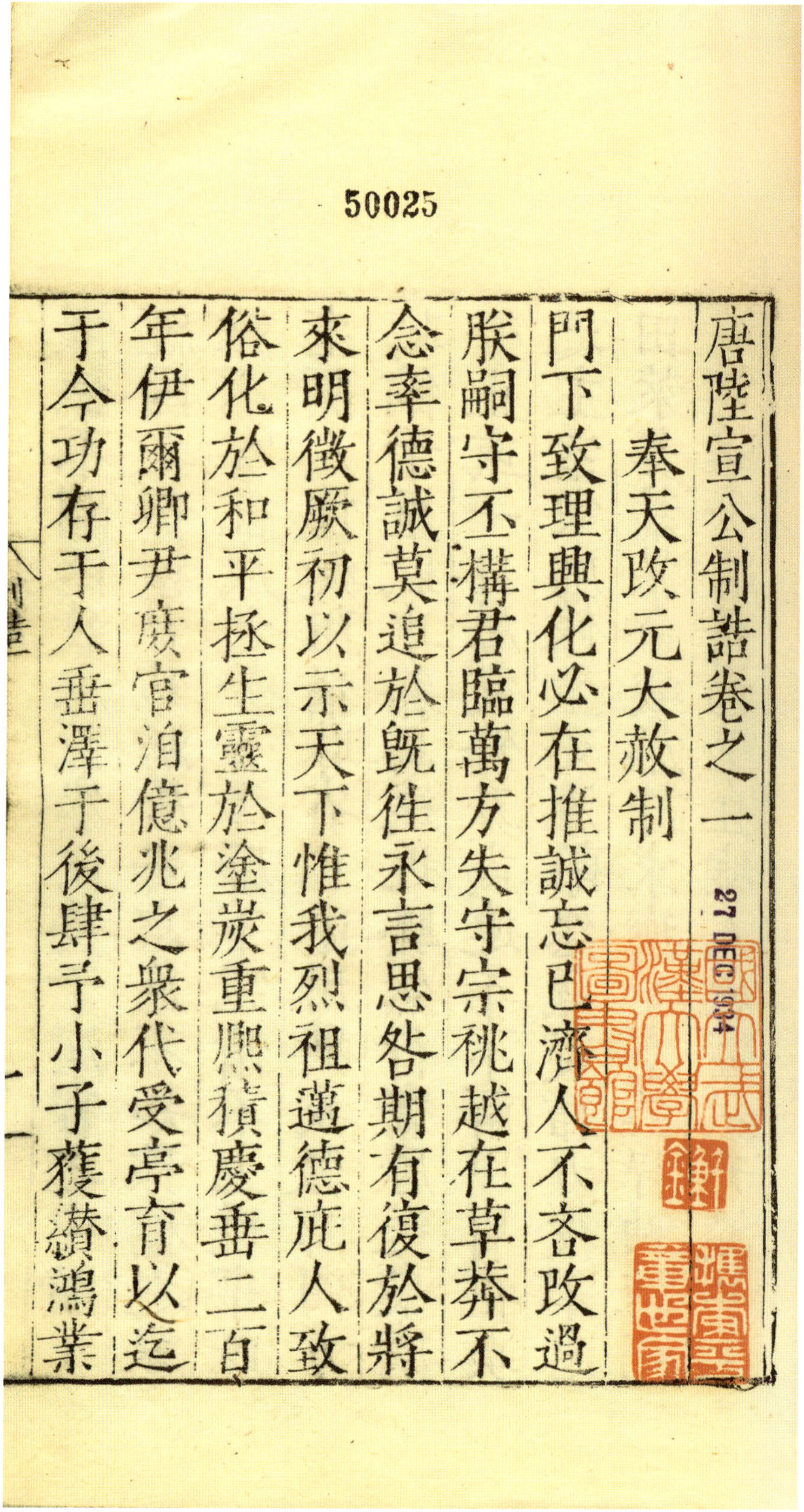

唐陸宣公制誥卷之一

奉天改元大赦制

門下致理興化必在推誠忘已濟人不吝改過朕嗣守丕構君臨萬方失守宗祧越在草莽不念率德誠莫追於既往永言思咎期有復於將來明徵厥初以示天下惟我烈祖邁德庇人致俗化於和平拯生靈於塗炭重熙積慶垂二百年伊爾卿尹庶官洎億兆之衆代受亭育以迄于今功存于人垂澤于後肆予小子獲纘鴻業

唐劉賓客詩集六卷拾遺一卷　［唐］劉禹錫撰　明嘉靖二十九年（一五五〇）蔣孝刻廣十二家唐詩本

十行二十字，白口，單魚尾，左右雙邊，版框高十九・八釐米，寬十四釐米。

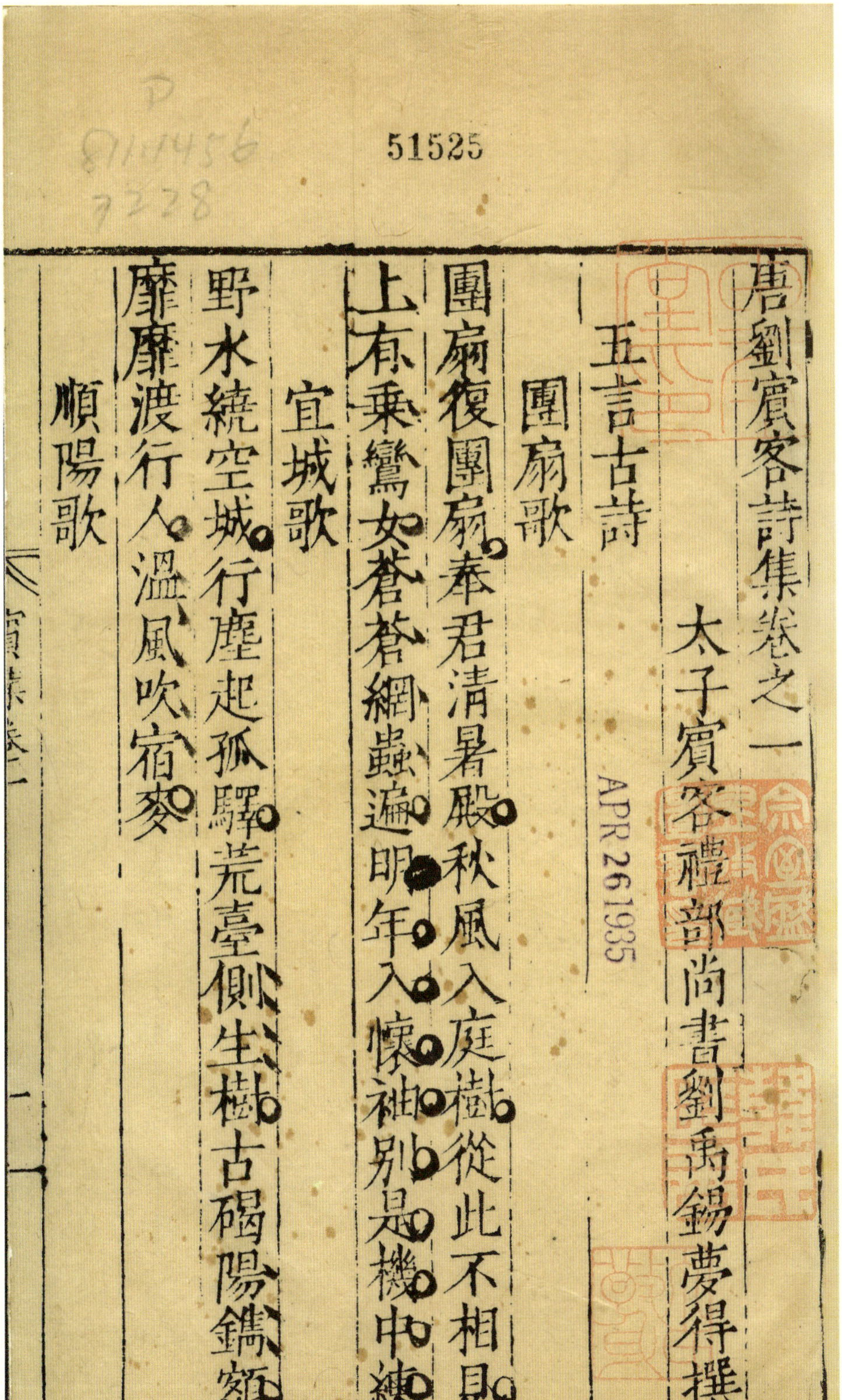

唐劉賓客詩集卷之一
太子賓客禮部尚書劉禹錫夢得撰
五言古詩
團扇歌
團扇復團扇奉君清暑殿秋風入庭樹從此不相見
上有乘鸞女蒼蒼網蟲遍明年入懷袖別是機中練
宜城歌
野水繞空城行塵起孤驛荒臺側生樹古碣陽鐫額
靡靡渡行人溫風吹宿麥
順陽歌

賓集卷之一　一

禪月集二十五卷補遺一卷 〔唐〕釋貫休撰 明末毛氏汲古閣刻本

八行十九字，小字雙行同，白口，左右雙邊，版框高十九・二釐米，寬十三・六釐米。

禪月集卷一

浙江東道婺州蘭溪縣和安寺西岳賜紫蜀國禪月大師貫休述

樂府古題雜言三十首

善哉行 傷古曲無知音

有美一人兮婉如青揚識曲別音兮令姿煌煌繡袂捧琴兮登君子堂如彼萱草花兮使我憂亡欲贈之以紫玉尺白銀鐺久不見之兮湘水茫茫

讀離騷經

禪月集 卷一 汲古閣

浣花集十卷 ［唐］韋莊撰　明末毛氏綠君亭刻本　**補遺一卷** ［明］毛晉輯　明末毛氏汲古閣刻本

八行十八字，白口，四周單邊，版框高二十釐米，寬十三・一釐米。

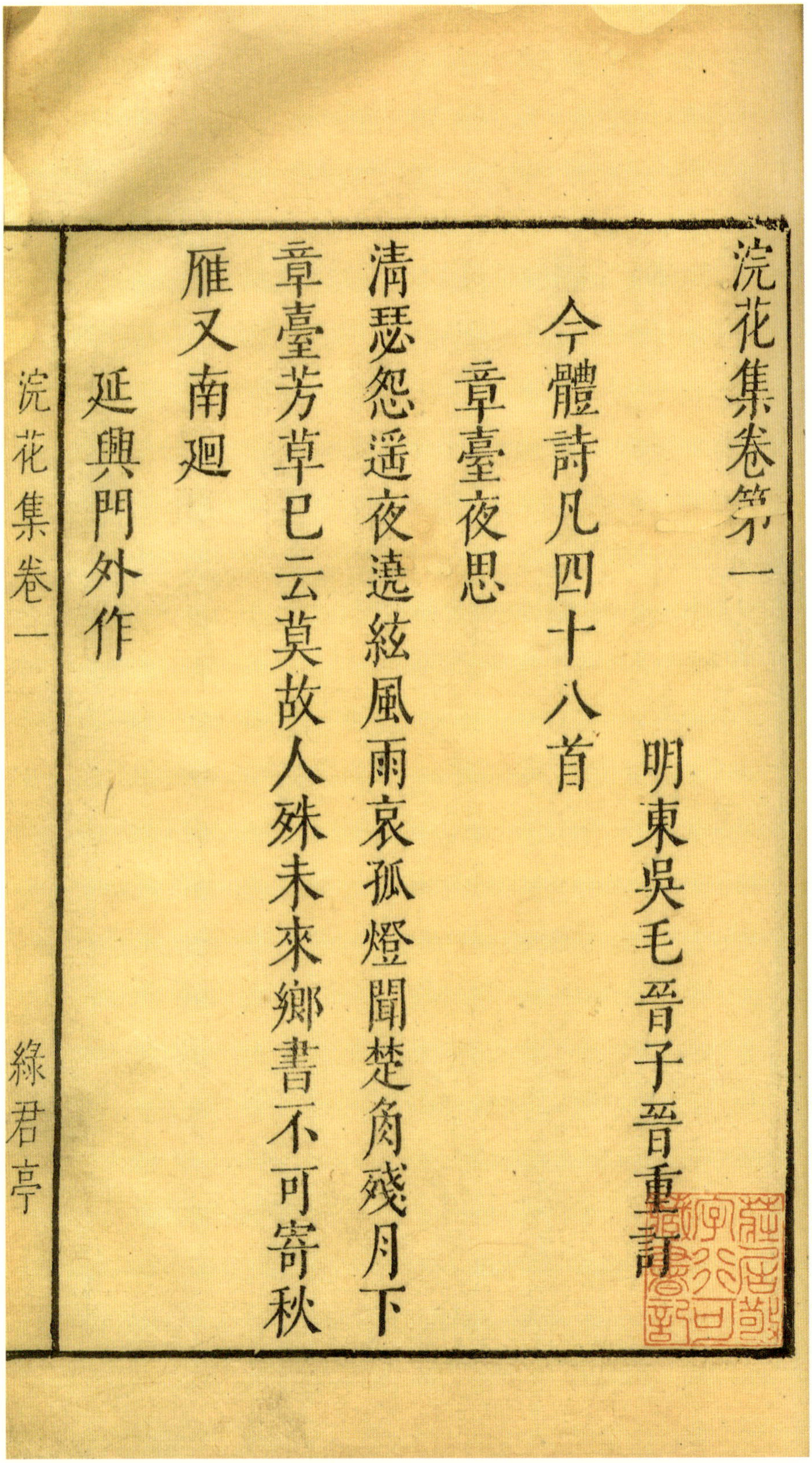

浣花集卷第一

明東吳毛晉子晉重訂

今體詩凡四十八首

章臺夜思

清瑟怨遥夜遶絃風雨哀孤燈聞楚角殘月下

章臺芳草已云莫故人殊未來鄉書不可寄秋

雁又南迴

延興門外作

浣花集卷一　綠君亭

南豐曾先生文粹十卷

［宋］曾鞏撰　明嘉靖二十八年（一五四九）安如石刻本

十行二十一字，白口，單魚尾，左右雙邊，版框高二十·一釐米，寬十四釐米。

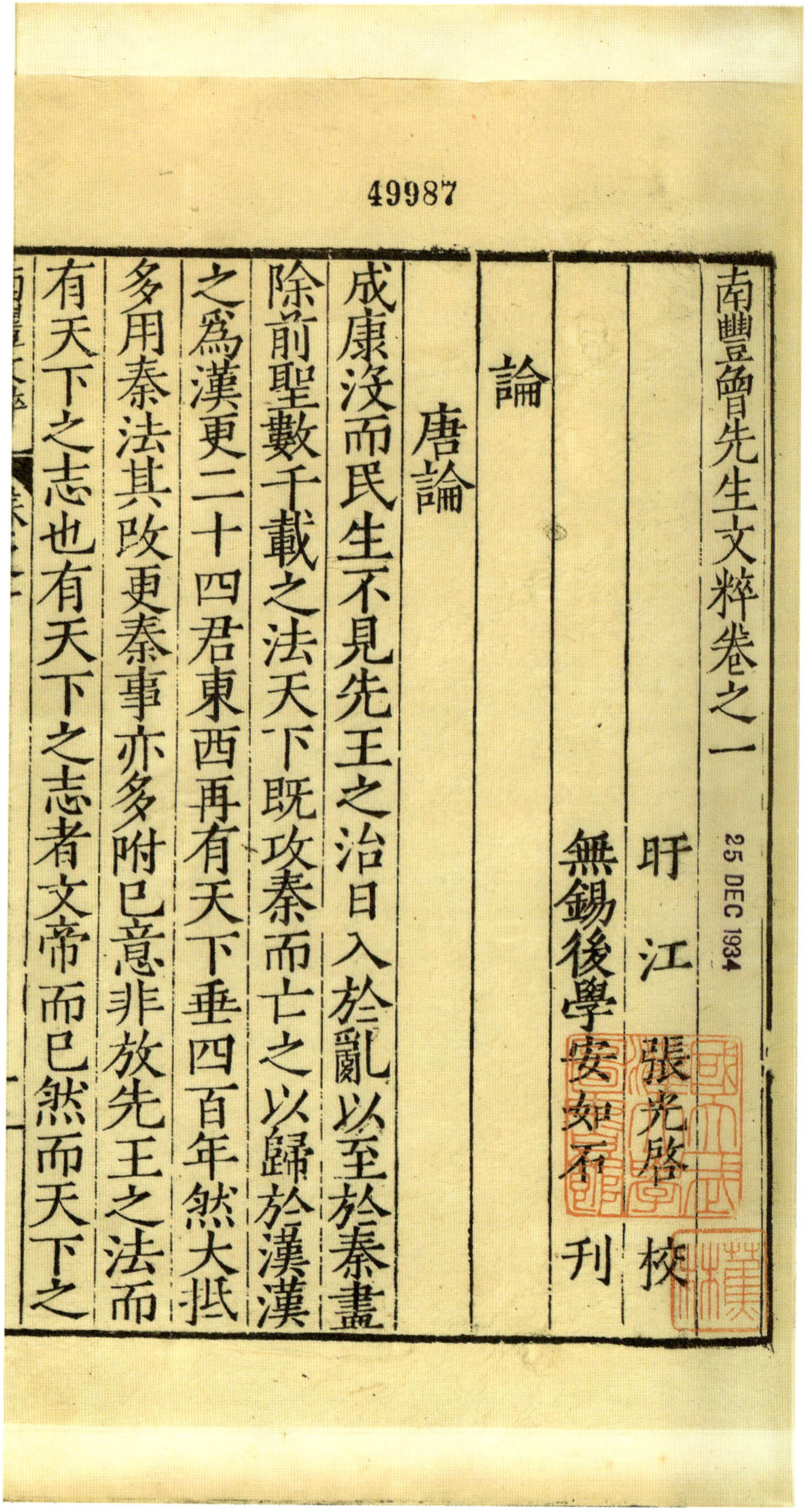

南豐曾先生文粹卷之一

盱江　張光啓　校

無錫後學　安如石　刊

論

唐論

成康没而民生不見先王之治日入於亂以至於秦盡除前聖數千載之法天下既攻秦而亡之以歸於漢漢之爲漢更二十四君東西再有天下垂四百年然大抵多用秦法其改更秦事亦多附已意非放先王之法而有天下之志也有天下之志者文帝而已然而天下之

歐陽文忠公全集一百三十五卷　［宋］歐陽修撰　明嘉靖三十四年（一五五五）陳珊刻本

十行二十字，白口，單魚尾，左右雙邊，版框高二十・三釐米，寬十四・五釐米。

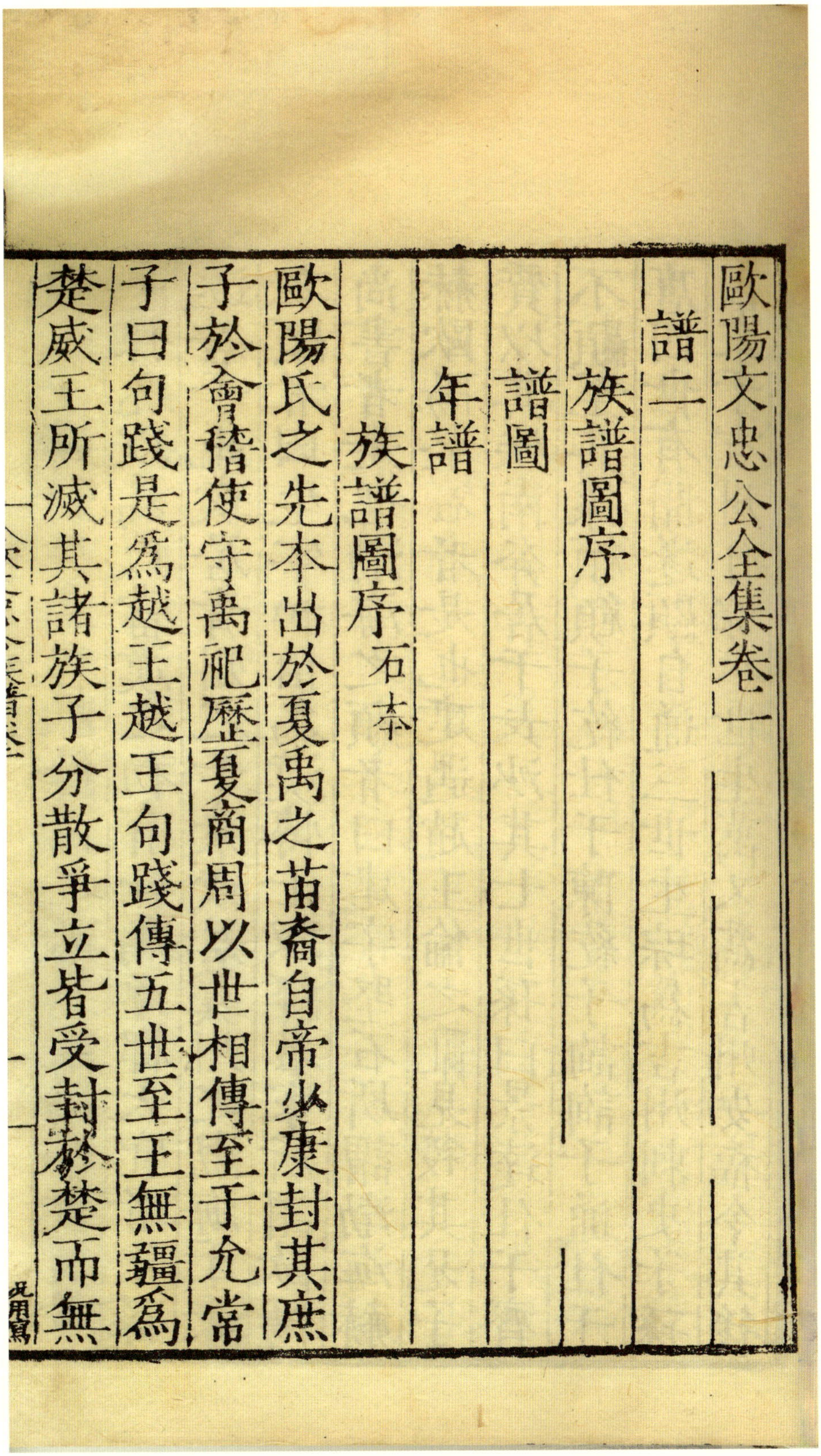

歐陽文忠公全集卷一

譜二

族譜圖序

譜圖

年譜

族譜圖序 石本

歐陽氏之先本出於夏禹之苗裔自帝少康封其庶子於會稽使守禹祀歷夏商周以世相傳至于允常子曰句踐是爲越王越王句踐傳五世至王無疆爲楚威王所滅其諸族子分散爭立皆受封於楚而無

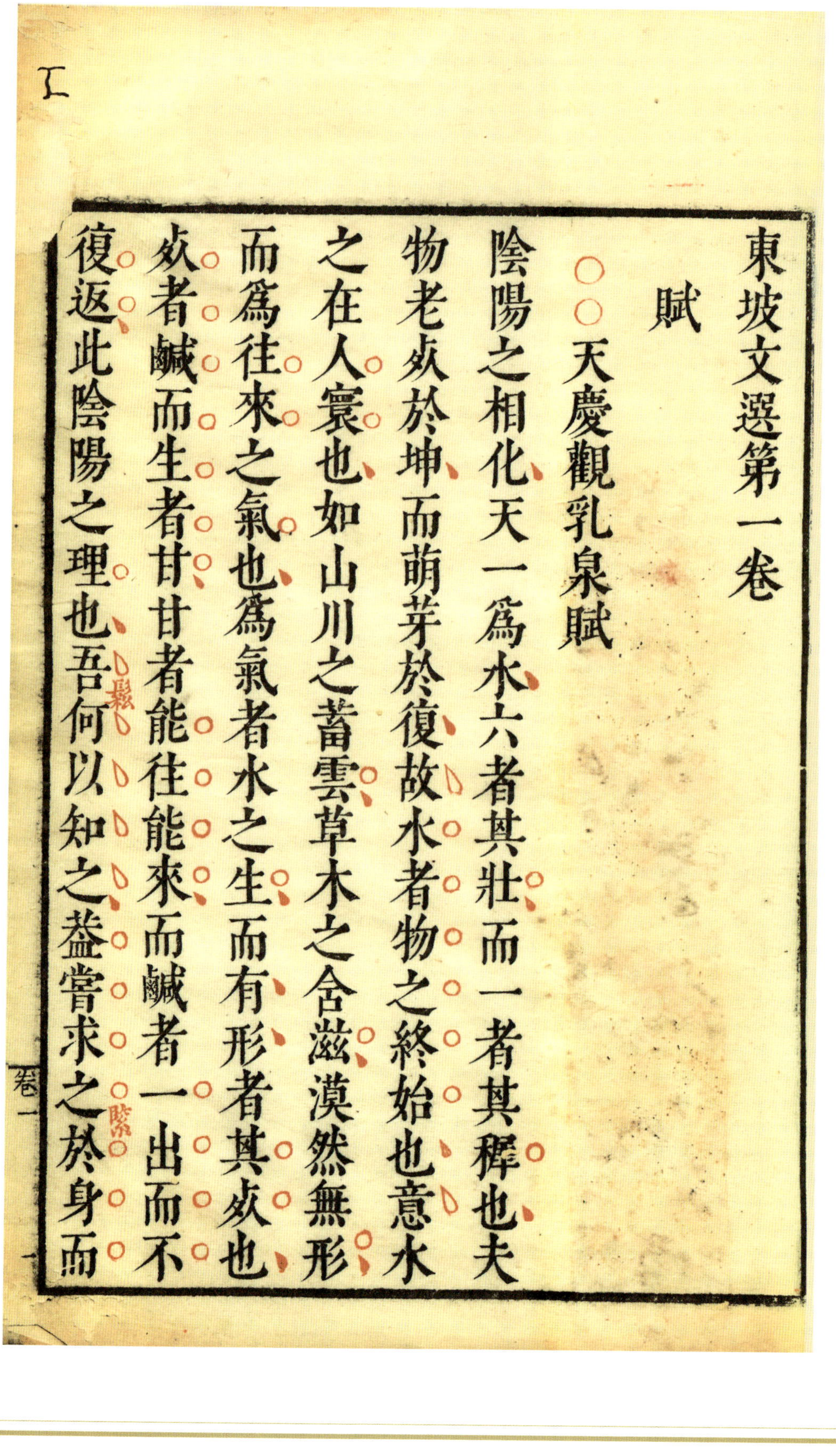

東坡文選第一卷

賦

天慶觀乳泉賦

陰陽之相化天一爲水六者其壯而一者其穉也夫物老死於坤而萌芽於復故水者物之終始也意水之在人寰也如山川之蓄雲草木之含滋漠然無形而爲往來之氣也爲氣者水之生而有形者其死也死者鹹而生者甘甘者能往能來而鹹者一出而不復返此陰陽之理也吾何以知之蓋嘗求之於身而

卷一

東坡文選二十卷 ［宋］蘇軾撰 ［明］鍾惺輯並評 明閔氏刻朱墨套印本

九行二十字，白口，四周單邊，版框高二十・九釐米，寬十五・四釐米。

施註蘇詩四十二卷總目二卷蘇詩續補遺二卷　〔宋〕蘇軾撰　〔清〕施元之註　清康熙三十八年（一六九九）宋犖刻本　郭嵩燾批點

十行二十一字，小字雙行三十一字，黑口，單魚尾，四周單邊，版框高十八·四釐米，寬十四·五釐米。

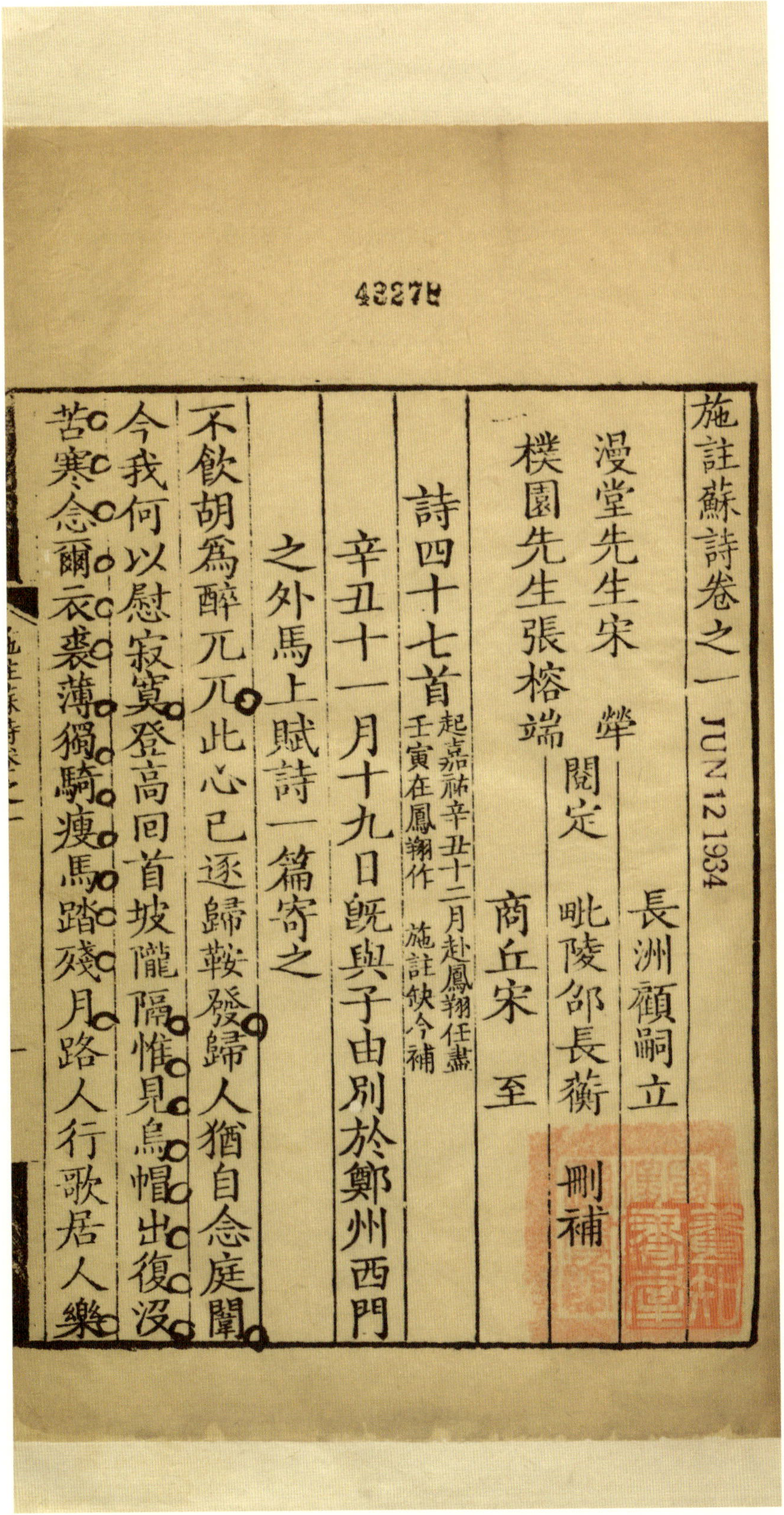

豫章黃先生文集三十卷外集十四卷別集二十卷簡尺二卷詞一卷

［宋］黃庭堅撰　明弘治間葉天爵刻嘉靖六年（一五二七）喬遷　余載任重修本　存詞一卷

十二行二十一字，小字雙行同，白口，四周雙邊，版框高二十三釐米，寬十五・七釐米。

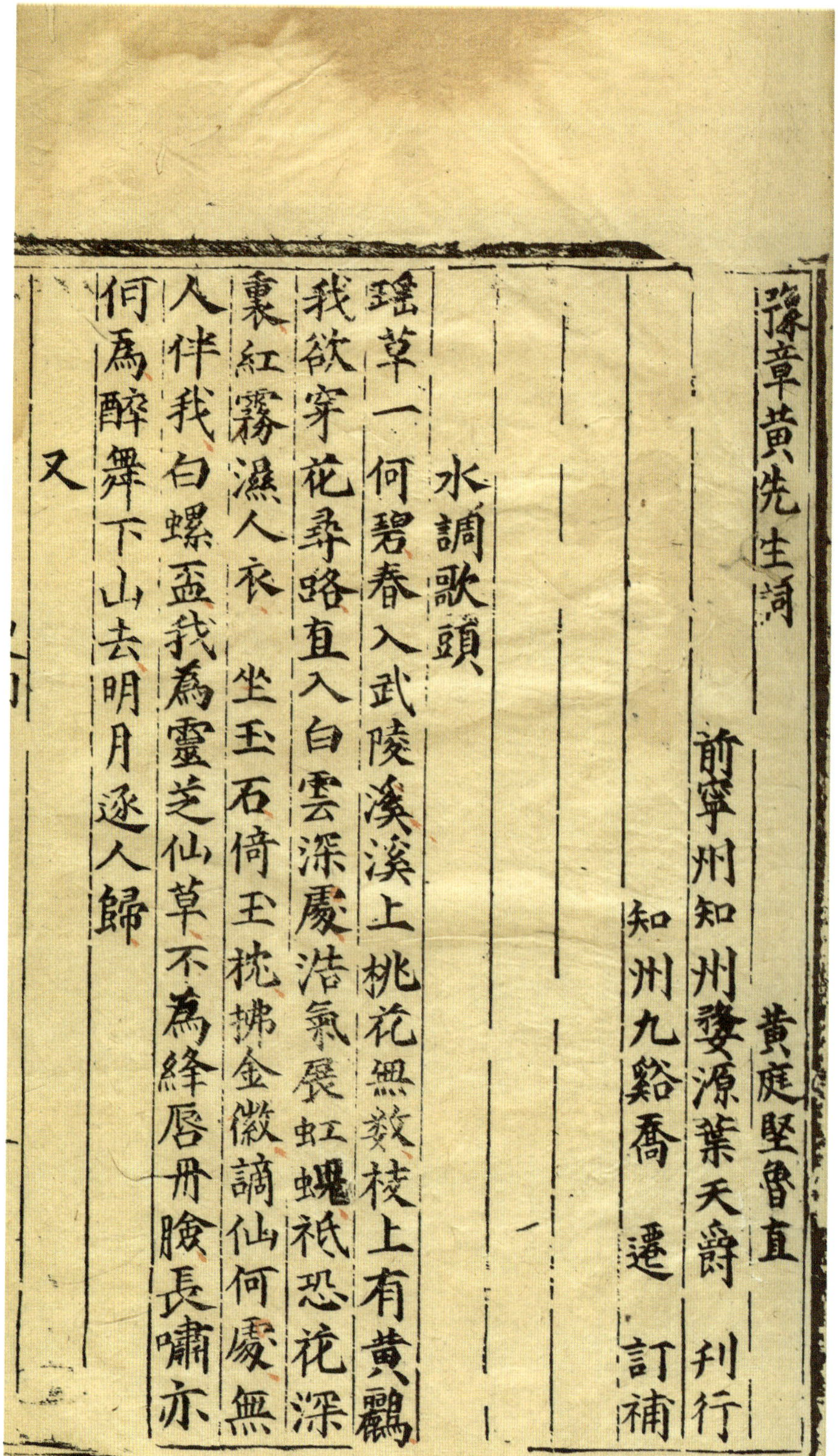
豫章黃先生詞

黃庭堅魯直

前寧州知州婺源葉天爵　刊行

知州九谿喬　遷　訂補

水調歌頭

瑤草一何碧，春入武陵溪。溪上桃花無數，枝上有黃鸝。我欲穿花尋路，直入白雲深處，浩氣展虹蜺。祇恐花深裏，紅霧濕人衣。　坐玉石，倚玉枕，拂金徽。謫仙何處，無人伴我白螺盃。我爲靈芝仙草，不爲絳脣丹臉，長嘯亦何爲。醉舞下山去，明月逐人歸。

又

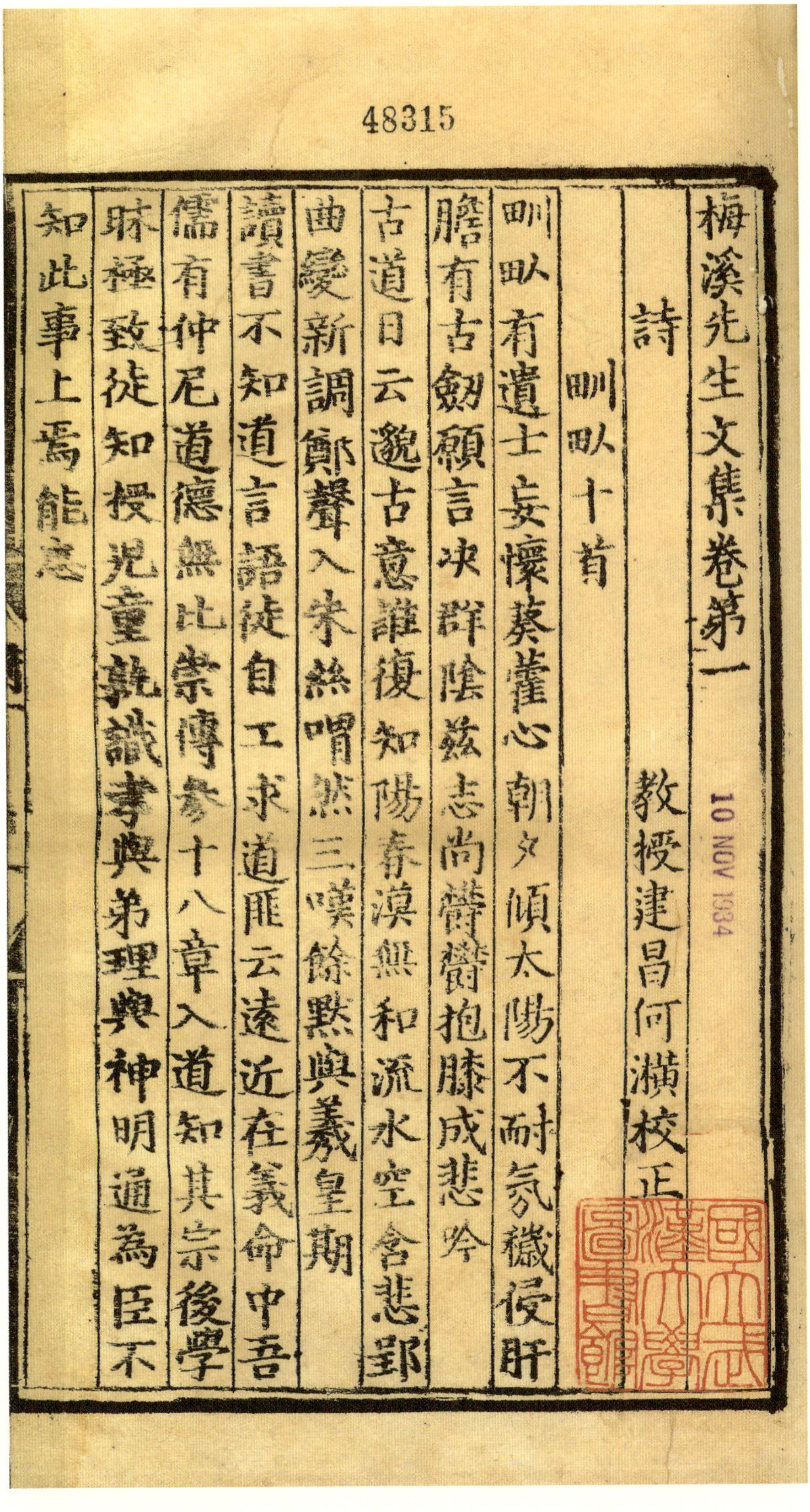

梅溪先生廷試策一卷奏議四卷文集二十卷後集二十九卷　［宋］王十朋撰　**附録一卷**　明正統五年（一四四〇）劉謙　何潢刻天順六年（一四六二）重修本

十一行二十一字，黑口，雙魚尾，四周雙邊，版框高二十一・七釐米，寬十三・四釐米。

公是集五十四卷

［宋］劉敞撰　清乾隆三十九年（一七七四）武英殿聚珍版木活字本

九行二十一字，白口，單魚尾，四周雙邊，版框高十九·四釐米，寬十二·七釐米。

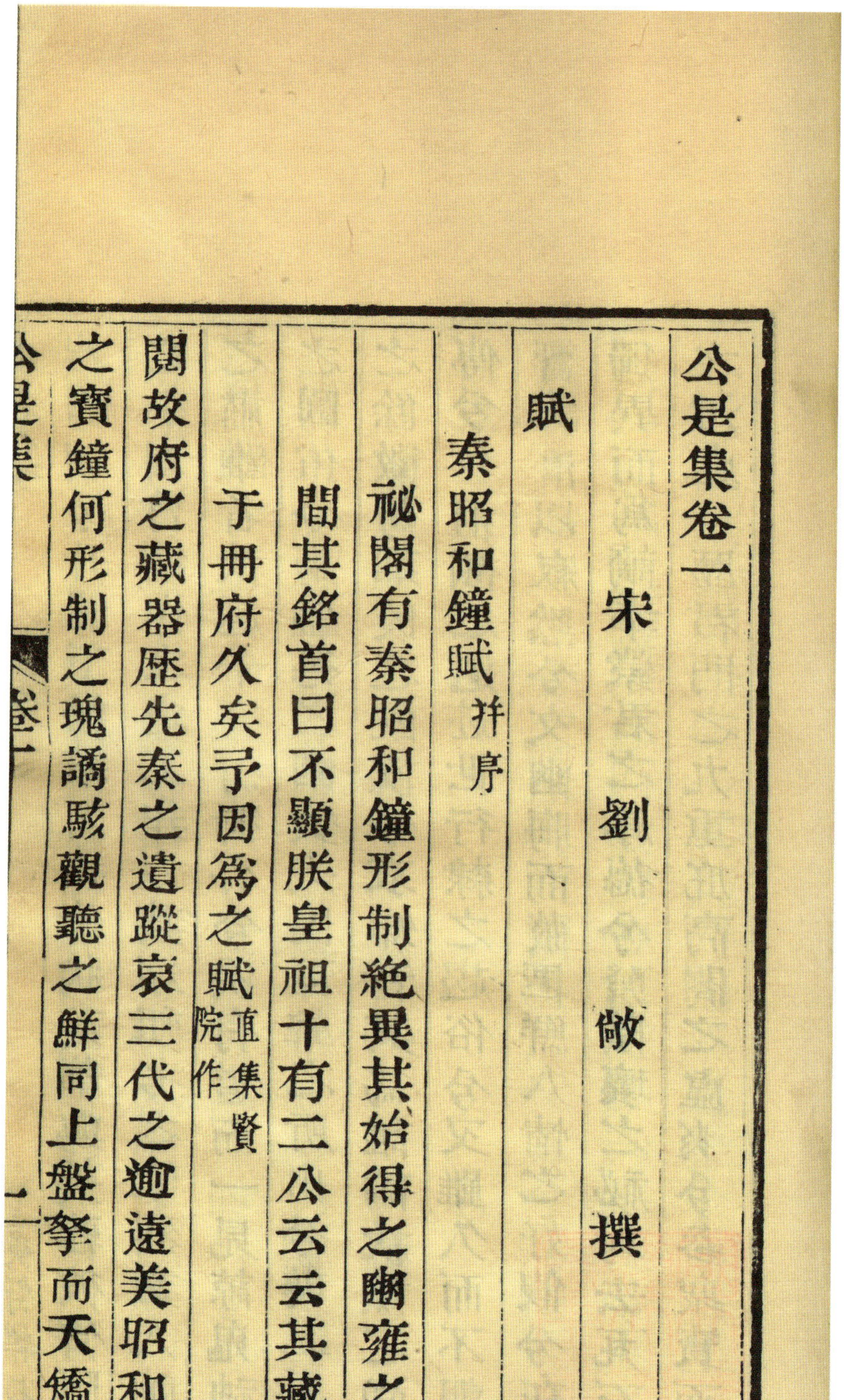

公是集卷一

宋　劉敞　撰

賦

秦昭和鐘賦　并序

祕閣有秦昭和鐘形制絶異其始得之幽雍之

間其銘首曰不顯朕皇祖十有二公云云其藏

于冊府久矣予因爲之賦直集賢院作

閲故府之藏器歷先秦之遺蹤哀三代之逾遠美昭和

之寶鐘何形制之瑰譎駭觀聽之鮮同上盤拏而天矯

公是集　卷一　一

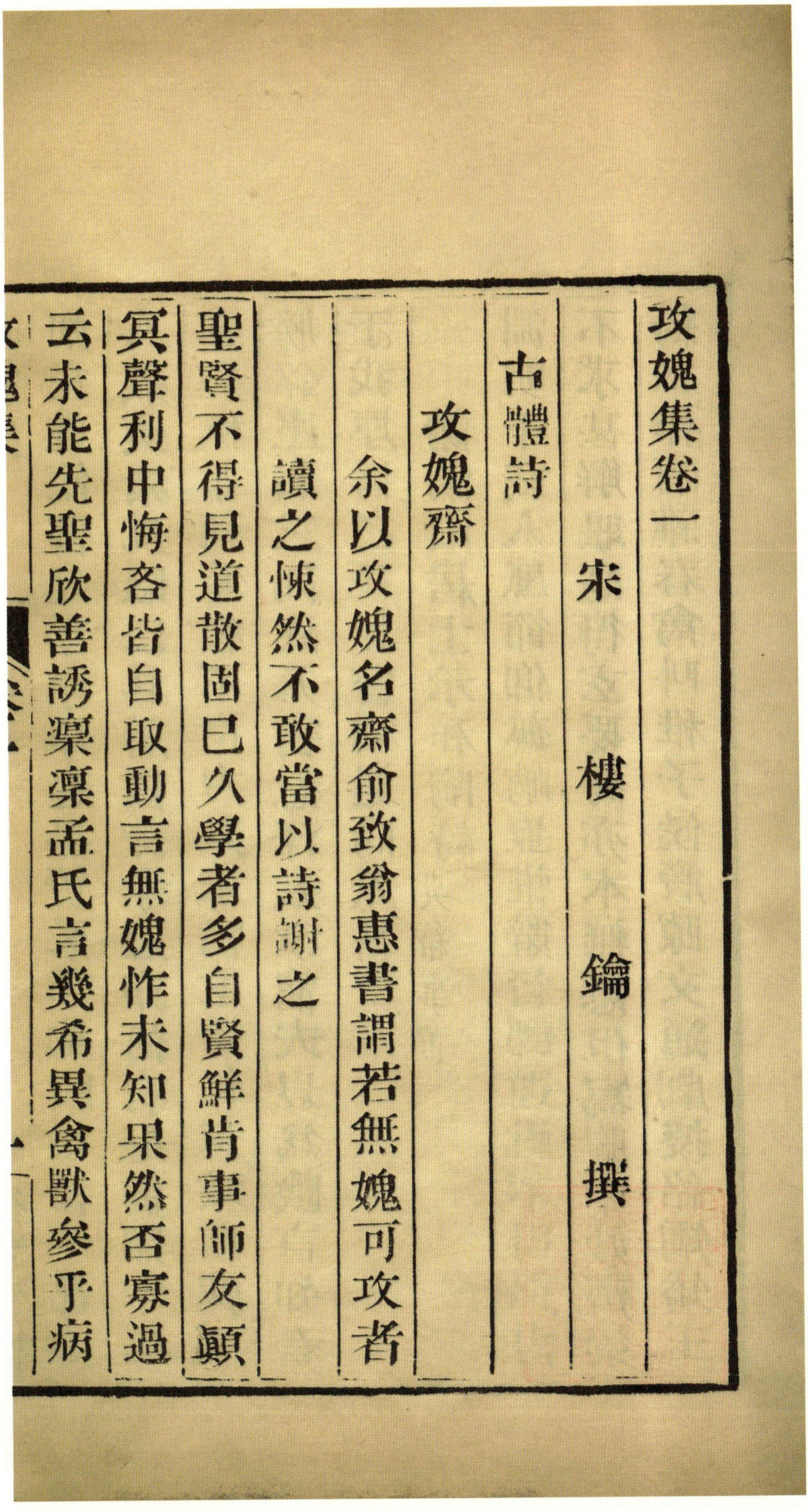

攻媿集一百一十二卷　〔宋〕樓鑰撰　清乾隆四十五年（一七八〇）武英殿聚珍版木活字本

九行二十一字，白口，單魚尾，四周雙邊，版框高十九·三釐米，寬十二·五釐米。

象山先生全集三十六卷

［宋］陸九淵撰　明嘉靖四十年（一五六一）刻清補修本

十行二十字，白口，單魚尾，四周雙邊，版框高二十三・三釐米，寬十二・七釐米。

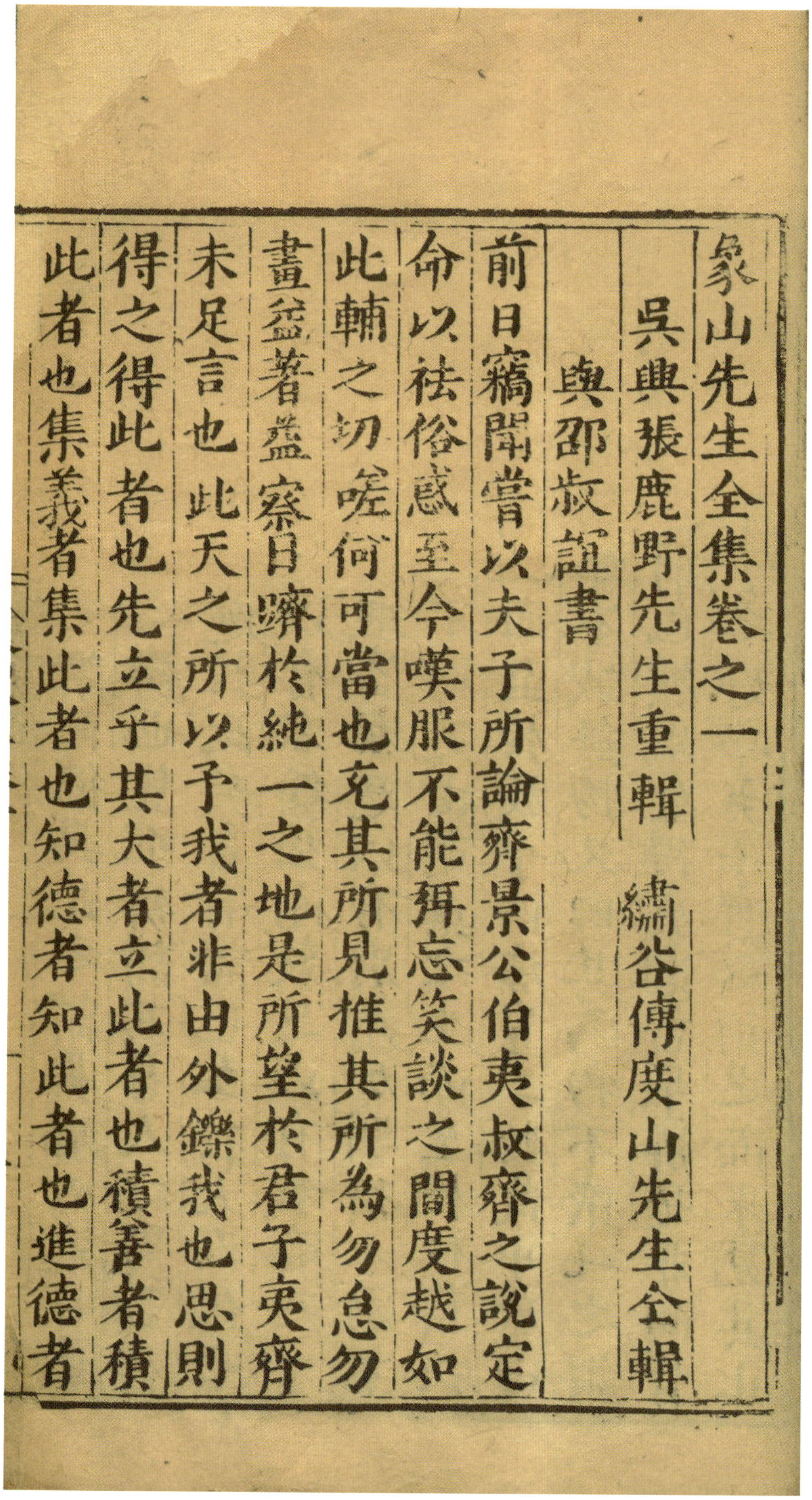
象山先生全集卷之一

吳興張鹿野先生重輯　績谿傳度山先生全輯

與邵叔誼書

前日竊聞嘗以夫子所論齊景公伯夷叔齊之説定命以祛俗惑至今嘆服不能拜忘笑談之間度越如此輔之切磋何可當也克其所見推其所為勿怠勿畫益著益察日躋於純一之地是所望於君子夷齊未足言也此天之所以予我者非由外鑠我也思則得之得此者也先立乎其大者立此者也積善者積此者也集義者集此者也知德者知此者也進德者

陳同甫集三十卷　［宋］陳亮撰　清道光二十九年（一八四九）嶺南鄧氏壽經堂錫活字印本

十行二十一字，白口，單魚尾，四周雙邊，版框高二十三・八釐米，寬十六釐米。

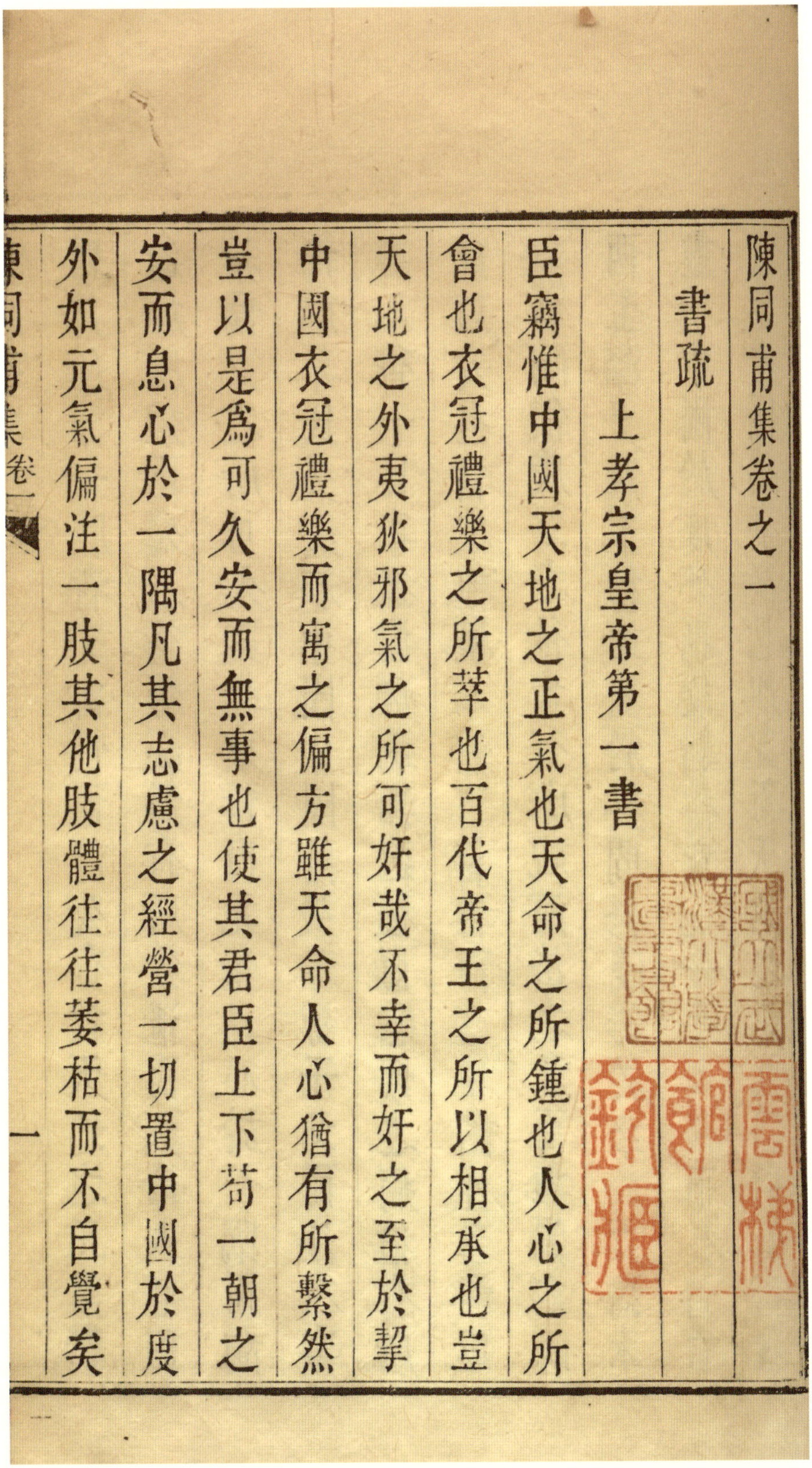

陳同甫集卷之一

書疏

上孝宗皇帝第一書

臣竊惟中國天地之正氣也天命之所鍾也人心之所會也衣冠禮樂之所萃也百代帝王之所以相承也豈天地之外夷狄邪氣之所可奸哉不幸而奸之至於挈中國衣冠禮樂而寓之偏方雖天命人心猶有所繫然豈以是爲可久安而無事也使其君臣上下苟一朝之安而息心於一隅凡其志慮之經營一切置中國於度外如元氣偏注一肢其他肢體往往萎枯而不自覺矣

陳同甫集卷一　一

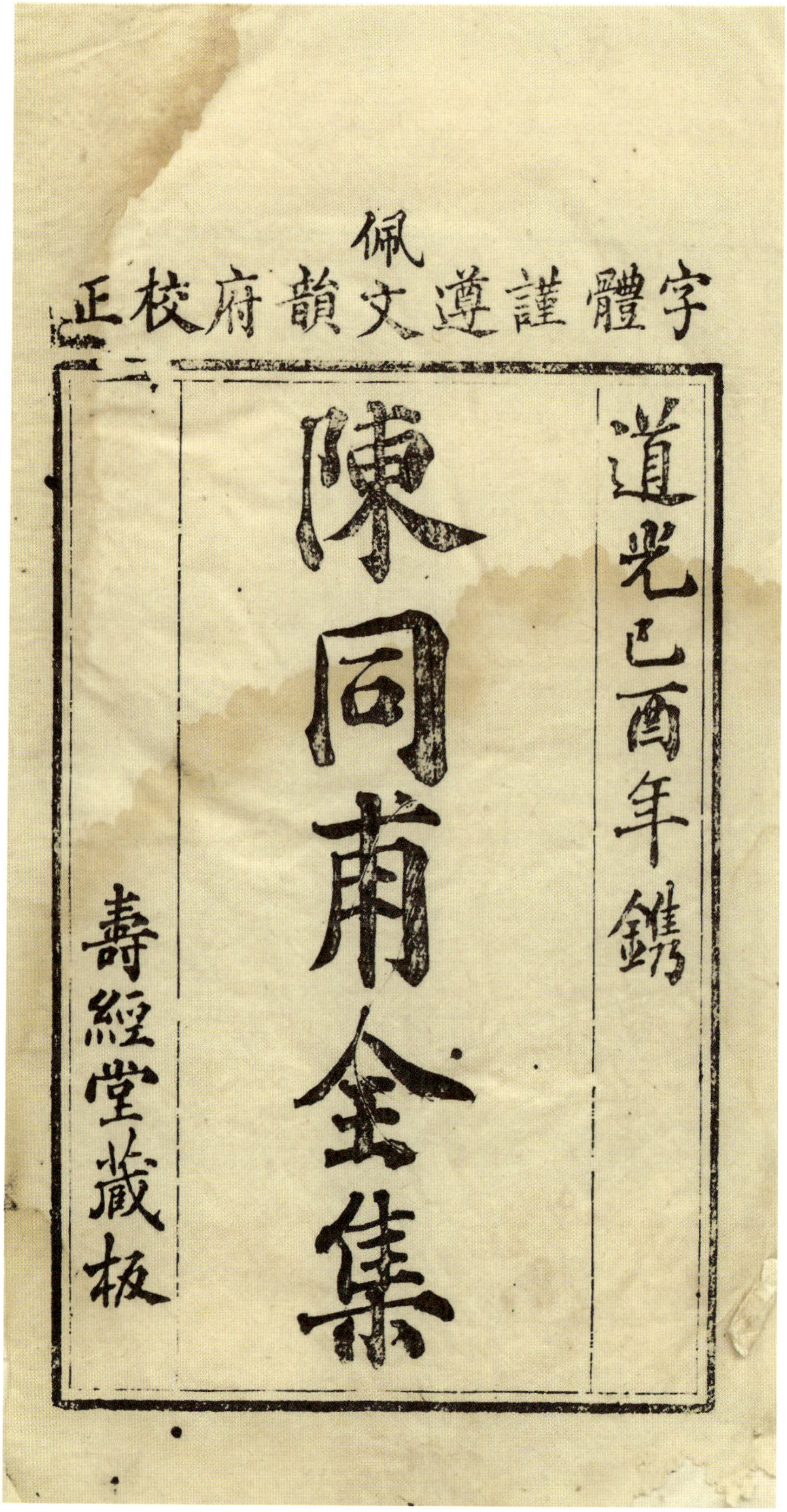

字體謹遵佩文韻府校正

道光己酉年鐫

陳同甫全集

壽經堂藏板

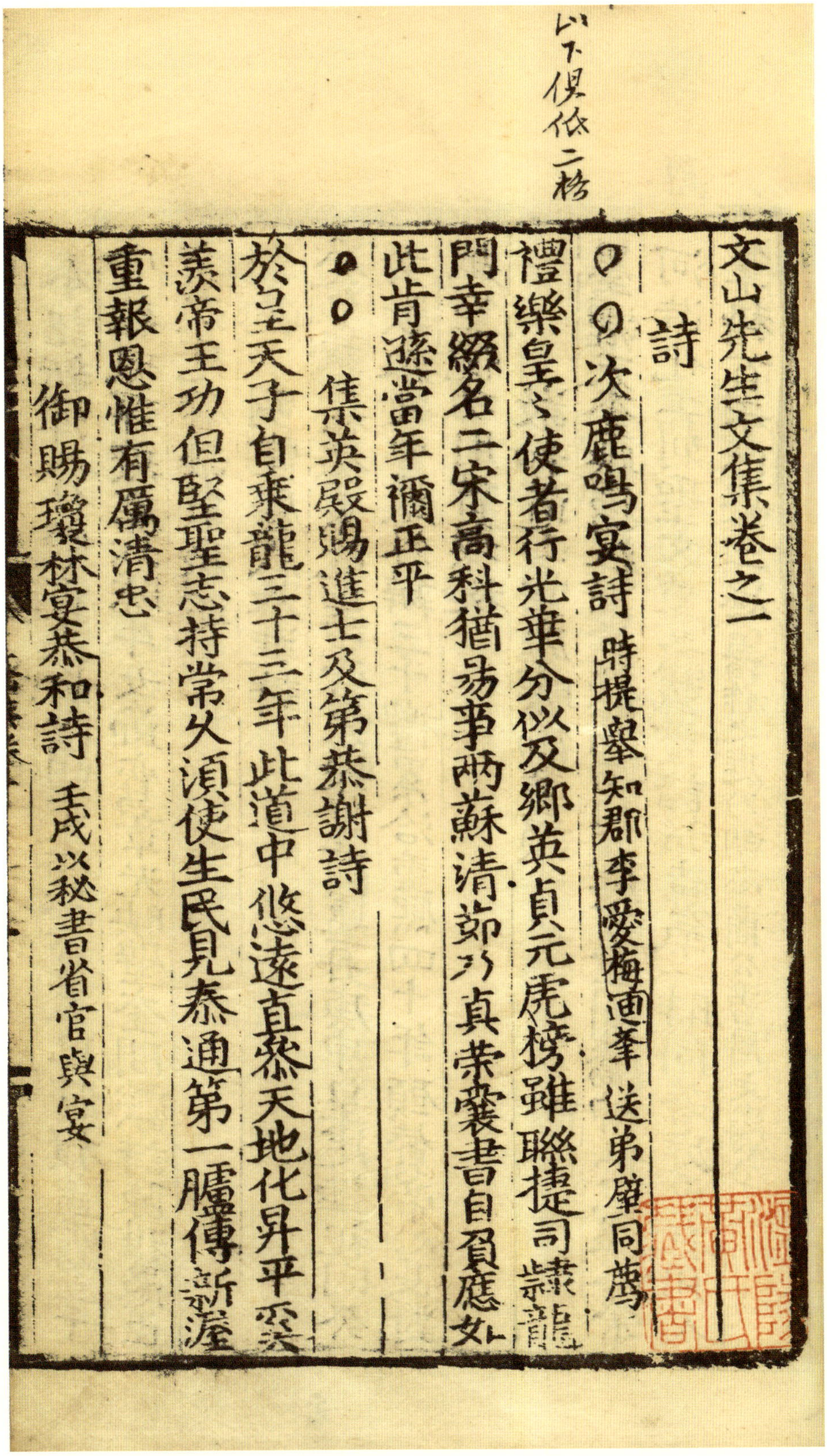
以下俱低二格

文山先生文集卷之一

詩

○○次鹿鳴宴詩 時提舉知郡李愛梅通判 送弟璧同薦

禮樂皇皇使者行光華分似及鄉英貞元虎榜雖聯捷司隸龍門幸綴名二宋高科猶易事兩蘇清節乃真榮囊書自負應如此肯遂當年禰正平

○○集英殿賜進士及第恭謝詩

於皇天子自乘龍三十三年此道中悠遠直參天地化升平妥羨帝王功但堅聖志持常久須使生民見泰通第一臚傳新渥重報恩惟有厲清忠

御賜瓊林宴恭和詩 壬戌以秘書省官與宴

文山先生文集十七卷指南文集三卷別集一卷文山先生遺墨一卷　［宋］文天祥撰　明正德九年（一五一四）張祥刻本

四庫底本

十一行二十四字，黑口，單魚尾，四周單邊，版框高二十·三釐米，寬十三·八釐米。

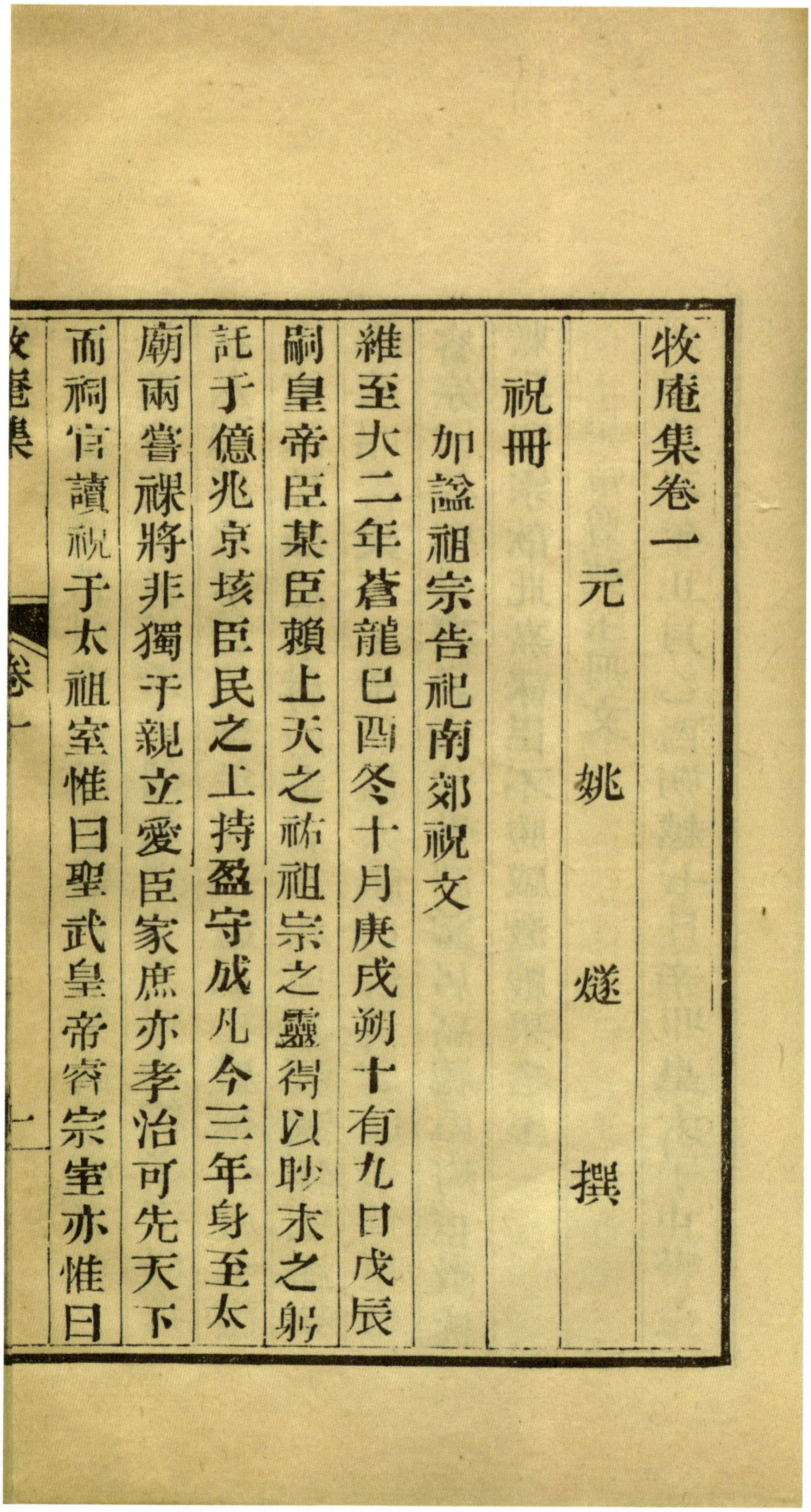
牧庵集卷一

元 姚燧 撰

祝册

加謚祖宗告祀南郊祝文

維至大二年蒼龍己酉冬十月庚戌朔十有九日戊辰
嗣皇帝臣某臣賴上天之祐祖宗之靈得以眇末之躬
託于億兆京垓臣民之上持盈守成凡今三年身至太
廟兩嘗祼將非獨于親立愛臣家庶亦孝治可先天下
而祠官讀祝于太祖室惟曰聖武皇帝睿宗室亦惟曰

牧庵集 卷一

牧庵集三十六卷年譜一卷 ［元］姚燧撰 清乾隆三十九年（一七七四）武英殿聚珍版木活字本

九行二十一字，白口，單魚尾，四周雙邊，版框高十九釐米，寬十二・七釐米。

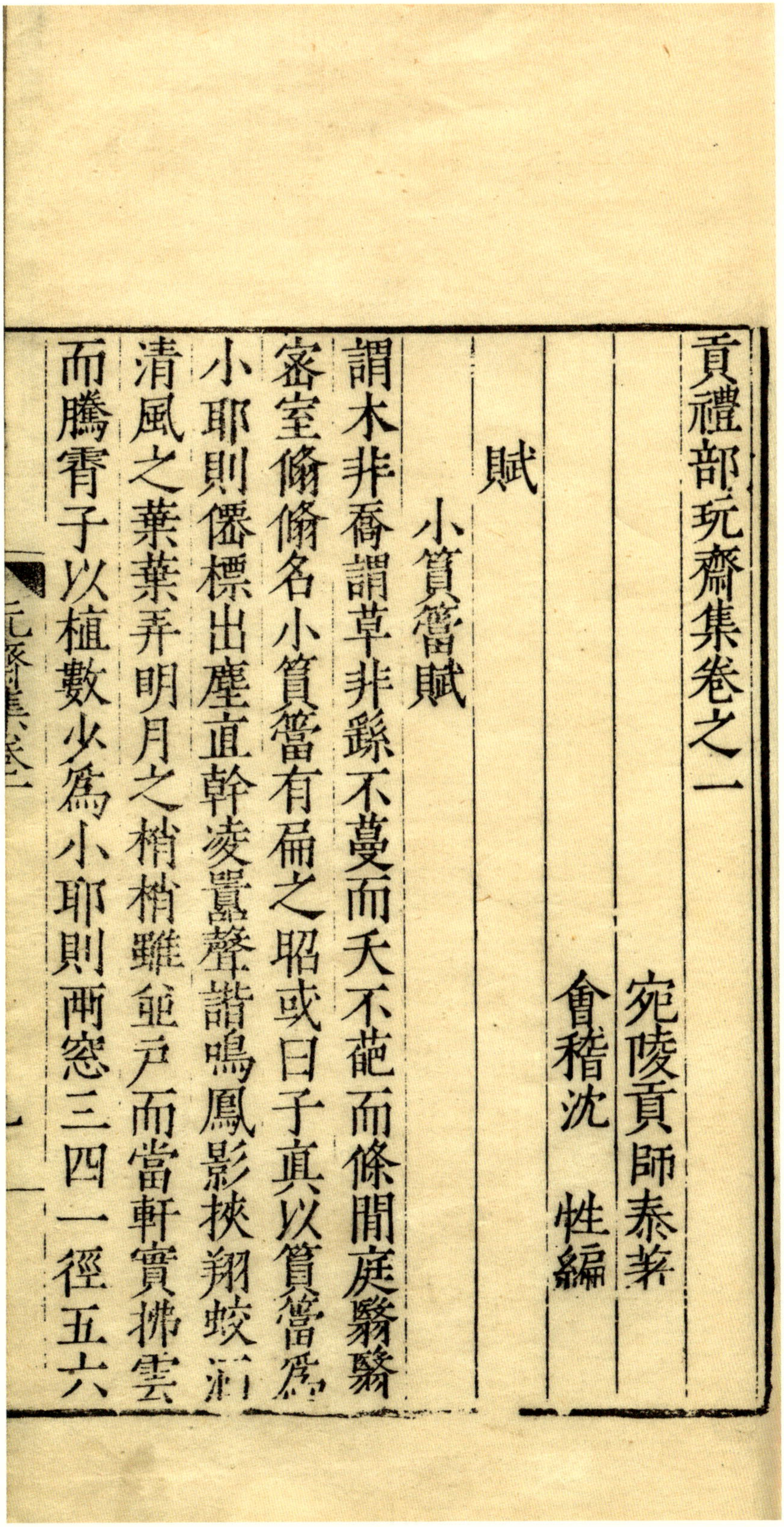
貢禮部玩齋集卷之一
宛陵貢師泰著
會稽沈　性編
賦
小篔簹賦
謂木非喬謂草非蘇不蔓而夭不葩而條閒庭翳翳
[illegible]室脩脩名小篔簹有扁之昭或曰子真以篔簹爲
小耶則儒標出塵直幹凌霄聲諧鳴鳳影挾翔蛟洐
清風之葉葉弄明月之梢梢雖匪戶而當軒實拂雲
而騰霄子以植數少爲小耶則兩窓三四一徑五六
玩齋集卷一

貢禮部玩齋集十卷拾遺一卷首一卷　［元］貢師泰撰　明天順七年（一四六三）沈性刻嘉靖十四年（一五三五）徐萬壁重修本

十行二十字，白口，單魚尾，左右雙邊，版框高十九・九釐米，寬十四釐米。

師山先生文集八卷師山先生遺文五卷［元］鄭玉撰 **附録一卷濟美録四卷**［明］鄭燭撰 明嘉靖十四年（一五三五）鄭氏家塾刻清修補本

十行二十字，白口，單魚尾，四周單邊，版框高十九・一釐米，寬十三・一釐米。

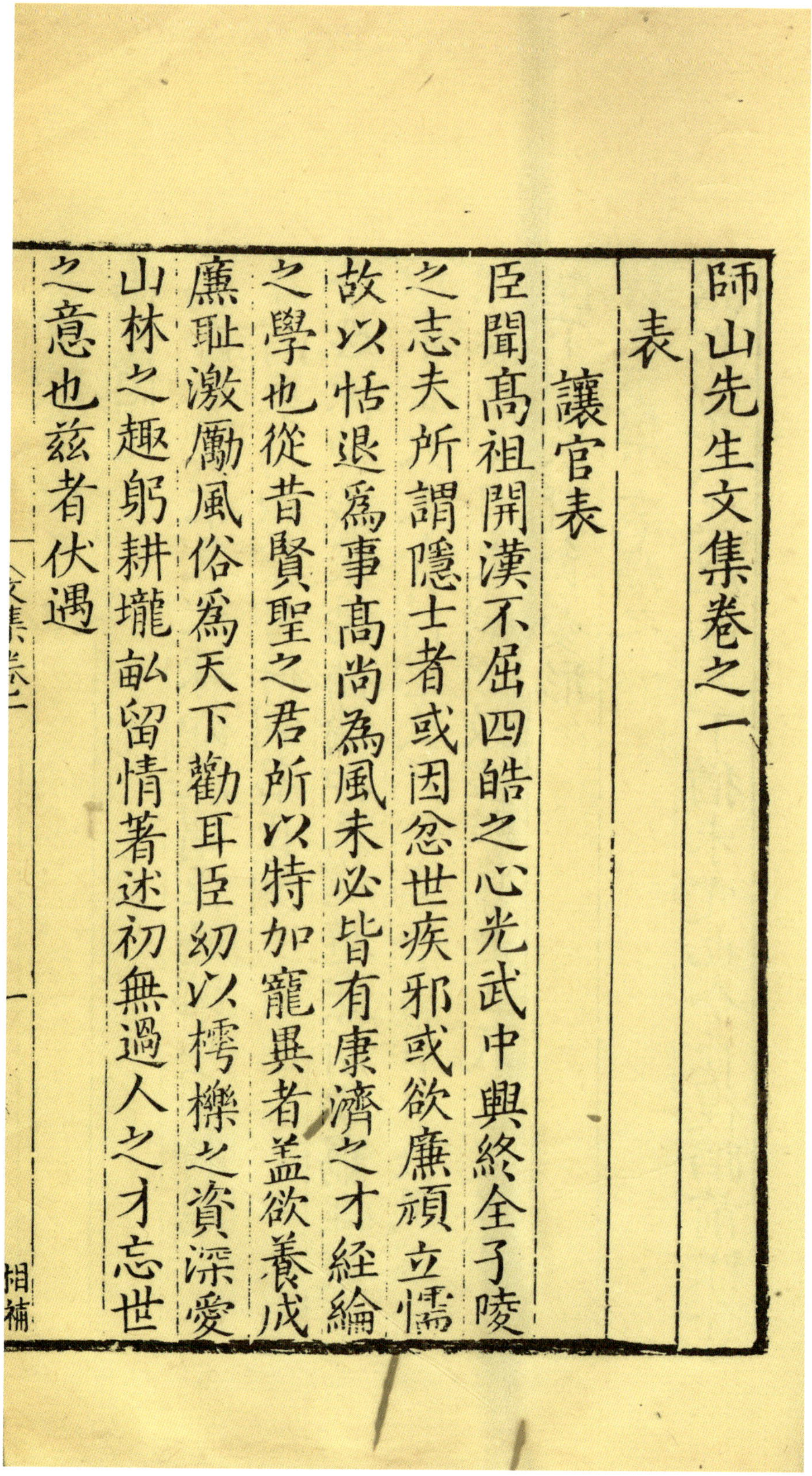
師山先生文集卷之一
表
讓官表
臣聞高祖開漢不屈四皓之心光武中興終全子陵之志夫所謂隱士者或因忿世疾邪或欲廉頑立懦故以恬退爲事高尚爲風未必皆有康濟之才經綸之學也從昔賢聖之君所以特加寵異者盖欲養成廉耻激厲風俗爲天下勸耳臣幼以樗櫟之資深愛山林之趣躬耕壠畒留情著述初無過人之才忘世之意也兹者伏遇
文集卷之一　一
相補

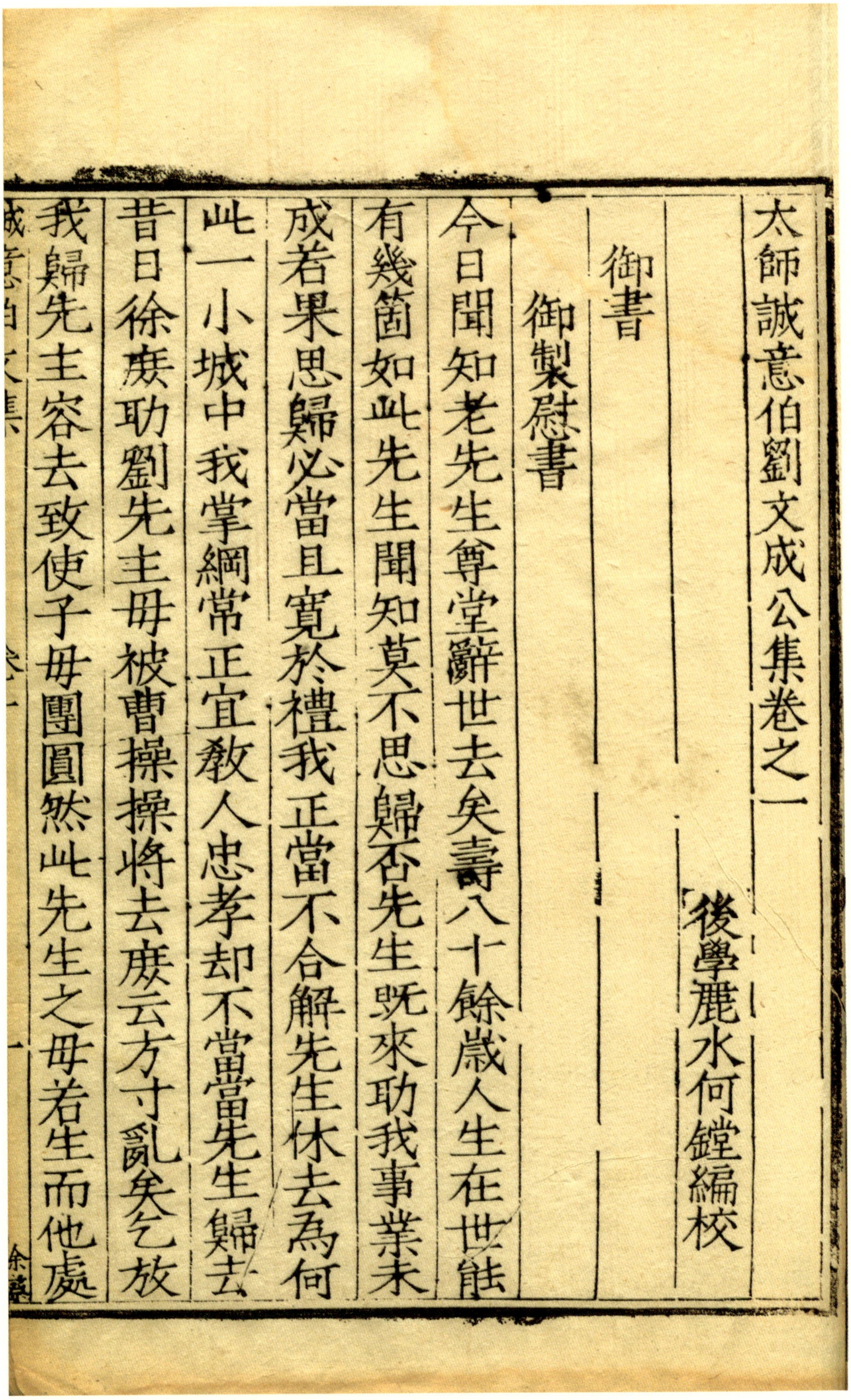
太師誠意伯劉文成公集卷之一　後學麗水何鏜編校

御書

御製慰書

今日聞知老先生尊堂辭世去矣壽八十餘歲人生在世能
有幾箇如此先生聞知莫不思歸否先生既來助我事業未
成若果思歸必當且寬於禮我正當不合解先生休去為何
此一小城中我掌綱常正宜教人忠孝却不當先生歸去
昔日徐庶助劉先主母被曹操操將去庶云方寸亂矣乞放
我歸先主容去致使子母團圓然此先生之母若生而他處

太師誠意伯劉文成公集二十卷　［明］劉基撰　明隆慶六年（一五七二）謝廷傑　陳烈刻本

十行二十三字，白口，四周雙邊，版框高二十・二釐米，寬十四・一釐米。

陶學士先生文集二十卷 ［明］陶安撰 **事蹟一卷** 明弘治十三年（一五〇〇）項經刻遞修本

十行十八字，黑口，雙魚尾，四周雙邊，版框高二十釐米，寬十三釐米。

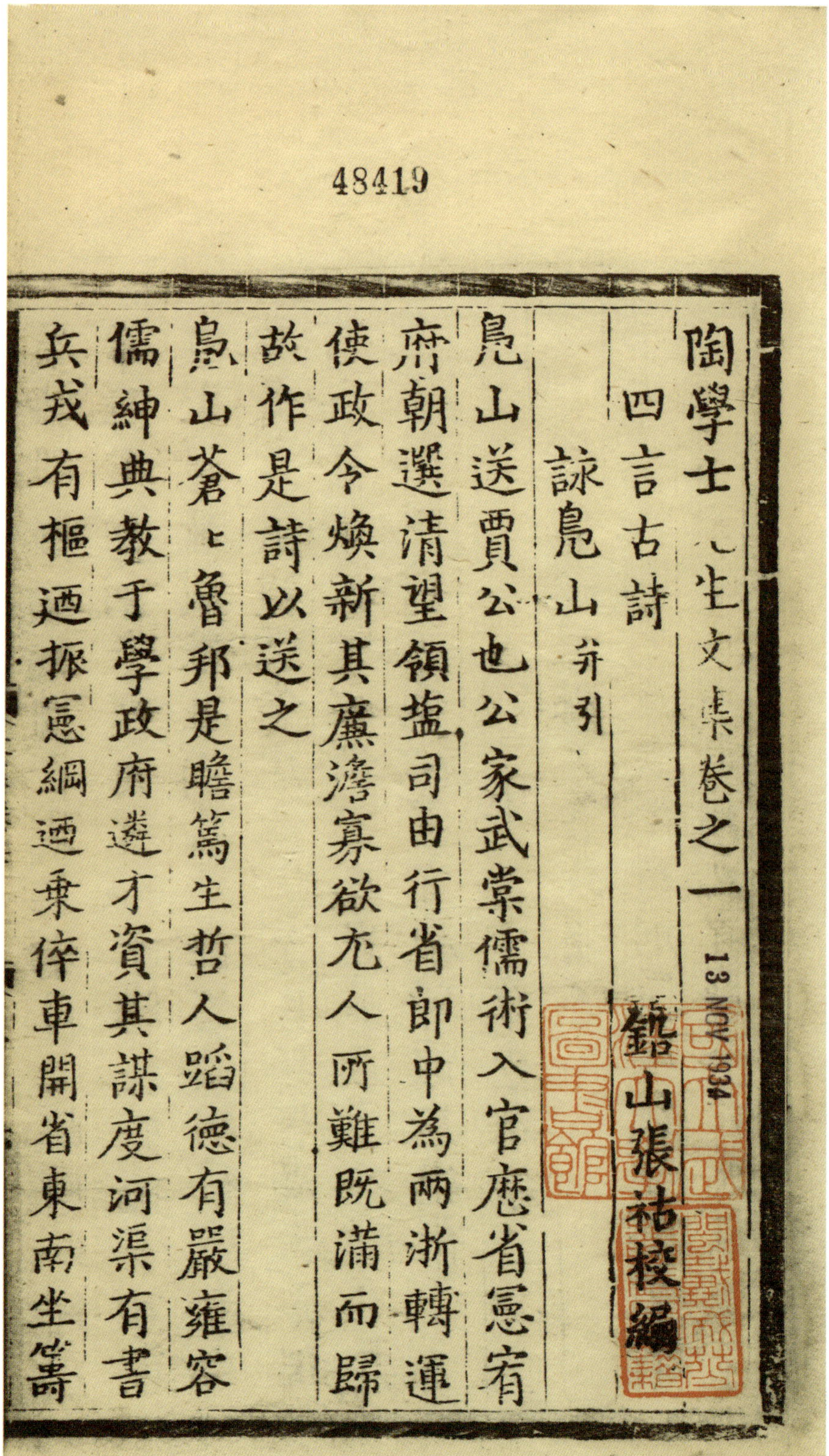

陶學士先生文集卷之一

鉛山張祐校編

四言古詩

詠梟山并引

梟山送賈公也公家武棠儒術入官歷省憲宥府朝選清望領鹽司由行省郎中為兩浙轉運使政令煥新其廉澹寡欲尤人所難既滿而歸故作是詩以送之

梟山蒼蒼魯邦是瞻篤生哲人蹈德有嚴雍容儒紳典教于學政府遴才資其謀度河渠有書兵戎有樞迺振憲綱迺秉倅車開省東南坐籌

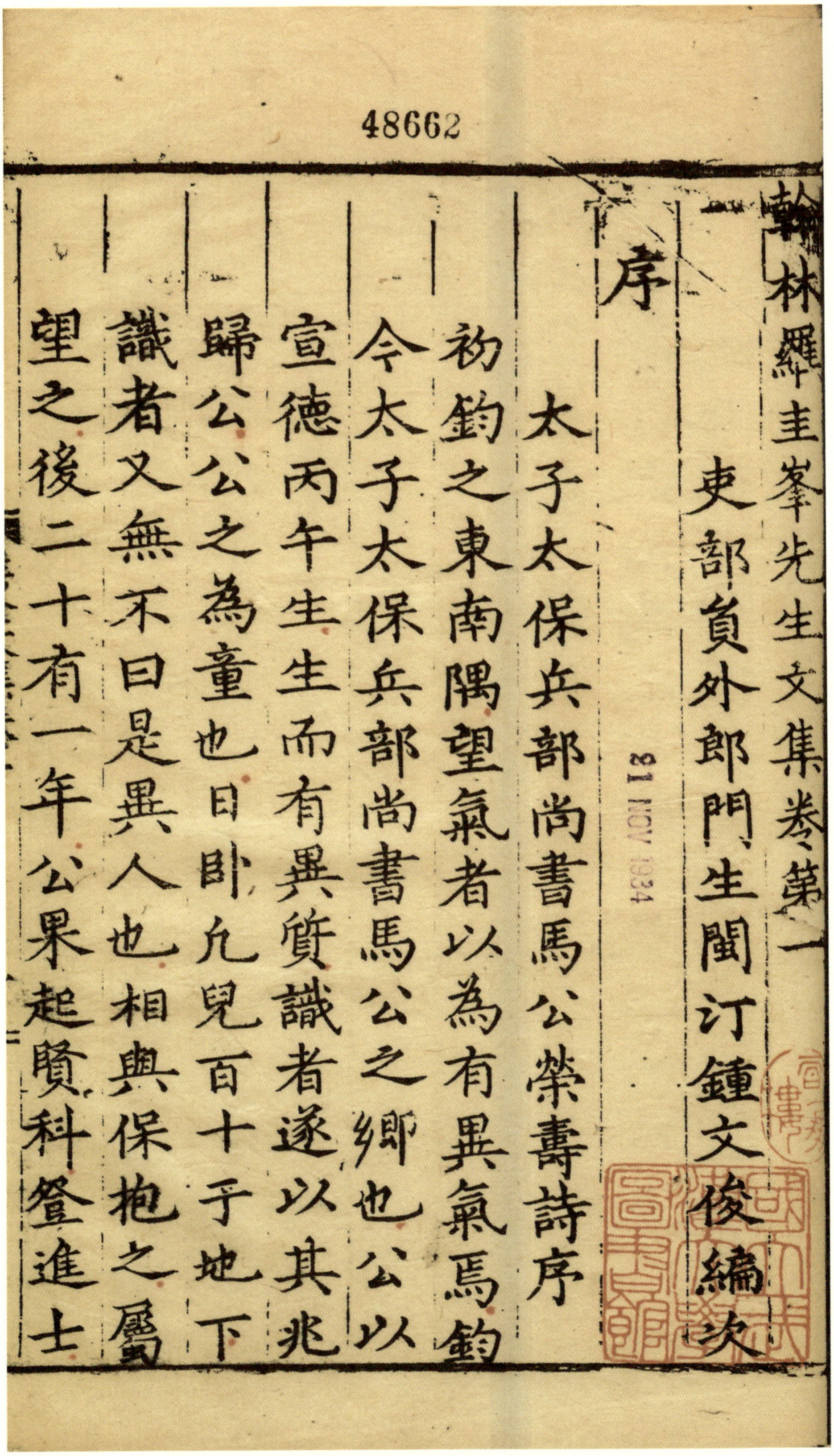
48662

翰林羅圭峯先生文集卷第一
吏部員外郎門生閩汀鍾文俊編次
序
太子太保兵部尚書馬公榮壽詩序
初鈞之東南隅望氣者以為有異氣馬鈞
令太子太保兵部尚書馬公之鄉也公以
宣德丙午生生而有異質識者遂以其兆
歸公公之為童也日卧九兒百十于地下
識者又無不曰是異人也相與保抱之屬
望之後二十有一年公果起賢科登進士

翰林羅圭峯先生文集十八卷 ［明］羅玘撰 明刻本

十行十八字，白口，單魚尾，四周單邊，版框高二十・三釐米，寬十四・五釐米。

王文成公全書三十八卷

［明］王守仁撰　明隆慶二年（一五六八）謝廷傑刻萬曆三十五年（一六〇七）左宗郢等重修本

八行二十字，白口，單魚尾，四周雙邊，版框高十九・七釐米，寬十四・一釐米。

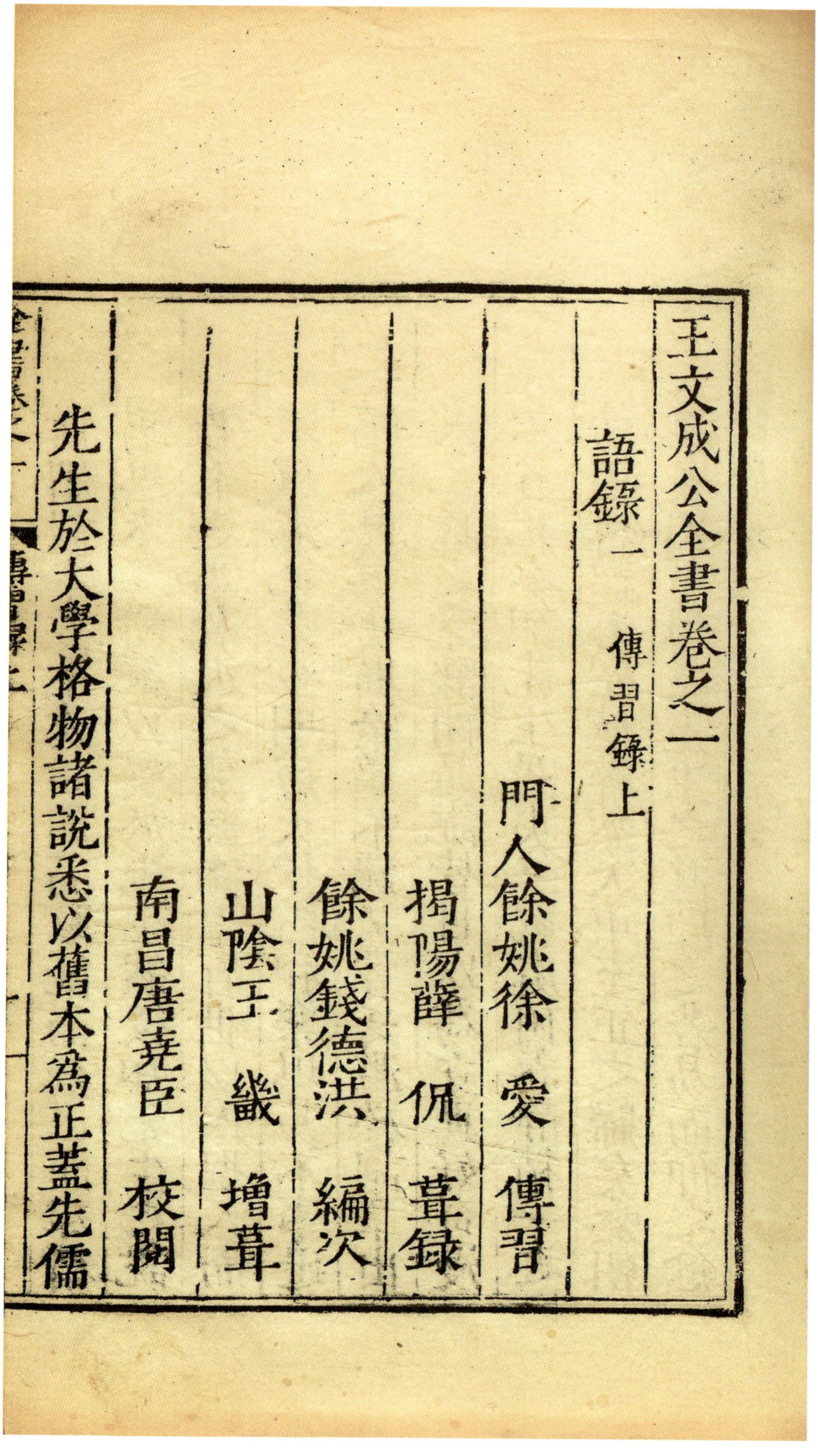

何氏集二十六卷

［明］何景明撰　明嘉靖十年（一五三一）義陽書院刻本

十行十八字，小字雙行同，白口，單魚尾，左右雙邊，版框高十六・五釐米，寬十三・六釐米。

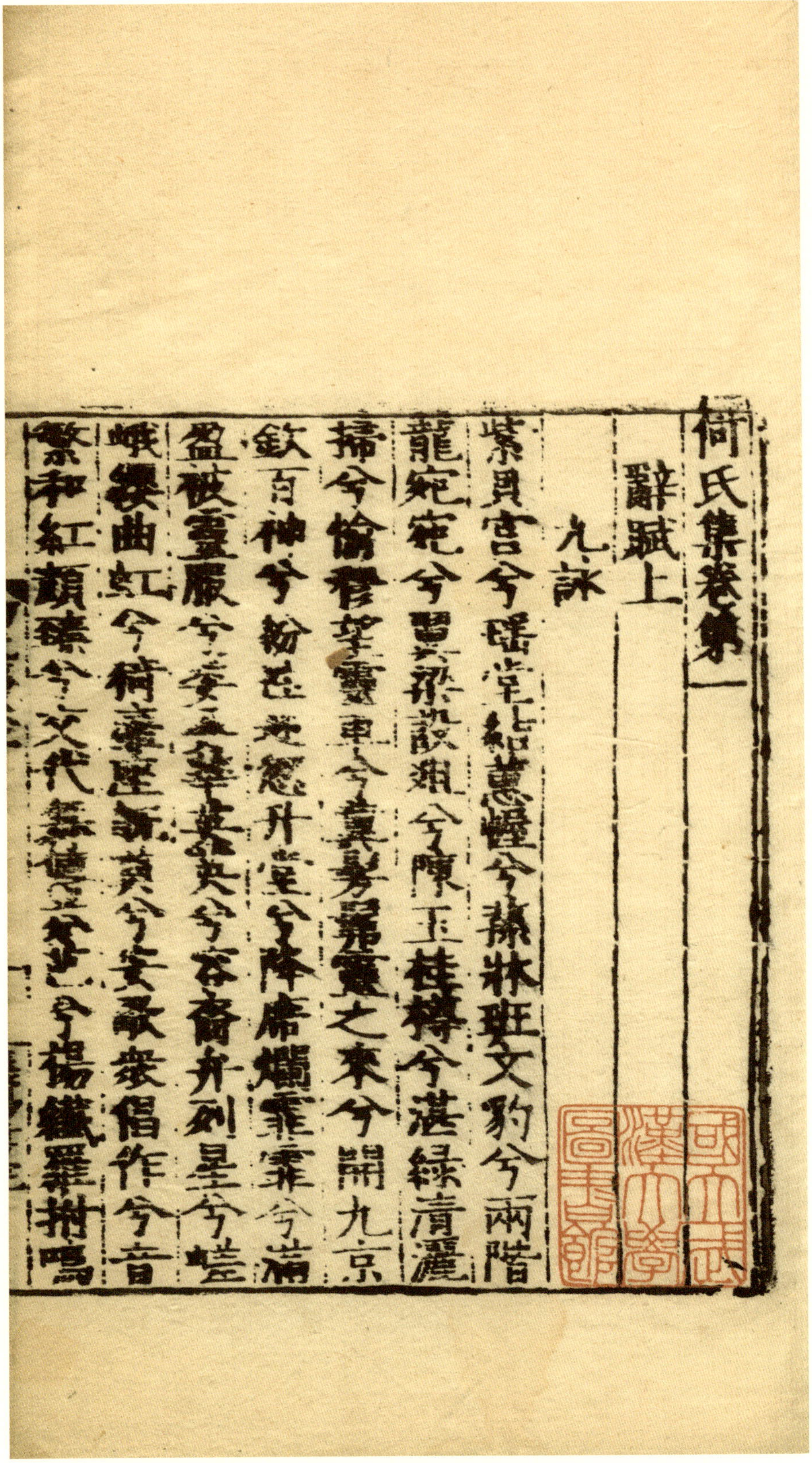
何氏集卷第一
辭賦上
九詠

鳥鼠山人小集十六卷後集二卷擬古樂府二卷擬漢樂府八卷附録二卷唐雅八卷　［明］胡纘宗撰輯　明嘉靖間刻　清順治十三年（一六五六）周盛時補刊本　唐雅存三卷

十一行二十字，小字雙行同，白口，單魚尾，四周單邊，版框高十六·九釐米，寬十三·四釐米。

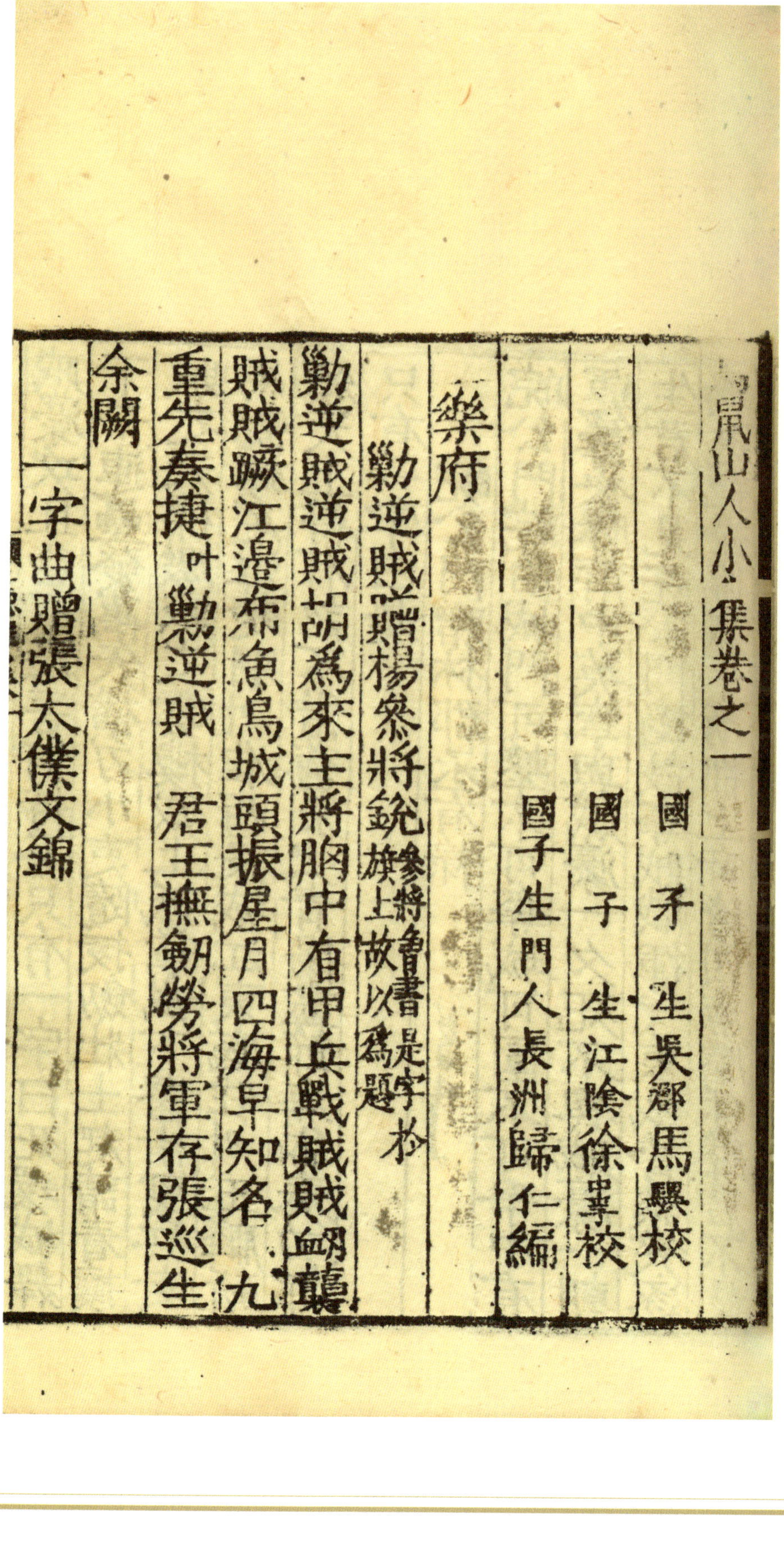
鼠山人小集卷之一
國　子　生吳郡馬驎校
國　子　生江陰徐睪校
國子生門人長洲歸仁編
樂府
勦逆賊　贈楊叅將銳參將曾書是字於旗上故以為題
勦逆賊逆賊胡為來主將胸中有甲兵戰賊賊衂襲
賊賊蹶江邊布魚鳥城頭振屋月四海早知名九
重先奏捷叶勦逆賊　君王撫劒勞將軍存張巡生
余闕
一字曲贈張太僕文錦

招搖池館集十卷

［明］詹萊撰　明福建書坊詹佛美活字印本

十行二十一字，白口，單魚尾，四周單邊，版框高十九・一釐米，寬十二・二釐米。

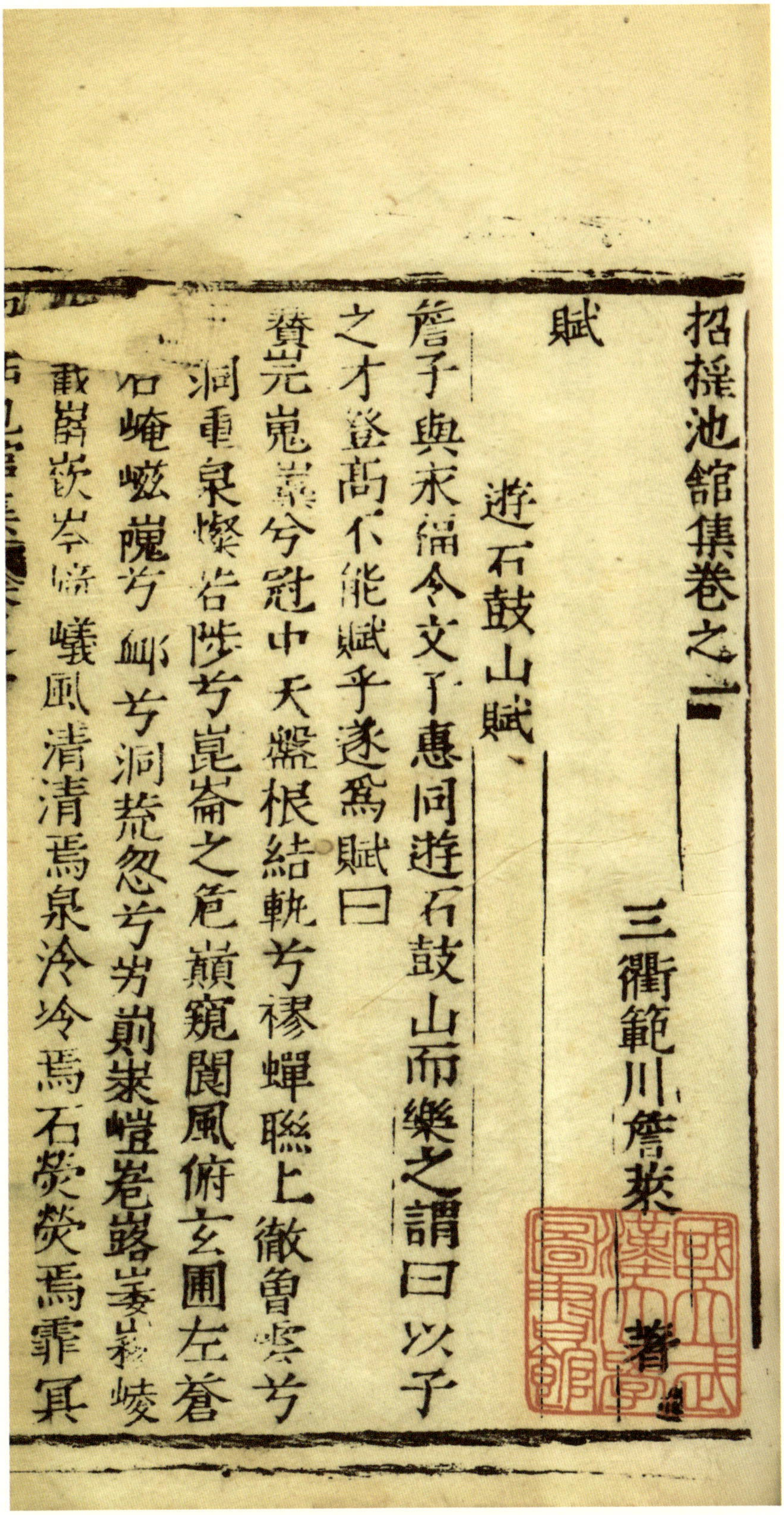
招摇池館集卷之一

三衢範川詹萊著

賦

遊石鼓山賦

詹子與宋福令文了惠同遊石鼓山而樂之謂曰以予之才登高不能賦乎遂爲賦曰

贊完嵬叢兮冠巾天盤根結軏兮穋蟬聯上徹曾雲兮洞重泉燦岩陟兮崑崙之巔窺閬風俯玄圃左蒼石崦嵫巃兮岬兮洞荒忽兮岁崱岃嵦巻嵱嵝崚截嶭嵚岑嶮巇風清清焉泉泠泠焉石熒熒焉霏冥

始創督府魚書四出徵兵青齊長鎗手嵩洛毛胡蘆湘
麻陽容美獞閩廣水兵皆紛沓至然不肯俛受羈勒出
死力戰陳驕倨輒時特剽刼每罷歸子女金帛輙贏載
以歆艶群不逞於是糾結千百輩不俟符檄而來聲曰
報效軍前實則緼禍覬發乃督府又往往受之與其萬
一用也有司遇之與符召者等而勢反難焉抗之則曰
如何沮挠義旅餉之則倉廪不得自發無所利則怨怒
思變變則以爲罪具曰激岌岌乎其莫可周旋也曩者
嶺兵袁鳳率三百人亂於閩閩督不能討誘而嫁之境
恣其所如總督少保胡公偵其來檄止之彼已達吾常

遵巖先生文集四十卷

［明］王慎中撰　明隆慶五年（一五七一）邵廉刻本（目録第六十二至六十八葉、卷三十七至四十抄配）

十行二十一字，白口，單魚尾，四周單邊，版框高二十釐米，寬十四·二釐米。

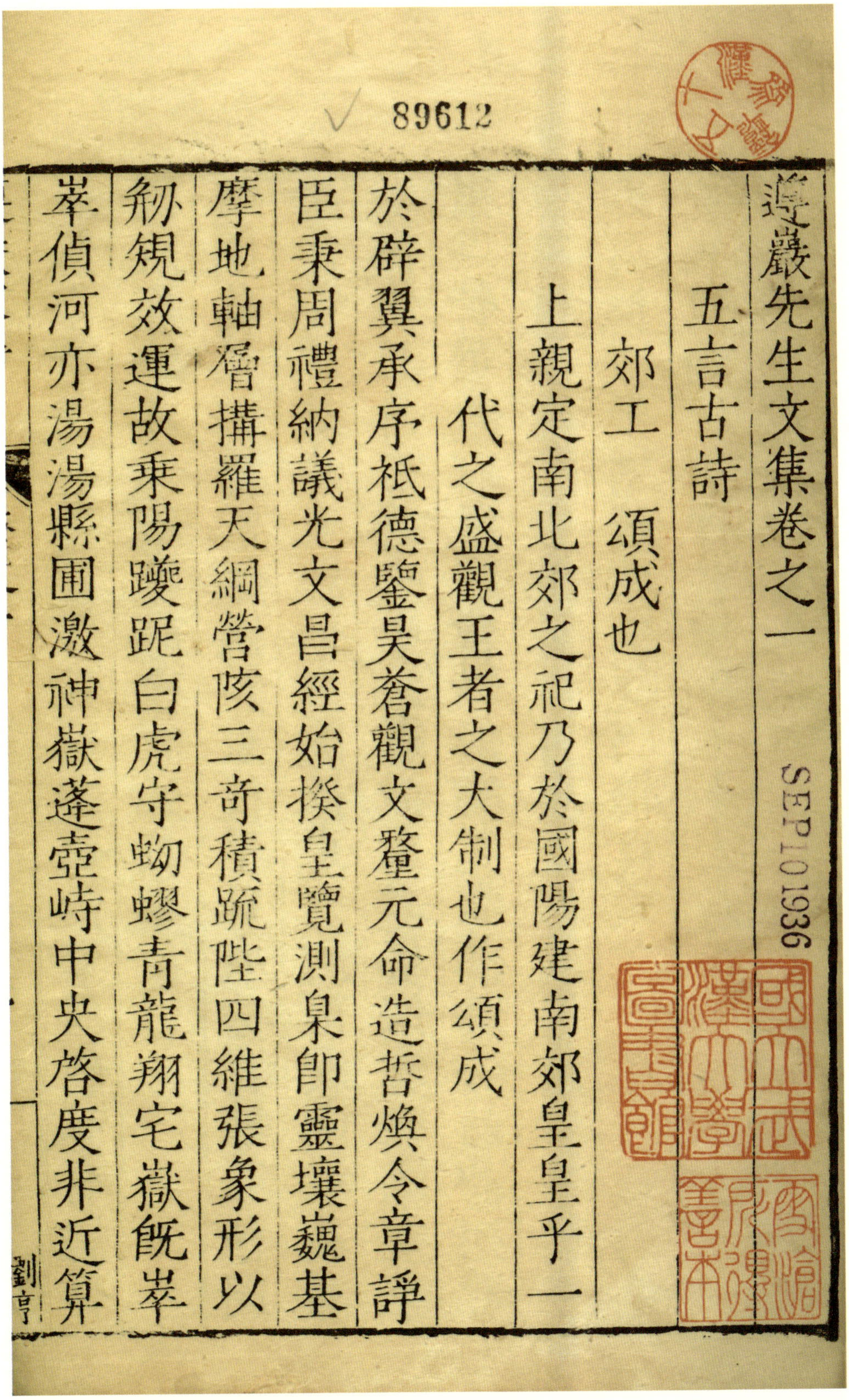

御選歷代詩餘一百二十卷 〔清〕愛新覺羅・玄燁選 〔清〕沈辰垣 〔清〕王奕清等輯 清康熙四十六年（一七〇七）內府刻本

有抄配

十一行二十一字，白口，雙魚尾，左右雙邊，版框高十七釐米，寬十一・七釐米。

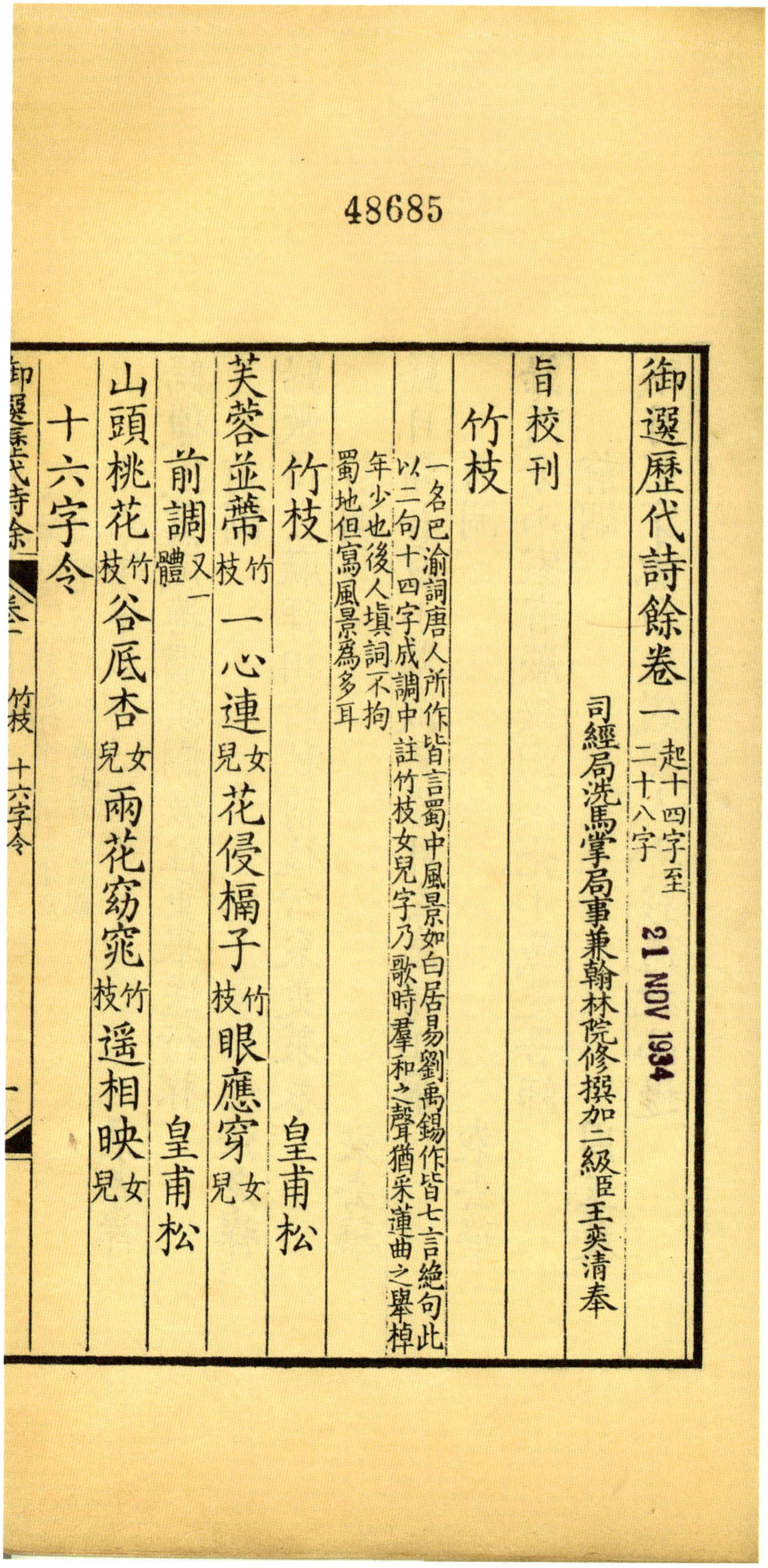
48685

御選歷代詩餘卷一 起十四字至二十八字

司經局洗馬掌局事兼翰林院修撰加二級臣王奕清奉

旨校刊

竹枝

一名巴渝詞唐人所作皆言蜀中風景如白居易劉禹錫作皆七言絶句此以二句十四字成調中註竹枝女兒字乃歌時羣和之聲猶采蓮曲之舉棹年少也後人填詞不拘蜀地但寫風景爲多耳

竹枝　皇甫松

芙蓉並蔕竹枝一心連女兒花侵槅子竹枝眼應穿女兒

前調又一體　皇甫松

山頭桃花竹枝谷底杏女兒兩花窈窕竹枝遥相映女兒

十六字令

鼎鐫西廂記二卷 ［元］王德信 ［元］關漢卿撰 ［明］陳繼儒評 明書林蕭騰鴻刻本

上下二欄，上欄行四字，下欄十行二十六字，小字雙行同，白口，四周單邊，版框高二十二・五釐米，寬十四・五釐米。

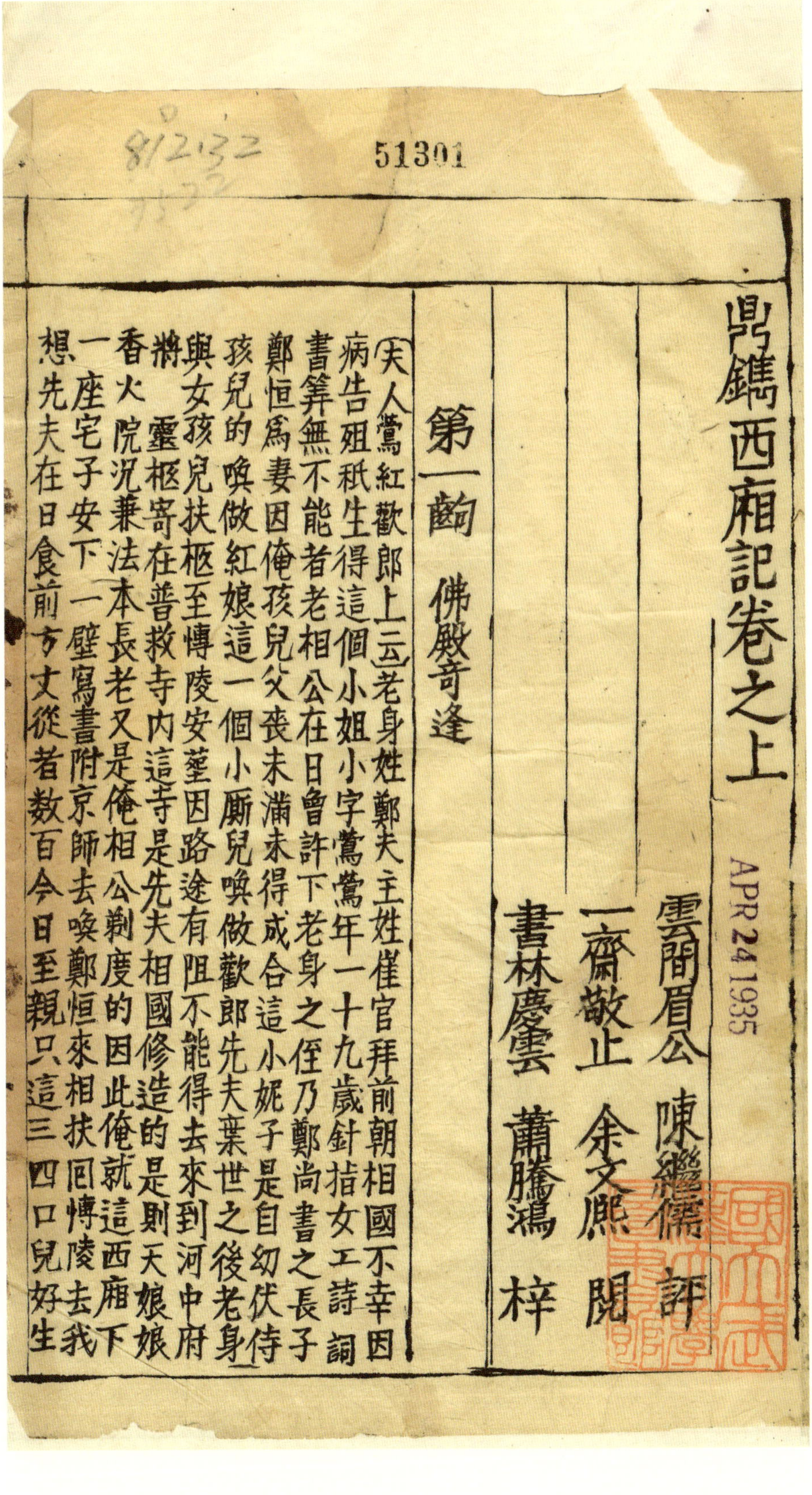

鼎鐫西廂記卷之上

雲間眉公　陳繼儒　評
一齋敬止　余文熙　閲
書林慶雲　蕭騰鴻　梓

第一齣　佛殿奇逢

（夫人）鶯紅歡郎上云老身姓鄭夫主姓崔官拜前朝相國不幸因病告殂秪生得這個小姐小字鶯鶯年一十九歲針指女工詩詞書筭無不能者老相公在日曾許下老身之侄乃鄭尚書之長子鄭恒爲妻因俺孩兒父喪未滿未得成合這小妮子是自幼伏侍孩兒的喚做紅娘這一個小廝兒喚做歡郎先夫棄世之後老身與女孩兒扶柩至博陵安葬因路途有阻不能得去來到河中府將靈柩寄在普救寺内這寺是先夫相國修造的是則天娘娘香火院況兼法本長老又是俺相公剃度的因此俺就這西廂下一座宅子安下一壁寫書附京師去喚鄭恒來相扶回博陵去我想先夫在日食前方丈從者數百今日至親只這三四口兒好生

陽山顧氏文房小說五十六卷　［明］顧元慶編　明正德嘉靖間顧元慶夷白齋刻本　（卷端　目録　卷十三至十六　卷三十七至四十抄配）

十行十八字，小字雙行同，白口，單魚尾，左右雙邊，版框高十八釐米，寬十二·六釐米。

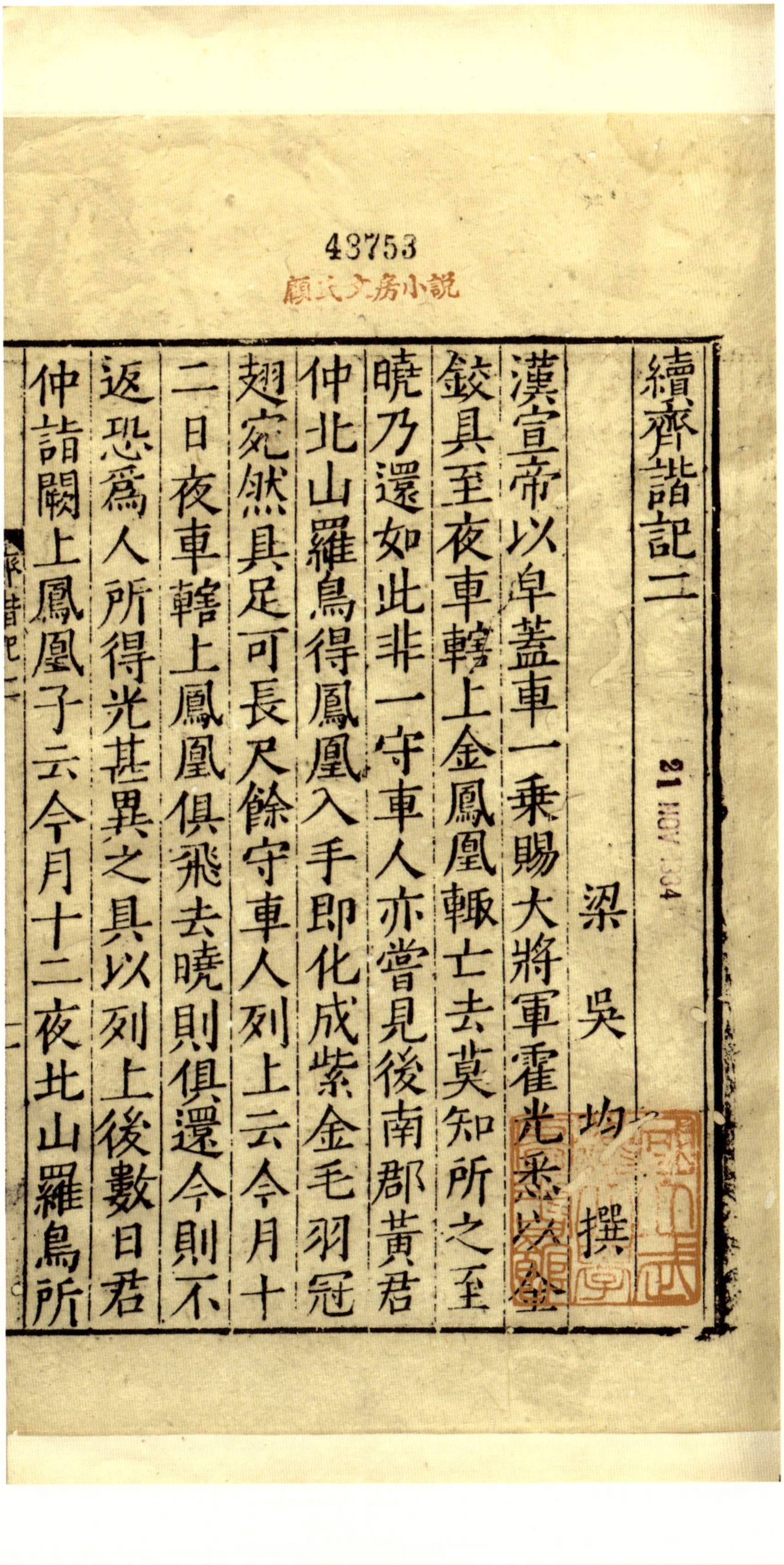

後記

早些年，古籍部還在櫻頂的時候，作爲一名讀者，沿著老齋舍長長的石級，來到古籍閲覽室，將預先填好的索書單交給閲覽室的老師時，身上已經微微冒汗了。這時，作爲唯一的讀者，或是極少的讀者之一，將會迎來一個很溫馨的場面：龍清泉老師很熱情地迎上來，講述他和《參考消息》的未了緣，似在幫我度過等待提書的這段時間；劉群宜老師會放下手中的毛筆，把那些臨摹得極漂亮行楷稍稍收拾一下，就往書庫去；若是廖啟芳老師或田琦老師在的話，通常會熱情地端上一杯茶水。因爲與他們很熟悉的緣故，我心安理得地享受著這一切。

古籍閲覽室人雖然很少，但並不總是靜謐的，窗外有時會傳來遊客的聲音，導遊娓娓地向他們講述老圖書館的設計理念和精美之處，人們無不稱讚國立武漢大學的締造者們將老圖書館佈置在獅子山頂所帶來的自然和人文效果，在人們的眼中，櫻頂老圖書館與國立武漢大學的光輝歷史已然不可分割。儘管遊客中鮮有人知道，在這座白牆碧瓦、中西合壁的老建築中，還藏有武大的先輩們留下的一筆寶貴遺產：近20萬冊的綫裝古籍。不過，這批古籍確因這座老建築沾了不少的光：除了各位大小領導外，最令人難忘的是，國務委員劉延東也利用到武漢大學視察的機會來古籍閲覽室檢閲珍貴館藏。

每每想到這些，我總會聯想到《韓非子》中的一則寓言故事：

楚人有賣其珠于鄭者，爲木蘭之櫃，熏以桂椒，綴以珠玉，飾以玫瑰，輯以羽翠。鄭人買其櫝而還其珠。

千百年來，人們總用這則寓言取笑那位『鄭人』華而不實，而忽視了『楚人』的智慧。其實，在很多情況下，『珠』和『櫝』是相得益彰、互爲長養的。就大學而論，套用梅貽琦的名言：所謂大學者，非謂有大樓之謂也，有大師之謂也。誠然，大樓是『櫝』，大師是『珠』，但是，在現代社會，沒有『大樓』，如何引來『大師』？而且，大學擁有『大師』後，他們不也自然成爲『櫝』上的珠玉和羽翠了嗎？更重要的是，如何衡量『大學』或『大師』的『珠』含量？如所周知，應對這一複雜的問題，有很簡單的民間智慧：出租車司機們都知道，某某大學是部級，而某某大學是廳級；用人單位更清楚，某某大學是『211』、『985』，某某大學不是；消息靈通人士會透露，某某高校重大項目和重點學科的排名如何，某某教授是否院士、某某研究員是否長江學者等等。種種現象都在提示一個時代版的真理：沒有『櫝』就沒有『珠』。

如今，櫻頂的綫裝古籍連同各分館的古籍全部搬遷到2011年落成的新圖書館，雖有恒溫恒濕的存藏條件，但失去了優秀建築的依怙，館藏古籍的書衣外似乎少了一層光環，這些古籍確該有一個新『櫝』了。近年，隨著中華古籍特藏保護計劃的啟動，『國家珍貴古籍名録圖録』、『珍貴古籍圖録』、『古籍善本圖録』、『善本書志』等成爲各大公藏單位揭示其館藏的重要工具，這無疑也爲我館古籍的宣傳推廣提供了一個好的平台。在過去，圖書館古籍目録的公開出版是十分困難的事情，而出版圖録簡直可稱得上奢華，大多數圖書館人衹能對著海外版的圖録做做夢而已。拿本館來說，解放初期在朱士嘉任館長及朱福宜任文科組長期間就注意古籍整理，六十年代初本館就有了内部發行的《武漢大學圖書館善本書目》。據老館員們回憶，古籍部有位『劉老頭』（副研究館員劉昭雲先生），六十年代大學畢業就到古籍部工作，爲本館古籍奉獻了畢生精力。他把館藏古籍從頭到尾『摸』了一遍，在原目録的基礎上，又補充嘉慶以前的刻本、抄本和外國刻本，於一九八二年編成收録四百餘種的《武漢大學圖書館善本書目》，在當時條件下，仍衹能裝訂爲内部資料。其後的廖源蘭、黄鵬、王美英、李玉安踵事增華，使本館善本古籍增加到八百餘種。現在廖老已退休多年，其他幾位已成爲館領導，但圖書館仍無一本公開出版的古籍目録，遑論圖録。

天時、地利、人和，老古籍館員們夢寐以求的事情在我們這幾個人手上變成了現實，在現任館領導的重視下、在古籍部同仁的共同努力之下（吴芹芳、謝泉二君任勞尤多），《武漢大學圖書館藏古籍善本圖録》終於面世了，還要感謝武漢大學出版社的編輯和設計人員把它設計、裝幀得如此精美。作爲一名古籍工作者，我深望能以此有限的篇幅，牽引出館藏古籍資源無限的藴含，更希望這些琳琅的秘笈圖文能爲武漢大學的古籍工作借來東風，即如與武漢大學圖書館淵源甚深的兄弟，如今高校圖書館中的大哥——北京大學圖書館：收藏古籍約150萬册，其中善本近20萬册；金石拓片3萬餘種，7萬餘份；各種特藏如地方誌、家譜、輿圖、敦煌卷子等，亦收羅齊全。宏富如此，仍頻頻在古籍市場上出手，近年最大的手筆就是將流失東瀛的931種、28143册『大倉藏書』回購，以『大倉文庫』的形式整體保藏。《北京大學圖書館藏『大倉文庫』善本圖録》前不久已由中華書局出版，略略地期許，《武漢大學圖書館古籍善本圖録》能有類似的續録嗎？

最後，作爲一名大學教師，我很認同鳳凰衛視的一檔節目——『中國教育改革調查』中所申述的觀點：教育終究會回歸人性和真實，施教者和受教者都應該學會獨立思考，如果一個人喪失了思考能力，其後果不堪設想。以此，我要提醒的是，這本『圖録』衹是本館古籍資源的一個『櫝』而已，希望每一位打開這一精美之『櫝』的讀者，能以獨立之精神、獨具之慧眼去辨識櫝中之珠；以自由之思想、自在之人格去體味珠中無盡的思想和美。

周　榮

二〇一五年五月於武漢大學圖書館

圖書在版編目(CIP)數據

武漢大學圖書館藏古籍善本圖録/王新才,楚龍强主編. —武漢:武漢大學出版社, 2016.6
ISBN 978-7-307-16749-0

Ⅰ.武… Ⅱ.①王… ②楚… Ⅲ.院校圖書館—古籍—善本—圖書館目録—武漢市 Ⅳ.Z838

中國版本圖書館 CIP 數據核字(2015)第 209496 號

責任編輯:詹　蜜　　責任校對:汪欣怡　　整體設計:涂　馳　汪冰瀅

出版發行:**武漢大學出版社**　(430072　武昌　珞珈山)
(電子郵件:cbs22@ whu. edu. cn　網址:www. wdp. com. cn)
印刷:武漢精一佳印刷有限公司
開本:880×1230　1/16　印張:12　字數:138 千字　插頁:2
版次:2016 年 6 月第 1 版　2016 年 6 月第 1 次印刷
ISBN 978-7-307-16749-0　定價:280.00 圓